Jutta Westphalen

Die **Urkraft**
der **Weiblichkeit**

oder weshalb Frauen die
besseren Lebenskünstler sind

vianova
Verlag Via Nova

1. Auflage 2016

Verlag Via Nova, Alte Landstr. 12, 36100 Petersberg

Telefon: (06 61) 6 29 73

Fax: (06 61) 96 79 560

E-Mail: info@verlag-vianova.de

Internet: www.verlag-vianova.de

Umschlaggestaltung: Guter Punkt, München

Satz: Sebastian Carl, Amerang

Druck und Verarbeitung: Appel und Klinger, 96277 Schneckenlohe

ISBN 978-3-86616-359-1

Jutta Westphalen
Die Urkraft der Weiblichkeit

Verlag Via Nova

Für alle, die ihren Blick auf die Dinge richten,
die größer sind als wir.
Denn nur so schaffen wir es,
an die Schönheit unserer Träume zu glauben.

INHALT

1 DIE WELT WIRD DURCH DIE WESTLICHE FRAU GERETTET WERDEN

Als der Dalai Lama diese berühmten Worte sprach, erinnerte er uns daran, dass die Frau von Natur aus ihren Fokus auf die Liebe und Heilung der Wunden unserer Zeit hat und dass die westliche Frau die meiste Freiheit und größte Möglichkeit hat, aktiv zu werden.

Sowohl auf der persönlichen Ebene als auch global finden gerade grundlegende Veränderungen statt. Es scheint ein kosmischer Sturm zu sein, der durch unser Leben fegt und uns dazu bringt, unsere hartnäckigen Gewohnheiten zu hinterfragen. Wir erkennen Denkmuster, schädliche Handlungsweisen und unbewusste Programmierungen und uns wird klar, dass wir uns verändern und andere Schwerpunkte setzen müssen. Mit dieser neuen Sichtweise ändert sich auch unsere Realität und es kann etwas völlig Neues entstehen.

Frauen konzentrieren sich schon länger auf sich selbst, indem sie ihre persönlichen Bedürfnisse erforschen, um unser Leben erfüllender zu gestalten. Wie unsere Ahnen sitzen wir zusammen im Kreis und lauschen indigenen Schamanen und Geschichtenerzählerinnen aus allen vier Himmelsrichtungen. Und intuitiv erinnern wir uns an eine Zeit, die es vor den frauenverachtenden Kriegergesellschaften gab. Eine tiefe Sehnsucht treibt Frauen dazu, nach uralten weiblichen Wissensquellen und archaischen Wurzeln im Bewusstsein der Menschheitsgeschichte zu graben. Schließlich werden wir fündig in der vergessenen und umgedeuteten Frühgeschichte vor unserer Zeitrechnung. Denn dort entdecken wir zahlreiche Belege für friedliche Hochkulturen, die über Jahrtausende von Frauen geleitet wurden. Sie verehrten eine machtvolle Schöpfungs-Göttin, es gab uraltes Mutterrecht und sie lebten in einer völlig anderen Gesellschaftsstruktur.

Das weibliche Wissen ging niemals ganz verloren und sogar heute noch können wir Spuren in Märchen und Symbolen entdecken. Außerdem haben unsere vorausschauenden Ahninnen und zahlreiche indigene Völker weltweit steinerne Botschaften und Medizinräder für uns hinterlassen. Wenn wir sie entschlüsseln und neu beleben, können wir die Kraft der Verbundenheit und persönlichen Freiheit wiederentdecken. So weist uns altes Wissen ganz neue Wege.

Diese vor uns liegenden Pfade verlangen innere Arbeit und Selbstreflexion. Und dies erfordert viel Mut, weil wir unsere Schattenkrieger besiegen müssen, um ihnen dann neue Aufgaben zu geben. **Denn wir müssen jetzt erschaffen, was wir wollen, verändern, was uns nicht gefällt, wissen, wer wir sind und entscheiden, was wichtig ist, um so zu leben, wie wir es erträumen.** Dies alles geschieht am wirkungsvollsten miteinander. Gemeinsam können wir ein glückliches Leben erschaffen durch Verbindungen und Offenheit, indem jede Frau ihre einzigartigen Gaben anerkennt und auch die Persönlichkeit anderer Frauen unterstützt. Denn gerade jetzt brauchen wir mutige Frauen, die bereit sind, Macht auszuüben und verantwortungsvoll zu agieren. Sie müssen ihre persönliche Kraft richtig nutzen, ihr ganzes Selbst zum Leuchten bringen und die Fackel weiterreichen. Wenn jedes einzelne Individuum erwacht, wird unser aller Leben geheilt. Frauen verändern gerade ihre eigene Welt und damit verändern sie unsere Welt: für Frauen und Männer, Töchter und Söhne.

Schon jetzt werden die Früchte der Selbstverwirklichung der westlichen Frauen in allen Bereichen der Gesellschaft sichtbar. Sie zeigen sich als Mitgefühl, Wissen, Intuition, Engagement, Kompetenz, Wahrheit, Ehrlichkeit und Liebe von Herz zu Herz. Diese Verbindung der Seelen wird die Gesellschaft verändern. Zahlreiche Frauen erwachen nun, eine nach der anderen, und zeigen sich strahlend, selbstverwirklicht, authentisch und bewusst. Sie handeln mutig, kommunikativ, feminin und intuitiv in allen Ebenen der Gesellschaft und haben die Power, unsere Welt friedlicher, harmonischer und sozialer zu gestalten. Dies wird wichtiger sein als alles andere, was wir uns vorstellen können.

Wir brauchen ganz dringend eine wache Weiblichkeit, die den Wandel wagt.

Dieses Buch ist eine Rückbesinnung auf unsere Ursprünge. Es ist der Versuch, unsere geistigen Wurzeln zu wässern, zu beleben und die wahre Geschichte wieder herzustellen. So wie ein Baum nicht ohne Wurzeln leben kann, verkümmert auch ein Mensch, wenn ihm seine tatsächlichen Wurzeln vorenthalten werden. Das Gleiche geschieht mit einem Volk und es ist weltweit mit den Frauen geschehen. So fehlte Frauen ganz viel von ihrem Wurzelwerk, um sich zu erneuern und Lebenskraft zu schöpfen.

KOMM, MÄDCHEN, SETZ DICH AN MEINEN TISCH

Schön, dass du hier bist und mich besuchst! Ich habe dich schon erwartet, denn ich habe von deinem Kommen geträumt. Daher weiß ich schon seit einigen Tagen, dass du den Weg zu mir finden wirst. Du warst lange, sehr lange unterwegs. Nun bist du hier und ich heiße dich herzlich willkommen. Du liebe Seele, komm, ruh dich aus in diesem bequemen Sessel.

Sieh, ich habe schon das kostbare Geschirr meiner Ur-Großmutter aus dem alten Holzschrank geholt und für uns gedeckt. Genau wie wir jetzt haben schon meine Ahninnen an diesem Tisch gesessen. Schon vor hundert Jahren hat die Großmutter meiner Mutter hier mit ihren Freundinnen, Töchtern und Schülerinnen zusammengesessen. Es waren sehr unterschiedliche Frauen. Junge Mädchen, Mütter mit ihren Kindern, aber auch ältere Frauen, Großmütter und Tanten. Sie waren Händlerinnen, Lehrerinnen, Richterinnen, Künstlerinnen, Nomadinnen, Kämpferinnen, Ärztinnen, Kräuterkundige, Hebammen und Bäuerinnen. Sie hatten frische Feldblumen auf dem Tisch, genau wie wir. Und sie haben aus genau diesen Tassen getrunken und von diesen Tellern gegessen. Ich erzähle dir dies, denn es gibt Dinge und Wahrheiten, die bleiben gleich und ändern sich nicht. Diese Frauen, die vor uns lebten, haben über wichtige Dinge gesprochen. Gerade so wie wir heute wertvolle Zeit miteinander verbringen werden. Bei diesen Frauentreffen ging es um das tägliche Leben. Sie sprachen über ihre Gefühle und tauschten sich über ihre Kinder und Beziehungen aus. Sie lösten Probleme und teilten die unterschiedlichsten Erfahrungen.

Schon immer gehen Frauen auf diese Weise miteinander um: Sie laden sich gegenseitig ein. Und während sie zusammen sitzen und speisen, tauschen sie sich darüber aus, was sie bewegt. Mit der Zeit entwickeln sie durch diese Treffen ein tiefes Verständnis füreinander. Sie verbinden sich auf einer emotionalen Ebene und öffnen ihre Herzen. Während sie zusammensitzen, lernen sie von den Wegen, die andere gehen, und jede einzelne wird stärker. Frauengemeinschaften stärken die weibliche Kraft. So wird jede Frau sicherer, selbstbewusster und femininer. Sie lachen zusammen und haben Spaß. Dann wieder weinen sie gemeinsam und teilen ihren Schmerz. Sie beraten und helfen sich gegenseitig. Sie teilen ihr Wissen und knüpfen tiefe Freundschaften. Sie stärken sich gegenseitig auf ihren unterschiedlichen Lebenswegen und fassen neuen Mut durch den Trost und das Vorbild der anderen.

Du bist heute zu mir gekommen und mein gern gesehener Gast. Wenn du dich ausgeruht hast, werden wir über etwas sehr Wichtiges sprechen. Ich möchte mit dir über etwas Uraltes und unermesslich Kostbares reden. Über etwas Beständiges, Ewiges. Diese Wahrheit ist so alt wie die Schöpfung: Es geht um die Seele und ihren Weg…

Meine Liebe, ich habe dich erwartet und weiß, dass du dich schon vor langer Zeit auf den Weg gemacht hast, um deine Wahrheit und Macht zu entdecken. Gern nehme ich dich an die Hand, um dir neue Gedanken mit auf den Weg zu geben. Gleichzeitig lasse ich dich frei. Du kannst jederzeit entscheiden, ob du mein Wissen und meine Vorschläge annehmen möchtest oder nicht. Denn es ist wichtig, dass du dir einen freien und starken Willen bewahrst. In deinem Herzen weißt du, wenn du den richtigen Weg des Fortschritts gehst!

Wenn alte Frauen zu ihren Töchtern, Enkelinnen und Schülerinnen nicht von der Seele reden… Wer sollte es tun? Und wenn es niemanden gibt, der dieses Wissen bewahrt und weitergibt, wird es lange vergessen sein. Darum freue ich mich besonders, dass du heute zu mir gekommen bist!

Wir haben das Leben geschenkt bekommen, um zu lernen und zu wachsen. Wir entwickeln uns physisch, emotional, spirituell und mental. Du spürst, dass sich in deinem Leben gerade sehr vieles verändert. Das ist der Grund, dass du dieses Buch in den Händen hältst. Denn du hast dich auf eine wichtige Suche begeben und möchtest etwas finden, das besser zu dir passt als das, was du jetzt hast. Komm, trink deinen Tee und nimm einen Keks. Entspann dich und höre zu, was ich dir zu sagen habe. Wir leben in einer sehr aufregenden Zeit. So vieles ändert sich um dich herum und gleichzeitig in dir selber. Da ist es natürlich hilfreich, zu verstehen, was passiert und warum es geschieht. Auf diesem Abenteuer-Weg begleite ich dich gerne und unterstütze dich, dein inneres Gleichgewicht zu finden und zu bewahren.

KOMM, JUNGE, GEH MIT MIR
EIN STÜCK DES WEGES

Ich grüße dich und freue mich, dass du dich auf den Weg zu mir gemacht hast. Mich zu finden ist nicht leicht. Denn, wie du weißt, liegt mein kleines Haus ganz versteckt. Nur derjenige entdeckt es, der eine tiefe Sehnsucht in sich verspürt. Für andere ist es so unscheinbar, dass sie daran vorbeilaufen. Es ist sozusagen unsichtbar. Aber du bist einer von den wunderbaren Männern, die sich bewusst auf den Weg gemacht haben. Du schaust genau hin. Du hast Kontakt zu deinen Gefühlen und möchtest etwas ändern. Du willst deine Seele kennen lernen. Ich freue mich, dass du gekommen bist! Und ob du es glaubst oder nicht, ich habe dich erwartet. Deine Gedanken und Gefühle haben mir dein Kommen angekündigt. Darum habe ich den Weg für dich markiert, so dass du mich finden konntest.

Auf unserem gemeinsamen Weg bitte ich dich, dein Herz zu öffnen, denn nur dann kann ich dich aus der inneren Einsamkeit und dem Schmerz herausführen. Ich weiß, wie schwer das für dich ist. Aber sei sicher: Ich will dich nicht verändern, sondern einfach auf eine Reise mitnehmen, auf der du entdecken kannst, dass es viel mehr gibt als das Motto: „Ich denke, also bin ich". Die Zeit ist vorbei, in der du dich hinter klugen Gedanken verstecken musstest. **Denn andere Menschen sind vielmehr daran interessiert, wer du bist. Sie möchten erfahren, was du fühlst. Es interessiert sie, was du hörst, wenn du lauschst, und möchten wissen, was dir im Leben wichtig ist.**

Dein Herz und deine Augen öffnen sich, wenn du dich auf die weise Frau oder Großmutter einlassen kannst. Ich stimme dich auf die weiblichen Aspekte ein, die es auch in jedem Mann gibt, und spreche zu deinem Verstand, zu deinem Herzen und zu deinem Geist. So öffnest du dich für eine neue Sicht der Wirklichkeit und die Wahrheit über dein innerstes Wesen. Als Großmutter reiche ich dir die Hand, um dich in das geheimnisvolle Land der Seele zu führen. Auf dem vor uns liegenden Abenteuer zeige ich dir, wie du immer näher in deine Balance und innere Heimat gelangst.

In dieser Zeit, in der sich alles rasend schnell ändert und große Aufgaben zu lösen sind, können wir nur gemeinsam etwas Neues aufbauen. Denn es werden sowohl männliche als auch weibliche Fähigkeiten gebraucht. Zusammen müssen wir vieles verändern. Es ist uns bewusst, dass in der Vergangenheit viele Herzen sehr lange unberührt geblieben sind. Sie schlugen tapfer weiter, obwohl sie von einem Kokon aus Angst eingepresst waren, der mit Jahresringen versehen ist. Das Herz war so einsam und allein. Es war so hart zu sich selbst. Doch wir wünschen uns sehnlichst, dass sich Frauen und Männer gegenseitig das Gefühl geben können, füreinander ein Geschenk zu sein.

- Wie ist dein Herz?
- Ist es holzig oder biegsam? versteinert? stark? schwammig? leuchtend? duftend? voller Dornen? warm? farbig? mutig? vertrocknet? hart? kalt? mitfühlend? berechnend?

Dein Herz will wieder lebendig und warm in deiner Brust schlagen. Sei nicht zu stolz, sondern geh ein Stück des Wegs mit mir. Entspanne dich und höre einfach zu. Ich freue mich, dass du den Weg zu mir gefunden hast, und bin ganz sicher, dass du große Schätze entdecken wirst.

DEIN WEG

Stell dir vor, du hättest ungeahnte Kräfte und mit deiner Magie könntest du dein Leben grundlegend verändern…
- Was würdest du tun?

Die Schätze in uns liegen für viele verborgen und unentdeckt in geheimen Kammern, hinter Schlössern und alten Türen.
- Was sind deine Talente, vergessenen Künste und Kostbarkeiten?

Innere Ordnung will geschaffen werden, um Nützliches und Schönes zu bewahren. So wirst du zur Hüterin und zum Bewahrer deiner inneren und äußeren Schätze, die den Weg in die Zukunft bereichern. Deine Seele sendet dir ständig Botschaften, die dir den Weg weisen.
- Was sagen dir deine Träume?
- Wie spricht deine Intuition mit dir?
- Weißt du, was deine innere Berufung ist?

Was würdest du also tun, wenn du alle Möglichkeiten hättest, um dein Leben zu ändern?

Viele wissen keine Antwort auf diese Frage. Denn die meisten von uns haben auf ihrem Seelenweg viel von der Energie verloren, die zu ihnen gehört. Einige von uns haben ihre Talente vergessen. Doch nun werden wir Brücken in ein neues Leben finden. Denn vielen Menschen und besonders Frauen wurden Wissen, Reichtum und Würde gestohlen. Andere haben ihre Kraft weggegeben und verschenkt.

Doch du bist hier, um den Anspruch auf dein Eigentum geltend zu machen. Du hast dich auf den weiten Weg gemacht, um dein unveräußerliches Erbe und deine persönliche Energie zurückzuholen. Auf deinem spirituellen Pfad wirst du sehr viel lernen. Dieser uralte Weg bringt es mit sich, dass du dich selbst gut kennenlernst und erforschst, um deine Stärken und auch deine Schattenseiten kennenzulernen. So wirst du, wie unzählige vor dir, deine Wahrheit erkennen und deine Selbstachtung stärken. Wenn du dich auf den spirituellen Pfad begibst, wirst du irgendwann wirkliche Harmonie in dir finden. Du bist dann in deiner Mitte, kennst den Ort deiner Weisheit und persönlichen Macht. Wenn das geschehen ist, drückst du mit deiner Lebenskraft das aus, was sich für dich richtig anfühlt. Du wirst deine innere Harmonie in die Welt tragen und dein Tun wird auch zur Heilung unserer Erde beitragen.

2 STÜRMISCHE ZEITEN FORDERN UNS HERAUS

DIE ZEITENWENDE FINDET JETZT STATT

In diesen Jahren findet eine vorhergesagte Zeitenwende statt. Viele spüren: Es ist eine ganz besonders intensive und schnelllebige Zeit, in der wir jetzt leben. Außerdem sind Regeln, die Generationen lang galten, außer Kraft gesetzt. In dieser Zeit weht ein Wind der Freiheit: Lebten Familien früher im Haus ihrer Eltern und Großeltern, so ist dies heute eher die Ausnahme. Die Menschen sind im Geist und im realen Leben sehr flexibel. Nicht nur junge Leute ziehen in andere Städte, um dort zu leben. Auch Umzüge in andere Länder sind inzwischen normal. In den letzten Jahren änderte sich im gesellschaftlichen und beruflichen Leben vieles rasend schnell. Wer Erfolg im Beruf sucht, muss flexibel und mobil sein. Jeder kann inzwischen detailliertes Wissen durchs Internet abrufen und ist über sein Handy rund um die Uhr erreichbar. Flugreisen sind fast so alltäglich geworden wie Autofahren und Entfernungen spielen kaum mehr eine Rolle.

Die Digitalisierung verändert die Arbeitswelt. Für viele Tätigkeiten braucht man heute nur einen Laptop mit Internetzugang und kann ortsunabhängig arbeiten. So ist Arbeiten im Home-Office möglich, aber auch der Sonne hinterherzureisen. Die digitalen Nomaden ziehen mit dem Rucksack um die

Erde oder überwintern in temporären co-working-Büros. Besonders die junge Generation wirft feste Überzeugungen und Vorstellungen vorheriger Generationen, zahlreiche Vorurteile und kollektiven Meinungen über Bord. Sie arbeitet in welt-umspannenden Kooperationen, knüpft Freundschaften und heiratet Partner aus anderen Kulturen. So entwickeln sich völlig unterschiedliche Lebenskonzepte neben- und miteinander. Eine große globale Transformation findet statt und wir wachsen zu einer Erdbevölkerung zusammen.

Da grundlegende Veränderungen gleichzeitig in allen Lebensbereichen stattfinden, fordert uns dies persönlich heraus. Denn oft fühlen wir uns von der Fülle der Informationen regelrecht überschwemmt. Wer zum Beispiel fürs Wochenende im großen Supermarkt einkauft, hat nach der Käsetheke noch 20 Meter Kühlregal mit den unterschiedlichsten Käsesorten vor sich, bevor er sich zwischen 85 Sorten Jogurt entscheiden kann. Immer mehr Menschen stellen sich die Frage, ob wir wirklich 32 Sorten Senf brauchen und erst mit 46 verschiedenen Shampoos und Zahnpasta-Sorten glücklich sind.

Im Endeffekt läuft die Auswahl so ab, dass du das nimmst, was du schon kennst. Oder du kaufst das, was günstig ist und einen guten Eindruck macht. Manchmal nimmst du auch nur irgendein Shampoo, um eine Entscheidung getroffen zu haben. Eine andere Strategie ist, Regale zu umgehen, Abkürzungen zu nehmen, um dich nicht zwischen all den Dingen entscheiden zu müssen. Denn sonst würdest du stundenlang damit zubringen, das Notwendige zu besorgen. Eine bewusste Auswahl findet meistens nur statt, wenn du etwas ganz Bestimmtes suchst, wie zum Beispiel Kokosmilch oder vegane Lebensmittel.

Doch nach all den vielen Einkaufsmöglichkeiten fühlen wir uns gestresst, denn um zu überleben, müssen wir ununterbrochen die für uns relevanten Informationen herausfiltern. Diese Vielfalt auf zahlreichen Gebieten ist ein sagenhafter Luxus und auch ein Symbol für unsere Entscheidungsfreiheit. Doch die große Menge der Möglichkeiten überfordert mit der Zeit jeden. So geht es auch Schulabgängern, die sich entscheiden müssen für eine Ausbildung oder ein Studium. Es gibt inzwischen zahlreiche neue Berufe, Studienwege und Quereinsteige-Möglichkeiten, die Eltern gar nicht kennen. Meistens sind sie nicht gut genug informiert, um ihren Kindern Ratgeber sein zu können. Denn im Ausland gibt es natürlich auch noch zahlreiche ganz andere Studienwege und Lernmöglichkeiten.

Die vielen persönlichen Wahlmöglichkeiten, Ansprüche und Nachrichten erschöpfen uns. Gleichzeitig überfordern uns die verschiedenen Anforderungen im Beruf, so dass wir innerlich ausbrennen. Da ist es natürlich, dass wir versuchen, uns vor der Fülle zu schützen, und instinktiv abwehrende Wände um unser Herz bauen. Dass dies geschieht, ist uns inzwischen oft gar nicht mehr bewusst, doch viele haben keinen Kontakt mehr zu ihren Gefühlen.

Aus Angst, sich als fühlender Mensch zu zeigen, entstehen dicke Schutzmauern und unser Herz versteinert. Um es wieder zum Leben zu erwecken, ertönt nun von allen Seiten der Ruf: „Mensch, hör endlich auf zu denken! Fühle, spüre und lebe. Höre auf deinen Körper. Lausche auf dein Inneres!" Das Leben selbst ruft uns dies zu. Denn es ist notwendig, dass jetzt ein Wunder geschieht. Im Privaten und Globalen ändert sich alles so schnell, dass wir aus der Bahn unserer Gewohnheiten geschleudert werden. Unsere bisherigen Sicherheiten beginnen auf vielen Ebenen gleichzeitig zu wanken. Es wird immer anstrengender, die „Coolness" und Normalität aufrechtzuerhalten. Du blickst von deinen Fußspitzen auf, anders als die anderen, die jahrelang einen Fuß vor den anderen gesetzt haben, ohne zu wissen, wohin sie eigentlich rennen. Sie arbeiten und schichten immer mehr Erschöpfung in sich auf. Doch nun stürzen die massiven, steinernen Herzmauern ein und zerrieseln vor unseren Augen zu Sand.

Natürlich fühlen wir uns nun nackt, sind zutiefst verunsichert und haben Angst vor dem, was kommt. Doch das Herz, das sich verschanzt hatte, erwacht und wird aus seiner Gefühlstaubheit erlöst.

Zu unserem großen Erstaunen kommt nun etwas hell Leuchtendes, überaus Kostbares zum Vorschein. Wunderbares Licht dringt nach außen, denn unter der harten Schale hatten sich längst vergessene Schätze verborgen. In diesem magischen Moment wirst du von einem allumfassenden Klang in deinem Herzen berührt und die Heilkraft all deiner Herzenswärme steht dir zur Verfügung. Es kommen zauberhafte Dinge ans Licht, denn getragen von der Liebe spürst du endlich deine wilde Lebendigkeit. In deinem Herzen macht sich ganz viel Liebe zum Leben breit und du freust dich über jeden neuen Tag, den du leben darfst. Du vertraust der Klarheit und Reinheit deiner inneren Stimme, die dich dazu ermuntert, dein Improvisationstalent, deine Kreativität und Herzlichkeit zu zeigen und deinen Mut zu beweisen, indem du neue Wege gehst.

In der Brust erwacht dein mächtiger Seelen-Vogel, der bisher ruhig in seinem Nest saß und schlief. Nun öffnet er die Augen und sieht den blauen Himmel. Langsam und vorsichtig entfaltet er seine Schwingen. Er scheint selber erstaunt zu sein, dass er noch lebt nach so langer Zeit in dunkler Gefangenschaft. Nun sieht er endlich wieder Sonnenlicht und unendliche Weite. Dein magischer Seelen-Vogel wünscht sich nun nichts sehnlicher, als frei zu sein, seiner Natur zu folgen und zu fliegen. Er greift sich dein Herz, das so lange eingemauert war, und nimmt es mit in die Freiheit. Dann steigt er damit in den Himmel, schraubt sich höher und höher. Du kannst sehen, wie sein Gefieder zu leuchten beginnt in den schönsten Farben, die du dir vorstellen kannst… Nun stößt er vor Glück einen kraftvollen Schrei der Freiheit aus und genießt die Weite um sich. All die Spannung und Energie, die sich in ihm angesammelt hat, verschafft sich Raum. Er hatte so lange von diesem Augenblick geträumt und sich immer wieder vorgestellt, wie es ist, frei zu schweben…

Langsam wird er ruhiger und spürt tief im Inneren, dass ein Lied in ihm schwingt. Er lauscht in sich hinein und spürt, dass aus seinem Inneren eine glückliche Melodie erklingen möchte. Zaghaft beginnt der Seelenvogel zu singen. Zunächst leise und vorsichtig, doch dann überwindet er seine Schüchternheit und findet Gefallen daran, sein Lied zu singen. Je länger und lauter er singt, desto stärker und mutiger fühlt er sich. So schwebt er singend und völlig selbstvergessen in die Zeitlosigkeit. Der Wind greift unter sein Gefieder, um ihn an einen bestimmten Ort zu tragen, und befreit überlässt er sich der großen Kraft. Er überfliegt weites, unbekanntes Gebiet auf seiner ausgedehnten Reise und schließlich besucht er seine ursprüngliche Seelenheimat. … Doch er kehrt immer wieder in dein Herz zurück. Von seinen Reisen bringt er wunderbare Geschenke und Erkenntnisse mit.

Bis vor kurzem waren die Reisewege deines Seelenvogels verborgen von Gestrüpp und geheimer Magie. Er selber lebte einsam und ungehört. Seine Spuren waren verweht oder bewusst verwischt worden. Doch nun ist er erwacht und seine Wege liegen wieder offen vor dir. Viele reisen gemeinsam wie die Zugvögel am Himmel.

Ich freue mich, dass du dabei bist!

Astrologisch gesehen hat das Wassermann-Zeitalter das Fische-Zeitalter abgelöst. Diese Zeit wurde von alten Völkern vorhergesehen und als Zeitenwende bezeichnet. Die Mayas, Hopis und Inkas prophezeiten um das Jahr 2012 einen Wendepunkt in der Geschichte der Erde. Es gab zahlreiche Stimmen, die darauf aufmerksam machten und große Umwälzungen vorhersagten. Sie sagten die Zunahme von Unfällen mit Verkehrsmitteln voraus, die durch Unaufmerksamkeit entstanden (Flugzeugunglücke, Zugentgleisungen, Schiffsunglücke). Sie warnten davor, dass Menschen unter dem Druck der Veränderungen durchdrehen würden und dass alte Krankheiten wiederkehren werden. Sie sprachen davon, dass die Zeit der Geheimnisse vorbei ist und Spionage, heimliche Verschwörungen und Korruption ans Licht kommen werden. Sie sagten instabile wirtschaftliche Strukturen voraus und die Zunahme von Naturkatastrophen. Als schwerwiegenden Schritt in die falsche Richtung bezeichneten alle Weisen die Nutzung der Atomkraft. Denn es gibt so viele saubere Wege der Energiegewinnung. Doch sogar nach Tschernobyl und Fukushima stehen die einfache humanitäre Sorge um die Erde und alles Leben nicht im Vordergrund. Die seit vielen tausend Jahren bewahrten Geheimnisse und Weisheitslehren von Ureinwohnern und „Erdenwächtern" werden nun mitgeteilt, um allen Menschen während der großen Veränderungen Kraft und Mut zu geben. Sie wollen ihre Erfahrung und Weisheit mit uns teilen, damit wir eine bessere Welt erschaffen.

DAS ZEITALTER DER WEIBLICHEN QUALITÄTEN

Der große Werte-Wandel belebt die so genannten weiblichen Qualitäten. Diese feminine Seite in uns ist die Liebe. Bei Müttern finden wir Geduld, Liebe und Mitgefühl in ihrer reinsten Form. Wahrscheinlich trägt jeder Mensch in sich die Sehnsucht nach Frieden, Achtung, Zugehörigkeit und jeder wünscht sich, geliebt zu werden und zu lieben.

Grundlegende menschliche Werte wie Toleranz, Verständnis und Vergebung teilen alle miteinander, Männer und Frauen, Gläubige und Ungläubige. Doch die meisten sind nicht mit der Kraft der inneren Mutter verbunden. So haben viele ihre wahren Werte verloren. Denn sie wenden sich nicht mehr nach innen, um die tiefe Sehnsucht in sich zu finden, und oft fehlt auch der Mut, ihrer kreativen Kraft zu folgen. Zahlreiche derzeitige Schwierigkeiten rühren daher.

Im Bildungswesen und der Erziehung steht allein die Ausbildung des Intellektes im Fokus. Doch unser Leben besteht aus so viel mehr Facetten: z.B. das Miteinander, Lebensregeln und Gemeinnützigkeit... Viele dieser sinngebenden und praktischen Lebensbereiche werden nicht gelehrt und an die nächste Generation weitergegeben. Darum schweben zahlreiche Menschen mit ihrem Verstandesbewusstsein über dem Boden. Ihr Denken findet in geraden Linien statt. Es wächst nicht phantasievoll und bunt auf verschlungenen Wegen wie die Pflanzen. Darum sind diese Menschen nicht mit der Erde verbunden. Sie haben das Gefühl für ihre Wurzeln verloren.

Das bedeutet zum Beispiel, dass sie sich gefühlsmäßig nicht mit den Generationen verbunden fühlen, die ihren Weg vorbereitet haben. Sie wissen nicht, wo ihre Großeltern begraben sind, und kennen weder deren Träume noch ihr Leben. Da sie meistens in Städten wohnen, fehlt ihnen auch Naturerfahrung und damit sind ihnen ihre ursprünglichen Kraftquellen abhanden gekommen. In der Nacht sehen sie nicht die Sterne, da die Lichter der Stadt zu hell sind, und den Wechsel der Jahreszeiten bemerken sie lediglich an der aktuellen Grippewelle oder ihren Allergien auf Blütenpollen. Denn sie bewegen sich hauptsächlich in einer Gedankenwelt, die am Schreibtisch stattfindet. Irgendwann und unbemerkt ist die Geschäftswelt oder virtuelle Welt für sie realer geworden als das Wetter, die eigenen Gefühle oder Kinder. Die Lebendigkeit besteht dann hauptsächlich im Denken, nicht im aktiven Tun oder Fühlen, Hören, Erfahren, intuitiven Wissen oder Lieben. Der rote Faden im Leben ist ihnen aus den Händen geglitten und die innere Mutter, die allen Lebewesen innewohnt, wurde vergessen. So haben sie mit der Zeit aufgehört zu lieben. Sie lieben ihr Leben nicht mehr, seit sie die Suche aufgegeben haben, ihr ganz persönliches Lied zu finden. Auch Ihren Körper lieben sie nicht mehr und werden häufig krank. Und sie lieben die Erde nicht und den Ort, an dem sie leben.

Doch eigentlich weiß jeder, dass ein Mensch ohne liebevolle Versorgung und Begleitung der Mutter oder einer anderen wertschätzenden Person nicht überleben kann. Ohne liebevolles Handeln verlieren wir den Sinn unseres Lebens. Alle Weisheit und Kreativität geht zurück auf die göttliche Quelle, die jederzeit in uns ist.

Wenn wir heutzutage schöpferisch sind, konzentrieren wir uns allerdings ausschließlich auf die Verstandesebene. Dann türmt sich ein Haufen von Wissen an, aber anschließend wissen wir nicht, was wir mit der riesigen Datenmenge anfangen sollen. Anstatt einen klaren Standpunkt zu vertreten und Position zu beziehen, bleiben wir tatenlos. Wir haben Angst, persönlich zu sein, uns zu engagieren, kreativ zu sein und Verantwortung für unsere Handlungen und deren Folgen zu übernehmen. Wir sehen einfach zu, wie das Chaos um uns herum wächst.

Das rührt daher, dass in der Schule, im Beruf und Wirtschaftsleben der ursprüngliche Menschenverstand durch theoretisches und psychologisches Kopfwissen ins Abseits gedrängt wurde. Gleichzeitig wurde das Wissen der Alten unterdrückt, indem ihre naturverbundene Lebensweise für rückständig und ihre Erfahrungen für primitiv erklärt wurden. Viele ihrer Lehren wurden auch bewusst geheim gehalten. Diese Entwicklung zeigt nun das Ergebnis, dass die Klügsten von allen oft die Allerdümmsten sind. Denn sie verlieren das Wichtigste aus den Augen.

Es zeigt sich, dass unsere moderne Lebensweise eine enorme Belastung für unseren Planeten darstellt. Sie hat dazu geführt, dass unsere Erde ohne jede liebevolle Unterstützung Milliarden von Menschen tragen und ernähren muss. **Unser Heimatplanet ist weiblich und inzwischen vollkommen erschöpft von unserer ausbeuterischen Lebensweise.** Die Erde sehnt sich ebenso wie viele Menschen danach, dass die Kriegergesellschaften endlich aufhören, sich gegenseitig zu verletzen. Ihr geht es genauso wie vielen Frauen und Sanftmütigen in dieser Zeit. Darum erinnert sie uns jetzt daran, dass wir die vergessene Hälfte der Schöpfung wieder aktivieren müssen. Diese liebevolle Seite in uns war immer da, in jedem von uns.

Wir alle wurden geboren mit einem Gefühl für das Heilige. Doch oft wurde diese Liebe zum Leben ignoriert und verdrängt anstatt weiterentwickelt. Unbemerkt hatten viele als Erwachsene dann die Ehrfurcht vor dem Leben und die innere Mutter verloren. Ihr göttliches Reich wurde vergessen und entschwand unserem Blick. Denn es existiert fern von linearem, rationalem und leistungsorientiertem Denken und Handeln. Stattdessen feiert die Göttin die Intuition und Kunst, sie belebt unsere Träume und inneren Reisen. Sie lässt die innere lebendige Kraft wieder auferstehen. Diese direkten Erfahrungen besitzen eine große Überzeugungskraft, weil sie überwältigend sind. Durch sie erhält unser Leben Glanz und Sinn. Diese Seelenenergie macht sich immer bemerkbar, doch sie braucht spirituelle Nahrung und Liebe. Die geheimnisvolle Göttin mit den tausend Namen sorgt dafür, dass wir die eigene Seele kennenlernen.

Die Rückbesinnung auf diese ursprüngliche Kraft trägt dazu bei, dass wir uns wieder mit Lebensenergie aufladen. Sie ist es, die den Wandel der Zeit bringt und ein neues Verständnis vom Frau-Sein. Die goldene Göttin meldet sich machtvoll und spricht eine deutliche Sprache, denn ihre Botschaften blieben zu lange ungehört.

Diese Zeit, in der sich alles so schnell verändert, wurde als Zeitenwende lange vorausgesehen. Die Göttin begleitet Transformation und Wandel. Sie ist die Schwellenhüterin, die prüft, ob wir bereit sind, den nächsten Schritt in unserer Entwicklung zu wagen. Sie durchwirkt alles Leben und zeichnet sich durch Mitgefühl und Weisheit aus. Wir hören gerade die natürliche Antwort des Lebens auf unser menschliches Verhalten und die Störungen der emotionalen Atmosphäre. Diese Botschaften steigen aus den tiefsten Tiefen unserer Erde auf. Vulkane erwachen, Springfluten und Hurrikane fegen übers Land, Erdrutsche und schmelzende Polkappen sind Warnungen.

Gleichzeitig meldet sich die Göttin im Unterbewusstsein unseres individuellen Selbst. Denn sie fordert uns auf, mit unseren Gefühlen ehrlich zu sein, mutig zu uns zu stehen und authentisch nach unserer Bestimmung zu leben. Sie wird den Frieden erst in uns und dann in der Welt hervorbringen. Weise Großmütter und Großväter sprechen von einem anstehenden Wertewandel und beschreiben ihn mit dem schönen altmodischen Wort der Herzensbildung. Damit ist die große Liebe zum Leben gemeint, die in jedem von uns wohnt, in Männern und Frauen. Dazu gehören Hingabe, Demut, Güte, Barmherzigkeit, Frieden, Vergebung und Mitgefühl. Diese Liebe wird in allen Religionen und Kulturen als heilig gepriesen. Sie wird besungen und als Göttliche Mutter angebetet, denn sie schenkt uns Inspiration durch die Liebe, die alles miteinander verbindet. Wenn wir zur Mutter in uns gehen, werden wir ihren Herzschlag der Liebe wahrnehmen. So heilt sie uns und verbindet uns wieder miteinander. Denn die Große Mutter liebt all ihre Kinder gleichermaßen und hat in jedes Herz die Sehnsucht nach dem Guten und Schönen gepflanzt. Wenn wir es zulassen, dass sie uns nährt, blühen wir auf. Wir lassen Selbstvorwürfe hinter uns und warmes Licht kann wieder in unser Leben kommen.

Unsere Lebensfreude und Potentiale strahlen wieder, wenn wir beginnen, uns selber zu achten und zu lieben. Wir leben unsere Liebe dann durch Handlungen, die aus dem Herzen kommen. Auf diese Weise werden wir wahre Werte finden, die unser Leben schöner und glücklicher machen.

Wir müssen uns mit der Einseitigkeit unserer Zivilisation auseinandersetzen und uns bemühen, eine natürliche Balance zu erreichen. Da wir uns zu weit von unserer femininen Power entfernt haben, sendet uns die Natur ihre Signale so, dass sie von allen Menschen wahrgenommen werden müssen. Sie erschüttert unsere bisherigen Sicherheiten, damit alle ihre Botschaft verstehen.

Die Geduld und Leidensfähigkeit der Göttin ist am Ende, deshalb spricht sie unmissverständlich und klar. Sie zeigt uns auch, wie unglaublich mächtig sie ist, und macht deutlich, dass sie weiß, wie ihre Träume verwirklicht werden. Denn die weibliche Urkraft kennt immer Mittel und Wege, um das Gleichgewicht wieder herzustellen.

Wenn wir jetzt nicht reagieren, wird es gefährlich, denn die Göttin wird uns zwingen, wieder auf den Boden der Erde zu kommen. Nach der indianischen Auffassung setzt sich die weibliche Energie aus den Elementen Erde und Wasser zusammen. Ein keltisches Bild drückt die gleiche Auffassung aus. Dort wird die Frau als die Spur des Mondes auf dem Wasser dargestellt. Genau diese Energie müssen wir zurückgewinnen. Dazu ist es notwendig, völlig in unserem Körper anwesend zu sein und unseren eigenen Rhythmus und Schwung zu finden. Jeder muss wieder mit sich selbst stimmig werden, die wahre Harmonie in sich selbst herstellen und seine unverwechselbare Stimme finden. Letztendlich bleibt sie immer sein Geheimnis. Wer sie gefunden hat, weiß, was er tun würde, könnte er mit einer machtvollen Tat das Leben verändern.

In diesen wilden Veränderungszeiten braucht die Erde unsere Fürsorge. Das bedeutet, dass die Göttin und die Kraft der universellen Weiblichkeit wieder geachtet werden müssen. Unseren Kindern bringen wir bei, dass sie sich nicht einfach alles nehmen können, was sie haben möchten. Sie lernen sehr früh die Zauberworte „bitte" und „danke".

Genau diese innere Einstellung müssen wir auch als Gesellschaft erlernen. Solch ein achtsamer Umgang mit der Natur war in früheren Kulturen üblich.

Menschen drückten ihre Verehrung und Dankbarkeit gegenüber der Schöpfung aus durch Gaben, Rituale, Gebete, Lobpreisungen und Gesänge. Wenn sie Heilkräuter gepflückt hatten, ließen sie zum Dank etwas Tabak, Maismehl, eine Feder oder einen schönen Stein zurück. Sie nahmen sich nur gerade so viel, wie sie benötigten. Niemals nahmen sie alle Pflanzen, sondern ließen genug zurück für andere Menschen oder Tiere.

Dieses respektvolle Verhalten öffnet das Herz der Menschen für Frieden und Mitgefühl. Sie nehmen von der Natur, was sie brauchen, und bedanken sich anschließend. So entsteht eine harmonische Balance, denn Geben und Nehmen befinden sich im Gleichgewicht.

Da dieser achtsame Umgang mit der Natur heutzutage völlig in Vergessenheit geraten ist, geben Naturkatastrophen der Selbstüberschätzung der Menschheit einen gewaltigen Dämpfer. Dies ist ein großer Schock in unserer durchrationalisierten, zivilisierten, vermessenen und materiell ausgerichteten Welt. Denn die uns vertraute, gerade und berechenbare Linie wird durch die Natur brutal unterbrochen.

Die wilde Göttin gibt unserer Welt das Natürliche, Farbenfrohe, Instinktive und Magische zurück. Mit ihren unberechenbaren, spiraligen Bewegungen zeigt sie uns, dass es etwas Mächtigeres gibt als unseren klugen Verstand. Damit macht sie deutlich, dass unser Intellekt ein schlechter Herr ist, denn er hat uns von unserer Seele getrennt. Sie ist die Mutter, die in allem lebendig ist, und fordert uns auf, wieder auf die Botschaften unserer Inspirationen, Wünsche, Gefühle, Instinkte und Träume zu hören. Denn um wieder mehr Gleichgewicht in unser Leben zu bringen, brauchen wir unsere einzigartige Kreativität und schöpferische Energie.

Die Göttin warnt uns eindringlich, die Natur noch weiter zu manipulieren und zu beherrschen. Das göttliche Weibliche meldet sich jetzt mit Macht, weil sie sich nicht jahrtausendelang ungestraft demütigen und verleugnen lässt. Ihre Qualitäten sind getragen von Liebe, Frieden und gegenseitigem Verständnis im täglichen Leben. Doch in unserer Welt werden gerade diese Eigenschaften als Schwächen der Frauen angesehen. Darum fehlen sie in der heutigen Welt. Liegt dies vielleicht daran, dass der goldenen Göttin ihre Position als gleichberechtigtes Gegenstück zu einem strahlenden Gott verweigert wird?

Wir erleben gerade, dass die Gegenwart der Göttin keineswegs nur Freude und Harmonie bringt. Sie ist nicht nur die sanfte, beruhigende, heilende, alles duldende und entschuldigende Mutter. Ganz im Gegenteil. Sie demonstriert uns ihre Liebe, indem sie uns mit den Folgen unserer Handlungen konfrontiert. Denn geduldig hat sie uns geschützt und häufig genug gewarnt. Nun müssen wir als Menschheit erwachsen werden. **Mutter Natur fordert uns auf, nicht länger mit den Schöpfungskräften zu spielen, sondern endlich Verantwortung für unsere Handlungen zu übernehmen.** Da wir nicht hören wollen, zeigt sie uns den richtigen Weg. Nun drückt sie ihre Liebe durch Klarheit, Strenge und Härte aus. Wir erleben die Konsequenzen als großen Wandel in allen Lebensbereichen. Emotional und persönlich werden wir durch Erfahrungen und Nachrichten konfrontiert, die mit Unterdrückung, Flucht, Krieg und Gewalt, fehlendem Respekt, Opferbewusstsein und Widerstand zusammenhängen.

Jeder sieht dies täglich in den Nachrichten und bekommt es zu spüren. Die dunkle Seite des Menschseins zeigt sich in aller Brutalität. Dies geschieht sowohl im Privatleben als auch in der Gesellschaft. So können und müssen wir entscheiden, welchen Weg wir wählen.

Der Wandel wirkt wie ein heftiger Herbststurm. Er reißt alles mit, was zu eng oder zu weit geworden ist, was zu viel oder zu wenig ist und nicht länger funktioniert. Die leidenschaftliche „Windfrau" rüttelt mit Macht all die vertrockneten Blätter und morschen Äste vom Baum unseres Lebens. Sie fegt um die Ecken unserer Lebenslügen und reißt alles mit sich. Sie entzieht uns Sicherheiten, Gewohnheiten und liebgewonnene Urteile. So werden alle Beziehungen, Freundschaften und Berufstätigkeiten dahingehend überprüft, ob sie noch tragen. Wir werden auf uns selbst zurückgeworfen, bekommen wieder Kontakt mit unseren Gefühlen und nehmen unsere Wünsche wieder wahr. Wir erkennen, dass sie zu uns gehören, dass sie richtig und überaus wichtig sind. Denn sie sind unsere innere Wahrheit. Nun sind wir wirklich ehrlich mit uns selbst.

In diesem klaren Zustand können wir die Gelegenheit nutzen und unsere Gefühle anderen mitteilen. Wir sehen uns in die Augen, ins Antlitz und zeigen unseren Schmerz, unsere Freude, unser Vertrauen, unsere menschliche Wärme oder Kühle. Wir verlassen die lauwarme „Mir-egal-Zone". Stattdessen zeigen wir uns in unserer Verletzlichkeit und Stärke. So kann unser Gegenüber mit uns fühlen und es entsteht ein Band der Empathie. Das ist die emotionale Nähe und der Respekt, nach der wir uns alle in unserem Herzen sehnen.

Erst wenn dies in vielen einzelnen Menschen und Gemeinschaften geschieht, entsteht eine so große Kraft, die die Power hat, grundlegend zu transformieren. Erst dann kann sich unsere Welt ändern, damit im Frühjahr neues Leben entstehen kann. Nach dieser persönlichen, inneren und weltweiten gesellschaftlichen Grundklärung kann eine humanere Kultur auf der Erde erschaffen werden.

All diese derzeitigen Stürme und Umbrüche haben das Ziel, eine neue Art von Menschen hervorzubringen. Die Prophezeiungen der indigenen Völker sagten auch einen biologischen Quantensprung vorher. Die erworbenen körperlichen, emotionalen und spirituellen Eigenschaften werden dann von dieser Generation an ihre Kinder und Kindeskinder vererbt werden. Das mag zunächst verwegen klingen, doch es ist möglich.

Biologen bestätigen, dass wir ungefähr alle acht Monate eine Kopie unseres Körpers erschaffen. Dank der Entdeckungen der Quantenphysik wissen wir auch, dass jede Materie verdichtetes Licht ist. Die Weisen der alten Völker lehren seit Jahrtausenden, dass wir von einem leuchtenden Energiefeld umgeben sind, das die Gestalt und Gesundheit des Menschen bestimmt. Diese Schamanen, Heilerinnen, Medizinfrauen und Lehrer sind in der Lage, Krankheiten zu heilen, eine stabile Gesundheit zu erschaffen und ihr persönliches Schicksal zu formen. Ihr Wissen ist unendlich kostbar, denn sie verkörpern das reiche Erbe ihres Landes und ihrer Kultur. Wir sollten aufhören mit unserem trotzigen Aufbegehren gegen alles, was uns geschenkt wurde. Wenn sie ihre Worte an uns richten, sollten wir ihnen Respekt erweisen und zuhören.

Die ungeheure Dynamik unserer Zeit bringt einen Austausch von Geist, Emotion, Spirit und Materie mit sich und führt letztendlich zu einer neuen ganzheitlichen Balance. Alle, die sich diese spannende Lebenszeit ausgewählt haben, wurden sehr gut auf diesen Wechsel vorbereitet. Unsere mutigen Seelen haben entschieden, an diesem gigantischen Wandel teilzuhaben. Jede Seele hat versprochen, ihren Beitrag zum Gelingen beizutragen. Jetzt ist es höchste Zeit, aufzuwachen, um sich an den Klang des eigenen Herzens zu erinnern, der uns alle vereint.

Darum erfasste viele als Kind oder später als Erwachsener eine innere Unruhe. Wir fühlten uns fremd, einsam und verlassen. Eine tiefe Sehnsucht trieb uns und wir begaben uns auf eine große Suche. Jedoch wussten wir nicht wirklich, was wir finden wollten. Doch wir wollten einfach dem Leben vertrauen. Viele reisten in andere Kulturen und lernten deren Götter kennen. Andere suchten im Außen. Einige wenige fanden dort ihr Glück, andere verloren sich im Alltag und in Verpflichtungen. Doch irgendwann erinnerten sie sich und begannen auch im eigenen Inneren zu suchen. In Stille und Zentriertheit kehrten wir zurück in unser Selbst und erfuhren inneren Frieden. Nun wurde klar, dass wir eigentlich immer uns selbst suchten, um uns bzw. unsere Seele zu erkennen. Wir hatten das vage Gefühl, dass auch in uns etwas Wunderbares, Leuchtendes verborgen sein könnte, das darauf wartet, entdeckt, geweckt und geliebt zu werden.

Gleichzeitig wollten wir auch endlich von anderen erkannt werden. Nicht in der Rolle als Mutter oder Vater, Bruder oder Schwester, Freund oder Angestellte, Krankenschwester oder Manager, sondern als die, die wir wirklich sind: ein Mensch mit unendlich vielen Facetten, Eigenschaften und Möglichkeiten. Ein Mann oder eine Frau, die wegen ihres inneren Reichtums wie eine Schauspielerin unterschiedliche Rollen spielen kann. Sie selber ist aber viel mehr als jede ihrer Rollen.

So machte sich der Ruf der Seele bei vielen bemerkbar...

Die Frage, die sich jeder Mensch irgendwann stellt, ist die:

Wo will ich eigentlich hin?

Und dahinter steht die große Sinnfrage:

Warum bin ich hier?

John Lennon drückte es so aus: „Warum in aller Welt sind wir hier? Sicherlich nicht, um in Schmerz und Angst zu leben. Warum bist du auf der Erde, wenn du von irgendwo herkommst und deinen Teil beiträgst?"

Jeder wird diese Frage für sich beantworten.

Vielleicht gibt es eine ganz einfache Antwort, die lautet: Das, was du denkst, sagst und tust, macht dich aus. Um herauszufinden, was in dir steckt, hörst du am besten anderen und auch dir selber aufmerksam zu. Denn im Gespräch mit anderen sagst du häufig das, was du selber beherzigen solltest! Auch dein Körper, deine Gefühle, Träume, Meditationen und Mußestunden senden dir ständig Signale, die dir den Weg weisen.

Egal, was deins ist, sei mutig und stehe dazu. Zeige vollen Einsatz und bring es mit Leidenschaft in die Welt! Gerade jetzt haben viele das Gefühl, dass die Zeit immer schneller vergeht. Darum zeige jetzt, was in dir steckt. Es ist wichtig, dass du dein Licht nicht länger unter den Scheffel stellst. Denn dein inneres Leuchten und deine Kraft werden gebraucht. Indianische Lehrer sagen, dass jeder eine Gabe oder „Medizin" in sich trägt, die erst ihn und dann andere heilt oder bereichert. Wenn du der Welt dein Geschenk vorenthältst, fehlt es. Nur gemeinsam können wir dem Zeitenwandel eine gute Richtung geben.

DER WEIBLICHE UND DER MÄNNLICHE WEG HEUTE

Die Richtung und das Tempo unseres Lebens wird von Männern bestimmt, und das seit Jahrtausenden. Es ist eine von Männern bestimmte Welt, in der wir leben. Besonders in den letzten Jahren zählen immer mehr die Leistung und Wirtschaftlichkeit jedes Lebensaspektes. Vorwiegend männliche Fähigkeiten gelten als Maßstab dafür, was gesellschaftliche Gültigkeit hat und Anerkennung erhält. Fast gleichzeitig lösen sich in Partnerschaften die klassischen Rollenverteilungen auf. Es finden auf allen Gebieten tiefgreifende gesellschaftliche Modernisierungsprozesse statt.

Viele Frauen befreien sich aus unerfüllten Beziehungen und stehen zu ihrem Grundbedürfnis, erkannt und so geliebt zu werden, wie sie sind. **Sowohl Frauen als auch Männer haben eine tiefe Sehnsucht nach Freiheit. Gleichzeitig wünschen sie sich aber auch Nähe und Geborgenheit.** Im Herzen möchte jeder Mensch als Person gemeint sein und für jemanden wichtig sein. Denn ohne Fürsorge können wir nicht überleben und ohne liebevolles Handeln fehlt unserem Leben ein tieferer Sinn. Die Veranlagung zu Liebe, Mitgefühl, Freundlichkeit, Toleranz und Güte ist in jedem Menschen verankert. Unsere Aufgabe ist es, sie zu wecken und zu entwickeln.

Doch zahlreiche Lebensentwürfe und Partnerschaften zerbrechen in dieser wilden Zeit daran, dass sich Frauen im Reich der Männer nicht willkommen fühlen, weil sie sich immer wieder behaupten müssen. Dieser tägliche Machtkampf ist außerordentlich mühevoll, schmerzhaft und langwierig. Er fordert ungeheuer viel feminine Energie, Improvisationstalent, Kreativität und Witz. Dieser steinige Hürdenlauf hat uns sehr ermüdet. Aber gleichzeitig hat er uns auch sehr stark gemacht. So haben gerade jetzt immer mehr Frauen das Gefühl, dass sie bei sich angekommen sind. Darum bestehen sie in ihrer Partnerschaft auf gegenseitiger Wertschätzung. Denn sie haben erfahren: Erst wer sich selber kennt und annimmt, kann auch andere wertschätzen und lieben.

Die mangelnde Wertschätzung von Frauen hat tief verwurzelte kulturelle Gründe. Denn in fast allen Religionen gibt es zwar einen männlichen Gott, aber keine bedingungslos liebende Göttin an seiner Seite. Schöpfung und neues Leben entsteht jedoch immer durch beide, Mutter und Vater. Ohne das Weibliche kann kein neues Leben entstehen, weder Menschen noch Tiere.

- Was bedeutet es, in einer Kultur zu leben, die davon ausgeht, dass alle Menschen nach einem männlichen Abbild geschaffen wurden?
- Wie wirkt sich dies auf Jungen aus?
- Was bedeutet es für Mädchen?
- Welche Folgen hat es für das Verhältnis zwischen erwachsenen Frauen und Männern?

Jeder Mensch hat einen Bauchnabel. So beweist unser Körper selbst, dass wir durch die Nabelschnur mit unserer Mutter verbunden waren und von einer Frau geboren wurden. Wenn nun Kindern gesagt wird, dass es einen männlichen Gott gibt, gleichzeitig jedoch nie von einer weisen Göttin gesprochen wird, mag dies zunächst für Jungen sehr unterstützend und bestätigend sein. Aber es ist natürlich nur die halbe Wahrheit. Dadurch fehlt allen Mädchen und Frauen ein Vorbild weiblicher Kraft.

- Wie können Mädchen zu energievollen, kreativen und mutigen Frauen werden, wenn es keine strahlende Göttin gibt, die sie segnet und in der Dunkelheit führt?
- Wie können Jungen und Männer Achtung, Liebe und Respekt vor der Weiblichkeit entwickeln?
- Und welches Mädchen möchte wie Eva werden?

Von Anfang an hat ein Mädchen in diesem Weltbild keine guten Karten. Denn Eva trägt die Verantwortung dafür, dass die Menschen aus dem Paradies vertrieben wurden – wegen einer Schlange und eines Apfels. Seitdem muss die Frau ihre Kinder unter Schmerzen gebären. Die Rolle von Evas Vorgängerin, Lilith, der ersten Frau Adams, ist auch nicht besser. Sie weigerte sich, unter ihm zu liegen. Denn Lilith war eine wilde und stolze Frau. Sie sah keinen Grund, sich Adam unterzuordnen. Als er darauf bestand, verließ sie ihn. Die Folge war, dass sie zuerst dämonisiert, dann kaum noch erwähnt und schließlich vergessen wurde.

In der patriarchalen Welt können Frauen für den Mann hauptsächlich durch ihre Schönheit gefährlich werden und ihn verführen. Mit ihrem Lachen und Charme, mit ihrer Jugend und Lebensfreude könnten junge Frauen Adams Söhne dazu verleiten, ihren Gefühlen zu folgen, ihre Liebe zu spüren und verletzlich zu werden. Das wäre wunderbar lebendig und schrecklich zugleich, denn so könnte eine Frau einen Mann dazu bringen, dass er sich verliebt und seinen klaren Kopf verliert. Damit wäre auch seine Macht in Gefahr. Darum war es für Männer immer leichter, Frauen pauschal als schlecht und wertlos anzusehen. Das ist der Grund dafür, dass Frauen bis heute für vieles als Sündenbock herhalten müssen. Im Gegensatz zu Männern fühlen sich Frauen sehr viel schneller verantwortlich und schuldig, wenn irgendetwas nicht klappt.

Aber kein junges Mädchen möchte glauben, dass sie dadurch, dass sie einen weiblichen Körper hat, weniger wert ist als ihre Brüder oder Cousins. In ihr wehrt sich alles, dass dies der Wahrheit entsprechen könnte. Denn sie möchte auch die Chance haben, sich zu entwickeln. Wenn sie die Möglichkeit dazu hat, wird sie mit Jungen auf Bäume klettern, Höhlen bauen, Theateraufführungen organisieren und Tiere zähmen. Sie möchte so frei wie Pippi Langstrumpf oder Ronja Räubertochter leben. Doch wenn sie mit 12 Jahren zur Frau wird, ist mit diesen Freiheiten meistens Schluss. Dann wird sie beginnen, ihre weibliche Seite zu unterdrücken, und sich bemühen, auf diese Weise in der männlichen Welt erfolgreich zu sein. Denn für Mädchen und Frauen ist das vorherrschende männliche Weltbild manchmal bedrohlich und oft lebensgefährlich.

Weltweit erhalten besonders viele Mädchen keine Ausbildung. Es gibt Kinderarbeit auf dem Bau, am Fließband, im Sextourismus, in Haushalten, Fabriken und bei der Ernte. Es ist beschämend, aber im 20. Jahrhundert blüht der Kinderhandel. Und in Entwicklungsländern gelten Mädchen immer noch weniger als Jungen, was bedeutet, dass kleine Mädchen häufiger abgetrieben werden als Jungen. Mädchen bekommen weniger zu essen, müssen sehr früh schon viel mitarbeiten und werden öfter gedemütigt, entmutigt und vernachlässigt.

Dieses Unrecht kann nur beseitigt werden, wenn wir uns darauf besinnen, dass es vor dem Patriarchat und dem männlichen Gott eine mächtige Göttin gab, die von alten Völkern über viele Jahrtausende verehrt wurde. In dieser Zeit wurden Frauen – anders als jetzt – sehr respektvoll behandelt. Sie waren mächtige Priesterinnen, Richterinnen, Herrscherinnen, Ärztinnen und Landbesitzerinnen. Diese Zivilisation wurde durch kriegerische Männer zerstört und führte zum Patriarchat, der Vorherrschaft der Männer.

Immer mehr Menschen erkennen, dass es zum männlichen Pol eine natürliche weibliche Entsprechung gibt. Denn es ist offensichtlich, dass die derzeitige bedrohliche Weltlage durch zu viel Macht in Männerhänden entstanden ist.

Damit sich etwas ändert und Neues entstehen kann, braucht es weiterhin die innovative Kraft von Männern, aber auch die spirituelle Energie von Frauen. Denn auf derzeitige Herausforderungen reagieren wir meistens mit dem Kopf: mit Diskussionen, Argumenten und Worten. Wir denken, nur so könnten wir die Kontrolle behalten, und wissen, wenn wir unsere Gefühle zeigen würden, besteht die Gefahr, dass wir gedemütigt oder verletzt werden. Fassen wir jedoch einmal den Mut und begegnen unserem Gegenüber auf der gefühlsmäßigen Ebene, zeigt sich immer wieder, dass das Weiche das eigentlich Starke ist. Denn ehrliche Gefühle schaffen Brücken zwischen Menschen. Sie lösen Fronten auf, entwaffnen unser Gegenüber und machen ihn zum Freund. Wenn wir zu unseren Gefühlen stehen, begegnen wir uns mit Verständnis und Mitgefühl. Dann wird das Leben natürlich, einfach und leicht, denn diese emotionale Offenheit ermöglicht Nähe auf einer tieferen menschlichen Ebene. Nach genau dieser Herzenswärme sehnt sich jeder. Darum sind nun besonders wir Frauen aufgefordert, zu unseren emotionalen Stärken zu stehen. Dazu müssen wir weit über unsere Geschichte hinausgehen. Das bedeutet: Wir lassen unsere alten Verletzungen und Leiden hinter uns, sehen uns selber nicht länger als Opfer und beenden das Leben als Märtyrerin. Erst wenn dies geschieht, können wir zu unseren zahlreichen Begabungen stehen und unseren Teil der Macht in Anspruch nehmen. Wir handeln dann aus einer gesunden und selbstbewussten Position der Stärke heraus. Unsere mütterlichen Fähigkeiten und Erfahrungen werden ebenso gebraucht wie unsere weibliche Weisheit.

Weltweit ist zu beobachten, dass Frauen, die Geld und Kleinkredite erhalten, dafür sorgen, dass nicht nur ihre Söhne, sondern auch ihre Töchter eine gute Schulbildung erhalten. Sie kümmern sich um ihre gesundheitliche Versorgung und gesunde Ernährung. Denn gebildete Frauen investieren zuerst in ihre Kinder und in ihre Gemeinschaft. Zahlreiche Projekte zeigen, dass Geld in Frauenhänden eine weitreichende positive Entwicklung für die gesamte Gesellschaft in Gang setzt. Wenn eine mittellose Frau einen Kleinkredit erhält, kauft sie z.B. eine Kuh, Hühner oder eine Nähmaschine. Häufig bilden Frauen auch unterstützende Gemeinschaften mit anderen Frauen und bürgen füreinander. Gemeinsam kaufen sie ein Stück Land und Tiere oder ein Haus. Ihre handwerklichen oder landwirtschaftlichen Produkte vermarkten sie gemeinsam und nutzen ihre unterschiedlichen Fähigkeiten. Auf diese kreative Weise handeln Frauen verantwortungsvoll. Sie sichern mit ihrer Investition ein Einkommen für die gesamte Familie. Außerdem sorgen sie für die Zukunft ihrer Kinder, für die der Gemeinschaft und für das Land.

Das, was da ist, teilen Frauen meistens gerecht unter allen auf und leben auf diese Weise Demokratie vor. Wenn Männer etwas verteilen, erhält oft der Stärkste oder Lauteste den größten Anteil. Mütter handeln anders! Sie tun dies wahrscheinlich nicht, weil sie die besseren Menschen sind, sondern ganz einfach, weil sie die Erfahrung gemacht haben, wie viel Zank und Streit es gibt, wenn von 10 Kindern sechs ein großes Stück Kuchen erhalten und dafür vier leer ausgehen… Im täglichen Leben sorgt eine Frau dafür, dass jeder zu seinem Recht kommt und ein erträgliches, angenehmes oder im besten Fall ein glückliches Leben hat.

Wie kommt es, dass es Männern so schwerfällt, eine Frau wirklich zu verstehen? Sie verzweifeln immer wieder an unserer paradoxen Unlogik. Zum Teil liegt es sicher daran, dass Frauen nicht in Zahlen und geraden Linien denken. Weibliche Wesen haben häufig das Wesentliche und Ganze im Blick. Nehmen wir zum Beispiel eine Frau, die eine große Familie mit mehreren kleinen Kindern hat. Wenn sie zum Einkaufen geht, bringt sie wahrscheinlich die Haushaltsbasics mit, die auf der Liste stehen. Zusätzlich hat sie auch noch Schulsachen, Gummistiefel und Geburtstagsgeschenke für den nächsten Monat gekauft, weil all diese Dinge gerade im Angebot sind. Frauen haben sozusagen einen Weitwinkel-Blick, der die ganze Familie mit einschließt und die Bedürfnisse von jedem Mitglied beinhaltet. Sie finden Wege, die sich ähnlich verhalten wie das Wasser. Hindernisse werden so lange gedanklich umspült, bis sich neue Möglichkeiten finden. Wenn es nicht so geht, dann eben anders… Das ornamentale, wie ziellos wirkende feminine Denken trifft auf maskuline Gradlinigkeit und Logik.

So haben zum Beispiel 75- bis 80-jährige Großmütter in Tucson/Arizona 2005 das lokale Rekrutierungsbüro gestürmt, um sich dort für die Armee registrieren zu lassen. Sie wollten sich ausbilden lassen und in den Irak schicken lassen, damit ihre Söhne und Enkel nachhause gehen können. Als Begründung gaben sie an, dass es unnatürlich ist, dass die Enkel vor den Großeltern sterben. Sie haben ein hohes Alter erreicht und wollten sich gegen ihre Enkel austauschen lassen. Vorher wollten sie sich mit den dort einheimischen Großmüttern gegen das Morden einsetzen. Mit bunten Flohmarkt-Kleidern, Flower-Power, wilden Perücken und Klimperketten nutzen sie ihre Weisheit, ihren Zorn und Spott, indem sie selbstgedichtete Lieder zu bekannten Protestliedern singen. Die furchtlosen Grannies wissen, dass es weit kommen muss, bevor singende ältere Damen zusammengeschlagen werden. Sie singen laut und frech und rufen zum gewaltlosen Protest gegen mächtige Entscheidungsträger auf.

Die Bewegung der Raging Grannies hat sich inzwischen zu einer weltweiten weiblichen Protestszene entwickelt. Sie setzen sich leidenschaftlich, intelligent und mit viel Spaß für eine bessere Welt für nachfolgende Generationen ein. Diese mutigen Großmütter handeln natürlich völlig unvernünftig. Andererseits zeugen ihre Aktionen von einem tiefen Verstand, einer großen Liebe zum Leben, von Mitgefühl und Verbundenheit mit allen Menschen.

Der männliche Weg, zu denken und sich zu entwickeln, folgt eher der äußeren Wahrheit und physischen Realität. Für sie erhellt die leuchtende Sonne den Pfad und so folgen Männer diszipliniert einem Weg, einer Theorie oder geistigen Tradition. Sie erklimmen eine Stufe nach der anderen. Im Extrem führt das zu der Einstellung: Dieses Prinzip oder Gesetz gilt unter allen Umständen. Wenn A gilt, dann folgt B: Aktion gleich Reaktion. Es werden keine Ausnahmen geduldet, denn nur so können wir Ordnung und Sicherheit garantieren. Wenn zum Beispiel ein Dieb gefasst wird, erhält er die vorher festgesetzte Strafe. Doch messerscharfe Gerechtigkeit hat zur Folge, dass wichtige Fragen unberücksichtigt bleiben, wie: Was wurde gestohlen? Warum wurde gestohlen? War es Habgier oder Not? Wer wurde geschädigt? Hat ein Vater Essen für seine Kinder gestohlen von jemandem, der im Überfluss lebt?

Die Geschichte, wie sie uns in der Schule gelehrt wurde, handelt fast ausschließlich von solch männlichen Denk- und Machtstrukturen. Sie ist eine endlose Folge von Herrschern, religiösen Führern, Künstlern, Generälen, Königen und Revolutionären, die ihre eigene Kultur zur Blüte gebracht haben, indem sie andere zerstörten, besiegten und einverleibten. Dieses Verhalten hat weltweit Männer-Religionen und männliche Regeln hervorgebracht. Gott als Vater thront für die Menschen unerreichbar weit oben im Himmel. Auch dem Papst, seinem irdischen Stellvertreter, fehlt die Lebenserfahrung, ein von einer Frau geliebter Mann, Vater oder Großvater zu sein. Durch seine zölibatäre Lebensweise ist er dem irdischen Leben weit entrückt. Und doch ist er es, der die Einhaltung der himmlischen Gesetze und moralischen Prinzipien im Erdenleben der Menschen überwacht! Für die lebendige Frau bleiben in diesem Weltbild nur die Rollen als Dienerin des Mannes wie als Ehefrau, die dem Mann den Rücken freihält, als Mutter, die umso mehr Achtung erfährt, je mehr Söhnen sie das Leben schenkt, oder als Nonne, die ihr Leben Gott weiht. So sind im weltweiten Frauen-Alltag Selbstbestimmung, ein freies Leben und gleicher Lohn für gleiche Arbeit immer noch ein Traum.

Gerade zeigt es sich, dass ein ausschließlich maskulin und intellektuell ausgerichteter Weg überaus schädlich ist. Darum wünschen sich viele Menschen eine Abkehr von den ausgetretenen Wegen und dem Kriegerdenken der Geschichte, das hauptsächlich von Siegern und Besiegten handelt. Denn es zeigt sich, wie unendlich zerstörerisch es sich auf alles Leben auswirkt. Es verletzt die Grundbedürfnisse von Männern, Frauen und Kindern. Außerdem bringt es „Zukunfts-Diebe" hervor. Denn es führt zur unkontrollierten Zerstörung der Wälder, der Lebensräume von Menschen und Tieren. Eine ausgeprägte Leistungsgesellschaft missachtet viele menschliche Grundrechte, wie das Recht auf sauberes Wasser, saubere Luft, unbelastete Erde, Zugang zu natürlichen Heilmitteln u.v.m..

Da alles kontrolliert und festgelegt werden soll, bekämpft diese Einstellung und Wertung letztendlich alles Lebendige, sich selber und die Natur. Wenn sich Menschen jedoch zu vielen künstlichen Prinzipien und Vorgaben beugen und unterwerfen müssen, bleiben sie in einem Leben stecken, dass sie nicht mehr wollen. Es gibt zu wenig Raum für individuelle, kreative und unkonventionelle Wege. Ein zu starkes Reglement führt dazu, dass sich Menschen ausgenutzt fühlen und in ihrer Würde verletzt sind. Denn weder ihre Individualität noch ihre besonderen Fähigkeiten werden gesehen oder gebraucht. Wirtschaftlich gesehen sind sie dadurch leicht austauschbar, doch die Folge ist, dass sie emotional aus diesen Verhältnissen aussteigen. Sie kündigen innerlich, weil all ihre Lebensfreude erstickt wird und ihr Körper mit Krankheit reagiert. Um den Schmerz nicht zu spüren, holt man sich Ersatzbefriedigungen, kauft Autos, Schuhe, wird karrieresüchtig, verliert sich in sozialen Medien oder Computerspielen. Doch Ersatzbefriedigungen machen bedürftig und süchtig. Das zeigen die vielen Burn-outs und Depressionen von Lehrern, Krankenschwestern, Unternehmern, Leistungssportlern und Familien-Managerinnen. Schon Kinder leiden unter Migräne und Bauchschmerzen, wenn sie nur an die Schule denken. Doch die deutlichen Körpersignale werden häufig ignoriert, um den Schmerz nicht spüren zu müssen.

Es ist der seelische Schmerz darüber, ausgeschlossen zu sein, keine sinnvolle Arbeit zu haben und nicht anerkannt zu werden. Unser Körper signalisiert uns, dass wir in gestörten Beziehungen leben, die sich im Inneren und im Äußeren zeigen. Das bedeutet, wir müssen eine andere Kultur in unsere Gesellschaft bringen.

Heute sehen wir, dass eine rücksichtslose Raubtiermentalität und maßlose Gier nicht nur viele Einzelpersonen, sondern die gesamte Erde an den Rand des Kollapses gebracht hat. Denn das jahrtausendealte Faustrecht des Stärkeren, des Potenteren, des Reicheren, des Mächtigeren, des Klügeren und des Informierteren hat die Herzen der Menschen hart werden lassen. Diese Kraftmeierei und Verwilderung der Kultur hat sich gegen menschliche Gefühle, Werte und gegen die Grundbedürfnisse von Menschen gerichtet. Da nur die Rentabilität zählt, wurden nach und nach Dinge, die etwas kosten, aber nichts oder wenig einbringen, vernachlässigt. Dies ist an der niedrigen Bezahlung von Hebammen, Kindergärtnerinnen, Grundschullehrern, Krankenschwestern, Sozialpädagogen und Altenpflegerinnen abzulesen. Aber auch daran, dass Künstlerinnen und Archäologen kaum von ihrem Beruf eine Familie ernähren können. Diese ausgeprägte Kopflastigkeit erschöpft uns alle. Dabei ist es unbestritten, dass es viele grundlegende Verbesserungen gibt, die unser Leben bequem und gemütlich machen. Im Endeffekt sind die Menschen dadurch jedoch nicht glücklicher als früher und unsere Welt ist nicht besser geworden. Unser Leben ist nicht sinnvoller, gesünder oder humaner als das unserer Vorfahren. Trotz all der großartigen technischen Fortschritte konnten wir nicht dafür sorgen, dass im 21. Jahrhundert kein einziges Kind auf der Erde verdurstet oder verhungert oder dadurch stirbt, dass die nötigen Medikamente fehlen! **Fakt ist: Wir fliegen eher zum Mond, als unsere Probleme auf der Erde zu lösen. Obwohl wir durchaus dazu in der Lage sind!** Denn Wissenschaftler haben ausgerechnet, dass ganz praktisch für jeden Erdbewohner genug von allem vorhanden ist. Es gibt genug zu essen, zu trinken und genug Energie. Das Problem ist einzig und allein die ungerechte Verteilung.

Astronauten, die unsere Erde aus großer Entfernung sehen, sind begeistert von der Schönheit und Zartheit unseres Planeten. Wir leben auf einem wunderschönen Planeten, und anstatt ihn zu pflegen, schlagen wir uns gegenseitig die Köpfe ein: Weil verschiedene Völker unseren Schöpfer, unsere Schöpferin mit anderen Namen nennen. Weil wir Angst vor dem Fremden haben. Weil wir meinen, überlegen zu sein… Dabei haben Menschen aller Hautfarben und Religionen ähnliche Bedürfnisse. Wenn wir einmal aus dieser Weitwinkel-Perspektive schauen, ist es schon verwunderlich, warum wir Menschen es bis jetzt nicht geschafft haben, uns als bunte Erdbevölkerung zu akzeptieren und friedlich miteinander zu leben. Gerade in diesen Jahren werden durch zahlreiche Kriege ganze Völker aus ihrer Heimat vertrieben. Es herrscht unerträgliche Not auf der Erde. Doch die Menschheitsgeschichte lehrt uns, dass Gewalt und Krieg – im Privaten und im Großen – das Gegenteil von Kultur ist und diese zerstört. Sich kultiviert zu verhalten, bedeutet, dass kein körperlicher Kampf stattfindet und der Gebrauch von Schimpfworten und Beleidigungen unterbleibt. Sich menschlich zu verhalten bedeutet, empathisch, demokratisch und verantwortlich zu handeln. Die täglichen Nachrichten zeigen jedoch genau das Gegenteil. Darum gerät die Welt überall aus den Fugen. – Und das geschieht gerade in einer Zeit, in der wir Menschen dachten, wir hätten die Fäden in der Hand und alles unter Kontrolle…

Doch die Natur zeigt uns etwas ganz anderes: Erdbeben, Wasserknappheit, riesige Flutwellen, Erdrutsche, aktive Vulkane, Atomunfälle, aussterbende Tierarten… Die Liste ließe sich endlos weiterführen und macht deutlich, dass zum Überleben auf unserem Heimatplaneten neues Denken und vor allem neues Verhalten notwendig ist. Die Erde zeigt uns, dass wir zu viel gespielt haben und bereits vieles verspielt haben. Denn unsere Wissenschaftler haben alles umgesetzt, einfach weil es möglich ist. Machstreben, Gier und unverantwortliches Handeln schaden allen gleichermaßen. Nun haben wir uns den Folgen unseres Verhaltens zu stellen. Denn wir haben die Rechnung ohne den Wirt bzw. die Wirtin, unsere Erde, gemacht.

EINE EHE-GESCHICHTE VON KOJOTE-MANN UND DEM STREIT MIT SEINER FRAU (LAKOTA-INDIANER)

Kojote war überall bekannt als Trickser und Charmeur. Er galt als arbeitsscheuer und eingebildeter Taugenichts. Kojote war mit einer Maulwurfsfrau verheiratet. Während er träumte und große Reden führte, mühte sie sich jeden Tag, Moos, Hagebutten, Kräuter und Larven zusammenzubekommen, um ihre Kleinen gesund über den Winter zu retten. Schließlich hatten die anderen Tiere Mitleid mit ihr und überließen ihr ein Rehkitz. Maulwurfsfrau umklammerte es mit aller Kraft und schickte ihren Ältesten, damit er seinen Vater hole. Sie brauchte Kojotes Hilfe, damit er das Kitz tötete und die Familie zu essen hätte. Sie sagte noch: „Kojote soll sich beeilen, denn das Kitz ist stark und ich kann es nicht mehr lange halten."

Der Junge rannte zur Hütte und sah, dass Kojote gerade genüsslich alle Vorräte verspeiste, die seine Frau gesammelt hatte. Er berichtete seinem Vater von dem gefangenen Kitz und der antwortete: „Sag deiner Mutter, ich komme gleich. Ich besorge mir nur Pfeil und Bogen." Doch Kojote war ein Träumer und kein Jäger. Er hatte weder Pfeile, noch besaß er einen Bogen. Deshalb musste er in den Wald gehen und sich einen Ast für den Bogen besorgen. Außerdem brauchte er Beerenzweige und Federn für die Pfeile und ein Wildlederband als Sehne. Dann erst konnte er sich Pfeile und einen Bogen herstellen. Das dauerte alles so lange, dass die Kräfte von Maulwurfsfrau nachließen. Das Kitz befreite sich gerade, als Kojote endlich kam. Er schoss. Doch er hatte keine Übung und das Kitz verschwand im Wald.

Nun war Maulwurfsfrau richtig wütend auf ihren Mann. Ganz besonders, als sie sah, dass er auch alle Vorräte für die Kinder genommen hatte. Da konnte sie seine Herzlosigkeit nicht länger ertragen. Sie sagte ihm sehr deutlich und in allen Einzelheiten, was sie von ihm hielt. Nun war er tief gekränkt von ihren Worten. Voller Wut ging er mit einem Messer auf sie los. Sie wankte aus der Hütte und beschmierte sich noch im Fallen mit dem roten Saft der Beeren. Er verfolgte sie und stach noch einige Male zu, doch jedes Mal wich sie kurz vorher leicht aus. Er sah nur noch rot, und nachdem sie still liegen blieb und sich nicht mehr bewegte, ging er in dem Glauben, sie sei tot, zurück in die Hütte.

Erst einmal fühlte er sich erleichtert, sie los zu sein. Nun hatte er endlich seine Ruhe vor ihrem Gemecker und Gezänk. Doch irgendwann bekam er Hunger und die Kinder fragten nach ihrer Mutter. Da gab er die Älteren zu ihrem Onkel Eisvogel in Pflege, aber den Jüngsten, den er besonders liebte, behielt er bei sich.

Lange Zeit suchte er Nahrung und ein neues Zuhause für sich und das Baby. Schließlich begegnete er einer Frau, die ein rotgefärbtes Wildlederkleid trug und Bitterwurzeln ausgrub. Er band seinen Sohn auf das Wiegenbrett und hängte ihn in einen Ast, um in Ruhe mit der Frau sprechen zu können. Sie erinnerte ihn irgendwie an seine Frau. Doch sie ließ sich nicht stören und zeigte ihm nicht ihr Gesicht. Denn es war tatsächlich die Maulwurfsfrau, die ihm aus Sorge um ihr Kind heimlich gefolgt war.

Als er sie ansprach, um eine Medizingeschichte von ihr zu hören, weil er eine lange Reise hinter sich hatte, sagte sie: „Oh, ich habe eine schlimme Geschichte zu erzählen. Sie handelt von Kojote, der seine Frau getötet und seine Kinder im Stich gelassen hat."

Als sie hochsah, erkannte er Maulwurfsfrau…

In alten Zeiten erzählte man, nun habe Kojote wieder zum Messer gegriffen und sie endgültig getötet, so dass sie sich wirklich in einen Maulwurf verwandelte und für immer im dunklen Schoß von Mutter Erde verschwand.

Wenn eine Frau heiratet, passt sie auf alles auf, was der Mann macht und wie es ihm geht. Sie ist Aufpasserin, Dienerin und Diplomatin in einem. Die Maulwurfsfrau geht ganz in ihrer Aufgabe auf. Sie arbeitet und versorgt ihre Familie, so gut, wie sie es alleine schaffen kann. Ihr Leben ist ganz erdgebunden. Sie sieht zwar die Fehler ihres Kojote-Mannes, lässt sich dadurch aber nicht davon abbringen, sich von ihm ausnutzen und schlecht behandeln zu lassen.

Der Kojote spielt in den Geschichten der Ureinwohner Amerikas eine wichtige Rolle. In vielen Kulturen wird er als Gauner, Schwindler und Schlitzohr bezeichnet. Wenn andere ihn hereinlegen wollen, nutzt er seine Klugheit und seinen Humor, um den Spieß umzudrehen. Aber er ist noch viel mehr. Er ist ein Überlebenskünstler, der sich durch seine Hinterlist und Gerissenheit rettet. In vielen Legenden spielt er die Rolle des Clowns oder Dummen Augusts. Dann überlisten ihn seine eigenen Trickkünste, er tappt in seine eigene Falle und überlebt es irgendwie. Hier legt er seine Frau herein und spiegelt unsere menschlichen Eigenschaften, sowohl dumme als auch kluge. In den Verrücktheiten seiner Taten erkennen wir unsere eigenen Verrücktheiten. So bringt er uns vieles bei. Darum wird der Kojote auch als Medizin-Hund bezeichnet.

Wir können hier von ihm die Kunst der Eigen-Sabotage lernen. Außerdem zeigt er uns die Folgen menschlicher Untugenden, wie Egoismus, Gier und Maßlosigkeit. Der Kojote-Mann ist mal ein Hochstapler oder ausgefuchster Verkäufer, ein Geschäftspartner, der uns übers Ohr hauen wird, und hier ein miserabler Geliebter, Ehemann und Vater.

Wir können hoffen, dass sich Kojote durch seine einsame Zeit besonnen hat und endlich erwachsen geworden ist. Dann weiß er, dass Maulwurfsfrau ihm mehr Vertrauen geschenkt hat, als er verdient hatte. Möglicherweise hat er sich wieder mit Maulwurfsfrau versöhnt. Und vielleicht hat Maulwurfsfrau erkannt, dass auch Worte zu Waffen werden können, die tief verletzen. Hoffentlich haben sich beide daran erinnert, dass Liebe behütet und gepflegt werden muss. Denn sie ist wie ein kleines Kind, das glücklich ist, wenn es in den zärtlichen Armen eines Baumes gewiegt und geschaukelt wird.

Heutzutage gibt es hoffentlich ein besseres und neues Ende. Menschen können sich ändern, leider tun sie es erfahrungsgemäß eher selten. Doch wir können uns neu erfinden! Indem wir eine schlechte Beziehung beenden oder uns eine sinnvolle Arbeit suchen. Wir können offen sein für neues Wissen und neue Menschen, und es ist möglich, eine vergiftete Atmosphäre hinter sich zu lassen. Wenn wir gedemütigt werden, müssen wir nicht sagen: „Vielen Dank, dass du mich mit Dreck bewirfst. Darf ich dir nun das Abendessen servieren?" Selbst wer seine Selbstachtung schon verloren hat und sich darum selber nicht leiden mag, kann etwas Neues aus sich und seinem Leben machen. Zugegebenermaßen ist dies mit kleinen Kindern nicht einfach. Doch es ist eine gute Alternative zu dem Weg, irgendwann zu alt und bitter zu werden, um noch etwas zu lernen. Anstatt viele Jahre im eigenen Saft zu schmoren, ist es sinnvoller, zu lernen, wie man nicht miteinander umspringen sollte, und sich daran zu erinnern, wie man selber gerne behandelt werden möchte. Doch einseitige Loyalität und sich immer aufs Neue enttäuschen zu lassen funktionieren nicht, weil wir uns so nicht weiter entwickeln können. Viele Frauen bewegen sich darum aus ihrem gewohnten Leben, das zwar sicher, dafür aber langweilig geworden ist, und erfahren, dass eine gescheiterte Ehe oder eine andere enttäuschende Beziehung den Weg zum Glück bereitet. Es sind sozusagen als Unglücksfälle getarnte Glücksfälle.

Die Zeiten gehen ihrem Ende zu, in denen Männer die Chefs waren und Frauen gehorchten. Immer mehr Frauen befreien sich aus unerträglichen Situationen. Sie gehen in eine ungewisse Zukunft, obwohl sie vielleicht ohne Ausbildung sind, kein Geld, aber meistens Kinder haben. Sie wissen nicht, wovon sie leben sollen, aber tief in ihnen ist eine Zuversicht, die flüstert: Du wirst eine Lösung finden!

Nach dem Fortgehen folgt meistens eine sehr turbulente Phase, in der sie ihr neues Leben aufbauen. Diese intensive Zeit ist geprägt von ganz viel Arbeit und Erschöpfung, aber auch von großer Lebendigkeit, Leidenschaft und Nähe zu anderen Menschen. Im Nachhinein kann kaum eine sagen, woher sie die Kräfte nahm. Irgendwann kommt Unterstützung von Freunden, anderen Frauen oder durch Mund-zu-Mund-Propaganda und das Leben findet eine neue Ordnung. Die Frauen erhalten Anerkennung für das, was sie aufgebaut haben. Diesen Zustand beschreibt Hermann Hesse so: „Und jedem Anfang wohnt ein Zauber inne, der uns beschützt und der uns hilft zu leben."

Die inneren Gaben eines Menschen zeigen sich sehr kraftvoll, sobald er vor völlig unbekannten Situationen und Herausforderungen steht. Er wird sozusagen herauskatapultiert aus seinem Alltag und muss sich völlig neu orientieren. Hier gibt es noch keine Pfade, Wege oder feste Straßen. Es helfen nur Kreativität, Mut und Zuversicht, Vertrauen und Offenheit. Wenn sich dein Leben grundlegend ändert, entscheidest du dich, die volle Verantwortung für dein Handeln zu übernehmen. Du bist offen und flexibel, um dich neu zu entscheiden für einen Weg, der deiner ist. Du findest diesen Weg, wenn du ganz ehrlich mit dir selber bist. Dann handelst du voller Vertrauen in deine Kraft und glaubst daran, dass deine Intuition dich in jedem Augenblick führt. So fällt es dir leicht, alte Verhaltensmuster hinter dir zu lassen und dich weiterzuentwickeln. Sobald du auf dich selbst vertraust, weißt du, wie du leben musst. Dann erst hast du erfahren, wie stark du bist. Du hast viel Kraft in dir, du musst nur wagen, dies zu erkennen.

Frauen, die diesen mutigen Weg gegangen sind, wollen etwas für ihr Land tun. Sie lieben das, was sie tun. Häufig unterstützen sie sich gegenseitig, gründen Kampagnen gegen Missstände wie Sextourismus oder Kinderarbeit. Sie lieben Pflanzen und wissen, wenn man gut für kleine Samen sorgt, wird etwas Schönes daraus. Viele setzen sich ein für die Verbesserung der Bildung, das Gesundheitswesen und den Erhalt der Natur. Eine eröffnet ein Hotel, in dem sie ihren ganz persönlichen Geschmack ausdrückt und ihre Seele zeigt. Sie nennt es „atmosphärische Raumkunst". In ihren Räumen schafft sie eine einzigartige Harmonie mit der Natur, den verwendeten Materialien und Kunstgegenständen. Sie nutzt auf ihre individuelle Weise ihr Wissen, um positiven Einfluss auf die Gesundheit und das Leben ihrer Gäste zu nehmen. All diese Frauen glauben an die Zukunft und sind bereit, einen Beitrag dazu zu leisten, dass die Erde ein besserer Ort ist dadurch, dass sie gelebt haben.

Trotz aller Belastungen entwickeln doch manche langandauernden Beziehungen eine erstaunliche Elastizität und Stabilität. Obwohl sie häufig stark strapaziert werden und in alle Richtungen gedehnt, gezerrt und gezogen werden, nehmen sie immer wieder ihre ursprüngliche Form an. Die Krisen gehen vorbei, die Verletzungen heilen und die Liebesbeziehungen brechen nicht entzwei, sondern erwachen immer wieder neu.

UNTERDRÜCKUNG DER SEELE
UND DER WILDEN FRAU

Die ständige Ausbeutung der Natur führt zur Bereicherung einiger weniger Männer und Familien, die nicht an die Konsequenzen für ihre Mitmenschen oder ihre eigenen Kinder und Enkel denken. Sie fragen sich niemals: „Wie wird mein Enkel leben, wenn er so alt ist, wie ich es jetzt bin? Wird er wilde Tiere in der Natur antreffen oder nur Filme darüber ansehen können? Wird er gesundes Wasser trinken und saubere Luft atmen?" Energieräuber leben nach der Devise: „Nach mir die Sintflut. Ich nehme mir, was ich kriegen kann."

Menschen, die auf diese Weise denken und leben, sind emotional bestimmt nicht in der Lage, den Kulturen, die Jahrtausende vorher auf der Erde lebten und kaum Spuren hinterließen, Respekt zu erweisen. Denn dies würde bedeuten, dass sie so leben würden, dass sie die Harmonie in der Natur achten und nicht aus dem Gleichgewicht bringen. Sie könnten jahrhundertealte Bäume pflegen, anstatt sie abzuholzen. Oder Begräbnisstätten und Heiligtümer bewahren, Tierarten schützen und Flüsse dort belassen, wo sie fließen. Stattdessen werden auf altem Stammesgebiet Flüsse umgeleitet, gestaut und das Wasser verpestet. Die Oberfläche der Erde wird aufgerissen, um Edelmetall, Erdöl und Kohle zu nutzen.

Frühere Kulturen, wie die feminin ausgerichteten Theologien der australischen Aborigines oder der amerikanischen Ureinwohner, kennen weder eine Vertreibung aus dem Paradies noch eine Trennung von der Göttin. Sie lebten weitgehend im Einklang mit der Erde und dem ständigen Wandel in der Natur. In der indianischen Kultur gibt es ein tiefgründiges Wissen um die wichtige Rolle der Frauen. Dieses Wissen kann modernen Frauen und Männern helfen, das Gleichgewicht des Lebens auf der Erde zu erneuern. Indianische Völker sahen das Paradies und den Garten als Leihgabe oder Geschenk, das ihnen für ihre Lebenszeit anvertraut wurde. Ihre Aufgabe sahen sie darin, die Erde zu hegen und zu pflegen. Sie hinterließen kristallklare Flüsse, Wild und Heilkräuter im Überfluss.

Sie nutzten die Weisheit der Medizinräder, die eine vielschichtige spirituelle Philosophie und Wissenschaft der Erde darstellt. Medizinräder sind für sie ein Spiegel des Universums. Denn durch sie wird die untrennbare Verbundenheit des Menschen mit der Leben spendenden Natur sichtbar. Viele Jahrtausende orientierten sich indianische Völker an dieser Weisheit, um im Einklang mit dem Lebensprinzip und der Gegenwart des Großen Geistes und in Balance mit dem Selbst zu leben. Die Lebenswelt der Ureinwohner war vom Geist des Lebens beseelt und sie hatten ein umfangreiches Wissen über Heilung und Energie, das einen festen Platz in ihrem Alltag besaß. In unserer heutigen Welt ist es genau diese Beziehung zwischen Mensch und Natur, die am dringendsten der Wiederentdeckung bedarf. Denn darin eröffnet sich eine unschätzbare Quelle der Heilung.

Die moderne und die indigene Weltsicht stellen grundverschiedene Auffassungen vom Leben dar. Dies wirkt sich ganz unterschiedlich darauf aus, wie Menschen mit sich selber, untereinander und mit der Natur umgehen. Um vor den Folgen zu warnen, die der moderne Weg mit sich bringt, suchen Abgeordnete indigener Völker schon lange den Kontakt. Die Stimmen ihrer Lehrer werden immer lauter, je mehr die Wälder schrumpfen und die Luft verpestet wird, ebenso wie die Meere und das Grundwasser. Die Weisen erzählen, dass unsere Erde einst unbewohnbar war und später alle Giftstoffe in ihrem Inneren verborgen hat. In ihren Sagen berichten sie, dass die Eroberer des Landes diese Gifte wieder freisetzen werden. Dann wird die Erde verseucht und öd sein. Dies bestätigen unsere Wissenschaftler. Sie haben herausgefunden, dass vor 250 Millionen Jahren die Erdatmosphäre hauptsächlich aus lebensfeindlichem Kohlendioxyd bestand. Pflanzen verwandelten es allmählich in Sauerstoff, gleichzeitig wurde viel Kohlenstoff in der Vegetation gebunden. So bildeten sich Humus und fossiler Brennstoff, der tief in der Erde lagert.

Die modernen Menschen glauben, ein Anrecht auf alles zu haben. Darum fördern wir alle verborgenen Schätze der Erde an die Oberfläche. Wir nutzen fossile Brennstoffe, setzen Kohlendioxyd und giftige Kohlenwasserstoffe frei und gehen sogar so weit, das Öl an den schmelzenden Polkappen zu fördern. All diese Naturschätze sind über Jahrmillionen gewachsen. Sie werden innerhalb von zwei oder drei Generationen vernichtet und sind für nachfolgende Generationen verloren. So zerstören wir das Leben unserer Enkel für das Leben unserer Kinder. Doch das ist völlig unnötig, denn es gibt inzwischen gute und saubere Energiequellen, die unschädlich für Menschen, Tiere und die Natur sind.

Zum Glück gibt es zahlreiche Menschen, die den alten Seelen zuhören. Sie wissen, dass man das Leben besser verstehen und meistern kann mit den

Erfahrungen der Generationen, die vor uns lebten. Sie alle haben unseren Weg vorbereitet. Wir stehen sozusagen auf den Schultern unserer Ahnen. Und die Älteren werden nicht müde, uns zu sagen, dass sich an unserer Lebensweise etwas grundlegend verändern muss. Viele Menschen haben sich schon vor Jahren auf den Weg gemacht, um die alten Werte zurückzubringen. Sie sind auf der Suche nach innerer Wahrheit, um Lösungen zu entwickeln für all die Probleme, die sich schon lange abgezeichnet haben. Sie wissen, wie wichtig Berührungen für Menschen sind. Denn ohne Körperkontakt und Umarmungen, ohne Trost und Zuspruch, ohne Ermutigung und sinnliche Verbindungen verkümmern die Menschen.

Die Erfahrung zeigt, dass seelische Vernachlässigung dazu führt, dass sich Kinder nicht geborgen fühlen und als Erwachsene keine Gelassenheit entwickeln können. Nicht nur Frauen misstrauen der weit verbreiteten wissenschaftlichen Überzeugung, dass nur das wahr und wirklich ist, was messbar und kontrollierbar ist. Inzwischen haben sich viele weltweit zu Kämpfern und Kämpferinnen für die Erneuerung des Humanismus und die Demokratie entwickelt.

Oft werden starke Frauen und Männer zitiert. Doch häufig ecken freie, wilde Menschen an. Zunächst wurden sie verspottet und mundtot gemacht. Jahre später werden sie für ihre Arbeit und ihr Engagement mit Achtung und Respekt behandelt. Denn starke Menschen sind für die allgemeine Bequemlichkeit bedrohlich, weil sie aus ihrem gesellschaftlichen Korsett ausbrechen. Jeder weiß, was einer schafft, könnte ihn zum Vorbild für andere werden lassen. Was ein Mensch tut, kann auch ein anderer schaffen. Pionierinnen verlassen die gut gepflasterten Straßen und schlagen sich stattdessen in die Büsche. In der Wildnis überspringen sie Gräben, durchschwimmen reißende Flüsse, durchqueren gefährliche Moore und klettern auf Bäume, um den Überblick zu behalten. Auf ganz unterschiedlichen Wegen überwinden sie ihre Grenzen und werden wegweisend für andere Frauen. Mit ihrer wilden Lebendigkeit fordern sie ihre Mitmenschen heraus.

Die Zeiten, in der Frauen im Zentrum des sozialen Lebens standen, waren sehr viel länger als die letzten gut fünftausend Jahre, in denen Männer herrschen. Ungezählte Generationen von Männern haben starke Frauen systematisch durch einengende Gesellschaftsregeln unterdrückt, entwürdigt und bestraft. Auch die Kirche hat dafür gesorgt, dass wir nicht zu mächtig wurden. Längst sind Frauen nicht mehr stolz auf ihre Fähigkeit, Leben schenken zu können. Denn im Laufe der Zeit wurden ihnen ihr magisches Wissen um Heilweisen, ihr großer Erfahrungsschatz um psychische Zusammenhänge und geschickte Kommunikation sowie ihr geheimes Frauenwissen systematisch gestohlen.

Es gab die traurige Zeit der Inquisition, die Ermordung wohlhabender Frauen und die Hexenverbrennung. Es folgte das strikte Fernhaltung der Frauen von Universitäten, so dass Mädchen nicht studieren durften. Noch bis vor kurzem war die Einstellung weit verbreitet, dass Mädchen keine gute Bildung bräuchten, weil sie sowieso heiraten. Verheiratete Katholikinnen haben in der Kirche darum gefleht, verhüten zu dürfen, um zu verhindern, dass die große Familie ihre Kräfte übersteigen könnte. Meistens wurde ihr Gesuch abgelehnt und sie gehorchten. Sie hatten zwölf, vierzehn oder mehr Kinder. Wenn sie eine Abtreibung vornahmen, wurden sie gleich mit der Hebamme oder Kräuterfrau gemeinsam verbrannt. Viele Frauen starben jung und viele ihrer Kinder auch. So war es keine Seltenheit, dass ein Mann nacheinander drei oder vier Ehefrauen hatte.

Es gab absurde Hygienevorschriften, die Frauen bei Todesstrafe verboten, sich zu waschen. Diese Vorschrift stammte wahrscheinlich aus einem Übersetzungsfehler, der aus „bath-Bad" „bad-schlecht" machte. Jedes Mädchen und jede Frau kann nachempfinden, wie einschränkend und gegen jedes natürliche Verhalten diese Vorschrift war und welch großes Leid sie zur Folge hatte. Dann gab es Korsetts, die Frauen so eng schnürten, dass sie ihnen das Rückgrat brachen, so dass sie bei der nächsten Geburt starben. Wahrscheinlich war es zu weltfremd, dass zölibatär lebende Männer darüber bestimmten, wer wann Mutter werden sollte. Die letzte Wahl, die Frauen blieb, war die, unverheiratet zu bleiben und allein zu leben. Doch auch dies war nicht verlockend, denn sie galten gesellschaftlich oft als vogelfrei und hatten die Wahl zwischen Magd, Hure, Nonne und Hexe.

Hebammen, Seherinnen, Kräuterfrauen und Heilerinnen waren die ersten, die verfolgt und als **Hexen** verbrannt wurden. Aber das ist auch heute noch nicht vorbei, denn laut einer dpa-Nachricht vom 8.8.2015 gibt es häufig Berichte über Vorfälle, bei denen Frauen unter dem Vorwand der Hexerei gefoltert und ermordet werden. Zwischen 2010 und 2012 wurden laut Statistik allein in Indien mindestens 2100 Menschen – zumeist Frauen- wegen angeblicher Hexerei umgebracht. Viele dieser Heilerinnen lebten am Waldrand oder sie wanderten von einem Ort zum anderen und blieben dort, wo ihre Hilfe gebraucht wurde. Als Medizinfrauen heilten sie, versorgten Wunden und richteten Knochenbrüche. Sie besaßen Heilkräuter und Medizin, kannten sich mit Verhütungsmethoden aus, halfen den Frauen bei Geburten und in der Zeit danach. Sie waren geschickt darin, Streit zu schlichten, Wissen zu vermitteln und Geschichten zu erzählen. Durch diese Lebensweise bauten sie starke und sehr persönliche Bindungen auf. Und da sie immer als Helferinnen kamen, waren sie in früheren Zeiten überall hochangesehen. Darum konnten sie sich frei bewegen, auch zwischen verfeindeten Stämmen. Viele von ihnen kamen weit herum und so waren sie es, die Nachrichten und Neuigkeiten überbrachten. Sie besaßen immer wichtige Informationen, denn ihnen war es zuerst bekannt, wenn Händler, Soldaten oder Reisende unterwegs waren. Sie konnten vor Gefahren warnen, aber auch großen Einfluss nehmen durch geschicktes Verhandeln. Viele dieser reisenden Frauen waren sehr erfahren und wissend. Sie erfüllten damit die Aufgabe, die heute für uns Zeitung, Telefon, Internet und Fernsehen haben. So liegt es nahe, dass sie zu sehr mächtigen Personen wurden. Wahrscheinlich besaßen sie auch ein sehr gut funktionierendes Netzwerk untereinander. Sie waren nicht nur mächtig, sondern auch frei und unkontrollierbar. Diese wilden Frauen kannten sich sehr gut in der Natur aus. Sie lebten in den Wäldern, konnten die Signale der Tiere deuten und blieben unauffindbar, wenn sie alleine sein wollten. Häufig nutzten sie geheime Pfade durch die Wildnis und folgten unterirdischen Energielinien. Diese „Ley-Linien" sind mit bloßem Auge nicht erkennbar. Schamaninnen und Seherinnen erspürten sie auf ihren inneren Reisen.

Doch das umfangreiche geheime Wissen und ihr großer Einfluss wurden den Frauen zum Verhängnis. Die Hexenverfolgung zerstörte alle Informations- und Frauennetzwerke. Frauen lebten in dieser Zeit äußerst gefährlich. Es reichte schon, rote Haare zu haben oder etwas zu besitzen, was jemand anders haben wollte. Sie wurden verraten. Hexen wurde unter Folter ihr Wissen gestohlen, oft auch ihr Leben genommen und mit ihnen wurden auch gleich ihre Katzen ertränkt. Damals wurden die wilden Frauen gemeinsam mit ihrer Erd-Göttin Holle in die Hölle geschickt. Die überlebenden Frauen waren gebrochen und einsam, denn sie mussten von da an ohne die Liebe, das Wissen und die Unterstützung anderer Frauen leben. Mit ihren Müttern,

Großmüttern, Schwestern und Lehrerinnen wurde ihnen die Geborgenheit der Gemeinschaft genommen.

Gleichzeitig wurde noch die andere große Kraftquelle der Frauen systematisch vernichtet. Denn im frühen Mittelalter holzte man alle dichten Wälder ab. Das Holz wurde verwendet für den Bau von Klöstern, Domen, Gerüsten und Schiffen, die für Missionsreisen und Kreuzzüge benötigt wurden. Durch die Entwaldung begann sich das Klima radikal zu verändern. Es wird von Wirbelstürmen, Hurrikans, Dauerregen, Kriegen, Feuersbrünsten, Ernteausfall und schrecklichen Hungersnöten berichtet. Der Dreißigjährige Krieg war unbeschreiblich feucht, kalt, dunkel, kriegerisch und frauenfeindlich.

Seit die Wildnis beseitigt und kultiviert ist, wurden Frauen auch später davon abgehalten, sich mit der Natur zu verbinden. Für sie war es gefährlich, wenn sie an Quellen angetroffen wurden, barfuß im Gras gingen, Kräuter sammelten oder Bäume umarmten. Selbst Dichterinnen, Malerinnen, Naturkundlerinnen und Musikerinnen, die in die Natur gingen, um sich zu spüren und Inspiration zu finden, galten schnell als überspannt, unzivilisiert und wild. Durch harte körperliche Arbeit, ständige Schwangerschaften, Korsetts, die ihnen die Luft abschnürten, und völliges Unverständnis für ihre Leistungsgrenzen waren Frauen zeitlebens überfordert. Wenn sie dann Schutz und Ruhe in der Natur suchten, galten sie als krank und absonderlich. So wurden sie systematisch daran gehindert, ihre Kraftquellen zu nutzen, und erhielten die Diagnose „hysterisch". Ungezählte kreative und sensible Frauen verschwanden auf diese Weise in Irrenhäusern, wo man ihnen ihre Marotten mit Elektroschocks und Eiswasser austrieb.

- All dies erklärt unsere tiefe und diffuse Angst davor, uns als Frauen zusammenzutun. Wir gelten auch heute schnell als männerfeindlich, nur weil wir die Gesellschaft unter Frauen genießen. (Für Männer ist es selbstverständlich, dass sie gerne Zeit miteinander und ohne Frauen verbringen.)
- Die Geschichte unserer Ahninnen erklärt auch unsere Angst, uns zu Wort zu melden, uns mit unserem Wissen zu zeigen und Ansprüche zu stellen.
- Sie erklärt unser altes Muster, uns völlig über unsere Grenzen hinweg zu verausgaben,
- und auch unsere Scheu, alleine in die Wildnis zu gehen. Die Gehirnwäsche ist immer noch nicht beendet, denn auch in heutigen Filmen geschehen grausame Dinge mit Frauen, die sich nachts alleine im Wald aufhalten…

Und dies geschieht, obwohl sich unsere Ahninnen ganz früher, als es noch eine Göttin gab, im Wald sicher und zuhause fühlten.

Die Namen der Göttin wurden ausgelöscht, ihre Symbole umgedeutet und verdreht, so dass ihre Kraft lange nicht mehr zu spüren war. All diese Maßnahmen haben Frauen ihre Kraft gestohlen und sie im wahrsten Sinne gebrochen. Dadurch, dass sie emotional geschwächt wurden, fühlen sich Frauen eher minderwertig, denn sie konnten weniger Selbstbewusstsein entwickeln als ihre Brüder, Männer und Väter. Allzu häufig wurden wilde Frauen wie ein dressiertes Haustier behandelt. Sie wurden ausgenutzt zum Arbeiten und Gebären der Kinder, blieben aber selber ohne Rechte. Ihr Erbe und Reichtum gehörten dem Ehemann. Sie selber wurden lange als persönlicher Besitz eines Mannes angesehen und von einem Mann an den nächsten weitergereicht. Noch heute geleitet der stolze Vater seine Tochter zum Altar und führt die glückliche Braut ihrem Mann zu… Im Jahr 2013 standen in Paris in der Mutterkirche „Notre Dame" ungefähr 30 Priester vor dem Altar und sangen. Wunderschöne Frauenstimmen waren auch zu hören. Doch selbst in der Kathedrale „Unserer Lieben Frau" waren die singenden Frauen nicht zu sehen.

Alle Erfahrungen unserer Mütter, Großmütter, Tanten und zahlreichen Ahninnen stecken uns noch in den Knochen, auch wenn wir sie nicht persönlich erlebt haben. Sie erklären viele unserer unbestimmten Ängste. Doch gleichzeitig haben uns diese tiefen, leidvollen Erfahrungen auch stark gemacht. Wir haben von unseren Ahninnen gelernt, zum Licht zu laufen und nicht davor zu fliehen. Unsere Seelen wurden auf die Zeitenwende gut vorbereitet. Darum geben wir auch jetzt nicht auf! Wir bleiben nicht liegen. Wie immer stehen wir auf, klopfen uns den Staub aus der Kleidung, waschen unsere Haare, schmücken uns und machen uns gemeinsam wieder auf den Weg…

IM STURM DER VERÄNDERUNG

In unserer Kultur durfte **das Spirituelle** lange nicht als sinnliche Erfahrung gelebt werden. Das Wissen um erfahrbare Religiosität ist durch die Kirchen so weit verloren gegangen, dass viele Menschen eine Scheu davor haben, sich damit zu beschäftigen. Doch von Geburt an, bis wir ungefähr neun Jahre alt waren, haben wir eine Phase erlebt, die magisch, spirituell und kreativ war.

Phantasie, Tagträume, Märchen, spontane Spiele und Witze bestimmten unsere Welt, in der es lebendige Kuscheltiere gab, Engel, Elfen, sprechende Tiere, unsichtbare Freunde und Helden. Die meisten von uns haben über ihre Träume nicht mit Erwachsenen gesprochen, weil sie wussten, dass die Erwachsenen diese Phantasien nicht hatten. Doch die ersten spirituellen Erfahrungen gehören zu uns, obwohl sie häufig verschüttet sind. Wenn wir uns an unsere ersten Verbündeten erinnern können, haben wir wieder Kontakt zu einer unserer wichtigen Kraftquellen. Uns wurde von unserem Schutzengel erzählt und wir sprachen mit unseren unsichtbaren Gefährten. Sie hörten uns zu und trösteten uns, wenn uns niemand sonst verstand. Oft befolgten wir ihren Rat und stellten uns vor, genauso wissend, stark und mutig zu sein. In diesen ersten Jahren erlebten wir viele Abenteuer mit ihnen, wenn die Erwachsenen zu beschäftigt waren, um uns zuzuhören.

Diese Zeit ist längst vergangen und die Wissenschaft, Wirtschaft und Logik bestimmen unser Leben. Doch die Frage ist, wohin uns die schönen wissenschaftlichen Konstruktionen gebracht haben. In der Wissenschaft wird das Mystische mit dem Weiblichen gleichgesetzt. Das Irrationale, Unberechenbare und Wilde der Frauen ist „unqualifiziert und unwissenschaftlich". Doch jetzt erkennen wir, dass all die Technologie viel mehr Schaden angerichtet hat, als es Hexen, Priesterinnen oder Göttinnen gemeinsam jemals vermocht hätten, und wir erkennen, dass Experten uns nicht den Weg weisen können. Inzwischen leben wir in einer Phase, in der unsere Erde jederzeit in die Luft fliegen könnte, wenn nicht vernünftige und verantwortungsvolle Menschen das Ruder herumreißen. Für die in den 1950er und 1960er Jahren Geborenen ist die jetzt stattfindende Zeitenwende eine herausfordernde Reise zum Sinn ihres Lebens. Unsere Energien und das beachtliche Potential müssen gesammelt und transformiert werden.

Dies kann geschehen, indem wir eine völlig neue Einstellung zu unseren Lebenserfahrungen finden. Mit dem gewachsenen Wissen früherer Generationen und der Wahrheit der Großmütter und Großväter können wir neue Wege finden. Sie weisen uns darauf hin, was unsere Wissenschaftler bestätigen. Nämlich, dass wir unseren Kummer und Groll verwandeln können durch unsere Art zu denken. **Da unsere Gedanken ihre Informationen an unsere Körperzellen weitergeben, bestimmt unser Denken, wie wir die Welt erleben**. Unsere Art zu denken spiegelt unser Erleben wider, ebenso wie die

Gesundheit unseres Körpers und auch den Zustand unserer Welt. Die Aufgabe, die vor uns liegt, besteht also darin, uns von unseren begrenzenden Denkmustern zu lösen. Das geschieht, wenn wir für all unsere Lebenserfahrungen Dankbarkeit empfinden und die Geschenke entdecken, die sie uns überbracht haben. Häufig sind es Erkenntnisse, die wir gewonnen haben, oder Wissen, tiefe Gefühle und Begegnungen, inneres Wachstum u.v.m.

Das bedeutet: Nur wenn wir neu denken, können wir alles umprogrammieren! So ungewohnt es auch sein mag, wir müssen grenzenlose Gedanken zulassen und Wunder erwarten.

Diejenigen, die sich jetzt in der Lebensmitte befinden, brauchten sehr viel länger, um erwachsen zu werden, als frühere Generationen. Sie blieben länger jung, doch sie hatten schwerwiegende Probleme aufzuarbeiten, die ihnen vorherige Generationen als Erbe hinterlassen haben. Dies hat viele 10 bis 20 Lebensjahre gekostet, bis sie sich selbst gefunden haben. Zahlreiche Gesichter zeigen, dass sie resigniert haben und ihr jugendliches Feuer verloschen ist. Und doch sind wir in der Lage, unsere Schmerzen loszulassen. Wir können uns befreien und uns der Neu-Zeit mit offenem Herzen überlassen. Denn jetzt ergeht ein lauter Weck-Ruf an alle Seelen und es wird klar, dass das Leben überaus kostbar ist und dass es für jeden immer weniger davon zu vergeuden gibt. Wenn wir überhaupt keine Angst vor der Zukunft hätten und vor dem Tod, dann könnten wir uns selbst die Erlaubnis geben, mit all dem zu leben, was wir mitbekommen haben. Wir würden loslegen, anstatt zu resignieren, wir würden Nägel mit Köpfen machen. Das bedeutet, wir könnten für uns und die Menschen um uns herum etwas völlig Neues schaffen. Und all die einschränkenden Vorstellungen, die unsere Kultur prägen, würden wir hinter uns lassen. Denn viele unserer Vorstellungen passen nicht mehr zu dem, was wir heute sind und was die neue Zeit von uns fordert. „Jetzt bin ich an der Reihe: Ich möchte etwas radikal Entscheidendes tun!" Für solch eine Entschcidung ist es nie zu früh oder zu spät! Wir müssen nicht länger glauben, dass unsere Möglichkeiten begrenzt sind, denn unser Leben hat das Gewicht, das wir ihm selber geben. Darum hat das Gestern nicht die Macht, das Heute zu bestimmen. Jede neue Situation fordert uns heraus, doch wir sind ihr gewachsen. Denn in dieser Zeit müssen wir die Initiative ergreifen.

Dies gelingt nur, wenn wir all die Schemata und Regeln hinter uns lassen, die uns sagen, was „möglich" ist. **Nicht die Vergangenheit bestimmt unsere Zukunft, sondern wie wir das Geschehene interpretieren und daraus ler-**

nen. So stellen wir die Weichen für unsere Zukunft. Jeder einzelne besitzt eine unendlich dynamische Kraft, die auf unseren Seelenzustand reagiert.

Es ist ein Fehlschluss, zu glauben, dass es im Leben immer nur aufwärts geht. Wer über 40 ist, hat meistens bereits einige größere Stolpersteine kennengelernt: gescheiterte Beziehungen, Probleme mit Alkohol, Kindern oder im Beruf, Schwierigkeiten mit der Familie, Freundschaften oder Geld… Jeder landet irgendwann unsanft auf dem Boden. Das ist nicht entscheidend. Wenn man gefallen ist, ist es wichtig, dass man aufsteht und wieder auf die Beine kommt! Das ist oft nicht einfach, denn gerade dann sabotieren uns innere Dämonen oder der Kritiker blockiert unseren Weg. Darum müssen wir manchmal lange, gewundene Wege durch dunkle Tunnel und Labyrinthe zurücklegen.

Unser Feuer ist häufig durch das Leben eingedämmt worden. Belastungen und Enttäuschungen haben sich wie Jahresringe angehäuft, denn jahrelang haben wir reagiert und sind wie ferngesteuert durchs Leben gelaufen. So ist alles Helle, Klare, Witzige, Schöne und Zarte verschwunden. Doch gleichzeitig entsteht gerade jetzt etwas Neues. Denn aus der dunklen Tiefe wächst ein Gefühl voller Sehnsucht, Magie und Stärke. Es steigt eine verwandelte seelenvolle Energie an die Oberfläche, die all die Lebenserfahrung enthält voller schöner und leidvoller Zeiten. In unserem Inneren fließen unterschiedliche Wissensschichten ineinander und finden eine neue Balance. Dies geschieht, um unsere Talente, Selbstheilungskräfte und Fähigkeiten in Übereinstimmung zu bringen mit unserer Verantwortlichkeit und Persönlichkeit. Dann stehen wir auf, orientieren uns neu und machen auf unsere ganz eigene Weise weiter. Es entwickelt sich gerade eine neue persönliche Authentizität voller Charme und Einzigartigkeit.

Durch unsere Reaktion auf große und kleine Lektionen bestimmen wir selber, was wir tun und welche Person wir sind. Auf diese Weise entscheiden wir, wie das Leben weitergeht. Gerade jetzt brechen überholte Denkmuster auf, die den Weg zu unserer höheren Bestimmung behinderten. Das Leben zwingt uns, dass wir uns auf die unmittelbar vor uns liegenden Dinge konzentrieren.

Die Seele sendet ihre Botschaften an unser Unterbewusstsein, unseren Geist und unseren Körper. Das Unterbewusstsein erhält sie in Form von Bildern, Symbolen und Träumen. Der Geist entwickelt daraus Ideen, Wünsche und Projekte. Der Körper empfängt sie in Form von Gefühlen, Beschwerden und Blockaden, manchmal resultieren hieraus auch Unfälle. Einige reagieren auf diese Botschaften so, dass sie sich nur noch innerhalb ihrer vertrauten Bequemlichkeitszone bewegen und zu allem anderen „Nein" sagen. Dann hat die Angst gesiegt. Angst ist ein Schutz und hat das Überleben gesichert. Sie ist eine mächtige Lehrerin, ein Ur-Gefühl und das Gegenteil von Freiheit, Sicherheit und Liebe. Wir überwinden sie, indem wir sie akzeptieren und ernst nehmen oder indem wir sie integrieren und uns ihr ab und zu stellen. Eine Angst wird in dem Moment losgelassen, in dem sie nicht mehr bekämpft wird. Wird sie angenommen und zugelassen, löst sie sich von selber auf. Der Wunsch, frei zu sein, um zu wachsen, zählt. Man braucht dazu den Mut, den ersten Schritt zu tun. Dies kann geschehen, indem man das tut, wovor man Angst hat: real oder in der Vorstellung. So wird man die Angst fühlen und diese Erfahrung macht einen vollständig. Leider ist Furcht unglaublich gierig. Sie frisst unsere Freude, die Flexibilität des Körpers und des Geistes und schränkt unsere Möglichkeiten sehr ein. In dieser wilden Zeit werden uns Angst und Chaos überwältigen und uns immer weiter nach unten ziehen, wenn wir nicht neue Wege einschlagen.

Angst und Mut gehen Hand in Hand. Es braucht Mut, um die Angst hinter sich zu lassen. Ganz besonders in dieser Zeit, in der inzwischen jeder persönliche Dramen erlebt hat oder es noch tut. Doch wir stehen für das ein, was wir als wichtig erkannt haben. Trotz allem richten wir uns auf, machen uns groß, stehen ruhig und strahlen ein neues Selbstbewusstsein aus. Und wie auf ein geheimes Zeichen, begegnen wir uns alle an einem gemeinsamen Punkt. Wie in alten Zeiten sitzen wir im Kreis, schauen uns an und spüren die Kraft der Mitte, die das Lebensrad in sich trägt. Wir waren in der Dunkelheit zuhause, ließen die Zerstörung zu und behielten trotzdem unsere Bewusstheit. Nun spüren wir die Freude darüber, dass etwas ganz Neues entsteht. Voller Vertrauen bringen wir all unsere Talente, Gaben, Erfahrungen, unser Wissen, unsere Hoffnungen und unsere Kreativität zusammen. Wir spüren die Lebendigkeit, die fließende Energie des Wandels und der Begeisterung.

Bisher sind wir den Weg alleine gegangen. Doch nun gehen wir gemeinsam in eine neue Zeit. Denn jede Seele trägt in sich das Versprechen, dass sie einen Beitrag dazu leistet, die Welt ein bisschen besser zu hinterlassen, als sie sie vorgefunden hat. Diese Sehnsucht lebt in jedem von uns. Vielleicht ist es ein Versprechen, das wir bei unserer Geburt gegeben haben. Es lässt sich nicht bis ans Lebensende unterdrücken. Das Herz fragt: Was tue ich jetzt mit der kostbaren Zeit, die mir geschenkt wurde? Wir können etwas Sinnvolles und Bedeutungsvolles tun, um die zerstörerischen Muster unserer Vergangenheit zu erkennen und aufzulösen. Eltern und Großeltern wollen eine schöne Zukunft für nachfolgende Generationen ermöglichen, denn Ältere wissen, wie zerbrechlich das Leben ist. Nun sind wir die Bewahrer unserer Erde. Denn immer sind es die lebenserfahrenen Generationen, die zu Hütern des Planeten werden. Dazu ist die Generation der 50- und 60-Jährigen jetzt aufgerufen. Wir haben nicht mehr die Zeit, zu fragen: „Wo will ich in 10 Jahren sein?", wir müssen uns fragen: „Wie gelingt mir in der Gegenwart mein Leben?" Vor uns liegt die wunderbare Aufgabe und Herausforderung, unsere Träume praktisch umzusetzen. Wir sind aufgerufen, uns für das Leben zu engagieren und unsere wahre Größe zu erlangen.

All unsere Erfahrungen haben uns zu dem gemacht, was wir heute sind. Wenn wir ängstlich und distanziert sind, schlagen uns Angst und Distanziertheit entgegen. Deshalb bemühen wir uns, Schwächen abzubauen und Stärken zu kultivieren. Wir können dabei natürlich in innere Schatten-Räume gelangen, die man lieber nicht betreten möchte. Da sich dies aber nicht umgehen lässt, müssen wir das Beste daraus machen. Wir wissen, dass wir unsere inneren Räume umgestalten und neu erleben können. Dies wird geschehen, wenn wir unsere seelischen Wunden wahrnehmen, um Heilung bitten und selber alles unternehmen, damit wir geheilt werden. Auf welche Art, auf welcher Ebene und mit welchen Methoden auch immer: Es ist unsere dringende Aufgabe, Dinge in Ordnung zu bringen. Wo Schatten ist, ist Licht ganz nahe. Licht und Erleuchtung findet nicht im Kopf, sondern im Herzen statt. Schatten, wie Ärger, Groll und Hass machen einsam, während Liebe verbindet. Wenn wir also aus unserem Schatten treten wollen, müssen wir unser Herz wieder öffnen. Auf der Beziehungsebene kann dies bedeuten, Zeit mit Kindern, der Familie und Freunden zu verbringen. Wir können an Enkeln das wiedergutmachen, was bei den Kindern versäumt wurde. Das ist eine Möglichkeit, etwas zurück in die Balance zu bringen. Wenn wir in diesem Moment unser Bestes geben, holen wir die Hoffnung zurück in unser Leben und unsere Freude. Wir können Sinn finden, Leidenschaft, Erkenntnisse und uns mit einer Vision füllen. Dann schwimmen wir wieder „im Fluss des Lebens" und sind mit dem, was als Nächstes geschieht, einverstanden. Denn uns ist es egal, was andere darüber denken, was wir sagen oder tun. Wir sind strahlend und ganz in uns ruhend, von wo aus wir unser Lebenslied singen.

3 WIE SICH **INNERE ENTWICKLUNG** HEUTE AUSDRÜCKT

AUFBRUCH DER FRAUEN

Überall auf der Welt suchen Frauen nach neuen Wegen: beruflich und privat. Frauen haben für Macht und Mitspracherecht in Politik, Religion und Ökonomie gekämpft. Diese Bereiche haben mit der Kontrolle von Energieflüssen zu tun. Sie wehren sich gegen die männliche Dominanz, um sich für Gerechtigkeit einzusetzen. Sie wollen sich aus dem Korsett der Machokultur befreien und sprengen ihre Fesseln. Der Aufbruch in die Gleichberechtigung und Freiheit findet überall und in allen Kulturen gleichzeitig statt. Mutige Frauen wagen es, gegen den Strom der Tradition zu schwimmen. Dabei kämpfen sie immer noch gegen verkrustete und überholte Strukturen. Sie kämpfen nicht gegen Männer, wollen sich aber auch nicht von ihnen beherrschen lassen.

Viele Männer fürchten sich davor, durch die Liebe von einer Frau tyrannisiert zu werden. Das ist häufig der Grund dafür, dass sie aus ihrer Familie und den damit verbundenen Verpflichtungen fliehen. Die Männlichkeit, die auf uns Frauen so eine magische Anziehungskraft ausübt und nach der sich auch der Mann sehnt, ist durch einen harten Berufsalltag mit sehr viel Druck, Verantwortung und Stress auf der Strecke geblieben. Sie verlieren das Gefühl für sich selber, funktionieren nur noch und lassen ihre schlechte Laune an der Familie aus. All die frühere Leichtigkeit geht verloren, denn die Anforderungen sind zu hoch. Anstatt nun auf sich selber zu achten und neue Wege zu finden, brechen viele Männer aus. Um endlich ihre Ruhe zu haben, machen sie per SMS Schluss, kommen einfach nicht mehr nach Hause oder verweigern Gespräche.

Immer mehr Frauen berichten, dass sie von ihren Ehemännern als Frau ignoriert werden. Es gibt kein Spiel, keine Zärtlichkeit oder vertrautes Lachen, keine heimlichen Berührungen oder intimen Späße. Er tut so, als wüsste er nicht, was sie braucht, um glücklich zu sein. Er blendet aus, dass sie seine Frau ist. Er bemerkt nicht, dass sie sich für ihn schön macht, es ihm gemütlich macht und ihm den Rücken freihält. Schon längst gibt es keine verschlossene Tür mehr, hinter der sie alleine und miteinander sind. Sie hat vieles für ihn aufgegeben, aber nun will er sie nicht. Ihre Liebe reicht ihm nicht. So verlieren sich Frauen selber und es vergehen Jahre, in denen sie für andere leben und das eigene Wohl vergessen.

Doch die meisten Frauen wollen nicht länger so leben. Sie sprechen private und gesellschaftliche Missstände offen aus und zeigen Unrecht auf. Sie kämpfen für eine humanere und gerechtere Welt. Sie bemühen sich, auch Männer als Verbündete ins Boot zu holen. Zahlreiche Frauen besinnen sich wieder auf sich und ihre Fähigkeiten. Sie bündeln ihre Kräfte und entwickeln sich zu Meisterinnen im Improvisieren. Viele werden mutig und gründen kleine Betriebe und verwirklichen ihre kreativen Ideen. **Für Frauen ist das Prinzip klar, dass der Nutzen von vielen über dem Nutzen einzelner steht.** Sie denken darüber nach, welchen Nutzen ihr Tun für ihre Kinder, die Familie und das Dorf hat. Das ist für sie das kleine Einmaleins der Organisation des Familienlebens mit Kindern.

In Nicaragua zum Beispiel sammeln sie Plastiktüten vom Strand. Dadurch retten sie Schildkröten, weil viele sterben, wenn sie Plastik fressen. Diese Frauen wurden anfangs verlacht und als Geier bezeichnet, weil sie wie die schwarzen Vögel auf der Suche nach Abfall waren. Aus den weggeworfenen Plastiktüten fertigen diese Frauen schöne Taschen. Touristen lieben diese bunten gehäkelten Beutel, so dass zahlreiche Hotels inzwischen große Aufträge an diese „Geier-Frauen" geben. Viele Männer, die vorher so laut über die Idee gelacht haben, gehen jetzt nicht mehr fischen, sondern helfen ihren Frauen. Jasmina sagt: „Ich habe viel mehr Selbstvertrauen und bin stolz darauf, nicht mehr abhängig zu sein. Das gilt auch für andere Frauen, die mitmachen. Wir sind schon dreißig. Ich bringe meiner Tochter jetzt bei, wie wichtig es ist, unabhängig zu sein."

Überall auf der Welt tun sich jetzt Frauen zusammen, um sich gegenseitig zu stärken. Es ist ein archaisches Verhalten, das sich wieder Bahn bricht. Denn schon immer trafen sich Frauen am Brunnen, um Wasser zu schöpfen, oder beim Tauschhandel auf dem Markt, am Fluss zum Waschen und Schwimmen oder am Feuer zum Kochen. Frauen arbeiteten immer zusammen, halfen sich gegenseitig aus, kannten Rezepte für köstlichen Kuchen oder Kräuterumschläge bei Verbrennungen. Sie besuchten sich gegenseitig und verbrachten viel Zeit miteinander. Frauen reden stundenlang miteinander über ihre Kinder, Karrieren, Beziehungen und Herausforderungen. Sie tauschen sich mit Freundinnen aus, hören deren Meinung und Erfahrungen und finden so ihren eigenen Weg. Sie knüpfen neue Verbindungen und bauen Brücken zueinander. Und sie ermutigen sich gegenseitig, sich nicht so viel daraus zu machen, was andere sagen.

„Das Herz des Menschen ist sein Heiligtum.
In seiner Mitte befindet sich ein kleiner Raum,
in dem das große Geheimnis wohnt.

Um diese Mitte des Herzens zu kennen,
müsst ihr rein und gut sein
und in der Art und Weise leben,
die das große Geheimnis uns gelehrt hat.

Der Mensch, der also rein ist,
trägt das Weltall
in der Mitte seines Herzens."

BLACK ELK, LAKOTA INDIANER

DIE SANFTE REVOLTE: LERNEN, UM DIE WELT ZU VERÄNDERN

In den meisten Seminaren, in denen es um Soziales, Psychologie, Spiritualität, neue Heilmethoden oder schamanisches Wissen geht, sind 80 % Teilnehmerinnen. Frauen aus allen Gesellschaftsschichten haben sich auf den Weg gemacht und sind in Kursen anzutreffen, in denen Wissen vermittelt wird. Heilung durch Handauflegen und Energieübertragung, Homöopathie, Yoga, Heilpraktiker-Wissen und alternative Heilweisen, psychologische Beratung, Coaching, Astrologie, Stressmanagement und Sterbebegleitung, Pflanzen- und

Edelsteinwissen, Kunst und Magie stehen hoch im Kurs. Viele Frauen fahren in die Natur und lassen ihre Highheels im Auto. Sie wollen wieder die Erde unter ihren Füßen spüren, fühlen den Sandboden und die Steinchen, den weichen Waldboden und das Moos. So spüren sie sich selber und ihren Körper, ihre Grenzen und die Erde. Sie halten die Augen offen für das, was ihnen in der Natur begegnet. Gemeinsam entdecken sie viel Neues, was aber schon immer da war.

Frauen suchen ganz bewusst die Gemeinschaft mit Gleichgesinnten. Sie treffen sich in Selbsterfahrungsgruppen und Frauennetzwerken, um Erfahrungen unterschiedlichster Art auszutauschen und innerlich zu wachsen. Sie begegnen sich häufig auf einer sehr persönlichen Ebene und tauschen sich emotional aus. Damit beleben sie die uralte Tradition wieder, in der Frauenwissen mündlich weitergegeben wurde. Sie entdecken, wie bereichernd, inspirierend und unterstützend diese Gemeinschaften sein können. Und ihnen wird bewusst, dass Frauen sehr lange systematisch voneinander isoliert wurden, um sie besser kontrollieren zu können und nicht zu stark werden zu lassen. Das hat dazu geführt, dass Frauen auch heute noch Angst davor haben, intelligent, gebildet, wissend, unabhängig und wohlhabend zu sein. Sie scheuen davor zurück, Verantwortung für viele Menschen zu übernehmen und zu tragen. Es macht uns Angst, stark und mächtig zu sein, denn die Schreckenserfahrungen unserer Ahninnen stecken uns noch im Blut. Das ist verständlich, wenn wir uns daran erinnern, dass noch vor 300 Jahren der Glaube verbreitet war, Frauen hätten keine Seele. In der Schweiz dürfen Frauen sogar erst seit 1971 wählen. Darum haben wir einen Kloß im Hals, wenn wir öffentlich unsere Meinung vertreten und mitteilen möchten, welche Zusammenhänge wir erkannt haben. Denn in der Vergangenheit haben wir uns häufig um Kopf und Kragen geredet…

Doch jetzt ist eine neue Zeit angebrochen, in der wir alte Verletzungen und Selbstmitleid hinter uns lassen müssen, um die derzeitigen Herausforderungen meistern zu können. Jetzt ist die Zeit des Sich-wieder-Erinnerns und des Wieder-Einsammelns von Wissen. Es ist allerhöchste Zeit, die zerrissenen Fäden wieder miteinander zu verknüpfen, damit wir das alte Wissen unserer Ur-Mütter und Ahnfrauen anwenden können. Viele moderne Frauen haben verstanden, dass Wissen das Einzige ist, was sie nicht verlieren können in unserer schnelllebigen Welt. Sie haben sich zu Expertinnen auf den unterschiedlichsten Gebieten ausbilden lassen. Frauen haben wunderbare neue Bereiche des

Lebens erforscht und ihr inneres Gefühlsleben entwickelt, anstatt ihre Energie nach außen zu lenken. So weichen langsam die Überlebensstrategien und festgefahrenen Rollen der Frauen auf. Sie und ihre Töchter folgen ihrer eigenen inneren Wahrheit und persönlichen Sehnsucht. Sie wollen ein authentisches Leben führen und sind bereit, stark und mächtig den Lauf der Dinge mitzubestimmen. **Denn Frauen tragen die Vision der Zukunft in sich.**

Sie alle wachen gerade jetzt auf und beginnen, ihren Traum vom Leben zu verwirklichen. Ihr Wissen wird auf breiter Ebene gestreut und dort, wo es gesät und geerntet wird, werden sich auf ganz natürliche Weise Dinge verändern. Unsere Gesellschaft wird dadurch weiblicher werden. Denn Wissen bedeutet Macht und ist mit Verantwortung verbunden. Es werden immer mehr Frauen aufstehen und sich zu Wort melden. Sie haben Wichtiges zu sagen, was die Grundlagen des Lebens betrifft. Sie haben umfangreiches Wissen gesammelt und sich auf eine stille, ruhige und unauffällige Art und Weise gut vorbereitet, um eine neue Rolle zu spielen. Ganz sicher werden sie mit ihrem Wissen, ihrer Liebe, Fürsorge und Führung gemeinsam Einfluss darauf nehmen, wie wir mit der Erde und all ihren Kindern und der Natur umgehen. Sie werden zunehmend auf ihr Gefühl und ihre Intuition hören. Und sie werden dafür sorgen, dass das Lebensrecht und die Interessen von Kindern und Alten, von Tieren, Bäumen und Pflanzen geachtet werden. Ihre Aufgabe ist es auch, neue Maßstäbe zu setzen, die Allgemeingültigkeit besitzen und von allen Menschen geteilt werden. Gemeinsam mit den Männern werden sie eine Gesellschaft aufbauen, in der alte Regeln über Bord geworfen werden, die nicht mehr funktionieren.

Dass uns das Leben herausfordern wird, ist ganz gewiss. Frauen unterschätzen häufig ihre Stärke, denn uns wurde von Vätern, Experten, Ehemännern, Kollegen und anderen Vertrauens- oder Respektspersonen eingeflüstert, wir wären das schwache Geschlecht und zu vielem nicht in der Lage. Das ist der Grund dafür, dass sich Frauen chronisch unterschätzen. Wenn sie sich dennoch zeigen, fühlen sie sich häufig ungehört und ungesehen.

Männer wuchsen anders auf, sie wurden anders erzogen. Deshalb neigen sie dazu, sich notorisch zu überschätzen. Wenn beiden eine Beförderung angeboten wird, fragt sich die Frau innerlich: „Kann ich den Anforderungen gerecht werden?" Während ein Mann selbstbewusst denkt und vielleicht auch sagt: „Das wurde aber auch Zeit." Natürlich kennen sowohl Männer als auch

Frauen Selbstzweifel und Unsicherheiten, doch sie gehen ganz unterschiedlich damit um. Männer reagieren zumeist offensiv oder aggressiv mit Angeberei und Imponiergehabe, während Frauen tendenziell eher passiv und defensiv reagieren.

Mädchen und Frauen behindern sich oft selbst, indem sie ihre Gefühle und die Berechtigung von Bedürfnissen bekämpfen. Doch damit muss nun Schluss sein! Wir finden erst unsere innere Kraft und Stärke, wenn wir uns unseren Zweifeln, Ängsten und Schwächen stellen. Wir müssen nicht länger gegen unsere Natur ankämpfen, indem wir uns sagen: „Beiß die Zähne zusammen! Stell dich nicht so an! Reiß dich zusammen!" Das fühlt sich unangenehm an. Wir verkrampfen, werden hart uns selbst gegenüber und fühlen, dass uns dies ganz viel Energie kostet.

ZWEIFEL IN KRAFTQUELLEN VERWANDELN

Es gibt einen anderen Weg, die destruktive Energie der Zweifel in eine Kraftquelle zu verwandeln. Dies geschieht, wenn du deine Ängste bewusst wahrnimmst und als Warnsignale verstehst. Denn Zweifel haben die Aufgabe, dich auf ein Hindernis oder Risiko, auf eine Herausforderung oder mangelnde Fähigkeit hinzuweisen. Sobald du deine hemmenden Gefühle ernst nimmst und aufhörst, sie zu bekämpfen, kannst du ihre positive Kraft nutzen. Wenn du merkst, dass du dich selber sabotierst und dir ein Bein stellst, indem du dich minderwertig fühlst und denkst, dass andere viel besser sind als du, hilft es, erst einmal ruhig zu werden. Nur so kannst du erforschen, welcher Gedanke hinter dieser Selbstsabotage steht. Vielleicht hast du als Kind irgendwann Sätze gehört, wie: „Das schaffst du nie" oder „Dafür bist du zu dumm (zu ungebildet, unwichtig), nicht groß oder schön genug"? Dann ist es jetzt an der Zeit, dich als Erwachsener zu fragen, ob diese Aussage heute noch zutrifft. Frage dich selber, ob diese Aussage der objektiven Wahrheit entspricht. Vielleicht spürst du schon einen inneren Widerstand, wenn du es wagst, diese Frage zu stellen. Das ist dann dein kleines inneres Kind, das nicht unartig sein möchte. Was du nun brauchst, ist ein ganz kleines bisschen Mut. Denn du hast diese Art, über dich zu denken, zu deiner Gewohnheit gemacht. Gewohnheiten haben den Vorteil, dass sie für das Gehirn weniger Anstrengung bedeuten, denn es muss weniger

Entscheidungen treffen. Jede Entscheidung kostet das Gehirn Kraft, die sich bei dir gerade als innerer Widerstand zeigt. Stell dir also trotz des inneren Widerstandes die Frage, ob du sicher sein kannst, dass du diese Aufgabe nicht schaffen kannst, weil du zu dumm bist. Möglicherweise ist dieser Gedanke nichts weiter als nur eine Erinnerung von vielen… Gehe sensibel und sanft mit dir um, indem du fragst: „Was traue ich mir nicht zu? Was brauche ich noch, damit es klappen kann?" So findest du zu einer Einstellung, die konstruktiv ist und dir Kraft gibt.

Die brennende Frage ist gerade jetzt: Wie reagieren wir auf Herausforderungen? Männer und Frauen haben meistens sehr unterschiedliche Einstellungen und Strategien. Unbewusst streben Männer nach Macht, Status, Karriere und Prestige. Sie beweisen sich und der Welt, was sie wert sind. Ihre Spielregeln werden bestimmt von Leistung, Druck und Hierarchie. Ganz anders ist der Frauenweg. Frauen haben unbewusst vorwiegend die Einstellung: Ich strebe nach guter Arbeit und Leistung, gutem Inhalt und Sinnhaftigkeit, gutem Klima, Kooperation und zirkulärer Organisation. Vergleicht man beide Einstellungen, ist es offensichtlich, warum sich die meisten Häuser, das größte Vermögen und die meiste Macht in Männerhänden befinden. Denn wir spielen ganz offensichtlich nach männlichen Spielregeln. Das heißt jedoch nicht, dass Frauen zu Männern mutieren müssen, um erfolgreich zu werden. Doch viele Frauen ziehen diesen Schluss und auch zahlreiche Ratgeber vertreten diese Ansicht. Jeder Mensch ist einzigartig und hat anderen etwas zu geben. Es gibt nicht nur den männlichen Weg!

Denn hinter jedem hinderlichen Selbstzweifel wartet eine passende, konstruktive, ganz persönliche Einstellung. Wenn wir die Zeichen der Zeit erkennen und mit dem Leben fließen, beginnt unser gemeinsames Heilwerden. Dabei geht es im Wesentlichen darum, zu erinnern, wer wir wirklich sind. Als Menschheit können wir nicht heil werden, wenn die eine Hälfte in einen Schattenbereich abgedrängt wird. Genauso wenig können wir heilen, wenn wir Teile von uns selber für so unannehmbar halten, dass wir sie nicht akzeptieren. Ganzheit und Heilung beginnen dann, wenn wir all unsere Anteile integrieren können: das Licht und den Schatten, das Gute und das Böse, das Weibliche und das Männliche, das Angenehme und das Unangenehme. Ganzheit ist eine Lebensweise, in der wir alles, was auf uns zukommt, zum Besten nutzen können. Dieser Weg ist oft beschwerlich und anstrengend. Darum gingen ihn früher nur wenige Auserwählte eines Volkes. Doch für jeden Menschen besteht das Leben in einem aktiven Entwicklungsweg. Es stellt ständig Anforderungen an uns und fordert uns auf, unsere Passivität und Unbeweglichkeit aufzugeben. **Ganzheit und Heilung ist eine Reise des Werdens, um die eigene Kraft zu finden.**

Eine Frau hat keine logischen Argumente und Erklärungen dafür, dass sie diese Blume, diesen Gesang oder gerade dieses Haus besonders schön findet oder unbedingt ans Meer fahren will. Wir wissen um unsere Wege in unserem Herzen. Wir vertrauen einfach unserem Instinkt und lassen uns führen. Insofern sind wir für Männer unberechenbar, emotional und geheimnisvoll. Umgekehrt fällt es einer Frau jedoch relativ leicht, nachzuvollziehen, wie ein Mann denkt. Denn der Kopf denkt logisch, rational, wissenschaftlich und geradlinig. Frauen erleben, dass Männer grundsätzlich nach Ausschließlichkeit streben. Sie wollen die Einzigen und Besten sein. Männer wollen erobern und beherrschen. Wenn Jungen spielen und forschen, nehmen sie etwas auseinander, um zu verstehen, wie es funktioniert. Sie markieren ihr Revier, indem sie mit schnellem oder lautem Gerät auf sich aufmerksam machen. Darum sind Heckensägen, Laubbläser und Rasenmäher erfunden worden. Bei den Herren der Schöpfung sind sie in jedem Alter beliebt, während Frauen die Hecke lieber mit der Schere schneiden und das Laub zusammenharken. Neuerdings geben auch Waschmaschinen, Wäschetrockner, Backöfen und Geschirrspülmaschinen ein lang andauerndes Gepiepe von sich, wenn das Programm beendet ist. Hast du schon eine Frau gesprochen, die sich nicht tyrannisiert fühlt durch diese (überflüssige) Technik?

Die Erfahrung zeigt, dass eine Frau, die ausschließlich die intellektuelle, hierarchische Perspektive und die männliche Sicht der Dinge übernimmt, einen kostbaren Aspekt ihrer Weiblichkeit verliert. In einer femininen Lebensweise sieht der Weg für jeden Menschen anders aus. Die Vielfalt der persönlichen direkten Erfahrungen, Wahrnehmungen und Interpretationen sind ausschlaggebend. Der spirituelle Weg, das Gebet, die Magie und Meditation können wichtig sein und natürlich die Inspiration, Kreativität und unmittelbare Erkenntnis.

DIE RÜCKKEHR ZU „WEIBLICHEN" STÄRKEN: TOCHTERBÄUME

In einem Naherholungsgebiet in der Nähe von Hamburg (in der „Lohe") wurden in einer Nacht- und Nebelaktion große, jahrhundertealte Bäume gefällt. Sie wurden ca. einen Meter über dem Boden abgesägt, auf Laster verladen und zu „Nutzholz" für Kisten und Bretter verarbeitet. Die Bevölkerung reagierte unterschiedlich. Viele hatten einfach vergessen, dass wir selber ein Teil der Natur sind. Sie sehen sich lediglich als Beobachter der Tier- und Pflanzenwelt, erkennen nicht, dass sie ein Teil der Familie sind, und reagierten teilnahmslos. Doch andere ließen ihrer Wut freien Lauf. Die meisten waren bestürzt und entsetzt über die Zerstörung und setzten sich vehement für den Erhalt des Gebietes ein.

So wie das Leben dieser Bäume können auch Frauenleben verlaufen. Einer dieser uralten Bäume war eine Pappel. Über mehrere Jahrhunderte hatte sie Hitze, Stürme, Frost und alle nagenden Tiere überlebt. Sie war stark und wahrlich kampferprobt, doch gegen Kettensägen konnte ihr fester Stamm nicht lange standhalten. So war sie schließlich zu Boden gegangen. Ihr ging es wie zahlreichen Frauen. Sie war mutwillig zu Fall gebracht worden und dies war das Ende.

So dachte man. Doch die innere Frau, die ihr Feuer hütete, war da ganz anderer Meinung:

Jeder Baum hat einen Untergrund, denn in der Erde existiert ein „verborgener Baum" aus Wurzeln. Er trinkt aus unsichtbaren Quellen und Flüssen und treibt aus den Wurzeln Energie nach oben, um sich dort zu entfalten. Genauso ist es im Leben einer Frau. Tief in ihr verborgen lebt eine innere Frau, eine Magierin und Feuerhüterin. Sie kümmert sich darum, dass das innere Leuchten, die Urkraft, nie erlischt. Sie ist ganz lebendig, voller Ideen, Mut und grenzenloser Loyalität, angefüllt mit weisen Einsichten und liebevollen Empfindungen. Die Feuerhüterin erschüttert Gefühllosigkeit und ein einförmiges Leben. Diese geheimnisvolle verborgene Frau reißt einengende Mauern ein. Sie hütet die Hoffnung, ganz besonders dann, wenn die äußere Frau verletzt, niedergeworfen und vertrieben wurde. Die kraftvolle Seelenfrau bemüht sich in jedem Moment, ihr Licht emporzutreiben. Sie will sich selbst heilen, das Leben schützen und dann die Welt ringsum nähren. So entwickelt sie sich weiter und erfindet sich immer wieder neu.

In alten Zeiten und auf altem Land konnte man sich an die Pappel lehnen und in ihrem Schatten verweilen. Ihre Anwesenheit schenkte Menschen Trost und Frieden. Hier trafen sich abends Verliebte und sonntags Familien zum Picknick. Sie war für viele kleine Tiere Heimat und prägte das Bild der Landschaft.

An dieser Stelle befand sich nun ein unheimlicher Raum. Es war eine klaffende Leere und tiefe Wunde. Auch die Farne, Sträucher und Gräser konnten den Raum nicht füllen oder gar den Baum ersetzen. – Für lange Zeit war die Pappel so tot, wie all ihre Familienmitglieder. Doch im Geheimen, in aller Stille unter der Erde regte sich noch das verborgene Leben. Sie war noch lebendig und tätig. Denn die Seelenfrau hütet das ewige Feuer. Und obwohl sie gefällt worden war und wirklich unter Schock stand, bewahrte sie weiterhin den Funken des Lebens in ihren Wurzeln. Sie hatte alle Zeit der Welt. Sie ruhte sich aus, sie schöpfte neue Kraft und heilte sich selber. Ganz allmählich und still begann sie, die Glut zu hüten und das Feuer wieder zu entfachen. Im Geheimen geschah etwas mit dem Stumpf der Pappel, während die Zeit verging. Es dauerte einige Winter und Sommer, doch dann im Frühjahr geschah ein Wunder: Aus dem Stumpf des Großmutterbaums wuchsen dreizehn zarte Schösslinge. Sie wuchsen senkrecht im Kreis und wurden gemeinsam groß am Rand des Stumpfes. Dort bewegen sie sich nun anmutig im Wind. Es sind tanzende Bäume.

Diese jungen Bäume wurden nicht gesät oder gesetzt. Sie waren eindeutig die Töchter der Pappel. Solch ein Baum wird „Feenreigen-Baum" genannt. Diese Tochterbäume stammen aus der Mutterwurzel, bringen erneut das Leben zurück und tanzen im Wind. Sie sind der Beweis dafür, dass das neue Leben in der Erde und Wurzel gespeichert ist.

Die im Untergrund verborgene Frau hütet immer das innere Seelen-Feuer, ungeachtet aller Bedingungen. Selbst wenn das Leben nicht respektvoll behandelt und massiv eingeschränkt wird oder von Gleichgültigkeit umgeben ist, lebt die strahlende innere Frau in ihr weiter. Auch wenn eine Frau tief in ihrer Weiblichkeit verletzt oder gedemütigt wurde, drängt die Feuerhüterin nach oben, um ihre positive Kraft zu entfalten. Ihr Bestreben ist es, Gutes zu tun und über dem Boden ein sinnerfülltes Leben zu führen. Das ist der Drang des Lebens nach Ausdruck, denn der Baum des Lebens hat ausgedehnte Wurzeln unter der Erde und entfaltet sich über dem Boden entsprechend. Er beansprucht den Raum, der ihm zusteht und das verbindet Bäume mit Frauen. Denn jede Frau fühlt, dass zwischen ihrem inneren und äußeren Leben eine Wechselbeziehung besteht. Wenn sie ihre Ziele und Träume verfolgt, nimmt sie ein immer größeres Seelengebiet in Anspruch und bewohnt einen größeren Lebensraum als vorher. Die innere Feuerhüterin treibt die Lebenskraft nach oben in ihr Herz und Bewusstsein und erfüllt ihren offenen Geist. Die Frau wird immer häufiger ihrer Intuition folgen und sich bemühen, die Zeichen der Natur zu verstehen. Oder sie wird auf ihre Träume achten und feststellen, dass ihr kreative und neue Ideen kommen. Sie bekommt geistige „Töchter". Diese Töchter sind dann völlig neue Möglichkeiten, die ihr Leben bereichern, es größer und sinnvoller gestalten. Dieser innere Vorgang ist wie die Lebenskraft selbst etwas Unsichtbares, was jedoch deutlich fühlbar ist. Es findet Ausdruck in der Dichtung und im Tanz, in der Malerei und Töpferei, in der Webkunst und Selbstverzierung. Diese geheimnisvolle Lebenskraft meldet sich gerade dann besonders machtvoll, wenn wir niedergeworfen werden. Frauen, die aus Gefangenenlagern befreit werden verändern sich sehr schnell. Schon wenn sie drei Wochen lang schlafen können, mit allem Lebensnotwendigen versorgt werden und in Sicherheit sind, beginnen sie, sich wieder dafür zu interessieren, wie sie sich kleiden können. Dies zeigt, dass niemand unser inneres Feuer zerstören und die unterirdische Hüterin töten kann. Die verborgene Frau bewacht und schürt unser inneres Feuer. Sie ist unsere Lebenskraft, Gesundheit und innere Weisheit. Sie zeigt sich deutlich bei charismatischen Frauen, die lebenslang lernen und sich danach sehnen, ihre innere Weisheit zu entwickeln und ihrer Intuition zu folgen. Die innere Feuerhüterin hilft uns, damit wir aufblühen und ganz wir selbst sind. Niemals sind wir ohne unsere innere Verbündete. Dies zeigt, dass niemand unser inneres Feuer zerstören und die unterirdische Hüterin töten kann.

UNSER WEIBLICHES WURZELWERK ERFORSCHEN

Du kannst dein inneres Wurzelwerk erforschen und deine magische Heimat erkunden, um dir die Feuerhüterin vertraut zu machen. Da jede einen individuellen Lebensbaum besitzt, werden auch die verschlungenen Wurzeln ein ganz einmaliges Muster haben.

Du bekommst ein Gefühl für deine verborgene Wurzelfrau, wenn du dir die Zeit nimmst, dir folgende Fragen, eine nach der anderen in einem besonders schönen Heft zu beantworten:

- Welchen Schmuck trägst du gerade?
- Welche Bedeutung hat er für dich?
- Woher stammt er?
- Woran erinnert er dich?
- Mit wem verbindet er dich?
- Tut er dir gut?

Alle Gegenstände, die du in deinem Leben hast, haben eine Verbindung zu dir. Sie sind Teil eines Systems, deines Systems. Du hast zu den Dingen eine ganz spezielle Beziehung, denn nichts ist zufällig in deinem Leben. Es gibt also einen Grund dafür, dass dieser Schmuck in deinem Leben ist. Du hast ihn dir gekauft, du hast ihn geschenkt bekommen oder geerbt. Und du hast ihn behalten! Dadurch ist dieser Gegenstand mit deiner Lebensgeschichte verbunden.

Wenn du dich zurechtmachst, bemerkst du, dass der Schmuck nicht jeden Tag zu dem passt, was du trägst. Eine Brosche z. B. passt nicht zu jeder Bluse oder zu jedem Pulli. Sie passt auch nicht an jede Stelle, denn sie hat einen bestimmten Platz in deinem System. Sie fühlt sich anders an, wenn du sie rechts oder links am Kragen befestigst oder in der Mitte. Darum probierst du so lange, bis es sich harmonisch anfühlt. Genauso suchst du unterschiedliche Ketten zu einer Jacke oder verschiedene Ohrringe. Schließlich ist die Kombination für heute „perfekt". Gleichzeitig weißt du, dass die Wahl unlogisch ist, unsachlich und nicht erklärbar. Aber sie fühlt sich harmonisch an. Vielleicht ist sie extravagant und betont deine Einmaligkeit. In jedem Fall ist sie für diesen Tag passend. Diese „Ordnung" hat ihre Seele gefunden. Ganz besonders, wenn dein Schmuck unterstützend und befreiend ist und dich mit einer deiner Kraftquellen verbindet: vielleicht mit deiner Mutter, Großmutter, Patentante, Schwester oder Freundin oder mit deinem Vater, Freund oder Mann …

Für welche Verbindung steht der Schmuck, den du heute trägst? Welche Beziehung stärkt er? Und was stellt dieser Schmuck dar oder wofür ist er ein Symbol? Welche Farbe und Energien hat der Stein, die Perle oder das Material? Wie fühlt sich der Schmuck an? Trägst du ihn gerne oder lediglich aus Gewohnheit? Aus welcher künstlerischen Epoche stammen die Kette, der Ring oder die Ohrringe?

Es macht Sinn, sich damit zu beschäftigen, was du ganz nahe an dich heranlässt, denn du lernst dich selber besser kennen, wenn du einmal genauer guckst, womit du dich schmückst und was du damit ausdrückst.

Dein persönliches Wurzelwerk kannst du weiter erforschen, indem du folgenden Fragen nachspürst:

- Was gibt dir körperlich Kraft? Was ist dein Lieblingsessen?
- Wo tankst du auf? Wo ist dein Kraftort?
- Was gibt dir Halt?
- Wonach streckst du dich aus?
- Wie stellst du dir deine Schutzhülle vor?
- Welche Pflanzen liebst du? Was magst du besonders an ihnen? Welche besonderen Kräfte werden diesen Pflanzen zugesprochen?
- Was ist jetzt dein größter Wunsch?
- Lege deine Wunschsamen in die Erde und beobachte, wie sie zu keimen beginnen.
- Wenn du ein Baum wärst, wie sehen deine Früchte aus?
- Welches Tier begleitet dich? Welches Haustier lebt bei dir? Welche besonderen Fähigkeiten hat das Tier, die dir fehlen?
- Hast du ein Schutz- oder Helfer-Tier? Kennst du dein Kraft-Tier?
- Wohin gehst du, wenn dir alles zu viel wird?
- Welche Botschaft bringen dir deine Träume?
- Was ist deine Lieblingsphantasie?
- Was war dein liebstes Bilder- oder Kinderbuch? Wovon handelte es? Erkennst du die Parabel als dein Lebensmotto wieder?
- Welche Frauen und Männer haben dich genährt, gelehrt, unterstützt und herausgefordert? Hast du ihnen für ihre Hilfe schon gedankt?
- Frage Freunde, Geliebte und wohlmeinende Verwandte, was sie besonders an dir mögen und worin sie deine Stärken sehen. Gib ihnen auch positive Rückmeldung, warum sie für dich wichtig sind und wie sie dein Leben bereichern.
- Wen bewunderst du? Wer ist dein Vorbild? Welche Stärken, Strategien und positive Eigenschaften imponieren dir? Welche Grenzen hat sie oder er überwunden? Was siehst du in ihr oder ihm?
- Schreibe eine Liste der Eigenschaften, z. B.: Sie ist mutig, frech, abenteuerlustig…

- Die gute Nachricht lautet: Diese Person und ihre Eigenschaften sprechen dich so an, weil es in deinem Inneren eine Entsprechung gibt. Darum schreibe jetzt die gleiche Liste, indem du z.B. den Satz beginnst mit: Ich bin mutig, frech, abenteuerlustig…
- Wie fühlt es sich an, wenn du dir diese Liste laut vorliest? Vielleicht ist es zuerst etwas ungewohnt, doch beim zweiten, dritten und vierten Mal kannst du dich damit vertraut machen, denn es entspricht der Wahrheit und stärkt dein Selbstwertgefühl
- Welche Visionen hast du, welche Traum-Vögel nisten in deinem Lebensbaum?
- Nun hast du ganz viel über deine einzigartige Feuerfrau erfahren, die dein Wurzelwerk bewacht. Sie erinnert dich immer an deine innere Kraft und Schönheit. Sie hat lange im Verborgenen gelebt und darauf gewartet, dass du sie in dein Leben rufst. Darum schreibe ihr heute einen Liebesbrief. Sie ist in deinem Leben deine stärkste Verbündete.
- Falte den Brief und lege ihn in einen Umschlag. Dann besorge eine Wunderkerze, ein Kleeblatt oder einen kleinen Engel, den du dazulegst. Vielleicht schreibst du auch unter den Brief: „Ich glaube an Wunder, weil ich eines bin." Dann klebe den Umschlag zu und adressiere ihn an dich. Gib ihn einer Freundin mit der Bitte, ihn irgendwann in den Briefkasten zu werfen.

LIEBESBRIEFE EINIGER FRAUEN AN SICH SELBST:

Liebe Inge,
Du bist eine wunderbare und kraftvolle Frau, die mit so viel Beharrlichkeit und Zielstrebigkeit ihre Ziele verfolgt hat, auch durch schwierige Zeiten. Du hast immer wieder an Dich und Deine Ziele geglaubt, auch wenn es hin und wieder Zweifel gab.
Egal, was das Schicksal Dir bringen mag, Du weißt ganz tief im Inneren, dass es keine Zufälle gibt, und selbst wenn Dir etwas nicht passend erscheint, weißt Du, dass es einen Sinn für Dein Leben hat und wichtig für Deine Weiterentwicklung ist.
Ich umarme Dich,
Deine Inge

Liebe Eva,
Du bist toll, so gut, wie Du jetzt bist. Ich mag Deine humorvolle Art, finde es gut, wie Du an Dir arbeitest, auch in Bezug auf Deinen Mann. Kämpfe weiter für Deinen Bereich und Deine Höhle, in die Du Dich zurückziehen kannst. Bleib authentisch und kraftvoll. Sorge für Dich, achte auf Dich und Deinen Körper. Streichle weiter Deine Seele. Achte auf Deine Intuition.
Ich liebe Dich sehr, Du hast viel Stärke. Wandle die Schwächen in Stärken. Wachse weiterhin und liebe alles an Dir. Du bist ein guter Geist, vergiss bei aller Fürsorge für andere niemals Dich selbst.
Ich liebe Dich!
Deine Eva

Liebe Renate,
ich bewundere Dich für Deine Kraft, immer wieder aufzustehen, und für Deinen Glauben an das Gute im Menschen. Ich bewundere Deine Liebe zu Deinen Kindern, die bedingungslos ist und ihnen Freiheit gibt. Ich liebe Dich für dein ruhiges Wesen, Deinen Humor, Deinen Sinn für Schönheit und Deine Kraft.
Ich stehe immer zu Dir.

Meine liebe Beate,
Du bist eine gradlinige, feinfühlige und umsorgende Mutter. Du bist eine liebende Frau. Du bist Du und das ist gut so. Ich liebe Dich.

Liebe Carola,
weißt Du, Du bist so herzerfrischend. Ich freue mich, Dich zu kennen.
Du bedeutest mir sehr viel. Mit Dir kann ich durch dick und dünn gehen.
Es ist schön, dass es Dich gibt. Mit Dir ist das Leben lebenswert. Du
gibst mir so viel Wärme und Kraft. Ich danke Dir von Herzen. Bleib so
erfrischend, locker, quicklebendig. Das ist das, was ich an Dir liebe. Sei
vorsichtig mit Dir selbst, hab ein bisschen mehr Selbstachtung. Dich zu
lieben ist einfach traumhaft und berührend.
In Liebe Carola

Meine geliebte Lena,
ich bin so glücklich und dankbar, dass ich Dich so gut kenne und Du
so eine wunderbare Frau bist. Ich liebe es, wie Du es immer wieder
schaffst, den Frieden in Dir zu finden. Ich liebe Dich für die Gabe,
immer wieder das große Ganze zu sehen. Es ist so wohltuend und hilf-
reich, zu sehen, wie Du alle Dinge positiv wenden kannst. Du schaffst
aus der manchmal großen Last eine Kraftquelle und kannst Wandlung
vollbringen. Du bist zu einer tiefen Liebe fähig. Du siehst die Liebe in
allen Dingen und ich liebe Dich dafür. Ich finde, Du bist eine intuitive,
starke und strahlend schöne Frau.
In Liebe Deine Lena

ERSTE LIEBE:
BEGEGNUNG MIT DEM WUNDERBAREN

Ich begrüße mein neugeborenes Kind.
Vollkommen erschöpft, gleichzeitig angefüllt mit neuen Gefühlen.
In meiner Mitte ist nun ein großer leerer Raum.
Doch mein Herz ist überfüllt von Glück. Es jubelt.
Meine Augen leuchten wie noch nie. Ich fühle mich wie eine Königin.
All diese tiefen Erfahrungen gehören nun zu meinem Leben.

Du liegst in meinem Arm, ich bin ganz offen für dich, mein süßes Kind.
Ich sehe deinen klaren Blick und weiß… Du bist es!
Du fühlst dich unendlich vertraut an, denn ich kenne jede deiner Regungen.
Und ich freue mich: Nun endlich kann ich dich sehen und anfassen.
Du bist so schön! Deine winzigen Finger und Zehen – deine Ohren…

Ich kann mich nicht sattsehen an dir.

Du duftest nach deiner Lichtheimat: rein und unbeschreiblich wunderbar.
Ich schaue in deine wissenden Augen und begrüße dich.
Mein Herz klopft laut, während ich für dich singe
und dir beschreibe, wie schön die Welt ist.
Ich verspreche dir, dich zu beschützen und zu begleiten.
Ich segne dich mit all der Liebe, die ich in mir trage.
Du bist mein neugeborenes Kind.

Wie beglückend, dass ich dich im Arm halten darf.
Ich weiß: Von nun an gehören wir zusammen.
Du bist ein Geschenk des Lebens an mich.
Ich bin glücklich und fühle mich überaus kraftvoll.
Mein Herz wird weit, in ihm öffnen sich geheime Räume.
Ich fühle: Du veränderst mich. Einfach, indem du da bist.

So beginnt es mit uns.
Für mich ist es die Begegnung mit dem Wunderbaren.
Ich werde immer Neues an dir entdecken.
Ich werde an dir wachsen und lernen.
Ich werde die Welt auch mit deinen Augen sehen dürfen.

Du wirst schnell wachsen und laufen lernen.
Deine Schritte werden sicherer und fester werden.
Dann brauchst du meine Hand nicht länger.
Jeder neue Schritt ist ein Erfolg, gibt dir mehr Freiheit und Raum.

Mit jedem Schritt wirst du mehr in dein eigenes Leben gehen
und dich dem großen Abenteuer stellen.
Das macht dich stolz und mich auch.
Ich begleite dich und zeige dir die Welt.

Heute halte ich dich das erste Mal im Arm.
Du bist unglaublich zart und doch so kraftvoll, dass du alles veränderst.
Wir atmen im gleichen Rhythmus, so kann ich noch näher bei dir sein.
Ich wünsche dir und mir, dass dich meine Liebe stark macht.

Tief in mir weiß ich: Du hast eigene Wege vor dir, irgendwann später.
Doch eben gerade erst hat unsere gemeinsame Reise begonnen.
Und ich freue mich auf unser großes wunderbares Abenteuer.

4 DIE KRAFT UND ROLLE DER MÄNNER

Ein richtiger Mann ist stark und gleichzeitig sanft. Er schämt sich nicht, den Menschen, die ihm etwas bedeuten, zu sagen, dass er sie liebt. Denn er hat sich bewusst dazu entschieden, das Leben mit ihnen zu teilen, und trägt die Hoffnung in seinem Herzen, dass die Liebe stark genug ist für seine Beziehungen. Er ist sich bewusst, wie unendlich kostbar jeder einzelne Moment ist, weil er weiß, wie schnell sich das gesamte Leben ändern kann. Doch er lässt sich nicht von seiner Frau beherrschen, sondern beansprucht seine Freiräume. Aber er trennt sich nicht, um sich frei zu fühlen. Sein Herz ist offen und er liebt das Leben mit all seinen Überraschungen. Darum überrascht er auch die anderen, indem er dem wilden Mann in sich Ausdruck verleiht. Er bewahrt seinen psychischen Freiraum und hat ab und zu etwas Spielerisches, Unberechenbares, vielleicht sogar Durchgeknalltes, etwas Wagemutiges und Kreatives Oder er sammelt alle seine Kräfte, konzentriert seine Energien und vollbringt eine Tat der Kraft und schafft etwas Spektakuläres. Das ist für jeden sicher etwas anderes. Im Nachhinein kann er dann selber nicht sagen, wie sich alles fügte. Doch er hat es getan. So etwas kann nur der vollbringen, der sein Leben lang nicht nur darauf schaut, was andere von ihm denken, erwarten und verlangen.

Descartes sagte: „Ich denke, also bin ich." Indigene könnten sagen: „Ich höre, also bin ich." Sie beziehen ihre emotionale Sicherheit aus der Verbundenheit mit allem, was ist. Sie sind sich sicher, dass sie nicht alleine sind. Ihre spirituelle Perspektive waren und sind Mutter Erde und Vater Sonne. Sie vertrauen auf Gott im eigenen Herzen, auf das Mitgefühl und die Vorurteilslosigkeit. Für indigene Großmütter und Chefs indianischer Völker stellt jedes Problem an uns die Herausforderung, ein besserer Mensch zu werden. Eine ihrer wichtigsten Erfahrungen ist, dass es die besten Dinge im Leben umsonst gibt. Und erstaunlicher Weise sind gerade diese Dinge auch die Kraftvolls-

ten! Sie sagen, wenn man dem Leben traut, ist es freundlich und voller Überraschungen. Wenn sich Menschen intim und nah begegnen, macht dies Lust
aufs Leben. Dies geschieht durch Berührungen, Geschichten, Mitgefühl, Nähe,
Gebete, Meditation, Humor, Zeit in der Natur, Liebe, Respekt, Frieden, Lieder,
Gedichte, Musik, Zeremonien, Tanz und Gemeinsamkeit. Die Medizinfrauen,
die sich jetzt zu Wort melden, befinden sich in der letzten Jahreszeit ihres
Lebens und erinnern daran, weise mit unserer Lebenszeit umzugehen. Denn
gestern ist Geschichte, morgen ist ein Geheimnis und heute ist ein Geschenk
an uns. Wir sollten es nutzen.

Wie Weisheit kommt

Leila Fischer, eine Älteste der Hoh-Indianer, sitzt in einem abgewetzten Lehn-
stuhl und flicht mit ihren geschickten Fingern einen der Strohkörbe, für die
sie berühmt ist. „Habt ihr euch je gefragt, woher die Weisheit kommt?" Ohne
mit dem Flechten aufzuhören oder aufzublicken, fährt sie fort: „Ein Mann hier
auf der Reservation, ein Postbote, hörte ein paar Älteste über Gegenstände von
großer Macht sprechen. Der höchste dieser Gegenstände sei eine Adlerfeder,
sagten sie. Der Postbote wusste nicht viel über solche Dinge, doch er dachte,
es wäre eine wunderbare Sache, solch eine Adlerfeder zu besitzen. Sie würde
ihm bestimmt so viel Macht, Weisheit und Ansehen verschaffen, wie er sich
wünschte. Da er sich keine kaufen konnte und niemanden kannte, der ihm eine
Adlerfeder schenken würde, glaubte er anfangs, er müsse nur die Augen offen
halten. Tag für Tag hielt er Ausschau, und schließlich dachte er von Sonnenaufgang bis Sonnenuntergang an nichts anderes mehr. Wochen vergingen, dann
Monate, dann Jahre. Täglich fuhr der Postbote seine Runde und hielt Ausschau
nach einer Adlerfeder. Er kümmerte sich nicht um seine Familie und Freunde.
Doch die Adlerfeder kam nicht. Er wurde alt – und immer noch keine Feder.
Schließlich gestand er sich ein, dass er trotz aller Mühen der Adlerfeder keinen
Schritt näher gekommen war seit dem Beginn seiner Suche.

Eines Tages legte er am Straßenrand eine Rast ein. Er stieg aus seinem klei-
nen Postauto und sagte: Ich bin es so müde, nach dieser Adlerfeder zu suchen.
Vielleicht ist es mir nicht bestimmt, eine zu bekommen. Ich habe mein ganzes
Leben nur an die Adlerfeder gedacht. Ich habe meine Familie und Freunde

vernachlässigt. Ich habe viele gute Dinge versäumt. Nun gebe ich die Suche auf und beginne zu leben. Vielleicht kann ich noch etwas an meiner Familie und meinen Freunden gutmachen.

Als er das gesagt hatte, fiel ihm ein großer Stein vom Herzen. Er fühlte sich plötzlich besser als all die Jahre vorher. Gerade als er wieder in sein Auto steigen wollte, zog ein Schatten über ihn hinweg. Überrascht sah er nach oben. Und hoch am Himmel sah er einen Vogel, der schnell davonflog. Dann sah er etwas ganz leicht im Wind herabschweben- eine wunderschöne Schwanzfeder. Es war seine Adlerfeder!

Er begriff, dass diese Feder erst kam, nachdem er aufgehört hatte zu suchen und seinen Frieden mit seinem Schöpfer gemacht hatte. Er wusste jetzt, dass Weisheit erst dann kommt, wenn man nicht mehr danach sucht und wirklich das Leben lebt, das einem zugedacht ist.

Der Briefträger ist ein anderer Mensch geworden. Die Leute kommen wegen seiner Weisheit zu ihm, und er teilt all sein Wissen mit ihnen. Er hat jetzt die Macht und das Ansehen, die er gesucht hat: Doch sie haben keine Bedeutung mehr für ihn. Er denkt an die anderen, nicht an sich selbst. Jetzt wisst ihr also, woher die Weisheit kommt."

WAS INDIANISCHE LEHRER ÜBER HEUTIGE MÄNNER SAGEN

Genetisch gesehen unterscheiden sich Männer und Frauen um ca. 3% in den DNS. Das ist verschwindend wenig. Indianische Lehrer sagen, dass wir in diesem Anderssein nicht länger das Trennende sehen sollten, sondern es als bereichernd und verbindend erkennen können. Die Unterschiede erweitern unsere Erfahrungen, damit jeder das sein kann, was er ist. Mädchen werden erst durch das Gegenüber von Männern zu Frauen, ebenso werden Männer erst durch Frauen zu wirklichen Männern. Die alte Tradition, dass Frauen die Gemeinschaft von anderen Frauen suchen, macht Frauen weiblicher und stärker. Genauso ist es bei Männern. Männer können mit anderen Männern auf natürliche Weise ihre Kraft wiederentdecken. Denn nach einiger Zeit sind sie nicht mehr zu stolz, um einander ihre Gefühle und Wunden zu zeigen. Sie dominieren nicht länger mit ihren Wertvorstellungen und bremsen gegenseitig ihre Kriegslust.

Meistens drückt sich männliche Stärke in der heutigen Zeit allerdings degeneriert aus. Sie zeigt sich als Dominanz, Macht und Ausbeutung. In den ärmsten Ländern der Welt sind Frauen die Haupternährer der Familien, doch sie selber besitzen kein Einkommen. Denn das Geld wird von Männern verwaltet, die es für Alkohol, Tabak, Konsumgüter und andere Frauen ausgeben. In westlichen Ländern leiten Männer Wirtschaftssysteme, die für Umweltverschmutzung, Überlastung und Zerstörung der Natur sorgen. Ihre Kraft richtet sich also ebenso gegen Mutter Erde und das weibliche Prinzip. Und obwohl es gleich viele Frauen wie Männer mit gutem Schulabschluss gibt, befinden sich Finanzen, Häuser und Grundbesitz weitgehend in Männerhänden.

Doch in unserer kritischen Zeit kann nur das gegenseitige Verständnis von Mann und Frau die Lösung von Sinnkrisen überwinden und unser Zusammenleben auf dem Planeten friedvoller machen. Nur gemeinsam können wir aus der Krise kommen. Gemeinsam bedeutet nicht nur zusammen mit dem anderen Geschlecht, sondern auch mit anderen Rassen, Religionen und Kulturen. Zusammen mit Tieren, Pflanzen und der Erde, dem Wasser, der Luft und dem Feuer. Wir brauchen wieder eine ganzheitliche Sicht, in der das, was getrennt wurde, wieder miteinander verbunden ist. Darum sind sich indianische Völker sicher, dass auch ein Mann aus seinem Herzen heraus leben muss. Damit ist nicht nur die Fähigkeit gemeint, Liebe zu geben und zu empfangen, sondern auch eine ganzheitliche Ausrichtung. Die westlichen Menschen haben diese Sichtweise völlig verloren. Dies ist geschehen durch die extreme Überbetonung des Verstandes und die gleichzeitige Vernachlässigung des Herzens. Die Folge davon ist, dass Männlichkeit pervertiert wurde und auf ungesunde Art ausgelebt wird. Viele Väter haben nach einer Trennung sehr wenig oder überhaupt keinen Kontakt mehr zu ihren Kindern. Sie fühlen sich weitgehend frei nach einer Scheidung, während die Frau die Hauptlast der Verantwortung für die Restfamilie trägt. Sie sorgt für die Kinder und den Haushalt und muss zusätzlich das nötige Geld für sich und die Kinder beschaffen.

Nur wenige dieser Männer denken darüber nach, ob sie selber mit solch einem Vater glücklich gewesen wären. Sie wischen nicht jahrelang die Tränen ihrer Kinder weg, die sich vor Sehnsucht nach dem Vater ansammeln. Das ist ein sehr ungesunder Zustand. Darum muss die Rolle des Mannes jetzt neu definiert werden.

Indianische Völker kennen einfache Wege, um die heutige Männlichkeitskrise zu überwinden. Du wirst hier einiges von ihrem Wissen finden, das dir Hilfe, Orientierung und Kraft gibt. Trotzdem fühlst du dich als Mann in diesem Buch vielleicht etwas weniger beachtet, als du es gewohnt bist. Wenn ich von Frauen spreche, meine ich nicht nur weibliche Wesen, sondern auch die femininen Anteile und Gefühle, die du als Mann in dir trägst. Denn es geht um Prüfungen auf dem Weg der Seele. **Die Seele ist jedoch nur über Gefühle und Eigenschaften wie Fürsorge, Vertrauen, Mitgefühl, Intuition und Verantwortung zu erreichen.** Zu diesen emotionalen Qualitäten haben Frauen, durch die Fähigkeit, neues Leben hervorzubringen, von Natur aus ein vertrauteres Verhältnis als Männer. Doch Frauen sind gerade wegen dieser Stärken seit ungezählten Generationen sehr wenig geachtet worden. Schon unsere Sprache verrät, wie „man" etwas zu tun hat. Damit sind ganz selbstverständlich alle Frauen mit einbezogen. Da gibt es so schöne Sätze wie: „Wer hat wieder SEINE Binden im Bad nicht weggeräumt?" Hat er nun auch eine Monatsregel? Frauen sind es müde, so zu tun, als wären sie mit einem kleinen, laschen „man" zufrieden. Auf so ein Männchen können wir gut verzichten! Wir stellen Ansprüche und wollen als Gegenüber einen starken „Mann". Außerdem durchschauen wir längst die Sprach-Magie, durch die Frauen unsichtbar gemacht wurden. Mann ist Mann und Frau ist Frau. „Man" ist nicht auch Frau!

Gerade jetzt haben sich viele Frauen dazu entschieden, nicht länger brav, dünn und leise zu sein. Sie sagen nicht länger zu allem ja. Diese Entwicklung ist nicht mehr aufzuhalten. Denn weltweit sind es Frauen müde, mit Männern zu leben, die ganz viel im Kopf und ganz wenig im Gefühl haben. Trotzdem kannst du dir sicher sein, dass wir euch, unsere Männer, Väter und Söhne von Herzen lieben. Wir umkreisen euch mit unseren Gedanken und Gefühlen. Natürlich möchten wir mit euch leben und euch weiterhin lieben. Doch unsere Beziehungen verändern sich gerade. Denn nicht nur Männer möchten gesehen und geachtet werden! Männer müssen Frauen auf Augenhöhe begegnen, sie als ebenbürtige Partnerin sehen und respektvoll behandeln. Und sie sollten ihre Frauen darum bitten, ihre Kinder zur Welt zu bringen. Denn wenn sich alle Frauen weigern würden, Kinder zu gebären, hätte dies weitreichende Folgen! Immer mehr moderne Frauen denken nun zuerst an ihre eigene Karriere, werden nicht länger bescheiden sein und sich ständig in Frage stellen. Sie hören auf, sich für alles verantwortlich zu fühlen und zu schämen. Denn sie haben ihren Stolz entdeckt und wollen so leben, wie es sich für sie richtig anfühlt. Es geht um Loyalität, Überleben und persönliche Entwicklung.

Die Rolle der Männer ist sehr unbefriedigend, so lange sich männliche Kraft und Stärke zerstörerisch und destruktiv ausdrücken. Im Gegensatz zu unserer heutigen Lebensweise wurden in früheren naturverbundenen Kulturen Jungen von Lehrern unterrichtet. Dies waren meistens ältere Männer, häufig ihr Vater oder Großvater, ihre Onkel, großen Brüder oder der Medizinmann. Es gab festgelegte Riten, Prüfungen und Einweihungen, die sie auf ihre neue Rolle als Erwachsener vorbereitete. Indem die Jungen Zeit alleine in der Natur verbrachten, lernten sie, sich mit ihren Ängsten und inneren Schatten auseinanderzusetzen. Oft bekamen sie nur eine Decke und ein Messer mit auf ihren Weg und hatten die Aufgabe, ein bestimmtes Tier zu jagen. Sie mussten mit wilden Tieren kämpfen und lernten ihre Kraft und Grenzen kennen. Spätestens von da an respektierten sie die besonderen Fähigkeiten anderer Lebewesen und deren Lebensraum. Unter erfahrener Anleitung gingen sie auf Visionssuche, um ihre Lebensbestimmung zu finden. Vorher mussten sie fasten, beten, sich in der Schwitzhütte reinigen und von den Eltern Abschied nehmen. Denn wenn sie zurückkamen, waren sie erwachsen und für ihr Leben völlig selbst verantwortlich. Der Medizinmann, der Traumdeuter und andere weise Männer deuteten gemeinsam mit dem jungen Mann seine Vision. Er musste ganz genau beschreiben, was er gesehen und erfahren hat und welche Tiere sich gezeigt haben. Gemeinsam beratschlagten sie lange.

Schließlich erhielt der junge Mann in einer großen Zeremonie seinen neuen Namen, der seine Aufgabe oder seine besondere Fähigkeit beschreibt. Diese respektvolle und begleitende Lebensweise ließ es zu, dass Jungen ihren emotionalen Schmerzen Raum geben konnten. Ihre Erfahrungen wurden wichtig genommen, und sie durften den inneren wilden Mann leben. Dies machte sie zu starken Kriegern, Heilern, Sehern oder Lehrern, die ihren Stamm mit ihren Fähigkeiten bereicherten. In besonderen Ritualen gab es eine Bestandsaufnahme und Konfrontation mit Verdrängtem aus der Jugendzeit. Die Begleitung von älteren Männern, die diese Erfahrung auch gemacht hatten, konnte dazu führen, die eigene Heldengeschichte zu finden. So fanden Jungen in ihrer neuen Rolle als stolzer Mann ihren spirituellen Weg, ihren Mut zum Risiko, ihre Naturverbundenheit, Spontanität und Intensität der Gefühle. Sie erkannten ihre Abhängigkeit von weiblicher Anerkennung, die Power ihrer Aggression und ihre sexuelle Kraft.

Indianische Lehrer sind häufig Hüter der Erinnerungen ihres Stammeswissens. Sie kennen die psychologischen Fallen des Lebens. Glücklicherweise kennen sie auch zahlreiche Wege, um sie zu umgehen. Eine ihrer ersten Lektionen besteht darin, dir zu sagen, dass es keinen Sinn macht, es allen recht machen zu wollen. Denn wenn du deine eigenen Bedürfnisse vergisst, übernimmst du die Wertungen anderer Menschen. Dann beginnst du, dich innerlich selber zu kritisieren und abzuwerten. Du stellst dich dann wie selbstverständlich zur Verfügung und sabotierst deine eigenen Ziele. So wirst du irgendwann zum Opfer und fühlst dich als Märtyrer.

Deine Kraft kehrt erst zurück, wenn du einen eigenen Standpunkt findest. Gerade so wie ein Krieger, der seine Familie und seinen Stamm verteidigt. Er findet als Bogenschütze einen festen Stand, fokussiert sein Ziel, bündelt all seine Kraft, so dass der Pfeil sein Ziel erreicht. Wenn du so handelst, wirst du aktiv dein Leben verbessern und selbstbewusst deine eigenen Möglichkeiten ausschöpfen können. Indigene Weise kennen bewährte Methoden, um Blockaden zu überwinden und einen Wandel zum Besseren zu erzielen. Sie lehren dich, wie es dir gelingt, Möglichkeiten wahrzunehmen, gute Entscheidungen zu treffen und dich weiter zu entwickeln. Sie helfen dir, deinen persönlichen Weg zu finden, alte Denkmuster zu überprüfen und über Bord zu werfen, wenn sie dich blockieren. Für sie ist der Sinn all dessen, was du tust, bedeutungsvoll. Darum legen sie großen Wert auf Träume und Visionen. Sie kennen sich aus mit der Sprache des Großen Geistes und mit seinen Botschaften. Der Spirit spricht ständig mit uns. Sie wissen um große Ziele und zeigen dir, wie du sie erreichen kannst, ohne innerlich zu verbrennen. Da sie eine ganzheitliche Weltsicht haben, trennen sie nicht zwischen Leistungsfähigkeit, Lebensqualität und Potentialentfaltung. All dies liegt für sie auf dem Weg.

ÜBUNG FÜR DEINE PERSÖNLICHE INNERE MANN-FRAU-BALANCE

Durch eine Bestandsaufnahme deiner beiden Seiten kannst du herausfinden, in welchem Bereich du arbeiten musst.

Sorge dafür, dass du ungestört bist. Schließe die Augen und entspanne dich, indem du ruhig und gleichmäßig atmest. Dann stell dir einen Kreis vor, der von oben nach unten durch eine Linie in zwei gleiche Hälften unterteilt ist. Links von der Linie befindet sich der männliche Bereich, rechts von der Linie ist die weibliche Energie. Nimm nun einige tiefe Atemzüge und bitte dein Unterbewusstsein, die Linie zu verschieben, nach rechts oder links. Welcher Bereich ist nun größer? Wenn die rechte Seite größer ist, brauchst du mehr männliche Energie, wenn die linke Seite angewachsen ist, musst du deine weibliche Energie mehr ausdrücken. In der Weiblichkeit lebt die Intuition, die Intelligenz des Körpers, die die Wahrheit sieht, ohne sich von angehäuftem Wissen des Verstandes oder von Zweifeln beeinflussen zu lassen. Das Gleichgewicht liegt zwischen Verstand und Intuition. Das Finden der inneren Mitte ist eine wichtige Aufgabe, um das eigene Potential zu leben.

Wenn du mehr weibliche Kraft brauchst, raten indianische Lehrer dazu, sich bewusst mit der Erde zu verbinden. Das kannst du tun, indem du dich „erdest", d.h. direkt auf die Erde oder den Boden legst, im Freien übernachtest oder zeltest, etwas pflanzt, Gartenarbeit verrichtest, dir Freiräume verschaffst und dich in der Natur aufhältst, Höhlen erforschst und dich mit Tieren beschäftigst, die im Erdboden leben. Deine weiche, weibliche Seite aktivierst du auch, indem du dir Bestätigung verschaffst, deine Freundschaften pflegst, einen weichen warmen Pulli anziehst, Briefe schreibst und Gedichte liest, dir eine Mütze strickst, einen Menschen ansprichst, der im Rollstuhl sitzt, kochst und Hausarbeit verrichtest, kreativ bist und die Hilfe anderer annimmst. Auch wenn du einem Obdachlosen ein Brötchen kaufst und mit ihm einen Kaffee trinkst, zeigst du deine weiche Seite. Oder wenn du einen Vogel großziehst, der aus dem Nest gefallen ist. Du kannst einen Schmetterlingsgarten besuchen oder eine Kunstausstellung, um deine femininen Stärken kennenzulernen. Auch Achtsamkeitsübungen und Meditation kultivieren deine weiche Seite. Wenn du einfach Dinge tust, bei denen du entspannen kannst, bringt dich dies zurück in die Balance.

Wenn du deine männliche Energie stärken möchtest, kannst du dies tun, indem du dich bewusst mit Sonnenlicht füllst, Sport treibst und aktiv bist. Gemeinsam mit deinen Kumpeln zum Fußball, Eishockey, Boxen, Autorennen oder Bogenschießen zu gehen, stärkt deine Männlichkeit ebenso wie Motorradfahren, schmieden zu lernen und Dinge zu reparieren. Auch indem du Klarheit und Ordnung in deinem Leben schaffst und zu deinem Wort stehst, deine Fehler und Stärken erkennst und einen finanziellen Notfallplan entwickelst. Du stärkst deinen inneren Krieger und Abenteurer, indem du grundlegende Entscheidungen im Leben triffst und Dinge tust, die du noch nie gewagt hast. Vielleicht lernst du surfen, tauchen, Drachen fliegen, Bergwandern, Feuerlauf oder allein in der Wildnis zu sein. Du kannst mit deinen Kindern ein Tipi bauen und am offenen Feuer kochen, in ferne Länder reisen, ohne in Hotels zu übernachten, oder dir ein Stück Land kaufen und dir selber eine Hütte bauen, in die du dich immer zurückziehen kannst. Es geht darum, Ziele und Projekte zu entwickeln und praktisch umzusetzen. Indem du Prioritäten setzt, nimmst du die Dinge selbst in die Hand und stärkst deine selbstbestimmte Männlichkeit.

EIN PARTNER-RITUAL, UM WIEDER POSITIVE GEFÜHLE FÜREINANDER ZU ENTWICKELN

Für dieses kleine, aber sehr wirkungsvolle Ritual braucht ihr ungefähr eine ungestörte halbe Stunde und einen Timer. Setzt euch einander gegenüber, atmet ruhig und gleichmäßig und entscheidet, wer beginnt. Stellt die Uhr auf 10 Minuten und schaut euch gegenseitig in die Augen.

Partner B sagt: „Ich bin bei dir. Ich sehe dich und ich höre dir zu, damit ich weiß, was du fühlst."

Diese Zeit gehört Partner A.

Er darf nun 10 Minuten über seine eigenen Gefühle sprechen, ohne unterbrochen zu werden. Partner B versucht zu verstehen, was Partner A meint. Alle Aussagen bleiben ohne Kommentar. Abschließend sagt Partner B lediglich: „Ich sehe dich an und ich habe gehört, was du mir gesagt hast. Danke für deine Ehrlichkeit."

Nun ist Rollentausch und die kommenden 10 Minuten gehören Partner B.

Partner A sitzt gegenüber, schaut Partner B in die Augen und sagt: „Ich bin hier bei dir, um dich zu sehen und dir zuzuhören. Ich möchte wissen, was du fühlst." Nun darf Partner B 10 Minuten über seine Gefühle sprechen. Partner A bemüht sich zu verstehen und hält Augenkontakt. Alle Aussagen bleiben ohne Kommentar. Partner A sagt abschließend lediglich: „Ich sehe dich an und ich habe dir zugehört. Danke für deine ehrlichen Worte."

Nun ist es Zeit für Abstand und frische Luft. Jeder benötigt jetzt Zeit und Raum für sich alleine und geht seiner Wege.

Nach einigen solcher offenen, unkommentierten Austausch-Situationen hat sich vieles geklärt. Zahlreiche negative Gefühle lösen sich auf und altes Verhalten, das nicht weiterhilft, verschwindet.

DAS PERFEKTE HERZ

Ein junger Mann war sehr zufrieden mit sich und ganz besonders stolz auf sein wunderschönes Herz. Wenn er mit Menschen zusammentraf, die nicht so erfolgreich, gutaussehend und gebildet waren wie er, verhielt er sich etwas herablassend und arrogant. Denn für ihn schien es leicht, ein Leben zu führen, das so verlief, wie er es sich wünschte. Er hatte sein Leben im Griff und ein wunderbar heiles, perfekt geformtes, junges Herz. So konnte er auf andere zeigen und sagen: „Macht es wie ich, dann ist euer Herz auch so schön. Oder es bekommt zumindest nicht noch mehr Dellen, hässliche Narben, ausgefranste Kanten und herausgerissene Stücke." Die anderen bewunderten sein Herz dann noch mehr, denn es hatte überhaupt keine Flecken und Fehler. Alle gaben ihm Recht: Es war das allerschönste Herz, das sie je gesehen hatten.

Eines Tages traf der junge Mann auf einen 60-jährigen Mann, der ihm eine Zeitlang aufmerksam zuhörte. Dann stand er auf und sagte laut: „Junger Mann, schauen Sie mein Herz an! Es hat viele Kerben und Narben, Flicken und Löcher. Es hat unterschiedliche Farben und ist auf alle mögliche Weisen beschädigt. Doch was soll ich sagen? Ich finde mein Herz tausendmal schöner als Ihr Herz!"

„Wie können Sie behaupten, dass Ihr ausgefranstes und zusammengestückeltes, unförmiges Herz schöner sein soll als mein perfektes Herz?", entrüstete sich der junge Mann. Alle Seminarteilnehmer waren gespannt auf die Antwort.

„Sie haben Recht, Ihr Herz sieht perfekt und vollkommen aus. Doch ich würde niemals mit Ihnen tauschen wollen! Denn ich finde mein Herz wunderschön! Und ich bin stolz auf mein Herz! Das Wunderbare an ihm ist, dass es immer größer und stärker wird. Aber wie Sie sehen: Es hat Kanten und tiefe Furchen. Die mag ich besonders gerne, denn sie erinnern mich an die Liebe, die wir teilten. Jede Narbe und Träne steht für einen Menschen, dem ich meine

Liebe gegeben habe. Und oft schenkten sie mir dann ein Stück ihres Herzens. Aber weil die Stücke nicht genau gleich sind, ergeben sich einige Unebenheiten. Vor langer Zeit habe ich mich verliebt und einen großen Teil meines Herzens verschenkt. Seitdem trage ich einen Teil vom Herzen meiner Frau bei mir. So kann ich ihre Liebe immer spüren. Die Stücke, die unterschiedliche Farben haben, sind Geschenke meiner Kinder und Freunde und Lehrer und anderer wichtiger Menschen, Tiere und Orte in meinem Leben.

Immer wenn ich etwas von meiner Liebe, Zärtlichkeit und Freundschaft verschenkt habe, habe ich etwas zurückerhalten. Doch in den seltensten Fällen passte das Geschenk genau an den Platz, der gerade frei geworden war. Und manchmal habe ich etwas gegeben, ohne etwas zurückzubekommen. Diese Stellen sind offen geblieben. Doch sie erinnern mich daran, was ich für diese Menschen empfinde. Liebe geben heißt manchmal auch, ein Risiko einzugehen und schmerzhafte Furchen zu bekommen. Aber auch ein vernarbtes Herz und ein beschädigtes Leben können wunderschön sein! Natürlich sind sie nicht perfekt und makellos. Dafür erzählen sie aber die Geschichte eines Lebens: vom Lernen und vom Mut und von der gefundenen Weisheit, die in der Seele wohnt. Es ist eine lebendige Schönheit, die alle Spuren der Liebe in sich trägt. Nun wissen Sie, warum mein Herz nicht perfekt aussieht und keine glatten Oberflächen besitzt. Aber es ist mein Herz und es zeigt, dass ich wirklich gefühlt, geliebt und gelebt habe."

Während der ältere Mann sprach, waren alle ganz ruhig geworden. Einige nickten und dann sahen sie, wie er aus seinem großen vernarbten Herzen ein Stück herausbrach und es seinem Gegenüber als Geschenk anbot.

„Hier habe ich ein Stück von meinem Herzen. Ich möchte es Ihnen heute schenken! Denn wenn ich Sie anschaue, erkenne ich mich als jungen Mann. Ich sehe Ihre Kraft, Ihren Mut und Ihren Wunsch, ein Leben zu führen, das auch für andere wertvoll ist. Darum bitte ich Sie: Nehmen Sie ein Stück von meinem Herzen. Ich schenke es Ihnen." Und er überreichte ihm ein leuchtendes Herzstück.

Der junge Mann mit dem perfekten Herzen war die ganze Zeit sehr ruhig und in sich gekehrt. Doch jetzt kämpfte er sichtlich mit den Tränen. Gerührt nahm er das Geschenk an und spürte sofort, wie die Liebe des älteren Mannes in sein

Herz floss. Nun war sein Herz nicht mehr perfekt, aber viel wärmer und schöner als vorher. Er war wirklich glücklich und strahlte den älteren Mann an. Dann griff er beherzt zu und löste ein Stück seines jungen Herzens ab. Damit schloss er die blutende Wunde des Älteren. Das passte nicht perfekt, war aber schöner als je zuvor. Sie umarmten sich herzlich und Seite an Seite gingen sie weg.

Die betroffen schweigenden Seminarteilnehmer ließen sie zurück.

WIE WIRD MAN EIN GANZER KERL?

Vernon Cooper, 84 Jahre alt, ein Lumbee-Indianer, sagte 1989: „Alles, was ich weiß, habe ich durch Zuhören und Zuschauen gelernt. Heutzutage lernen die Leute aus Büchern. Ich bete darum, zu verstehen, was die Menschheit vergessen hat. Ich bin einfach nicht für die heutige Zeit gemacht. Alle Leute haben es eilig, doch sie gehen nirgendwo hin. Die Menschen leben nicht, sie existieren bloß. Sie entfernen sich von der geistigen Wirklichkeit. Dieser Tage suchen die Menschen Wissen, nicht Weisheit. Wissen gehört der Vergangenheit an, Weisheit der Zukunft. Wir leben in einem Zeitalter, in dem die Menschen schlafen. Dabei ist es das gefährlichste Zeitalter der Geschichte – die Menschen müssen aufwachen. Schwere Maschinen und leichtsinnige Menschen haben fast alles zerstört, was die Natur gibt. Wir können nicht weiter ungestraft die Erde vergiften und zerstören. Wir stehen vor einem Umbruch ohnegleichen."

In der indianischen Welt, z. B. bei den Lakota Sioux-Indianern, nimmt das Herz einen großen Platz ein, wenn sie beschreiben, was Männlichkeit für sie bedeutet. **Mann sein kann nur derjenige, der auch seine weibliche Seite akzeptiert.** Bei ihnen findet eine Ratsversammlung im Kreis statt. Niemand hat eine bevorzugte Stellung, denn im Kreis sind alle gleich. Bei uns sitzen die Entscheidungsträger an rechteckigen Tischen. Wir leben in eckigen Häusern, umgeben von eckigen Gegenständen wie Laptops, Fernseher, Waschmaschinen und Schreibtischen. Unser gesamtes Denken ist eckig: logisch, geradlinig und intellektuell geprägt. In der Natur dagegen ist alles rund, geschwungen und ein Kreislauf. Es gibt Labyrinthe, Spiral-Wege, Ranken, Buchten, Blüten, Früchte, Nester, Schneeflocken, Wellen und wiederkehrende Tages- und Jahreszeiten. Rundes Denken entspricht also eher einer natürlichen Lebensweise. Es bedeutet, sich bewusst zu sein, dass das Leben ganzheitlich zu erfassen ist.

Damit sind Intuition, Weisheit, Erfahrungen, Visionen, Mythen, Rituale, Kreativität, Träume, Gefühle, besondere Fähigkeiten und auch logisches Denken gemeint. Darum sagen indianische Lehrer: „Als Menschen anfingen, in eckigen Häusern zu leben, haben sie den natürlichen Weg verlassen." (Wolf Storm, Art Reade, Sun Bear, Eagle Bear) Das rationale Denken hat schließlich zu der Aufforderung geführt: „Macht euch die Erde untertan!" Damit haben sich die Menschen dann endgültig nicht mehr als Teil der Natur empfunden, sondern sich über sie gestellt. Seitdem tritt das Trennende immer mehr in den Vordergrund anstatt das, was alles miteinander verbindet.

Bei indigenen Völkern wird alles geteilt und beruht auf Gegenseitigkeit. Jeder kümmert sich um seine Mitmenschen. Deshalb kann niemand, der eine Familie hat, reich sein. Man hortete keinen Besitz, und das Essen, das die Jäger und Sammlerinnen ihrem Stamm brachten, wurde gerecht aufgeteilt. Wer besonders geschickt in der Jagd war, bekam nicht mehr als die anderen, ihm gebührte aber ein Ehrenplatz in der Gemeinschaft.

In der modernen Gesellschaft können Mitglieder von Naturvölkern nicht ohne Geld überleben. Denn wir zahlen für alles, einfach, um zu leben. Wir zahlen, um jagen und angeln zu können, um Holz zu sammeln und Heilkräuter anzuwenden, Früchte und Gemüse zu ernten, um Land und einen Schlafplatz zu haben. Wir kaufen Trinkwasser und zahlen Kurtaxe, um ans Meer zu kommen. Das bedeutet, ein einziger Tag in unserer modernen Welt ist das Ende für Jahrtausende von Nachhaltigkeit früherer Generationen. Ein kanadischer Indianer drückt das so aus: „Ich sitze in freier Natur am See. Die Weißen möchten, dass ich wie sie arbeite, wie sie Geld verdiene, wie sie ein Auto kaufe und wie sie in freier Natur, an einem See Urlaub mache und angle. Ich sitze schon in freier Natur am See…"

In einem Workshop für Männer, den ein indianischer Seminarleiter anbietet, würde er wahrscheinlich zuerst den Raum mit Salbei räuchern und dann die einzelnen Teilnehmer mit einer Feder und dem Salbei-Rauch symbolisch reinigen. Ein anschließendes Ritual würde die männliche Kraft einladen. Dies könnte in einer Meditation geschehen, die mit der Trommel begleitet wird. So entsteht ein gemeinsamer Rhythmus. Dann könnte sich ein Tanz anschließen und jeder bekäme einen Seminarteilnehmer als „Bruder" zur Seite, für den er verantwortlich ist. In einer Ratsversammlung gibt es wahrscheinlich einen „Rede-Stock". Wer ihn hat, redet, während alle anderen zuhören. Die Schwitzhütten-Zeremonie wäre der reinigende und klärende Höhepunkt des Seminars. In einem engen Zelt sitzen die Teilnehmer um glühende Steine in vollkommener Dunkelheit. Die aufsteigende Hitze und große Enge bewirken das Hochkommen tiefer Gefühle. In einer Heilzeremonie können Angst, mangelndes Selbstvertrauen, Schuldgefühle, Verurteilungen, Selbsthass und die Vergebung für verursachte und erlittene Verletzungen das Thema sein.

All die alten Schmerzen, Anschauungen, Gewohnheiten und Verhaltens-Muster müssen zerstört werden, bevor wir etwas Neues aufbauen können. Das ist in unserem Leben genauso wie in der Natur. Altes stirbt, bevor der Frühling neues Leben hervorbringt. Diese Erneuerung betrifft den Körper, den Verstand, die Psyche und den Geist.

„Gehe aufrecht wie die Bäume.
Liebe dein Leben so stark wie Berge.
Sei sanft wie der Frühlingswind.
Bewahre die Wärme der Sonne im Herzen
und der Große Geist wird immer bei dir sein."
ZEREMONIAL-GESANG DER NAVAHJO

WIE MÄNNER DURCH DIE VIER ELEMENTE STARK WERDEN

„Die alten Lakota waren weise. Sie wussten, dass das Herz eines Menschen, der sich der Natur entfremdet, hart wird. Sie wussten, dass mangelnde Ehrfurcht vor allem Lebendigen und allem, was wächst, bald auch die Ehrfurcht vor den Menschen absterben lässt. Deshalb war der Einfluss der Natur, die den jungen Menschen feinfühlig machte, ein wichtiger Bestandteil ihrer Erziehung." (Luther Standing Bear, Lakota Sioux)

Um die innere Balance wiederzufinden, ist die Einbindung der vier Elemente ins tägliche Leben unerlässlich. Akzeptiere also, dass du dich nach dem Wetter zu richten hast. Es ist älter – überlasse ihm höflich den Vortritt. Außerdem gibt es im Leben keine schlechten Tage. Auch wenn die Zeiten noch so schwer sind, sagen die Crow-Indianer: „Jeder Tag ist gut. Weil du am Leben bist, ist jeder Tag gut." Art Reade drückte es so aus: „Nicht das Brot ist hart. Kein Brot zu haben ist hart." Diese Aussagen bringen uns zurück auf den Boden der Tatsachen.

In der ganz natürlichen Lebensweise der indigenen Völker und unserer Vorfahren hat der Überlebenskampf ungeahnte Kräfte und Fähigkeiten hervorgerufen. Dies zeigt, dass unsere Grenzen weit jenseits von dem liegen, was wir uns vorstellen können. **Der Wille zu überleben, die praktische Intelligenz und die Fähigkeiten zu kämpfen entschieden über Leben und Tod.**

Unser Körper entspricht dem Element **Erde**. Eine gesunde, naturgemäße Ernährung bringt den Körper in Harmonie mit der Erde. Ebenso ein ausgewogenes Körpertraining und damit eine gesunde Haltung. Außerdem ist es wichtig, dass du dort wohnst, wo du dich wohlfühlst und die Natur deinem Wesen entspricht. Dann ist es deine Aufgabe, dich dafür einzusetzen, dass an deinem Ort das gestörte Gleichgewicht der Erde wieder geheilt wird.

Die **Luft** ist unser Atem und entspricht dem Verstand. Ohne Sauerstoff können wir nicht leben. Doch zu viel Luft-Energie bzw. die Überbetonung des Verstandes unterdrückt fast alle Gefühle. Arbeitswut, Alkohol und Drogen überdecken sie, so dass Krisen, Krankheiten, spirituelle Orientierungslosigkeit und Verwirrung die Folgen sind. Darum muss deine Verstandes- und Ego-Dominanz gebrochen werden. Dies kann nur geschehen, wenn dein Intellekt von überholten Konzepten gereinigt wird, so dass du wieder beginnst zu fühlen. Erst wenn du dich selber magst, wirst du es wagen, dich für die Liebe einer Frau und die Liebe zu deinen Kindern zu öffnen. Dann kannst du ein liebevoller und verantwortungsvoller Partner und Vater sein.

Es ist eines der Gesetze der Natur, dass man alles rein halten muss, besonders das **Wasser**. Das Wasser rein zu halten ist eines der ersten Gesetze des Lebens. Wer Wasser zerstört, zerstört Leben. Wasser entspricht den Körper-Flüssigkeiten, dem Blut und Herzen. Es lehrt dich, auf deine Gefühle zu achten und deinem Herzen zu vertrauen. Die Botschaften deiner Seele müssen wieder von dir gehört werden, denn deine Träume und Intuitionen, Phantasien und Gefühle öffnen den Bereich zu deinem inneren Licht. Der vorgeschlagene Weg besteht darin, dass du deine Gefühle wahrnimmst und dich von negativen Emotionen löst. Das bedeutet zum Beispiel, dass du dir darüber klar wirst, wie du in der Kindheit die Zuneigung deines Vaters gewinnen konntest und wie er dir seine Liebe gezeigt hat. Dass du dich erinnerst, ob er da war, als du ihn brauchtest. Erst wenn du dich den intensiven Gefühlen des Schmerzes und der Trauer gestellt hast und sie loslassen konntest, kann eine Neuorientierung stattfinden. Dann bist du frei. Das bedeutet, du nimmst dich, deine eigenen Träume und Phantasien ernst und folgst deiner Intuition.

Dem Element **Feuer** entsprechen die Nerven und die Sexualenergie. Feuer bedeutet Lebens-Energie, Licht, Dynamik, Kraft, Vitalität und gesunde Aggressivität. Das Ritual des Feuerlaufs lässt dich diese Energie hautnah erleben. Im Körper drückt sich Feuer als Lebenskraft und Sexualität aus. Auf der intellektuellen Ebene äußert es sich als Vitalität und aktives Zupacken. Auf der emotionalen Ebene zeigt es sich als Intuition und Liebe und auf der spirituellen Ebene als Erleuchtung. Das innere Feuer verbindet den Körper mit der spirituellen Ebene. Die sexuelle Energie ist der körperliche Ausdruck der spirituellen Energie. Hingabe in der Liebe zur Partnerin oder im Gebet zu Gott bedeutet, die Erfahrung zu machen, dass Zeit und Raum aufhören zu existieren.

WIE DIE WILDNIS
DEINE ÜBERSINNLICHKEIT WECKT

„Die Stimme des großen Geistes spricht aus dem Gezwitscher der Vögel, dem Rauschen der mächtigen Flüsse und dem süßen Atem der Blumen. Wenn dieser Glaube als Heidentum bezeichnet wird, dann bekenne ich, dass ich eine Heidin bin." (Gertrude Simmons, „Red Bird", Dakota Sioux). Indianische Völker gehen davon aus, dass wir mit den Elementen und Wesen um uns herum kommunizieren können. Doch dies ist uns nur möglich, wenn wir aufhören, die Tiere, Pflanzen, Steine und Orte zu missachten oder zu zerstören. Das klingt zunächst für unsere Ohren fremd, doch indigene Menschen sagen, dass die Natur vollkommen bewusst ist und Respekt wahrnehmen kann. Die Elemente, Steine, Pflanzen und Tiere wissen, dass es ihre Bestimmung ist, den Menschen als Nahrung, Kleidung und Behausung zu dienen. Sie erfüllen diese Aufgabe gerne, wenn sie darum gebeten werden und ihnen hinterher für das Opfer, das sie gebracht haben, gedankt wird. Der Grund für den derzeitigen Zustand auf der Erde liegt darin, dass wir diesen Respekt verweigern und die Schöpfung ausbeuten. **Die Verbindung zwischen der Natur und den Men-**

schen ist dadurch gestört, dass wir vergessen haben, um das zu bitten, was wir brauchen, und für das zu danken, was wir erhalten. Uralte Zeremonien machen uns vielleicht Angst oder wir lachen darüber. Doch nur so lange, wie wir sie nicht verstehen. Dann wissen wir, dass ihr tiefer Grund darin besteht, unser Überleben zu sichern. Die Gebete unserer Ahnen sorgten dafür, dass wir heute am Leben sind und das tun können, was wir tun. Die überlieferten heiligen Zeremonien sicherten unsere Zukunft. Sie bedeuten sehr viel. Darum sagen weise Alte: „Behandle einen Stein wie eine Pflanze, eine Pflanze wie ein Tier, ein Tier wie einen Menschen. Und denke an die Folgen deiner Handlungen sieben Generationen nach dir!"

Die Wildnis kann uns vieles lehren. Allerdings müssen wir bereit sein, ihr zuzuhören. Dazu müssen wir in sie eintauchen, den Wind auf der Haut spüren und selber der Wind werden, sein Rauschen fühlen und selber das Rauschen sein. Die Natur bringt uns bei, dass der aktuelle Augenblick das tatsächliche Leben ist. Wenn wir selber still werden und nur beobachten, bewusst und wachsam sind, heilt sie uns. Daher kommt die tiefe und archaische Sehnsucht nach Wildnis, die jede Generation in sich verspürt. Alle alten Völker hatten Naturrituale. Unsere Ahnen lebten ganz naturverbunden und waren den Kräften der Wildnis und den Elementen ausgeliefert. Ihr Überleben hing davon ab, wachsam zu sein und vorausschauend zu handeln. Sie ließen sich leiten durch ihre Intuition, durch Erfahrungen und die Signale, die das Leben ihnen schickte.

In der Natur, in der Gegenwart von Tieren kehrt etwas zurück, was du schon lange verloren hattest. Biologen und Tierforscher beschreiben die Erfahrung, dass du irgendwann nicht mehr außerhalb von den Tieren stehst, sondern dazugehörst. Von da an bist du einer von ihnen und sie fehlen dir, wenn du weggehst. Jeder, der einen Hund oder eine Katze hatte und sie gehen lassen musste, kennt die tiefe Trauer und das Gefühl, einen wahren Freund verloren zu haben. Wolf Storm beschrieb einmal solch eine Erfahrung: Er ließ sich von einem Piloten in einer menschenleeren Gegend absetzen und wollte in einem Monat wieder abgeholt werden. Der Pilot fand, das war eine verrückte, todesmutige Idee, ganz alleine in der Wildnis so viele Tage zu verbringen. Doch er stimmte zu… Nach kurzer Zeit fand sich Wolf von Wölfen umkreist. Er bot ihnen sein Cornedbeef an, doch die Leitwölfin zog die Lefzen hoch und zeigte deutlich, wie eklig sie den Fraß fand. Sie kam näher und beschnüffelte ihn. Dies war ein sehr kritischer Moment. Dann folgten vorsichtig die anderen. Sie beobachteten ihn, er beobachtete sie. Schließlich, nach einigen Tagen, in denen er sich kaum von der Stelle rührte, kamen auch die Welpen. Er durfte mit ihnen spielen. Nun hatte er das Vertrauen des Wolfsrudels vollständig gewonnen. Sie brachten ihm sogar von ihrem Fressen… Von dem Zeitpunkt an war er einer von ihnen. Er lernte sehr viel, indem er sie genau beobachtete und ihre internen Rudel-Regeln beachtete. So fiel er aus der Zeit und verlor jedes Gefühl dafür, wie lange er unter Wölfen lebte. Gerade noch rechtzeitig, am Tag, als der Pilot ihn abholen kam, erkannte er, welcher Tag es war. Der Abschied fiel ihm schwer… Weit weg von der Zivilisation, mitten in der Wildnis, bei den Wölfen fand er Frieden, Zugehörigkeit und sogar Sicherheit.

In der Natur stellt man sich seinen eigenen Ängsten und kann in den normalen Rhythmus des Lebens zurückfinden. Denn wir konzentrieren uns ganz auf das Hier und Jetzt. Wir lernen, uns dem Lauf der Dinge hinzugeben. Wir lassen die Zügel los und treten zurück. Und indem wir geschehen lassen, erfahren wir, wohin uns das Leben lockt. Diese innere Haltung führt dazu, dass Bewegung ins Geschehen kommt. Britische Forscher stellten fest, dass sich bereits nach 5 Minuten in der Natur das Selbstwertgefühl verbessert. Ein Grund dafür könnten die Phytonzyden sein. Dieser Stoff wird von Pflanzen gebildet, um sich vor Krankheiten zu schützen. Atmen wir ihn ein, wirkt sich das positiv auf Immunsystem und Psyche aus.

„Die Anweisungen des Schöpfers sind niedergeschrieben in unseren Herzen und Gedanken, in den heiligen Schriften der Natur, die jeder für sich selbst lesen kann. Tagtäglich in den kleinen Geschöpfen, in den Gräsern und Bäumen, in den wachsenden Dingen, in Wind und Donner und Regen, in den Meeren, Seen und Flüssen, in Gebirgen, Felsen und Sand, in der gewaltigen Kraft der Sonne, dem Zauber von Großmutter Mond, in den Geheimnissen der Sterne. All diese spirituellen Wesen sind unsere Lehrer." (Weisheit aus dem Volk der Akwesasne)

Steine und ihre Botschaft

Gold, Diamanten und Edelsteine sind nicht nur schön und kostbar, sondern haben auch eine spezielle Wirkung. Das wussten alle Könige und Kaiser. Steine wirken auf der physischen und psychischen Ebene. Sie sind Energieträger bestimmter Schwingungen und Informationen. Deshalb macht es durchaus Sinn, wenn du deinem Gefühl vertraust und darauf, dass dein Herz weiß, welcher Stein dir guttut. Wenn du bei einem deiner nächsten Spaziergänge einen Stein findest, der dich anspricht, nimm dir Zeit, ihn genau zu betrachten, dich innerlich auf ihn einzustellen und vielleicht in den Linien ein Tier, eine Pflanze oder ein Gesicht zu entdecken. Beachte seine Form, seine Farben und Muster. Wenn du vorher eine Frage gestellt hast, kannst du darin eine Antwort finden.

Orte der Kraft

Es gibt Orte und Landschaften auf der Erde, die sehr viel positive Energie aufweisen. Naturvölker, Kelten, Druiden und Schamanen wussten um Orte der Kraft, sie pflegten und verehrten sie. Auch heute sind viele dieser Orte bekannt.

In deiner Umgebung gibt es ganz sicher in freier Natur Plätze und Orte, an denen du dich besonders wohlfühlst. Vertraue deiner Intuition, den Bildern, Gedanken, Eingebungen und Beobachtungen. Frage den Ort, ob du willkommen bist, bevor du dich dort niederlässt. Wenn du ein gutes Gefühl hast, spüre nach, wie du dich dort fühlst. Beruhigt dich der Ort oder inspiriert er dich, kreativ zu sein? Kannst du dich hier besonders gut konzentrieren, um Probleme zu lösen, macht er dich weiser oder lädt er dich mit frischer Energie auf?

Dein Krafttier

Tiere geben Energien für unsere Seelen. Indianer wissen, dass jeder eine tiefe Verbindung zu seinem Krafttier hat. Als einer meiner Söhne im Kindergarten nach seinem Namen gefragt wurde sagte er ganz selbstverständlich: „Frederik, schneller Puma, Westphalen".

Dein Krafttier nimmt mit dir Kontakt auf. Du träumst von ihm, begegnest ihm in einer Meditation oder es steht real vor dir. Wenn du ihm dann respektvoll begegnest, kann dieser Kontakt zu einer wertvollen Beziehung werden. Du wirst den magischen Moment spüren. Dein Krafttier wird dich mit seinen besonderen Fähigkeiten führen, lehren und dir beistehen. Mach dich mit ihm vertraut, informiere dich über Bücher und Filme. Lerne etwas über die Besonderheit seiner Lebensumstände und setze dich für seinen Schutz ein. Und ganz selbstverständlich isst du niemals das Fleisch deines Krafttieres! Ein Tier reagiert immer aus seinem Instinkt, seiner inneren Weisheit heraus. Darum ist es authentisch, ehrlich und echt. Diese Eigenschaften machen dein Krafttier zu einem wunderbaren, starken Lehrer. Danke für die Begegnung und Hilfe und bitte darum, dass es dich auch weiter begleitet und beschützt.

Wie dir die Natur hilft, eine Situation klar zu sehen

Gehe an einen Ort in der Natur, wo du alleine bist. Mach es dir bequem, indem du dich unter einen Baum legst, an den Stamm lehnst oder auf einen Stein setzt. Dann formuliere dein Anliegen für dich selber sehr kurz und klar in einem Satz. Bitte die Natur, dir bei der Lösung behilflich zu sein, und habe das Vertrauen, dass dies geschieht. Dann lass deinen Blick schweifen und entscheide dich aus dem Gefühl heraus für einen bestimmten Ausschnitt von ca. 20 mal 20 Zentimetern, den du genauer betrachtest. Vielleicht sind es Äste, Zweige und Blätter aus der Baumkrone oder ein Ausschnitt vom Boden mit Mauselöchern, Maulwurfshügeln und Blumen. Vielleicht auch ein Haufen Steine oder ein Mauer-Ausschnitt. Oder ein Ausschnitt vom Himmel, mit Wolken, in denen du Botschaften lesen kannst. Vielleicht siehst du Vögel und hörst sie singen oder du siehst, wie sie jagen. Möglicherweise fliegen Flugzeuge und hinterlassen Kondensstreifen... Vertiefe dich in dieses spezielle Stückchen Natur und finde die Antwort.

5 ZURÜCK ZUM URSPRUNG

Wir müssen eine Sache aus allen Blickwinkeln heraus betrachten, um nicht an der Oberfläche zu bleiben. Wie eine Fotografin wirst du mit dem Sucher vor dem Auge langsam am Objektiv drehen, denn du hast einen genauen Blick für das Farb- und Lichtspiel der Naturerscheinungen. Aus jeder neuen Perspektive füllt etwas anderes den Rahmen des Suchers, wenn du einen Baum fotografierst. Du siehst zarte Gräser vor dem Baumstamm. Dann fasziniert dich ein wirres Wurzelgefecht im Gras. Du lenkst den Sucher auf blühendes Moos an der Rinde und entdeckst einen Käfer. Nun tanzen Licht und Schatten auf der schroffen Baumrinde. Der Sucher wandert zu den Blättern und zu dem durch die Baumkrone schimmernden Himmel. Ein Blatt sieht besonders schön aus, weil die Sonne hindurchscheint. Du beobachtest ein Eichhörnchen auf einem Ast. Im Wind tanzen herabfallende Blütenblätter… Du gehst einen Schritt näher heran, dann etwas nach links und immer verändert sich das gesamte Bild.

DAS GEBET, DAS JESUS UNS LEHRTE

Es lohnt sich immer, genauer hinzusehen und unterschiedliche Perspektiven kennen zu lernen. Nur dann kann man eine Sache wirklich verstehen. So bildet man sich eine eigene Meinung und kann sich ein eigenes Bild machen. Mich hat es fasziniert, genauer in das Gebet hineinzulauschen, das Jesus Christus uns lehrte. Und ich habe entdeckt, dass manches nicht so ist, wie wir denken und es den Anschein hat. Es gibt vieles zu ergründen, wenn wir in das Vaterunser hineinlauschen und es wagen, unbekannte Perspektiven zuzulassen.

Geheimnisse, die uns die aramäische Sprache offenbart:
Wir vergessen häufig, dass Jesus das Vaterunser nicht auf Deutsch, Englisch, Französisch, Latein oder Griechisch gesprochen hat. Er hat Aramäisch gesprochen und auf Aramäisch gebetet. Es war die alte Sprache des mächtigen assyrischen Reiches. Dieses Aramäisch unterschied sich vom Hebräischen und hat sich bis heute praktisch unverändert in der Abgeschiedenheit der Bergländer Mesopotamiens und Kurdistans erhalten. Die Evangelien wurden ungefähr zehn oder fünfzehn Jahre nach der Kreuzigung Jesu in aramäischer Sprache niedergeschrieben, während das Neue Testament in den griechischen und lateinischen Versionen erst anderthalb bis zwei Jahrhunderte später in Alexandria, in Ägypten, entstanden ist. Georg Lamsa („Die Evangelien in aramäischer Sicht", Neuer Johannis Verlag) hat mit wissenschaftlicher Genauigkeit nachgewiesen, dass verschiedene Gedanken im Vaterunser, so wie wir es heute beten, von Jesus nicht gesagt werden konnten. Der einfache Grund dafür ist, dass bestimmte Gedanken im Aramäischen nicht ausgedrückt werden können. Denn die aramäischen Worte haben eine weitere und tiefere Bedeutung als unsere Worte. Wenn wir diesen Weg zurück zum Ursprung gehen, sind wir also aufgefordert, neu in dieses Gebet hineinzulauschen. Wir kennen die ursprünglichen aramäischen Worte. Die Fassung des Vaterunsers, die Luther eingeführt hat:

„Vater unser, der Du bist im Himmel!
Geheiligt werde Dein Name!"

lautet auf Aramäisch:

„A wúhn d´bashmáya, Nitkádish schmúoch"

Der Begriff „Schöpfer" ist im Aramäischen zum Beispiel viel umfassender als in westlichen Sprachen. Das klangreiche Wort „A wúhn" könnte mit „Mystischer Urklang" übersetzt werden. „d´bashmáya" ist nicht der Schöpfer im Himmel und der Mensch auf der Erde, sondern dieser Begriff umfasst die gesamte geschaffene Welt, den allgegenwärtigen Schöpfer und die Schöpferin in jeder Zeit und in Ewigkeit, das Weibliche und das Männliche, aus dem sich der Kosmos bildet. Die neue Übersetzung nach Lamsa u.a. lautet darum:

Mutter-Vater alles Geschaffenen!
Dein Name tönt heilig durch Zeiten und Raum!

Das Vaterunser, wie wir es kennen, ist durch die Jahrtausende mit der spirituellen Energie von Millionen von Gläubigen aufgeladen. Es ist kraftvoll und wunderschön. Die aramäische Urfassung zeigt uns jedoch, dass es dort keine dualistische Vorstellung von Licht und Dunkel, böse und gut, göttlich und irdisch gab. Gottes Reich bedeutet das Einssein in Liebe und Licht. Das Weibliche ist das Primäre, das Ursprünglichere, auch aus der Evolutionsforschung. Deshalb muss das Wort Mutter an erster Stelle stehen. Aber „Mutter-Vater alles Geschaffenen" thront nicht im Himmel, weit weg von den Menschen. Es sind Mutter Erde und Vater Sonne, beide gemeinsam. Sie sind präsent im Hier und Jetzt, in dir und mir, in Zeit und Ewigkeit. Jesus war ein Revolutionär, der Liebe nicht nur als Gefühl sah, sondern auch als Entscheidung. Er forderte dazu auf, nicht zu hassen, sondern zu lieben, nicht zu beurteilen und zu verurteilen, sondern einander zu helfen.

„Oh, Du Einzige und Allmächtiger!
Mutter und Vater des Kosmos – Quelle von Klang und Licht,
in allem hören und sehen wir Deinen Namen –
Dunkelheit beginnt zu leuchten, wenn wir uns erinnern."
(nach der CD: „Love within, beyond")

Jesus war ein vollkommener und heiler Mensch, ein Mensch der Reinheit und Wildnis. Er hatte kein Zuhause. Seine Tempel waren die Gärten, Berge, Seeufer und die Natur. Jesus ging einfach gekleidet, seine Lehren sind einfach und doch sind sie tiefe heilige Wahrheit. Er heilte Kranke, erweckte Tote zum Leben und speiste Tausende. Jesus sagte: „Alle Dinge sind möglich, dem, der da glaubt." Demnach ist Glaube die mächtigste Kraft auf Erden und in der Welt des Geistes. Durch den Glauben wird alles möglich. Dies bestätigen Heiler und Weise aller Völker. Glaube ist die aller Heilung zugrunde liegende Kraft und Wahrheit.

Doch warum sind Jesu Lehren heute so kompliziert? Wo alles, was er lehrte, doch Einfachheit war? Jesus lebte diese Wahrheit und sollte uns als Beispiel dienen.

In Genesis 1,27 heißt es: „Und Gott schuf den Menschen nach seinem Bilde, nach dem Bilde Gottes schuf er ihn: männlich und weiblich schuf er sie."

Wenn Gottes Kopien männlich und weiblich sind, warum sollte das Original ausschließlich männlich dargestellt werden? **Die verdrängte und verborgene Seite der göttlichen Geschichte ist die der Göttin und der Frauen.**

Moderne Forschungen belegen die tiefe Wahrheit, die indigene Lehrer lehren: Innere Bilder bestimmen unsere Gesundheit, unsere Gehirnstruktur und unser Lebensgefühl. Darum helfen heilsame Geschichten und starke Bilder von machtvollen Frauen. Mit ihnen holen wir die Gesundheit und das Glück zurück in unser Leben. Die weibliche Seite der Macht ist die des Einflusses, die sowohl Männern als auch Frauen zur Verfügung steht. Diese Macht kommt von innen. Es ist die Fähigkeit, zwischen den Zeilen zu lesen und Verborgenes zu erkennen. Sie hat nicht das Ziel, andere herabzusetzen, zu beschämen oder zu beherrschen. Es ist die Kunst, in sich hineinzuhören und der Intuition statt dem Intellekt zu folgen. Wer die eigenen Emotionen fühlen kann, wird seine Wahrheit finden.

Die weibliche Macht versucht Einfluss zu nehmen, aber nicht zu kontrollieren. Sie kommuniziert einfach und direkt, indem sie auf ihren Instinkt achtet. Wer Kontakt mit seiner inneren weisen Stimme hat, die ihn leitet, und wer ihr folgt, kennt seine Macht. Diese „Frauen-Macht" vertritt ihren Standpunkt und lässt sich nicht dazu zwingen, ihn zu verteidigen. Sie lässt sich nicht verführen oder durch Drohungen einschüchtern. Sie streitet nicht und verzichtet darauf, Geld, Waffen, Status und aggressive Körpersprache einzusetzen, um ihre Macht zu demonstrieren. Eine selbstbewusste Frau fühlt sich authentisch und wohl mit ihrer eigenen Kraft. Sie vergleicht sich nicht mit anderen und drückt ihre innersten Gedanken und Gefühle aus. Sie zeigt ihr wahres Ich und keine Fassade. So steht sie auf eigenen Füßen und kann Meinungsverschiedenheiten akzeptieren, ohne dass sie eskalieren und in Machtkämpfe und Rechthaberei ausarten. Klar äußert sie eigene Bedürfnisse, Werte und Ideen, denn in der Stille findet sie das uralte Lied ihrer Seele. Sie lässt sich nicht länger ausnutzen oder aussaugen. Die eigenen Gedanken und Gefühle nähren sie, so dass sie ihren eigenen Rhythmus und ihre kreative Harmonie findet.

Nun schöpft sie Macht aus sich heraus, ohne jemanden negativ beeinflussen zu wollen. Sie kann die persönliche Macht jedes Menschen anerkennen, denn ihr geht es nicht darum, zu herrschen, sondern Einfluss zu nehmen und lebendig zu sein.

FEMININE HOCHKULTUREN

Historikerinnen belegen Zeiten der Hochkultur im Matriarchat. Vor ca. 30 Jahren entwickelte sich die Frauenforschung in Deutschland. Eine ihrer Vorreiterinnen ist die Historikerin Dr. Heide Göttner-Abendroth, die diese Zeit wissenschaftlich untersuchte. In ihren Büchern weist sie nach, dass es Zeitalter in der Menschheitsgeschichte gab, in denen Männer und Frauen in anderen Strukturen lebten, als es unserer derzeitigen Realität entspricht. In der Schule bleiben diese mutterzentrierten Kulturen bis heute unerwähnt. (Auch mein Rechtschreibprogramm auf dem PC will matriarchale Gesellschaft durch patriarchale ersetzen.) Doch es wird Zeit, dass wir uns als Menschheit der eigenen Kindheit bewusst werden und nicht länger die Augen davor verschließen, was von Frauen alles erlitten wurde. Diese friedliche Zeit der Frauenkultur ist einfach verdrängt worden. Doch es ist belegt, dass es vor den 3000 Jahren patriarchaler Geschichte wenigstens 4000 Jahre lang eine mutterzentrierte Epoche gab mit entsprechenden Hochkulturen von Sumer, Altpersien, Altägypten und Kreta. Diese Kulturstaaten waren die Grundlage der europäischen Staaten der Antike und des späteren Abendlandes. Das archäologische Material aus dem 2. Jahrtausend vor Christus zeigt, dass Göttinnen ihren männlichen Partnern im Orient lange gleichwertig gegenüberstanden. Doch schon am Ende des Jahrtausends wurden sie in immer reduzierterer Form und auf immer billigerem Material dargestellt. Dies geschah in kriegerischen und patriarchalischen Zeiten, in der die Bedeutung von Gewalt und Militär zunahmen. **Für den christlichen Kirchenvater Augustinus war es um 400 nach Christus noch vorstellbar, sich Gott als Vater und Mutter vorzustellen:** Vater, „weil er begründet, weil er ruft, weil er befiehlt, weil er herrscht." Mutter, „weil sie wärmt, weil sie nährt, weil sie stillt, weil sie umschließt". Doch seitdem hat sich Gott als alter Mann mit Rauschebart und wirrem Haar, wie ihn Michelangelo an die Decke der Sixtinischen Kapelle malte, tief in unsere Vorstellung eingebrannt. Darum haben heute die Menschen erhebliche Probleme, sich Gott als Frau oder Mutter vorzustellen. Aber das Weibliche ist so eine elementare Kraft des Göttlichen und Sinnlichen, es lässt sich nicht ewig wegschieben. Doch unsere Geschichtsschreibung beginnt erst mit dem Wechsel von matriarchalen zu patriarchalen Gesellschaften.

Dass Matriarchate existierten, belegen weltweit viele Zeugnisse: Höhlenmalereien, Tonfiguren, Ausgrabungen und Grabbeigaben, ebenso legen Tempelanlagen und archäologische Funde dafür Zeugnis ab. Auch in mündlich überlieferten Märchen, Mythen und Sagen ist uraltes weibliches Wissen von einer Generation zur nächsten weitergetragen worden. Oft existiert es nur noch versteckt in Symbolen und Bildern und hat so bis heute überdauert. Patriarchale und klerikale Mächte haben das Weibliche über die Jahrtausende in den Hintergrund gedrängt. Nun weisen Wissenschaftlerinnen nach, dass es tausendjährige Epochen gab, in denen nicht Heerführer, Kriege und eine herrschende Oberschicht den Lauf der Zeit bestimmten, und dass es trotzdem (in der so genannten Jungsteinzeit, 8000 bis 2500 v. Chr.) eine hochstehende Kultur, Kunst, Religion und Technik gab. In dieser Zeit beruhte die Kultur auf der Religion der Göttin und wurde hauptsächlich von Frauen gestaltet.

Inzwischen hat die Forschung über das historische Matriarchat vieles herausgefunden. **Diese Lebensform liefert zahlreiche neue und konkrete Anregungen für die Lösung heutiger Probleme.** Es macht Sinn, diese andere Lebensweise einmal näher zu betrachten, denn wir können viel aus dem nach femininen Werten ausgerichteten Leben lernen.

Soweit wir heute wissen, waren es Gesellschaften, die sich in äußerer und innerer Balance befanden. Aus heutiger Sicht stärkten sie die Stellung der Frauen. Beide Geschlechter wurden als gleichwertig angesehen, doch Männer und Frauen hatten unterschiedliche Machtbereiche. Sie waren z. B. jeweils für Fischerei, Handel, Garten oder Ackerbau zuständig. Das war von Kultur zu Kultur unterschiedlich, doch sie hatten ihre grundsätzlich voneinander getrennten Aktionsbereiche. Das prägendste Merkmal im Matriarchat war die Ausgewogenheit, die Balance zwischen Männern und Frauen, jungen und alten Menschen, der Natur und den Menschen.

Matriarchale Gesellschaften sind in der Mutterlinie organisiert. Die Familien leben zusammen und bestehen aus Verwandten in der Mutterlinie. Deswegen nehmen die Mütter eine zentrale Rolle ein und erfahren große Achtung, weil die Mutter mit denen lebt, die wissen, dass sie von ihr abstammen: ihre Töchter, Söhne, Enkel und Enkelinnen. Die Kleinfamilie mit Vater, Mutter, Kind, wie bei uns, gibt es nicht im Matriarchat. Die Sippe wurde von der Sippen-Mutter angeführt, der Stamm von der Stamm-Mutter oder den Müttern der großen Sippen. Kinder gehören im Matriarchat grundsätzlich zur Mutter und bleiben in deren Einflussbereich und Clan. Die Frauen der Familie erziehen die Kinder gemeinsam. Namen und Würden vererbte die Mutter an ihre Tochter. Doch die Vererbung von Gütern gab es nicht, denn das Land und Haus gehörten der Gemeinschaft. In der emotionalen Rollenverteilung waren die Beziehungen zwischen Schwester und Bruder enger als die zwischen Eheleuten oder Partnern.

Zum Clan gehörten die Mütter und deren Schwestern. Ebenso die Großmütter, Großtanten und jeweiligen Söhne und Brüder. Ungewohnt für uns ist, dass die Brüder die Vaterrolle für die Kinder ihrer Schwestern einnehmen und sie als ihre eigenen Kinder ansehen.

In dieser Konstellation haben die Mutter, der Bruder der jungen Mutter und das Kind den gleichen Namen. Dadurch gelten sie als verwandt. Der biologische Vater wiederum trägt den Namen seiner Mutter und gehört deshalb einem anderen Familienclan an. Er betreut und versorgt die Kinder seiner Schwestern. Die biologische Vaterschaft spielt also kaum eine Rolle und ist auch nicht immer bekannt. Das ist anders, wenn der Vater der Geliebte der Mutter ist. Dann ist er immer ein gern gesehener Gast. Aber er ist nicht im Clan der Frau zuhause. Es gibt freie Beziehungen, die so lange dauern, wie die Liebe hält. Die Frauen wählen ihre Liebsten, wie sie wollen, und auch die Männer sind frei in ihren Beziehungen. Entscheidend sind die Gefühle füreinander.

Für Kinder entstehen aus dem Partnerwechsel keine Probleme, denn ihr zuhause ist immer im Clan ihrer Mutter. Dort können sie ihre Bezugspersonen nach ihren Wünschen aussuchen. Sie sind gut aufgehoben. Kinder lernen durch Begleitung von Erwachsenen nach dem Prinzip: „learning by doing". Sie feiern viele Feste. In matriarchalen Gesellschaften ist die Erde heilig und in diesem Denken werden die Kinder groß. Der Kreislauf des Lebens bestimmt die Kultur und findet im Lebenszusammenhang statt. Es finden die natürlichen jahreszeitlichen Feste statt, die Lebensstadien-Feste und Ahnen-Feste. Damit sind große kreative und spirituelle Traditionen verbunden, in welche die Kinder eingebunden werden. Kinder lernen Kultur aus dem täglichen Erleben. Sie lernen nicht wie bei uns in einer Schule, aus Büchern, Filmen, Vorträgen, in Konzerten, im Theater oder Museum.

Beide Geschlechter tragen zur Versorgung der Familie bei. Doch die Mütter haben das Verteilungsrecht und sorgen dafür, dass alle Mitglieder gleich viel erhalten.

Bei Streitigkeiten hilft das gesamte Dorf, eine Lösung zu finden. Es ist eine Gemeinschaftsaufgabe, Konflikte zu lösen durch Verhandlungen und Gespräche. Niemand wird mit Problemen allein gelassen. So werden auch politische Entscheidungen durch Konsensfindung getroffen. Auf diese Weise haben sich besonders gute Kommunikationsfähigkeiten ausgeprägt. Es verhandeln Familien-Räte, Dorf-Räte und dann der Regional-Rat. Sie beraten so lange, bis sich alle Menschen dieser Region einig sind und hinter den Beschlüssen stehen. Bei diesen Ratstreffen sind alle Minderheiten integriert. Die Beratungen finden im Kreis statt, so finden Hierarchien, Klassen, Abwertungen und Mundtotmachen nicht statt. Jeder kann seine Meinung äußern und wird angehört.

Eine Gesellschaft in Balance mit ökonomischer Gleichverteilung und politischem Konsens ist keine idealisierte Spinnerei, sondern zeigt eine Lebensform, die sehr menschenfreundlich ist. Heutzutage werden immer mehr Stimmen laut und lauter, dieses Wissen und die Erfahrungen für Veränderungen zu nutzen. Es geht darum, dass neue Zeiten angebrochen sind, in denen wir die Grundlagen für bessere Lebensbedingungen und neue, gerechtere Lebensformen schaffen müssen. In der heutigen Zeit sollten wir nicht zu stolz sein, auf die zu hören, die uns Lösungen anzubieten haben, und sie uns zum Geschenk machen. Aus allen Ländern und Kulturen melden sich Weise aus naturverbunden lebenden Völkern. Sie zeigen unterschiedliche Wege auf, die zeigen, dass Harmonie mit der Natur und die Entfaltung der Persönlichkeit jedes einzelnen Menschen machbar sind.

DAS LEBEN IM MATRIARCHAT

Bis zum vierten Jahrhundert nach Christus prägte die Kraft der Frauen und der Kult der Göttin die gesamte Kultur des Westens. Dies wird zum Beispiel am Mythos der Demeter deutlich. Berühmte Philosophen, Herrscher und Künstler suchten Eleusis auf, um sich in die **Mysterien der Göttin** einweihen zu lassen.

Bei Todesstrafe war ihnen verboten, über die Botschaften zu sprechen. Doch es ging um den dreifachen Zyklus der Göttin und ein grundlegendes Verständnis des Lebens. Dieses heilige Wissen besaßen die Menschen Jahrtausende lang in der Jungsteinzeit.

Erd-Hüterinnen und Priesterinnen

Im **Demeter-Mythos** treten drei Personen auf: die Mutter-Göttin Demeter, ihre jungfräuliche Tochter Kore und Persephone, die von Hades, dem Gott der Unterwelt gefangen gehalten wird. Demeter trauert um ihre Tochter und vernachlässigt die Erde. Dadurch zwingt sie die Götter, ihr nachzugeben. Zeus, der Götter-Vater, muss die Macht der Göttin anerkennen und handelt folgenden Kompromiss aus: Im Herbst soll Persephone in die Unterwelt gehen und Herrscherin im Totenreich sein. Im kommenden Frühling kommt sie für die sichtbare Welt wieder und erscheint als Kore, die Jungfrau. Sie symbolisiert den Keim der Ganzheit, die Kraft, die das Universum zusammenhält. Demeter verkörpert die Fülle, die unzähligen Ausdrucksformen der schöpferischen Göttin. Persephone steht für den dritten Aspekt der Göttin: den Tod und die Auferstehung. Sie zeigt Veränderung und Wandlungsphasen. Das jungsteinzeitliche Prinzip der dreifachen Göttin ist auch im Christentum noch vorhanden. Kore entspricht der Jungfrau Maria, der Frühlings-Göttin. Demeter, die Manifestation der Fülle des Lebens entspricht Eva, der archetypischen Mutter mit Adam. Und Persephone, die Winter-Göttin, die Wandlung und Erneuerung bringt, entspricht Mutter Tod.

- Der Himmel ist die lichte Wohnung der göttlichen Gestirne. Hier wohnt die helle Göttin, verkörpert durch ein jagendes Mädchen.
- Land und Meer sind die mittlere Region und die Welt der Menschen. Dies ist die Ebene der Frau-Göttin, die mit ihrer Erotik Leben schenkt.
- Unter der Erde oder unter dem Meer befinden sich die Kräfte des Todes und der Wiederkehr. Hier wohnt die Greisin-Göttin, die alte machtvolle Frau, die die Zyklen der Vegetation bestimmt und die des menschlichen Lebens.

Alle drei Gestalten zusammen bilden die Große Göttin, deren Symbol der Mond als Einheit mit seinen drei Phasen ist: der weiße Sichel-Mond als Symbol der Mädchen-Göttin, der Voll-Mond als Symbol für das Welten-Ei, Attribut der Frau-Göttin, und als unsichtbarer Neumond, der für die Unterwelt-Göttin steht, die die Wende vom Licht zur Dunkelheit und umgekehrt von der Dunkelheit zum Licht beherrscht. Unzählige Kulturen vor uns kannten die Sprache der Göttin. Es ist eine zyklische Sprache, die jeden Lebensprozess begleitet, egal, ob auf der persönlichen, der sozialen, kreativen, künstlerischen oder der wirtschaftlichen Ebene. In der ersten Phase, der weißen Phase der jungfräulichen Göttin, erkennen wir die Ganzheit. Wir erfahren Inspiration und erhalten Einsicht. Wir säen Samen und schmieden Pläne. Wenn dann die Samen zu keimen beginnen, sich die kreativen Impulse entfalten und aufblühen, beginnt die schöpferische Phase der Göttin. Im Wechselspiel zwischen männlich und weiblich, in der Partnerschaft zwischen Gott und Göttin entfaltet sich die schöpferische Fruchtbarkeit. Dies ist die Phase der roten Mutter-Göttin. Die dritte Phase der Verwandlung des Weiblichen ist die schwarze Göttin. Sie tritt dann in Erscheinung, wenn eine Entwicklung bis an die Grenze einer sinnvollen Entwicklung gebracht wurde. Dann erscheint die Göttin der Wandlung. Sie gebietet auf ihren Wegen dem schändlichen Übermaß Einhalt. Die schwarze Göttin begleitet den Übergang von Verfall und Tod zur Auferstehung. Sie beendet Prozesse, so dass eine neue schöpferische Phase beginnen kann.

Die so genannten Schneewittchen-Farben, Weiß, Rot und Schwarz, entsprechen der uralten Farbsymbolik matriarchaler Kulturen. Die Jungfrau, junge Frau und Braut trägt Weiß. Die kraftvolle, blutende Frau und Mutter trägt ein rotes Gewand und die weise alte Großmutter trägt Schwarz. Sie symbolisieren die drei Abschnitte des Lebens: Geburt-Leben-Tod. Diese Farben wurden zum Beispiel in alten Bauten auf Kreta gefunden. Die göttliche Weiblichkeit zeigt sich in der Schönheit aller drei heiligen Stadien des Lebens: als Jungfrau (Jugend), als Mutter (Reife) und als Alte (Alter).

Die **Erdmutter** ist die fruchtbare Quelle von allem Leben. Sie ist die **Große Mutter**. Der gesamte Kosmos ist ihr Körper, sie gebiert alles aus ihrem Schoß und sie nährt alles an ihren Brüsten. Jedes Geschöpf ist ihr Kind und hat seinen eigenen Kreislauf von Leben und Wiedergeburt. Am Ende des Lebens kehrt jeder in die Geborgenheit des Mutterschoßes zurück. Diese Sichtweise nahm dem allgegenwärtigen Tod jeden Schrecken. Die Große Mutter ist nicht nur eine Erd- und Fruchtbarkeitsgöttin, sondern die Herrin der gesamten Schöpfung. Vielleicht ist es das Wissen, dass in jedem Menschen eine geheime, heilige Dimension vorhanden ist, die uns berechtigt, uns selber als das Kind der Großen Mutter zu sehen. Das Christuskind sitzt auf dem Schoß seiner Mutter, der göttlichen Jungfrau. Auch die alt-ägyptische Göttin Isis hält ihren Sohn Horus genauso auf ihrem Schoß. „Ich bin alles, was war, was ist und was sein wird…" So kennzeichnet eine Inschrift die „Zauberreiche" und „Göttin mit den 10 000 Namen". Sie war eine Mutter-, Frauen- und Geburtsgöttin. Isis war auch Göttermutter und Schutzgöttin des Pharaos.

Möglicherweise symbolisieren diese archetypischen Ikonen und Göttinnen-Bilder nicht einen bestimmten Sohn, sondern stehen für jeden Menschen, der auf der Erde lebt. Wir leben eingebettet in die uns umgebende Landschaft und sind verwoben mit allen Begebenheiten unseres Lebens und in die universelle Harmonie der Welt. Geschieht dies nicht, um unseren göttlichen Wesenskern zu entfalten? Es wird immer wieder betont, dass Jesus der Sohn eines einfachen Zimmermanns war, der in einem ärmlichen Stall geboren wurde. Dies lässt sich so deuten, dass nicht nur ein besonderer Auserwählter, sondern jeder noch so einfache Mensch in sich etwas überaus Kostbares birgt. Dies wird durch die göttliche Mutter genährt und gehütet.

DIE GÖTTIN UND DIE KULTUR

Es gibt Darstellungen der Großen Göttin, die 30 000 Jahre alt sind. Da es zur damaligen Zeit noch keine Schrift gab, sind ihre Namen nicht überliefert. Aber es ist wahrscheinlich, dass sie unter verschiedenen Bezeichnungen verehrt wurde. Viel später wurde sie in Kreta als Vegetationsgöttin und Herrin der Tiere verehrt. Als kosmische Schöpferin bestimmte sie das Leben von der Geburt bis zum Tod. Tiere, Pflanzen und Menschen gehörten zu ihren Kindern. **Für die Menschen der Steinzeit war Gott weiblich.** Der Überfluss der Erde deutete darauf hin, dass das Fruchtbare und Nährende weiblich war, da alles Leben von der Frau geboren wird. Als etwa 7000 v. Chr. die Menschen den Ackerbau einführten, blieben Frauen die Ernährerinnen ihrer Familie. Sie hatten die meiste Erfahrung im Hervorbringen von Leben. Sie beschworen die Saat, so dass sie keimte und wuchs. Gesicherte Nahrung und Landwirtschaft sind Voraussetzungen für die Entstehung von Kultur. Denn sie stellen Menschen frei, anderen Tätigkeiten nachzugehen. Sie können Künstlerin, Erfinder,

Architekt, Priesterin, Traumdeuter, Mathematiker, Astrologin, Bauherr, Lehrerin, Handwerker oder Medizinfrau sein. Erst die unterschiedlichen Talente und Tätigkeiten führten dazu, dass Hochkulturen entstanden.

Frauen versorgten ihre Familie mit dem Notwendigsten und kannten sich sehr gut mit Pflanzen aus. Sie wurden die ersten Gärtner und nutzten ihr Wissen über Kräuter zum Heilen. Sie kannten auch Gifte, Rauschmittel und Zauberei und entwickelten sich zu Schamaninnen und Medizinfrauen. Die Frauen hielten sich häufig am Herd und Feuer auf. Sie beobachteten täglich, wie aus dem brennenden Holz Licht und Wärme wird, wie der Rauch aufsteigt, die Flammen in allen Gelb- und Rottönen tanzen und sich irgendwann die Holzscheite in Hitze und Rauch, also etwas Unsichtbares und sehr Feines, verwandeln. Doch sie sorgten nicht nur für Nahrung, sondern erfanden auch die Weberei. Ihre geflochtenen Vorratskörbe, die ursprünglich zum Wasserholen dienten, besserten sie mit Lehm aus, und abgenutzte Körbe strichen sie ganz mit Lehm aus. Wenn sie diese ins Feuer warfen, verbrannte das Stroh und die rohen Töpfe blieben zurück. Durch diese Beobachtung entwickelten sie die Töpferei. Ursprünglich wurden alle Töpferwaren von Frauen geschaffen, denn die Frau ist das Gefäß. Der Ton wurde für Frauen etwas Heiliges und bis zur Erfindung der Töpferscheibe war Ton für Männer mit einem Tabu belegt. Später verzierten Frauen ihre Gefäße. An Fingerabdrücken kann man erkennen, dass es Frauen waren, die dies vollbrachten. Vor ca. 20 000 Jahren stellten sie die ersten Zelte aus Häuten her, die von Hörnern gehalten wurden. Später bauten sie Behausungen aus ungebrannten Ziegeln. Dies war der Beginn der Architektur. Dies sind wertvolle Beiträge von Frauen zur menschlichen Zivilisation. Sie begründen die Kunst und Kultur. Jede neue Entdeckung verstärkte die Identifikation der Frau mit der Großen Schöpferin und Mutter-Göttin. Dies geschah sowohl bei den Frauen selbst als auch im Verständnis der Männer.

Es ist zu vermuten, dass die Höhlenmalereien von Catal Hüyük in der Türkei von Frauen stammen, denn nur in ihren Gräbern fand man Malutensilien. In anderen Höhlen, wie zum Beispiel in Tuc d'Áudoubert, befinden sich neben den Malereien Abdrücke von Kinderfersen und -händen. Auch das spricht dafür, dass hier Frauen die Künstlerinnen waren. Die roten Handnegative lassen vermuten, dass hier von Frauen rituelle Zeremonien abgehalten wurden und dass die Künstlerinnen eine Substanz hinterließen, die mit spirituellen

Kräften aufgeladen war. Wahrscheinlich war es eine rituell zubereitete „Farbe" und symbolisierte magisches Menstruationsblut.

Es besiegelte die enge Beziehung der Künstlerin mit der unsichtbaren Welt. Die Schamanin suchte die Große Göttin auf, um ihr nahe zu sein und sich energetisch mit neuer Kraft aufzuladen. Dies geschah meistens in versteckten Grotten, schwer zugänglichen Spalten und geweihten Höhlen. Sie dienten schon immer als heilige Stätten, denn sie symbolisierten den Schoß der Universal-Mutter. Und es war weit mehr als das. Für jene Menschen war dieser geheime Ort ganz real die innere Heimat der Großen Mutter. Sie wussten: Aus ihr wird jedes Leben geboren und zu ihr kehrt alles wieder zurück. Diese Sichtweise gab den damaligen Menschen ein tiefes Geborgenheitsgefühl. So hatte der Kreislauf von Geburt und Tod eine ganz andere Bedeutung als für uns heute Lebenden. Er war allgegenwärtig, aber nicht mit Angst und Schrecken verbunden. Und er wurde nicht zum Tabu erklärt, denn jeder wusste, dass er irgendwann verwandelt zurückkehren wird. Dies konnten sie immer wieder und überall in der Natur beobachten.

Weltweit feierten Menschen diese natürlichen Kreisläufe und Übergänge mit Ritualen. Denn diese Art zu leben stärkte den Zusammenhalt der Gruppe und gab jeder einzelnen Person Stabilität und Halt. Die ersten Kalender entstanden, indem Frauen Zeitabläufe dokumentierten und mit Mond- und Planetenbeobachtungen kombinierten. Sie hinterließen Zeichnungen auf Höhlenwänden, Birkenrinde oder Leder. Zusätzlich bewahrten die Geschichtenerzählerinnen wortwörtlich das umfangreiche Wissen ihrer Ahninnen über viele Jahrhunderte. Denn sie wussten, wenn sie es vergessen würden, müsste der Stamm ohne die Weisheit der Ahnen überleben und das läge in ihrer persönlichen Verantwortung.

Das umfangreiche und tiefe Wissen um Kreisläufe lehrten Mütter und weise Frauen mit Hilfe des Medizinrades. So wurde Wolf Storm unter großen Gefahren von seiner hundertjährigen Lehrerin in das uralte Maya-Wissen über Medizinräder unterwiesen. Mit Hilfe des Medizinrades und seiner Mitte machten Frauen die überaus wichtige Entdeckung der Null. Darum bedeutet Mathematik in seinem Ursprung: „Lernen von der Mutter".

Wenn eine Frau Leben schenkte und ein Kind bekam, ging sie an den sichersten Ort, den es für sie gab. Sie suchte diesen geschützten Frauen-Raum auf, an dem die Göttin selbst zugegen ist. So wurde das Gebären zu einem heiligen Schöpfungs-Akt und fand in speziell dafür eingerichteten Höhlen oder Geburts-Tempeln statt. Diese waren den Blicken der Menschen verborgen und standen unter dem Schutz der Mutter-Göttin.

Die Tatsache, dass ein auf die Mutter hin ausgerichtetes Umfeld vorhanden war, bedeutet noch nicht, dass es sich um ein Matriarchat handelte, aber es zeigt, dass Frauen früher ein hohes Ansehen genossen. Die Kinder wurden nach ihren Müttern benannt, Häuptlinge und Hierarchien gab es nicht. Jeder war abwechselnd für jede Arbeit zuständig und es herrschte ein Geist der Gleichberechtigung. Erst in sehr viel späteren Kulturen entstand die Ehe. Sie ist eine Einrichtung des Patriarchats, denn nur so kann der Ehemann relativ sicher sein, dass er der Kindsvater ist. Das war und ist wichtig wegen der Erbfolge. Die Geschichtsschreibung aus männlicher Sicht ist jedoch ausreichend dokumentiert und bekannt…

Es gab und gibt durch die Archäologie, aber auch durch Märchen, Mythen und besondere Orte immer noch gläserne Böden, durch die wir den unterdrückten Impuls des göttlichen Weiblichen in den verschiedenen Epochen entdecken können. Auf dem mittelalterlichen Elfenbein-Altar der Kathedrale von Salerno wird mit den lateinischen Worten für Tag und Nacht hingewiesen: „Die Dunkelheit geht dem Licht voraus und ist dessen Mutter". Die ursprüngliche Weisheit war dunkel und weiblich. Dann folgte ihr das maskuline Wissen des Lichts. Das Wissen um die Kraft der Schöpferin und der Kontakt zur Göttin ging nie völlig verloren. Doch lange konnte er nur im Unterbewussten der Menschen wirken.

Die Frauen und Mütter schufen die Künste und Landwirtschaft, die Baukunst, Weberei, Töpferei, die Schrift, Dichtkunst und Musik, die Geographie und Astronomie, den Kalender und die Mathematik. Im Sanskrit ist das Wort Messung eng verwandt mit dem Wort Mutter. Die Hieroglyphen für Haus und Stadt konnten in Ägypten auch für „Mutter" stehen. Dort wurde die Große Göttin als Herrin des Hauses, der Bücher und Architektur verehrt. Sie war auch diejenige, die den jungen Pharao inthronisierte. Er trug den Titel „Herrscher vom Mutterleib an". Die Macht der Frauen bestand in der Kunst ihrer Magie und Heilkunde, die auch die Kunst, Kommunikation und Religion umfasste. In solch einer Kultur, in der die Mutterkraft der Macht des Lebens entspricht, sind innere und äußere Welt, Natur und Selbst nicht voneinander getrennt.

DAS RAD DER ZEIT – DAS MEDIZINRAD

In Frauengesellschaften und archaischen Naturvölkern spielten Hierarchie und Macht oder Besitz kaum eine Rolle, denn die Menschen dachten und lebten ganz anders als wir heutzutage. Sie orientierten sich an Kreisläufen, die sie in der Natur beobachteten. Daher war ihr weltumspannendes Symbol der Kreis und das Medizinrad. Unsere Ahnen bewegten sich also eher auf Spiral-Wegen anstatt auf geraden Straßen. Sie sahen es als heilige Aufgabe des Menschen an, dass er in seinem Leben den magischen Kreis mehrmals umrundet. Damit ist gemeint, dass wir ganz natürlich über uns hinauswachsen, indem wir unterschiedliche Perspektiven und Sichtweisen kennenlernen.

Das Medizinrad ist in die vier Himmelsrichtungen unterteilt. Die Verschiedenheit der Energien spüren wir im Ostwind, im Südwind, im Westwind und Nordwind. Zum Medizinrad gehören noch alle anderen Richtungen sowie oben und unten. Der uralte „Medizin-Weg" besteht aus sehr komplexen Wissensgebieten und Erkenntniswegen. Denn mit dem Medizinrad lässt sich das gesamte Leben mit all seinen Erscheinungsformen auf der Erde und im Universum erklären. Dieses Wissen wurde bis jetzt streng gehütet und notfalls mit dem Leben bezahlt. Doch gerade in diesen Jahren wird uns von den indigenen Weisen viel ihres heiligen Wissens zum Geschenk gemacht. Wir sollten ihnen gut zuhören, denn wir können kostbare Geheimnisse entdecken. Dieses Wissen wird uns in der Hoffnung anvertraut, dass wir uns von unserem Kriegerdenken verabschieden können und neue, friedliche Wege finden.

Der Weg auf dem Medizinrad begann in alten Kulturen schon im frühen Kindesalter. Denn alle Erwachsenen eines Stammes fühlten sich gleichermaßen für die Kinder und deren Zukunft verantwortlich. Von klein auf lernten Kinder ganz unterschiedliche Lebenswege kennen, weil sie die Erwachsenen ihrer Clan-Familie bei deren Tätigkeiten begleiteten. Sie lernten, indem sie zusahen und einbezogen wurden.

Bei den Inuit gibt es noch heute das „Fest des ersten Fisches". Es wird gefeiert, wenn ein Drei- oder Fünfjähriger seinen ersten Fisch gefangen hat. Dann legen die Erwachsenen heimlich noch einige Fische dazu, so dass genug für alle da ist. Dann feiern sie ein Fest, auf dem sie den kleinen Jungen in den Mittelpunkt stellen, weil er nun schon so groß ist, dass er die ganze Familie ernähren kann.

In Medizinrad-Kulturen war es selbstverständlich, dass die Kinder der boden-ständigen und geduldigen Bäuerin halfen. Dabei lernten sie ganz nebenbei uraltes Recht. Denn diese Frau harkte nach der Ernte den Boden nur leicht, so dass auch die Vögel und andere satt werden konnten. Ebenso begleiteten sie die Händlerin. Sie denkt in Beziehungen und brachte ihnen die Balance von Geben und Nehmen bei. Sie lernten auch von der Jägerin und dem Fallenstel-ler und dankten gemeinsam mit ihnen den Tieren, die ihren Körper gaben, damit die Menschen überleben können. Wenn sie bei der Künstlerin lebten, erforschten sie das Geheimnis des Lebens und der Schönheit. Und am Feuer lauschten die Kinder gemeinsam mit allen anderen den Erlebnissen der Rei-senden. Sie liebten auch die Geschichten der Großeltern, die aus vergangenen Zeiten erzählten. Mädchen und Jungen erlebten auch die Arbeit der Priesterin und erfuhren von ihr Dinge, die die Seele betreffen. Und ab und zu reisten sie mit der Nomadin zu anderen Stämmen, um dort das Leben der Verwandten kennen zu lernen.

Weil das Leben viel Unvorhergesehenes für jeden von uns bereithält, wusste schon jedes kleine Kind, was es zu tun hatte, falls es verloren geht: Es musste einen Weg zum Wasser finden. Den zeigten ihm die Tiere durch ihre Spuren und Rufe. Wenn es dann am Fluss entlangging, würde es früher oder später auf Menschen treffen.

Jugendliche gingen auch der Heilerin und dem Schamanen zur Hand. Hier lernten sie Medizin herzustellen und vieles über Heilkräuter. Nach der Puber-tät verbrachten Mädchen eine Zeit mit der Hebamme. Sie halfen bei Geburten, bei der Versorgung der jungen Mutter und ihres Neugeborenen, während sich die Jungen ihren Vätern und Onkeln anschlossen und in die Männergesell-schaft aufgenommen wurden.

Durch diese Lebensart erhielten alle Kinder eine umfassende Grunderzie-hung, die ganz praktisch auf den Alltag ausgerichtet war. Und die Erwachsenen erkannten schon früh, wo die persönlichen Begabungen jedes Kindes lagen. Sie förderten die Kinder, indem sie sie ganz selbstverständlich in ihre Arbeit mit-einbezogen, wie es schon ihre Eltern und Großeltern getan hatten. Diese natür-liche Lebensweise und Erziehungstradition bewirkte, dass jeder ein gesundes Selbstbewusstsein entwickeln konnte und eine innere Würde besaß. Denn die

Kinder erkannten sofort die Notwendigkeit ihres eigenen Beitrags und konnten einen gewissen Stolz entwickeln. Durch diese Verbundenheit untereinander konnte jeder vieles selber tun und besaß auch den Mut, über sich hinauszuwachsen. Oft entwickelten diese Kinder spezielle Kompetenzen und konnten sich selbst in extremen Situationen zurechtfinden. Dies waren wichtige Eigenschaften, denn davon hing oft das Überleben in der Natur ab.

Durch dieses archaische „Medizinrad-Denken" besaß jeder Respekt vor dem Beitrag der anderen Clanmitglieder. Denn auch die Erwachsenen lebten die Gleichberechtigung in ihrem Alltag. So gab es Aufgaben, die jede Frau reihum für ihren Stamm zu erledigen hatte. Zum Beispiel wurde der Hofplatz ohne Ausnahme von jeder gefegt, egal, welche Rolle sie gesellschaftlich ausfüllte. Keine Aufgabe wurde als „niedrig" angesehen. Wer einen großen Beitrag für die Gemeinschaft leistete, zum Beispiel als Friedensstifter oder Regenmacher, wer ein guter Jäger oder Krieger war, wurde geehrt und gefeiert. Ebenso wie eine erfolgreiche Ärztin, Geschichtenerzählerin, Fährtenleserin oder gute Händlerin. Wegen ihrer Verdienste stand ihnen jedoch nicht mehr Essen oder Besitz zu als allen anderen. Doch von diesem Zeitpunkt an wurde ihren Worten aufmerksam zugehört und ihre Taten wurden genau beobachtet. Auf diese Weise wurde ihnen Achtung entgegengebracht. Trotzdem erledigten diese Menschen selbstverständlich weiterhin die einfachen Arbeiten, wie alle anderen auch.

Dies zeigt ganz deutlich, dass niemand in einer Gemeinschaft wichtiger ist als jemand anders. Jeder leistet seinen speziellen Beitrag, damit der Stamm überlebt. **Im Kreis haben alle die gleiche Position, denn in der Runde ums Feuer kann jeder dem anderen in die Augen sehen. Jeder hat das Recht zu sprechen und gehört zu werden.** Dafür gab es den „Rede-Stab". Solange er bei einer Person blieb, schwiegen die anderen.

Zahlreiche Übergangsrituale in neue Lebensabschnitte strukturierten das Leben unserer Ahnen, die auf dem Medizinrad reisten. So konnte jeder ganz natürlich in seine neue Rolle hineinwachsen. Diese Rituale waren häufig mit Prüfungen und Angst verbunden, doch gleichzeitig vermittelten sie Struktur und Sicherheit. Denn niemand wurde auf seinem Weg allein gelassen. Während eines Übergangs-Festes stand jeder irgendwann im Mittelpunkt und wuchs auf diese Weise in seine neue Rolle hinein. Natürlich kannte er die damit verbundenen Erwartungen und auch die Verantwortung, die ihm übertragen wurde. So enthielt ein neuer Lebensabschnitt immer die Chance, persönlich über sich hinauszuwachsen, innerlich reicher und mutiger zu werden.

Kinder wurden durch Rituale zu Erwachsenen, sie feierten und lebten Partnerschaften und Elternschaft, leisteten ihren Beitrag für den Stamm und wurden schließlich Großeltern. Diese erfahrenen Mütter und Väter achteten ganz besonders auf Träume. Am Morgen nach einem Ritual berichtete jeder, was er oder sie geträumt hatte. Die Traumdeuterin und der Medizinmann halfen, die Botschaften zu verstehen. Sie unterstützten alle darin, ihre eigene Lebens-Aufgabe und ihren Seelenweg zu erkennen. So wurde jeder gesehen, gehört und wahrgenommen. Diese Lebensweise gab den Menschen Frieden und starke innere Wurzeln, denn sie waren fest eingebunden in die Gemeinschaft und kannten ihren Weg auf dem Medizinrad. In ihrem naturnahen Erleben standen die praktische Realität und Symbolik ihrer Träume nahe beieinander. Ebenso erlebten sie Raum und Zeit. Diese wurden nicht linear wahrgenommen, wie von uns, sondern verliefen spiralförmig nebeneinander her. Die Schleier zwischen den Welten waren durchlässig. Genauso wird es in der Zeit sein, die vor uns liegt.

Die Bestätigung für diese Aussage erhielt ich gerade am Telefon von meinem Sohn. Er rief an und erzählte von einem Traum heute Nacht, in dem er Akupunkturnadeln im Ohr hatte. Ganz erstaunt stellte er heute früh fest, dass eine hartnäckige Wunde an seinem Ohr völlig verheilt ist.

Welch ein „Zufall" und Wunder, dass mich gerade jetzt, da ich diesen Text schreibe, mein Sohn anruft, um mir ganz kurz seinen Traum zu erzählen.

Genau dieses Phänomen meinte ich, als ich schrieb, dass die Schleier zwischen den Ebenen durchlässiger werden. Das Leben selbst liefert den Beweis!

DER WIND DER WEISHEIT WEHT
AUS DER GESCHICHTE HERÜBER

Geheimes Ahninnen-Wissen und neue Blickwinkel

Die Geschichte eines Volkes überlebt in ihren Sagen, Legenden, Märchen und den mündlichen Überlieferungen von Liedern, Kinderspielen und -reimen. So war es früher. Seit es schriftliche Aufzeichnungen gibt, gehen wir aber davon aus, dass sie tatsächliches Geschehen überliefern. Jedoch gilt zu bedenken, dass schriftliche Zeugnisse immer auch ein Machtinstrument sind, um durch Informationen die Herrschaft zu festigen.

Eine offizielle Wahrheit ist meistens die der Mächtigen, denn das Volk hatte weder die Mittel noch die Möglichkeit, seine Version weiterzutragen. So wurde das Alltagsleben von Frauen und Kindern so gut wie nie erwähnt.

Märchen und Mythen sind wie ein Stoff, der von Menschen zu allen Zeiten gewebt, geflickt, wieder aufgetrennt und neu zusammengefügt wurde. Geschichten wurden erzählt und verändert, wie ein kreatives lebendiges Gewebe, das sich wandelt und die Wirklichkeit beeinflusst. Beschäftigt man sich näher mit Märchen, so fällt auf, dass sich sogar heute noch bestimmte Motive und Ereignisse wiederholen, wie zum Beispiel das Thema, dass ein junger Mensch in die Welt gehen muss, um Prüfungen zu bestehen. Dann kommt er reich oder zumindest reich an Erfahrungen zurück. Auf seinem Weg hat er Weisheit erlangt, spirituelle Begegnungen gehabt und eine Prüfung bestanden. Ein anderes wiederkehrendes Motiv ist die Prinzessin, die einen ebenbürtigen Mann sucht. Sie stellt hohe Ansprüche an ihn und er muss bis ans Ende der Welt gehen. Auf seinem Weg muss er viele Anstrengungen, Kämpfe und Gefahren bestehen, um schließlich die Prinzessin zu erobern.

Im Märchen bannen Zauberinnen Menschen in Steinen und sie müssen Prüfungen bestehen, um befreit zu werden. Steine sind Symbole für etwas Dauerhaftes, Ewiges, Zuverlässiges in einer Welt, in der sich alles verwandelt. In der Natur wächst, blüht, welkt und stirbt die Vegetation. Doch Steine überdauern die Jahreszeiten und bleiben stehen. Steinsetzungen dienten weltweit als Kalender und heilige Orte der spirituellen Erfahrung und Unterweisung. Die Unberechenbarkeit der Natur wurde mit Ritualen und Gesängen besänftigt, denn alles wurde als beseelt angesehen. Deshalb gingen die Frauen vorsichtig um mit den Pflanzen, Tieren und Geistwesen. Steine wurden besonders verehrt als Ahn-Wesen. Sie wurden zu rituellen Kreisen und Medizinrädern gelegt. Oft dienten sie auch zum Schutz der Toten, die in Steingräbern bestattet wurden.

In frühen Kulturen überall auf der Erde war die Natur die Quelle der Spiritualität. Die Menschen wussten, dass sie ohne Bäume, Pflanzen, Tiere, Steine und die Elemente nicht überleben können. Alles greift ineinander und ist miteinander verwoben. Spirituelle Energie verbindet alle Wesen miteinander. Die Erfahrung lehrte die Menschen, dass wir nicht alleine und isoliert von allem leben können. Vom Verständnis der Natur hing das Leben ab.

Verständnis für andere Wesen verwandelt sich in Liebe, Respekt und Verbundenheit. Diese Erfahrung machen wir mit unseren Haustieren. Doch selbst wenn wir Respekt vor der Natur ausschließlich praktisch sehen wollen, ist er notwendig. Inzwischen kennen wir Bilder aus China, wo die Menschen Atem-Masken tragen, um sich und ihre Kinder vor Lungenkrebs zu schützen, weil die Luft verpestet ist. Spiritualität ist also kein religiös verkitschtes Naturbild, sondern das uralte Wissen, dass wir Menschen nur gemeinsam mit der Natur, den Pflanzen und Tieren überleben können. Das Spirituelle ist ein Symbol für Lebenskraft, das Göttliche und Heilige, das aus der Verbindung mit der Natur und den Elementen kommt. Diese Gemeinschaft muss gepflegt werden, um sie lebendig zu halten.

So galten Eichen in unseren Breiten bei den Kelten als heilig. Sie standen für Stärke, die Verbindung zur Erde und dem fließenden Wasser. Ohne Wasser sterben die Eichen. Dies ist durch die Absenkung des Grundwasser-Spiegels zu beobachten. Außerdem werden sie krank durch die Schadstoffe in der Luft. Wo einst Eichenwälder standen, entstehen heutzutage neue Gewerbegebiete, und für Schnellstraßen werden wunderschöne Eichen-Alleen gefällt. In Bäumen leben Tausende von kleinen Wesen, die wir nicht kennen, die aber für das Gleichgewicht auf der Erde wichtig sind. Bäume nehmen Wasser aus der Erde auf. Sie nehmen CO_2 auf und atmen Sauerstoff aus. Bei uns Menschen ist dies gerade umgekehrt. So ergänzen wir uns und sind im spirituellen Austausch.

Doch wir fällen die Eichen und sind darum gerade dabei, unsere Verbindung zur Lebenskraft zu verlieren.

Dieses uralte Wissen um Zusammenhänge wurde früher durch Zaubersprüche bekräftigt, denn unsere Ahninnen kannten sich in der Verständigung zwischen unterschiedlichen Wesen sehr gut aus. Auf magischen Wegen standen sie im spirituellen Austausch, ebenso wie eine Frau mit ihrem ungeborenen Kind. Das Kind wird durch die Nabelschnur versorgt und die werdende Mutter neutralisiert die Ausscheidungen ihres Kindes im Bauch. Genau diese grundlegenden Zusammenhänge zwischen der Erde und den Menschen, zwischen den Elementen und den Menschen, den Bäumen und den Menschen, den Tieren und den Menschen hat weltweit dazu geführt, die Erde als Muttergöttin zu verehren.

Doch diese Zeiten sind fast völlig in Vergessenheit geraten. Den Frauen wurde ihr Raum sehr gründlich zerstört. Darunter leiden weibliche Wesen heute noch. Doch in früheren Kulturen wurde die absolute Notwendigkeit der Gemeinschaft von Frauen anerkannt. Sie tauschten sich aus, erzählten sich Geschichten, töpferten, webten, stellten Schmuck und Heilkräuter her, dichteten und waren künstlerisch tätig, forschten, handelten, heilten, sammelten Honig u.v.m.

All dies wird auch heute noch nachsichtig belächelt als „Hausfrauen-Kunst". Wenn sich Frauen zusammentun, gelten sie sehr schnell als feministisch, während Männerrunden im Fernsehen alltäglich sind. Auch das, was Frauenkreise hervorbringen oder Sportlerinnen erreichen, wird als minderwertig angesehen. Doch Frauentreffen sind ein alter, archaischer weiblicher Weg, denn schon immer bildeten Frauen Netzwerke aus Informantinnen, Heilerinnen, Händlerinnen und Seherinnen weit über nationale Grenzen hinweg. Dies war überlebensnotwendig für die einzelnen Stämme, denn sie waren Meisterinnen in der Kommunikation. Sie konnten Kriege verhindern oder zumindest Hoffnung schenken. So wie Frauen in Afghanistan Mädchenschulen aufbauten, eine Filmhochschule und ein Mode-Atelier gründeten, während deutsche und afghanische Soldaten schwer bewaffnet gegeneinander kämpften.

Um ein gut funktionierendes Netzwerk aufzubauen, brauchen Frauen einen geschützten Raum, zu dem Männer keinen Zutritt haben. Diese Kultur wurde gründlich zerstört, doch es gab sie in jeder naturverbundenen Lebensweise.

Bei den Germanen hieß der Raum Kemenate und meistens gab es dort einen Kamin oder Ofen. Dieser Raum entspricht dem Frauengehöft afrikanischer Völker. Frauen behielten ihr Wissen und ihre Geheimnisse für sich und sorgten dafür, dass es nicht in falsche Hände geriet. Auch das war ein Grund, weshalb ihr Leben kaum beschrieben und dokumentiert wurde. **Doch eines ist sicher: Wo Frauen das Sagen haben, gibt es gutes Essen, Feste, Geschichten, Handwerk, Kunst und Tanz.** Das ist heute ebenso wie früher. Zahlreiche archäologische Funde belegen, dass auch ganz naturverbunden lebende Menschen eine hohe Kultur und Kunstfertigkeit besaßen.

Die starke, schöne, einzigartige Frau im Märchen ist häufig eine junge Frau, die von ihrer Familie ausgestoßen wurde. Sie wird mächtig, indem sie einer wilden Frau, einer Wald-Frau oder Zauberin dient. Von ihr bekommt sie einen magischen Gegenstand geschenkt. Einen einfachen Stein, eine Nuss oder Haselgerte, mit der sie die Wirklichkeit wandeln kann. Diese mächtige Frau findet man nicht in einer „ordentlichen" Familie. Sie wurde ausgebeutet, verstoßen, gedemütigt, ebenso wie viele Heilerinnen.

Auch sie wuchsen häufig ohne genug mütterliche Liebe auf und mussten sich erst selber heilen, um ihre Berufung zu finden. Diese Frau hat immer eine mächtige Verbündete: eine Tante, Lehrerin, Wald-Frau oder Patin, die sie lehrt, und später ihre ausgeprägte Intuition, die sie führt. Im Märchen bedeutet die Heirat mit dem Prinzen, dass letztendlich der mächtige Mann die wilde Frau zähmt. Die männliche Ordnung siegt, wenn die Frau unter die Haube kommt, denn dann müssen eigene Wege, Frauen-Geheimnisse, Dschungel und Wälder verschwinden. Doch die wilde Energie ist nicht zu brechen und gerade jetzt melden sich die Elemente vehement zurück. Die Menschen legen Gärten in Städten an und lieben Waldspaziergänge, sie umarmen Bäume und gehen barfuß im Regen spazieren. Und wie in alten Zeiten sind Katzen wieder die Lieblingstiere der Frauen...

6 DIE GÖTTIN KEHRT ZURÜCK

MONDLICHT AUF DEM WASSER

Die Göttin zeigte sich mir als Mondlicht auf dem Wasser, als ich in einer Sommernacht alleine am Meer spazieren ging. Seit diesem Tag ist nichts mehr wie zuvor. Draußen war es ruhig, nur das Wellenrauschen war zu hören. Ich machte einen Abendspaziergang und beobachte, wie sich das Mondlicht im Wasser spiegelt. Dieses Naturschauspiel zog mich völlig in seinen Bann. Ich blieb stehen und hatte das Gefühl, in ein Geheimnis einzudringen. Wie wunderschön war dieses Bild! Ich war fasziniert und konnte mich gar nicht satt sehen. Die Nähe des Wassers tat mir so gut! Ich spürte eine unbestimmte Sehnsucht und hatte gleichzeitig das Gefühl, die Zeit bleibt stehen und dehnt sich um mich herum unendlich aus. Das Kommen und Gehen der Wellen ließ mich ganz ruhig und offen werden. Und ich vertiefte mich so lange in die Betrachtung des Wassers, bis ich die dahinterliegende Stille um mich herum fast hören konnte. Irgendwoher kam der Gedanke, dass dies ein entscheidender Moment in meinem Leben ist.

Dieser magische Augenblick war voller Zauber, denn phantasievolle Gedanken und ungewohnte Bilder flogen in meinen Kopf und es hätte mich nicht gewundert, wenn jetzt wunderschöne Nixen erschienen wären. Ich stellte mir vor, wie sie mich mit ihrem langen Haar, ihren großen dunkel-grünen Augen und ihrem schillernden Wesen in ihren Bann ziehen würden, so dass ich mich an ihnen nicht satt sehen könnte. Gleichzeitig bemerkte ich, dass ich ihren Gesang verstehen konnte. Er erzählt von ihrem Geheimnis und dem Element, das Leben schafft. Sie besingen die Stärke des Wassers: seine Klarheit und Schönheit, seine Sanftheit und Zerstörungskraft, seine Wildheit und Verletzlichkeit. Dabei tanzen sie anmutig, kraftvoll und so schnell und geschickt wie Fische im Wasser. Und doch sind sie weiblich, durch und durch.

Ihr Gesang erzählt mir von den Wegen, die das Wasser zurücklegt, wenn es vom Land in die Ozeane fließt. Denn alles Wasser fließt und ist in Bewegung Richtung Meer. Es findet immer einen Weg. Es umgeht alle Hindernisse, fließt in unterirdische Flüsse oder regnet als Tropfen auf die Welt. Es sickert durch uralte Erdschichten und umspült versunkene Kontinente, es lebt in Jahrhunderte alten Baumwesen, duftenden Blumen und in jeder Pflanze. Auch alle Tiere und Menschen brauchen Wasser zum Leben und bestehen zum großen Teil aus diesem Element. Im ewigen Kreislauf ist nichts dazu- oder weggekommen.

Dasselbe Wasser, das unsere Ahnen getrunken haben, kehrt irgendwann nach unendlich langer Zeit zu uns zurück. Immer ist dieses Wasser der Grund dafür, dass Leben entsteht. Es pulsiert wie Blut durch das Flusssystem unserer Erde. Jeder Mensch kommt mit Wasser in Berührung. Wir beginnen unser Leben im Fruchtwasser, trinken Wasser, weinen und lachen Tränen und reinigen unseren Körper mit Wasser. Wir spülen unsere Nahrung und Töpfe, unsere Kleidung und Autos. Wir kochen Wasser für Babyfläschchen und Tee, nutzen es zum Kühlen von Kraftwerken und zum Bewässern von Feldern. Es kennt viele unterschiedlichste Formen. Es lebt mal als Gletscher und sauberer, plätschernder Bergbach, dann durchdringt es im unterirdischen Dunkel das Erdgestein. Es verliert sich im Ozean, verdunstet im Sonnenlicht und wandert mit den Wolken um die Erde. Das Wasser durchfließt die Lebewesen, die Materie und Elemente. Es singt das Lied aller Erfahrungen, die auf der Erde möglich sind. Dieser Gesang ist reich und inspiriert, voller Lust und Leid.

Unser Wasser ist eine Quelle des Wissens der Welt, denn es trägt alle Informationen in sich. Es schenkt uns unendlich viele in Wasser gelöste Geschichten. Diese Geschichten erzählen auch von einer Zeit, die vor unserer Zeit existierte. Damals gab es neben einem mächtigen Gott eine wunderschöne mitfühlende Göttin. Beide lenkten gemeinsam die Geschicke der Menschen und achteten darauf, dass der Ursprung des Lebens stets geachtet wurde. Das Mysterium der Schöpfung zeigte sich genau wie heute im Schimmern des Taus, wenn am Morgen eines neuen Tages wieder die Sonne am Horizont erschien. Es zeigte sich jedes Frühjahr, wenn wie durch ein Wunder der Saft in die Zweige und Äste der Bäume stieg, so dass der Stamm von innen zu schimmern begann. Durch die magische Schöpferkraft der Göttin wuchsen neue Blätter, duftende Blüten und schließlich die Früchte. Und es zeigte sich dadurch, dass sich das

Leben stets erneuerte. Es wurden neue Kinder geboren und die Viehherden kehrten mit ihren Tierbabys zurück. Auch die Blumen wuchsen neu.

In jener fernen Zeit betrachteten die Menschen die Schönheit, die sie umgab, nicht als selbstverständlich. Sie dankten der Schöpferin und dem Schöpfer für jeden neuen Tag, der ihnen geschenkt wurde, und nannten sie „das große Geheimnis". Sie lobten und priesen sie, indem sie für sie sangen und tanzten. Sie pflegten das Land, das ihnen für ihre Lebenszeit anvertraut wurde, und sahen dies als ein Geschenk. Wenn sie etwas nahmen, gaben sie auch etwas zurück. Wenn sie ihr Land nicht mehr benötigten, gaben sie es an andere weiter. Diese paradiesischen Zeiten werden in den alten Geschichten aller Völker beschrieben. Damals konnten die Menschen mit den Tieren und Pflanzen in Kontakt treten, denn es gab ein lange vergessenes, harmonisches Gleichgewicht auf der Erde, zu dem wir jetzt zurückfinden müssen.

In dieser Nacht am Meer wurde mir plötzlich klar, dass diese Harmonie zerstört wurde, als die Göttin aus unserer Welt vertrieben wurde. Denn seitdem werden auch die Frauen klein gehalten. Das bedeutet, dass die Hälfte des menschlichen Potentials der Welt nicht genutzt wird. Doch für alle ist offensichtlich, dass die alten Strukturen, die auf Macht und Einfluss beruhen, nicht länger funktionieren. Jetzt müssen Männer und Frauen gemeinsam neue und bessere Konzepte entwickeln. Denn alle Eltern möchten ihren Kindern und Enkeln ein gesundes Leben ermöglichen.

Das Mondlicht auf dem Wasser ließ mich fühlen, dass es längst vergessenes Wissen gibt, das wir wiederbeleben können, um gute Lösungen zu finden. **Intuitives Heilwissen war immer da, wir konnten es nur nicht erkennen. Diese Erneuerung kommt von den Frauen.** Sie werden sich befreien und auf das lang verschollene Erbe der Ur-Mütter besinnen. Viele von ihnen verwurzeln sich wieder fest mit der Erde. Gleichzeitig erheben sie ihre Arme ganz hoch, um nach den Sternen zu greifen. So kann sich dazwischen die Welt ihrer Träume entfalten. Machtvoll stehen sie auf, um das Leben zu bewahren und zu beschützen. Sie handeln selbstsicher, intuitiv und sensibel, fürsorglich und liebevoll, ausgleichend und Harmonie schaffend. Der Segen der Göttin ist mit ihnen. Er schenkt den Menschen Liebe, Anerkennung und Verlässlichkeit. Ihre femininen Stärken sind die Fähigkeiten, sozial zu denken, Wärme und Mütterlichkeit zu zeigen, Tanz und Spiritualität zu leben und Dankbarkeit auszudrücken für all das, was wir haben. Diese weiblichen Qualitäten trägt jeder

Mensch, jede Frau und jeder Mann in sich. Frauenkräfte wie Mitgefühl, Liebe und Warmherzigkeit brauchen wir, um unsere Erde wieder zu einem schönen Ort zu machen, auf dem die Menschen und Tiere glücklich leben können.

Das Mondlicht auf dem Wasser offenbarte mir viel Schönheit und die dahinterliegende Kraft der Göttin. Der Mond strahlt nicht sein eigenes Licht aus, sondern reflektiert das Sonnenlicht. Es ist sozusagen ein indirektes Licht, das sich durch die Mondphasen ständig verändert. Und doch hat der Mond großen Einfluss. Er wirkt auf alles Wasser, alle Flüssigkeiten und unsere Gefühle. Denn die schöpferische Göttin entwickelt ihre Magie im Dunkeln und Verborgenen, in der Stille der Nacht. Dort webt und lenkt sie das Schicksal von Beginn bis zum Ende, von der Geburt bis zum Tod. Sie bewirkt die ewigen Kreisläufe. Denn ihr Rhythmus ist wie die Bewegungen des Meeres, ein Kommen und Gehen, Ein- und Ausatmen. Sie bestimmt den Mondzyklus der Frauen, die wiederkehrenden Jahreszeiten und Phasen des Lebens von Geburt, Jugend, Reife, Alter und Tod. Sie erschafft Neues aus sich heraus und bewahrt ihr Geheimnis für sich. Die Göttin verbindet, hält zusammen und schützt die Harmonie des Lebens.

Aber wenn ein Zyklus vollendet ist, zerstört sie das Alte. Sie beendet weiteres wildes und unbegrenztes Wachstum. In der Natur sehen wir, dass sich nur aus dem Laub des Vorjahres fruchtbare Erde bilden kann, die dann die Heimat neuer Pflanzen ist. Jeder Gärtner weiß, dass er das Leben der Pflanzen beendet, indem er erntet. Ebenso wie der Jäger das Leben eines Tieres beendet, um das der Menschen zu erhalten. So zeigt uns die Natur, dass wir aus Erfahrungen lernen, um dann einen Neubeginn zu starten und innerlich zu wachsen.

Die lebendige Göttin umgibt sich mit Blumen, Pflanzen und Tieren. Sie liebt das bunte Leben und kommuniziert auf den unterschiedlichsten Ebenen mit ihrer Schöpfung. Sie redet mit den Bäumen, Steinen, Blumen, Tieren, Menschen und ruft den Wind herbei. Ihre Stärke ist die Magie. Auch wenn Magie lächerlich gemacht wurde, war sie schon immer Frauensache. Sie ist eine typisch weibliche Art der Kommunikation.

Magie war und ist immer noch sehr erfolgreich. Dies zeigt sich zum Beispiel in den zahlreichen, unerklärlichen Heilergebnissen indigener Medizinleute und Schamanen. Weil wir es nicht verstehen, bezeichnen wir es als Zauberei. Doch Magie beruht auf Kreativität, Autorität, Tradition, Kompetenz, Verantwortung, Anerkennung und Humor. Sie hat ihre Grundlage in lebenslang erworbenem und erarbeitetem Wissen, genauer Beobachtung und innerer Klarheit.

Magie ist sehr differenziert und jahrtausendealt, was archäologische Funde belegen. Manche Höhlenmalereien sind so lebendig, dass man das Gefühl hat, es kommt Musik aus den Bildern. Sie zeigen, dass Magie die Kenntnis vom Fluss der Energien ist und von den Methoden, sie zu lenken. Dieses Spiel mit den unsichtbaren Kräften ist so mächtig wie eh und je. Es bedeutet nichts anderes, als das der Geist den Körper beherrscht. Diese Tatsache belegt eine Studie, in der untersucht wurde, wie sich Erwartungen auswirken. In dieser Untersuchung wurden übergewichtige Zimmermädchen eines Hotels in zwei Gruppen unterteilt. Der einen Gruppe wurde gesagt, dass wissenschaftlich erwiesen sei, dass das Reinigen der Zimmer den Körper so stark beanspruchen würde wie Sport. Daher nähme man allein durch das Saubermachen ab. Der anderen Gruppe wurde dies nicht gesagt. Das Ergebnis: Diese Zimmermädchen blieben bei ihrem Ausgangsgewicht. Doch in der ersten „Sport"-Gruppe hatten nach drei Wochen alle auf magische Weise abgenommen, ohne dass sie ihre Ernährung umgestellt hatten. Dies zeigt, dass unsere Erwartungen so stark sind, dass sie sogar Auswirkungen auf unseren Körper haben.

Obwohl wir unbewusst immer mit unsichtbaren Kräften, inneren Bildern und Erwartungen leben, wurde Magie Jahrtausende lang unterdrückt, abgewertet und als Hokuspokus und naiver Aberglaube bekämpft. Doch diese inneren Kraftreserven sind immer dagewesen, denn sonst hätte der Mensch nicht überlebt. Sobald wir Kontakt zu diesen vitalen, ursprünglichen Lebensbereichen aufnehmen, kehren unsere Kraft und Lebensfreude zurück. Dies lehrte mich das Mondlicht auf dem Wasser.

DIE TIERE DER GÖTTIN

Die Tiere der Göttin zeigen ihre besonderen Gaben, ihr vielseitiges Wesen und drücken ihre göttliche Macht aus. Sie sind Begleiter und Seelenführer der Menschen. In der Mythologie, in Märchen, Träumen und im uralten Wissen erdverbunden lebender Völker spielen sie eine wichtige Rolle. Indianische Völker gehen davon aus, dass jeder einen Tierverbündeten besitzt. Sie nennen es Krafttier. Es gibt große innere Entsprechungen zwischen dem Menschen und seinem Krafttier. Erfahrene Lehrer sehen sofort, welches Tier einen Menschen begleitet. Die Tiere zeigen dem Menschen ihre eigenen Fähigkeiten, die ihm fehlen und sein Wesen bereichern. Auf geistiger Ebene sind sie seine Verbündeten und Lehrer. Es gibt auch so genannte Helfertiere, die mit ihrem Spürsinn, ihrer List oder ihrer Art zu jagen den Menschen beistehen, die als Heiler, Arzt oder Mediziner arbeiten. In matriarchalen Kulturen entsprach das begleitende Tier der jeweiligen Rolle, in der sich die Urmutter zeigte. Sie wurde von ihren Krafttieren begleitet, die ihre göttlichen Fähigkeiten symbolisieren. Die Gegenwart und Stärke der Tiere sind geheimnisvoll. Sie geben Sicherheit durch ihr Vertrauen, ihre Power und ihre absolute Ehrlichkeit. Jedes Tier macht im Genpool der Erde einen Unterschied. Ihr Herz hängt an der Wildnis.

Als die Göttin verehrt wurde, hatten Frauen eine herausragende Stellung in diesen Gesellschaften. Die aus dieser Zeit erhaltenen Statuen, Bilder und symbolischen Darstellungen bilden niemals nur etwas Äußeres ab, sondern übersetzen die Empfindungen der Menschen ins Bild. Sie zeigen die Atmosphäre des Geschauten und Erlebten und drücken gekonnt die Lebendigkeit aus. Dies geschieht häufig durch Mehrfach-Perspektiven und Einbindung der Bildelemente in die Fläche des Felsens oder Steins. So werden Grenzen zwischen Gegenständlichem und Abstraktem erlebbar. Manche Motive lösen sich an ihren Rändern auf, nehmen die Form von Schmetterlingsflügeln an und kippen vom Realen ins Surreale. Sie verwandeln sich durch malerische Raffinesse und schaffen so einen Eingang in Träume, Phantasien und in das spirituelle Reich der Göttin. So werden in diesen Darstellungen nach und nach immer neue Ebenen hervortreten, die einen seelischen Zustand abbilden und Kräfte des Unbewussten ansprechen.

Vogelzauber

Der Vogel ist nicht nur ein Bild für den Geist des Lebens, sondern auch für die menschliche Seele. Er wird zweimal geboren: zuerst als Ei und ein zweites Mal, wenn er schlüpft. So wurde er zum Symbol für Geburt, Wiedergeburt und Erneuerung und als das heiligste aller Geschöpfe betrachtet. Vogelsymbole findet man auf der ganzen Welt. Bei rituellen Tänzen und Gebeten trugen die Menschen Vogelmasken. Zeichnungen Vogelmasken tragender Menschen finden sich in steinzeitlichen Höhlen in großer Zahl. Sie weisen auf die Blütezeit des Vogelkultes der Muttergöttin. In der Eiszeitkunst gibt es allein in

Frankreich mehr als hundert gemalte Symbole der Vulva, hingegen nur vier männliche Symbole. Auffallend häufig wird auch ein übertriebenes eiförmiges Gesäß gezeichnet oder als weibliche Figurine gestaltet. Diese Darstellung symbolisiert weder Schwangerschaft noch Fettleibigkeit, denn es fehlen die Brüste. Sie stellen eine Haltung dar, die die eiertragende Vogelgöttin gewöhnlich einnimmt. Ihr überzeichnetes Gesäß hat bei Archäologen große Verwirrung ausgelöst. Das Geheimnis liegt in der mythischen Interpretation, dass die Göttin das Kosmische Ei in sich trägt. Es existieren Zeugnisse dafür, dass vom 30. bis zum 5. Jahrtausend v. Chr. die Göttin und der Vogel miteinander verschmelzen. Dies bringt den Gedanken zum Ausdruck, dass die Schöpfung aus einem Universal-Ei entstand, das von der Göttin gelegt wurde. **Schöpfungsmythen rund um den Globus berichten von der Entstehung der Welt aus einem Welten-Ei.** Die Vogel-Göttin ist häufig in wunderschönen Kultgegenständen dargestellt, wobei die künstlerische Gestaltung ihrer Schultern und Arme an Flügel erinnert. Manche Figuren haben Löcher im Kopf, so dass dort Federn oder Blumen hineingesteckt werden konnten.

Die Weisheit der Vögel wurde durch ihre Federn übertragen und einzelne Federn, wie sie Indianer Nordamerikas trugen, hielten den Kontakt zur geistigen Welt aufrecht. Auch Vogelknochen enthalten Zauberkraft. Es gibt viele bearbeitete Vogelknochen, die zum Teil mit Löchern versehen sind und als Flöte dienten. Wenn man auf ihnen bläst, geben sie einen hohen Ton von sich. Manche dieser Vogelknochen sind mit einer Zickzacklinie versehen. Dies ist ein Wassersymbol, das mit der Vogelgöttin in Verbindung gebracht wird. Im Frühjahr wurde bei sakralen Festen wahrscheinlich mit Flötenmusik und Trommeln die Wiederkehr der Wasservögel gefeiert.

Der Tanz entstand durch die Beobachtung der Bewegungen der Tiere, die die Menschen imitierten. Der Tanz führte zur Verzückung und intensivem Bewusstsein, zur Erkenntnis des Todes und der Hoffnung auf Wiedergeburt. So wurde die Kunst geboren. Für die Völker der Frühzeit war der Schlaf der kleine Bruder des Todes. Träume galten als Botschaften der Gottheit. Eine kleine schlafende Figur aus der Zeit um 3000 v. Chr. wurde in einem unterirdischen Tempel von Malta gefunden. Sie wird die „schlafende Frau" genannt und erinnert an die Praxis, mehrere Nächte im Tempel zu schlafen, um Orakelträume zu erhalten. Wahrscheinlich wurde hier ein Mysterienkult ausgeübt, um Unterweisungen, Offenbarungen, Visionen und Botschaften zu empfangen.

Die geflügelte Vogelgöttin verkörpert die Schöpfung und Erneuerung des Lebens. In alten Überlieferungen ist sie diejenige, die die Kinder bringt und auch wieder holt. Ein Rest dieses Mythos findet sich noch in der Geschichte vom Klapperstorch, der die Kinder bringt. Vögel sind ein Symbol für Freiheit und Gedankenflug. Das Element der Vogelgöttin ist auch die Luft, die für uns überlebensnotwendig ist. Ihre Verbündeten sind die Luftgeister, die wir Engel und Schutzengel nennen.

Die Löwenfrau

Die Löwin ist bekannt für ihre körperliche Kraft, Vitalität und ausgeprägten Mutterinstinkte, die einen ruhigen unerschütterlichen Mut mit sich bringen. Sie ist sich ihrer Kraft bewusst. Ihr soziales Verhalten stärkt sie als Gemeinschaft und Einzelwesen. Als ehrfurchtgebietendes, königliches Geschöpf mit natürlicher Anmut begleitet die Löwin die Göttin. In Höhlen wurden Ritzzeichnungen von großer Schönheit gefunden, zum Beispiel gibt es in Pech Merle eine Krone tragende rote Figur, die man „Löwenkönigin" genannt hat. Ein anderes Höhlenheiligtum in den Pyrenäen umfasst eine Kammer, die sich „Kapelle der Löwin" nennt. Auf einem Altartisch ist eine Löwin mit ihrem Jungen eingraviert. Es gibt mehrere Varianten ihres Kopfes und Schwanzes und wird von Abbé Breuil als „Hüterin der Initiationen" charakterisiert. **Die Löwin ist eine Beschützerin der Göttin. Sie unterstützt sie bei der Geburt und ist beim Tod zugegen.** Die nächtlichen Gewohnheiten der Katzen machten sie zu einem natürlichen Symbol für den Mond. Katzenaugen scheinen zudem bei zunehmendem Mond größer und leuchtender zu werden.

Die löwenköpfige Göttin Sachmet verkörpert die Sonnenhitze, die in Ägypten glühend heiß ist. Das Sonnenauge brennt und richtet. Die goldene Figur glänzt wie die erbarmungslose Sonne. Sie ist eine Göttin der Zerstörung und des Krieges. Die Göttin Bastet verkörpert den sanfteren Aspekt der Katze. Sie steht für die lebenspendende Wärme und belebt alles Wachsende. Sie wird als sitzende, Ohrring tragende, edle Katzengöttin dargestellt, die als Mutter verehrt wurde. Jede Hauskatze wurde so geliebt, dass derjenige, der eine Katze tötete, selber mit dem Tod bestraft wurde.

Katzen wurden weltweit an Toren als Wächtertiere dargestellt.

Indianische Völker haben viele Rituale, in denen der Jaguar eine große Rolle spielt. Sie tragen Jaguar-Masken, ziehen sich manchmal das ganze heilige Fell eines Jaguars über und ahmen das geschickte Anschleichen und Sich-unsichtbar-Machen. Auch hier entspricht die Macht der Katze der Erfahrung von Leben und Tod.

LÖWINNEN-MEDITATION

Atme einige Male tief ein und aus.
Lass den Alltag hinter dir , …
entspann dich
und stell dir vor,
wie alles von dir abperlt, was dich daran hindern könnte,
einfach hier zu sein
einfach du selbst zu sein,
und deine kostbare Lebens-Zeit jetzt zu genießen …
Fühl dich innerlich ganz frei,
und stell dir vor,
du verlässt diesen Raum …
Deine Gedanken können fliegen,
und wie durch ein Wunder findest du dich als Löwin in Afrika wieder.
Die ganze Gruppe ist mit dir gemeinsam in die Steppe gereist.
Und alle Menschenfrauen sind dort stolze, selbstbewusste Löwinnen.

Gemeinsam mit der Gruppe liegst du in der Sonne unter einem Baum:
* *du bist ganz entspannt,*
* *ganz sicher und*
* *fühlst dich völlig geborgen.*

Als Löwin liegst du mit dem Bauch direkt auf der Erde.
Dadurch kannst du jede Erschütterung spüren.
Bevor du sehen kannst,
was kommt, fühlst du es.
Wenn sich eine Gnu-Herde nähert,
spürst du die Schwingungen, die ihre Hufe verursachen …

Doch alles ist ruhig.
Es ist Zeit, einfach entspannt in der Sonne zu liegen …
Du schließt die Augen,
dein Geist ist völlig leer.
Du bist satt und zufrieden.
Nichts treibt dich.
Es gibt nichts zu tun.

Es ist gut, einfach zu sein:
Eins zu sein mit der Umgebung,
Eins zu sein mit der Herde.

Deine jüngste Tochter hat sich ganz nahe an dich gekuschelt.
Du spürst auch die Nähe deiner anderen Töchter,
die sich etwas entfernter niedergelassen haben.
Deine alte, erfahrene Mutter liegt nahe bei dir.
Sie ist die Rudelführerin und wird von allen respektiert.
Deine Schwestern und Freundinnen sind da,
ebenso wie deine Cousinen, Tanten und deren Kinder …

Du spürst die Gegenwart aller in deinem Herzen.
Denn alle haben den gleichen inneren Rhythmus.
Dein Herz und alle anderen Herzen schlagen im gleichen Takt.
Es ist der große Rhythmus der Erde, den alle spüren.
Zwischen Mutter Erde und dir gibt es nichts Trennendes,
weil deine Haut auf ihrer Haut ruht …
So schlägt dein Herz im Rhythmus ihres großen Herzens.
Und was sie fühlt, kannst auch du spüren.

Du lauscht der kraftvollen Lebensenergie,
die gleichmäßig durch deinen Körper strömt,
entspannst dich noch mehr und gähnst …
räkelst dich wohlig in der Wärme –

Und genießt es, bei denen zu sein, die dir so vertraut sind:
bei deiner Familie, von der du ein Teil bist.
Du ruhst nun einfach noch einen Moment
und spürst den heilsamen gemeinsamen Herzschlag …

Nach ca. 3 Minuten:
Lass die Augen noch geschlossen!
Sanft, fast unbemerkt, …
verändert sich der Takt deines Herzens
und wird etwas schneller.
Du wirst unruhig, hebst den Kopf und siehst,
dass auch die anderen Löwinnen wach geworden sind.
Fast gleichzeitig streckt ihr euch genüsslich
und erhebt euch gemächlich …
Dann macht ihr euch auf den Weg …

Auf den Weg zurück …
Zurück in die Welt der Menschen.
Zurück von den Löwen aus Afrika
zu der Gruppe der Frauen hier in diesem Raum …

Wir lassen die Augen noch 2 bis 3 Minuten geschlossen,
nehmen dann ein paar tiefe Atemzüge
und bleiben ganz entspannt,
bis wir langsam wieder die Augen öffnen …

Die Schlange

Bis heute ist die Schlange eines der eindrucksvollsten Tiersymbole. Eleganz und Schönheit, lautlose Schnelligkeit, hypnotische Augen und ein schneller, manchmal tödlicher Biss. All dies trägt zu ihrem Geheimnis bei. Ihre Fähigkeit, sich zu häuten und zu erneuern macht sie zu einem herausragenden Symbol für Wiedergeburt. Zumal die Schlange sehr erdverbunden lebt. So hat sie eine Verbindung zu den lebenspendenden Energien der Erde und ist gleichzeitig dem Totenreich nahe. **Die Schlange ist eine Metapher für die unergründliche Art und Weise, in der sich unser Leben ändert, wendet und erneuert.** Frühere Kulturen waren nicht darauf konditioniert, etwas Böses in der Schlange zu sehen. Die minoische Sonnenschlange war eine wohlwollende Schlange, eine Hüterin des Haushalts und Heilerin der Kranken. Die gekrümmte Form der Schlange ähnelt bergab fließendem Wasser. Das heilige Wasser war für die Menschen und den Ackerbau äußerst wichtig.

In der Darstellung gibt es eine uralte Verbindung der Schlange mit dem abstrakten Symbol der Spirale. Oft hat sie einen Zugang von unten und ist damit ein Bauchspiral-Bild. Viele Göttinnen-Figuren der Vorzeit werden in Schlangenform dargestellt. Oder sie tragen einen Gürtel aus Schlangenhaut. Manchmal zieht sich über ihren ganzen Körper und den Thron ein gleichmäßiges Bandmuster. Oft haben sie keine Brüste, werden aber mit Kindern in den Armen gezeigt. Es geht um die archetypische Einheit von Frau und Schlange.

Das geheime Frauen-Wissen vom Leben und die Schlange als Hüterin der Weisheit ergänzen sich. Beides zusammen genommen handelt von der Geschichte der Schöpfung und den Initiationen auf dem Weg des Bewusstseins. Die Schlangengöttin hilft, unterstützt und tröstet Frauen seit ungezählten Generationen bei der Geburt ihrer Kinder. Sie verkörpert die Lebenskraft und ist die Führerin und Initiatorin im Zyklus von Tod und Wiedergeburt.

Zwischen Frau und Schlange besteht aufgrund der Erfahrung der Wiedergeburt ein enges Band. Bei der Frau wegen des Menstruationszyklus, der dem Mondkalender folgt, und bei der Schlange durch das Abstreifen der Haut, durch das sie sich immer wieder erneuert. Beide stehen für die Macht der Auferstehung.

In der Regel gehören zu Initiationen Riten, denen man sich unterziehen muss, um von einem Stamm aufgenommen zu werden oder um darin unterrichtet zu werden, magische Kräfte zu erlangen. Die Einführung in Mysterien umfasst den symbolischen Tod und die Wiedergeburt. Um den Weg der Göttin zu gehen, braucht die Frau Mut und Initiative. Sie darf weder leichtgläubig noch ängstlich sein. Doch der Tod kann auch als Ende des alten Lebens aufgefasst werden. Die Schlange erklärt den symbolischen Tod mit den Worten: „Mitnichten werdet ihr sterben. Die Augen werden euch aufgehen." Dies ist ein Hinweis auf ein geistiges Erwachen, das in Mysterienkulten ein zentrales Element darstellt.

Eine Terrakotta-Schlangengöttin aus Kreta (6000 v. Chr.) hat parallele Linien auf den Armen, Brüsten, Schultern und dem Rücken. Sie sitzt im Lotussitz und trägt eine Krone. Augen, Hände und Füße sind angedeutet und ihre Gestalt verjüngt sich keilförmig nach oben. Die Basis nimmt dadurch eine unverhältnismäßig große Fläche ein. Dadurch entsteht der Eindruck großer Kraft und Macht und tiefer Erdverbundenheit. Im Altertum sind große Augen ein Hinweis auf das allsehende Auge der Göttin.

Die Spirale ist ein häufiges Motiv der prähistorischen Kunst. Oft bedeckt sie die Brust oder das Geschlecht einer Gottheit. Sie taucht weltweit als Grab- oder Türschwellenstein auf. Als Doppelspirale weist sie auf Wiedergeburt und Erneuerung hin. Sie zeigt das sich verwickelnde und wieder entwirrende Labyrinth, den Pfad des Bewusstseins. Eine Spirale, die das Leben wie an Fäden in den Schoß der Göttin leitet, und eine andere, die herausführt. Solche Doppelspiralen befinden sich an Grabhügeln weltweit.

Die ägyptische Hieroglyphe bildet das Wort „Göttin" durch eine Kobra-Schlange ab. Die Göttin Neith wird als große goldene Kobra dargestellt. Sie ist als „die Älteste" bekannt, als „Herrin der Magie und des Webens, als ungeborene und von sich selber abstammende Göttin". Sie ist eine sehr alte Göttin und stellt das ewig weibliche Lebensprinzip dar, das autark, geheim, unbekannt und alles durchdringend war. Sie gebar den großen Gott Ra, die Sonne, dann nahm sie ihr Weberschiffchen, spannte den Himmel auf den Webstuhl und webte die Welt. Niemand durfte ihr verschleiertes Gesicht sehen. Auf einer ihrer Statuen steht: „Ich bin alles, was ist oder war oder sein wird, und noch kein Sterblicher hat meinen Schleier gelüftet".

Neiths Kobra weist auf ihr hohes Alter hin, denn die Kobra gehört selbst zu den ältesten Geschöpfen der Erde. Das Weberschiffchen ist das Symbol für die traditionelle Beschäftigung aller Schicksals- Gottheiten.

Die Nordamerikanischen Indianer bringen die Schlange mit der Vegetation in Verbindung. Die Schlangenwächter der Hopis rufen in der Trockenzeit mit ihrem Schlangentanz den Regen herbei. Sie tanzen stundenlang und halten dabei lebende Klapperschlangen im Mund. Die Schlangen beißen sehr selten und werden von den Hopis geschützt. Die Cuna-Indianer beten eine Gottheit an, die den Namen „leuchtende riesige Schmetterlingsfrau" trägt. Ihr heiliges Tier ist eine große Schlange. Die Frauen des Stammes nähen bunt gemusterte Patchwork-Decken, welche die Göttin und die Schlange in inniger Verbindung zeigen. Die Schlange ist ein Vegetationsgeist, der den Baum des Lebens bewacht. Sie hilft der Erdmutter, Pflanzen, Tiere und Menschen zu gebären.

Heute lebt die Schlangen-Göttin als Äskulapstab des ärztlichen Berufsstandes weiter. Der Stab verkörpert den Baum des Lebens.

Der Schmetterling

Die Vorstellung von der Seele als Schmetterling ist überall auf der Welt anzutreffen. Die unterschiedlichen Entwicklungsstadien sind eine ehrfurchtgebietende Metamorphose. Aus dem winzigen Schmetterlings-Ei schlüpft zunächst eine Raupe, die sich von Pflanzen ernährt. Die voll entwickelte Raupe sucht sich dann einen geschützten Ort, wo sie sich verpuppt. In dem anschließenden Ruhestadium werden die Organe der Raupe vollständig abgebaut, um den Körper des Schmetterlings aufzubauen. Der fertig entwickelte Schmetterling sprengt dann die alte Puppenhaut und arbeitet sich in seine Freiheit. **So ist der Schmetterling seit frühesten Zeiten ein Symbol der Wandlung und Auferstehung.**

Schmetterlinge wissen, wie sie den gegenwärtigen Augenblick genießen und im Sonnenlicht tanzen können. Harmonisch folgen sie dem natürlichen Fluss des Lebens und lehren dich den nicht endenden Kreislauf der Selbstverwandlung. Sie sind empfindsam und zeigen, wie du dich von einer Lebensphase verabschieden kannst, um in eine neue einzutreten, zum Beispiel, den Schritt vom Mädchen zur Frau und Mutter oder das Alter anzunehmen. Auf der gefühlsmäßigen Ebene hilft ein Schmetterling, negative Empfindungen in positive umzuwandeln. Auf der Verstandesebene bringt er durch das Luftelement Klarheit in deine Gedanken. Und auf der spirituellen Ebene erinnert dich der Schmetterling daran, dass du ein Wesen aus reinem Geist und Schönheit bist, das sich auf einer großen Reise befindet.

Eine Figur aus dem Palast des Knossos steht mit erhobenen Händen, hat ein Schmetterlingsmuster auf der Brust und ist mit einer Taube gekrönt, die ein Zeichen des Lebens ist. Ihre übergroßen Hände sind zum Segen erhoben, diese sind ihr göttliches Werkzeug. Jede Handfläche ist mit einem dunklen Streifen bemalt, was die Schöpferkraft in der materiellen Ebene betont. Die fünf Finger der linken Hand gehören zur Zauberin, die Finger der rechten Hand sind männlich. Dies entspricht der Tradition, nach der die rechte Hand die tätige und die linke die Hand der Weisheit ist.

In Kreta war das Symbol der Doppelaxt weit verbreitet. Sie ähnelt einem Schmetterling mit ausgebreiteten Flügeln und ist als Kultgegenstand aus Gold, dünnem Bronzeblech oder weichem Stein hergestellt. Der Schmetterling, als Zeichen für Neugeburt, steht im engen Zusammenhang mit der Doppelaxt. Sie schneidet in zwei Richtungen und weist auf Geburt und Tod hin.

Die Spinne

webt ihr Netz in der Luft und wird so zu einer Mittlerin zwischen den Tieren der Erde und des Himmels. Sie bringt den Faden aus ihrem eigenen Körper hervor und spinnt den Lebensfaden. Die Spinne lockt all unsere verborgenen Ängste hervor. Ihr Netz ist symmetrisch und harmonisch. Geschickt nutzt sie den Luftzug aus, damit ihre starken seidigen Fäden getragen werden. **Sie wird als Spinnerin von Zeit und Raum verehrt, als Schöpferin der Welt, welche die wunderschönen Muster des Lebens und auch das Schicksal webt.** Sie lehrt uns Geduld, Achtsamkeit und ein Gespür für Veränderungen. Da sich die Spinne auf ihrem Faden fortbewegen kann, ist dies ein Symbol für Selbstbefreiung.

An Spinnen haben wir Frauen viel wiedergutzumachen, denn wir haben die negative Einstellung der männlichen Weltsicht übernommen und vergessen, dass die Spinne ein sehr weibliches Wesen ist, weil die Männchen in den Netzen der Weibchen leben. Wer inneren Kontakt mit einer Spinne aufnehmen kann, soll damit neue Kammern in seinem Gehirn und Herzen öffnen. Das spiralförmige Netz der Spinne erinnert uns daran, dass wir der Mittelpunkt unserer eigenen Welt sind und unser Schicksal selber spinnen. Der Spinnenfaden verknüpft die Vergangenheit mit der Zukunft. Drei Spinnerinnen sollen den Lebensfaden spinnen, aufwickeln und zur passenden Zeit abschneiden. In der nordischen Mythologie sind es die Nornen, in der griechischen die Moiren, in der römischen die Parzen. Diesem schicksalhaften Verlauf kann kein lebendes Wesen entkommen. Athene hieß früher „die Spinne". Sie ist die Göttin, die den Schicksalsfaden spinnt. Für die Hopi-Indianer ist die Spinnenfrau eine Schöpfungsgöttin.

Die Spinne verhilft uns, die notwendige Geduld zu finden. Sie spinnt ihr Netz und wartet darauf, dass sich etwas in ihm verfängt. Das Netz erinnert uns daran, uns zu vernetzen. Aber auch zu weben, Stoffe zu verarbeiten und Kleidung zu nähen, die Wärme und Schutz gibt.

Die Kuh

Im Altertum wurde die Kuhgöttin zusammen mit einer Muttergöttin verehrt. Wenn du schon einmal nachts neben einer Kuh-Herde gestanden hast, kannst du dies leicht nachempfinden. In der Stille ist immer wieder ein leises Muhen zu hören und die Luft ist von der Wärme der Tierkörper erfüllt. Diese Tiere strahlen Sicherheit, Schutz und Großzügigkeit aus. In ihrer Nähe wirst du ganz ruhig und entspannst dich. Sie haben eine ausgeprägte mütterliche Energie, die auch für das Land äußerst wichtig und heilsam ist. Diese Erfahrung konnte ich auf einem Hof machen, der auf Land steht, das über Jahrhunderte umstritten war. Dort fanden über Jahrtausende immer wieder kriegerische Auseinandersetzungen und Schlachten statt. Der Boden war blutgetränkt und vom Leid vieler Seelen erfüllt. Auf diesem Land stehen jetzt Kühe. Mit ihrer Mütterlichkeit und Fülle geben sie sich ganz dem Leben hin und stellen eine direkte Verbindung zur Lebensquelle her. Sie heilen die Energien dieses Ortes.

Die kosmische Kuh- und All-Mutter wird in einigen Mythologien als Schöpferin des Lebens beschrieben. Die Kuh wird als Symbol der Göttin verehrt, weil die Form ihrer Hörner der des Sichel-Mondes entspricht. Die gehörnte Mond-Kuh erschafft durch das Schütteln ihres Euters den Sternenhimmel und die Milch-Straße. **„Mu", „ ma" und „ann" sind Worte, die es in allen Sprachen der Welt gibt.** Mu bedeutet Mutter, Mama, Mami, Mother, Maria, Anna, Mom, Mam, „Pachamama", mater, „Mu Tsi Shing", was „Sprache der Sterne" bedeutet und der Name der Heiligen Mutter ist.

In Indien wird die Kuh bis heute als heilig verehrt. Sie darf auf ihren Wanderungen durch die Stadt nicht gestört werden. In Ägypten wird Hathor als kuhgesichtige Göttin abgebildet. Hathor säugt als Kuh die gerade Gestorbenen. „Suche die Kuh-Mutter", lautet die Inschrift an den Wänden der frühen Königsgräber. Eine Statue stellt Hathor mit einem goldenen Körper dar, der mit Sternen bedeckt ist. Zwischen ihren Hörnern trägt sie die Sonnenscheibe, die umkränzt ist von Federn. Sie beschützt den jungen König, der ihre Milch trinkt. Die Nahrung der Göttin öffnet den Weg zur Königswürde und zur Reise in die nächste Welt, in der sie allein regiert. Der Stierschwanz, der am Gürtel der Pharaonen hing, war eine Erinnerung an das, was sie Hathor verdankten. Er war über 3000 Jahre lang ein fester Bestandteil der ägyptischen Königsrobe.

Die nordische Erdmutter Freya wurde als Fruchtbarkeits- und Todesgöttin verehrt. Sie und ihre Priesterinnen wurden in einem verzierten Kult-Wagen von heiligen Kühen durchs Land gezogen. Sie praktizierte Wahrsagerei, die mit den Kräften des Yoga zu tun hatte und oft als Zauberei bekannt war. Frauen, die seherische Begabungen hatten, sagten die Zukunft Neugeborener, das Eheschicksal und das Ergebnis der Ernte voraus. Die Schamaninnen reisten von Dorf zu Dorf und von Fest zu Fest. Ihr unstetes Leben entsprach den Wanderungen des Mondes. Durch Magie konnten sie Kranke heilen und ungesehene Ereignisse der Gemeinschaft steuern. Fast alle ihrer Prophezeiungen gingen in Erfüllung.

Die Mais-Verehrung gehört zu den ältesten Traditionen amerikanischer Ur-Einwohner. Sie reicht bis in prähistorische Zeiten zurück. Der Korn-Geist, der für das Wachsen der Saat zuständig ist, wurde als die „alte Frau, die niemals stirbt" verehrt. Der Büffel wurde mit in dieses Ritual integriert und so konnte auch ihm gedankt werden für all die Nahrung, Kleidung und Unterkunft. Noch vor hundert Jahren wurde das Büffelfell auf den Great Plains genauso verwendet wie im alten Ägypten. Man wickelte die Neugeborenen darin ein. Auch die Verstorbenen umhüllte man mit einen Bisonfell für ihre letzte Reise.

Der Skorpion

Schon im ägyptischen Totenbuch wird der Skorpion als Gottheit beschrieben. Sie zeigt sich als wunderschöne Selket. Eine Bronze-Statue von ihr befindet sich im Louvre. Sie ist als Sphinx dargestellt, hat den Oberkörper einer Frau und den Unterkörper eines Skorpions. Selket ist die Göttin der Magie, manchmal Furcht einflößend, manchmal wohlwollend. Sie ist eng mit Isis befreundet und trägt auf manchen Abbildungen deren Hörner und die Sonnenscheibe auf dem Kopf. Trotz ihrer Macht über den Tod tritt sie in der Rolle der Isis als mütterliche Wohltäterin auf. Sie symbolisiert die Auferstehung jenseits der irdischen Existenz. Mit ihren offenen Armen umfängt sie die untergehende Sonne. So verbindet sie die Lebenden mit den Toten, denen sie hilft, sich in der neuen Umgebung zurechtzufinden. Da sie mit Sirius in Verbindung steht, wird in ihre Krone ein Stern integriert. Sie bewacht die Kanopen-Krüge unter der Totenbahre des Pharao. Selket ist eine Ehrfurcht gebietende ätherische Skorpion-Göttin, die den prächtigen Goldschrein des Tutanchamun beschützt. Sie trägt auf dem Kopf einen großen goldenen Skorpion.

Skorpione sind keine Insekten, sondern mütterliche Spinnentiere, die ihre Kinder auf dem Rücken tragen. Sie gelten als unabhängig und tapfer. Skorpione leben schon länger auf der Erde als Menschen und kennen sich hier gut aus. Es gibt weltweit 1400 Skorpion-Arten. Sie sind nicht unterzukriegen und gehören zu der Spezies, die sogar einen Atomschlag überleben würden. Sie werden nur gefährlich, wenn man sie angreift.

Rufe die Kraft des Skorpions, wenn du Mut und Hilfe beim Kämpfen brauchst oder Stolz, Unabhängigkeit und Leidenschaft für deine innere Reise in die Anderswelt.

In Nordamerika gibt es viele Zeichnungen von Skorpionen. Auf einer Schale ist ein Skorpion mit vier klassischen Symbolen der Göttin dargestellt: Spirale, Raute, Zickzack- und Netzmuster. Oben auf dem Kopf des Skorpions befindet sich die Spirale des Lebens und des Todes. So wird das zentrale Thema angedeutet. Darunter wird Regen in Form von Zickzack-Muster dargestellt. Der Schwanz ist in Tropfenform gebogen, mit Netzmuster ausgefüllt und von Schachbrett-Mustern umgeben.

Die Bärin

Überall auf der nördlichen Halbkugel wird die Bärin als heilig verehrt. Der Bär ist furchteinflößend und faszinierend. Er verkörpert das Wilde und den Geist der mütterlichen Göttin.

Er ist die Verkörperung der Natur selbst. Und in seiner Körperlichkeit hat er Ähnlichkeit mit dem Menschen. Außerdem ist er schnell, gewitzt und agil, geht aufrecht, ist zielstrebig, methodisch und geschickt. Aus Volksüberlieferungen wissen wir, dass die Bärin als Ahnin und Lebensspenderin gesehen wurde, und die Sprachforschung liefert zahlreiche Hinweise auf einen Zusammenhang mit Schwangerschaft, Geburt und Kindern. Im Englischen gehört es zu den bedeutungsreichsten und elementarsten Worten. Das Verb „to bear" heißt „tragen, gebären, hervorbringen", aber auch: „aushalten und ertragen".

Der erste Hinweis auf eine Beziehung zwischen Mensch und Bär stammt aus der Zeit um 50 000 v. Chr. Bärenzeremonien gab es demnach schon immer. Die Priesterinnen der wilden jungfräulichen Göttin Artemis verkleideten sich bei Ritualen als Bärinnen, um sie zu verehren. Dies taten auch die keltischen und germanischen Berserkerinnen, wenn sie der Bärengöttin Artio huldigten. Bis zum Ende des 19. Jh. sind Bärenfeste bei den Slaven überliefert, bei denen ein Teil des Speisen durch den Kamin geworfen wird, während jemand sagte: „Bleib gesund, Großmutter Bär." Wenn eine Bärin in einem russischen Dorf auftauchte, war dies ein Glückszeichen und sie wurde mit Honig, Käse und Butter gefüttert. Ihr wurden besondere Heilkräfte zugeschrieben, daher stammt noch der alte Brauch, dass die Großmutter ein Neugeborenes auf ein Bärenfell legt.

In Litauen wird noch heute eine Frau in der Zeit nach einer Geburt als „Bärin" bezeichnet (Meska). Der Name wird benutzt, wenn sie nach ungefähr vier Wochen ein rituelles Bad nimmt. Dann rufen die anderen Frauen, welche die Sauna vorbereitet haben: „Die Bärin kommt." Es klingt wie eine uralte Beschwörungsformel. Nach dem Bad bietet die junge Mutter der Göttin einige Opfergaben, wie Leinentücher, gewebte Handtücher und Gürtel. Das sind die passenden Gaben für die Göttin der Geburt, die Weberin des menschlichen Lebens. In keltischen Gebieten Europas wurde Dea Artio, die Bärengöttin, verehrt. Aus dieser Zeit stammt das Wahrzeichen der Stadt Bern in der Schweiz. Ihr Symbol ist die Bärin als Verkörperung der Göttin (wie auch in Berlin). 1832 wurde dort im Gemüsegarten des Pfarrers eine antike Bronzestatue entdeckt, die die Bärengöttin vor einer Bärin sitzend zeigt.

Die Bärin als Kultfigur ist in Europa allgegenwärtig. Häufig sind es „Bärenmadonnen". Dann zeigt sie sich in Gestalt einer Frau, die eine Bärenmaske trägt und ein Junges in den Armen hält. Oder als Terrakottafigur, als Frauen mit Tiermaske, die einen Tragesack auf dem Rücken hat. Wahrscheinlich handelt es sich hierbei um eine mystische Bären-Amme. Die Verbindung der Bärin mit den Symbolen des Wassers und des Lebenswassers zeigt sich besonders deutlich in Ritzverzierungen auf Bernsteinfiguren. Mikroskopische Untersuchungen zeigen, dass diese Eingravierungen zu ganz verschiedenen Zeiten stattfanden. Da die Figuren ganz glatt sind und Anzeichen langer Abnutzung zeigen, sind sie vermutlich über lange Zeiträume zu besonderen Gelegenheiten benutzt worden.

Es gibt bärenförmige Vasen, Bernsteinbären als Streicheltiere, Terrakotta-Lampen in Form einer Bärin und eine bezaubernde Terrakotta Bären-Figur, die eine große Schüssel hält mit einer Öffnung, die in den hohlen Bauch des Tieres führt. Diese Vasen und Wasserbehälter haben oft Bärenfüße und ringförmige Henkel. Meistens sind sie mit Dreiecken, Bändern und Zickzack-Schlangen in Rot, Weiß und Schwarz verziert. Die einheitliche Darstellung über große Gebiete und Zeiträume erklärt sich aus einer gemeinsamen Tradition, die die Verzierung von Ritualgegenständen vorschrieb. Die Symbolik legt eine Verbindung mit der Schlange und dem Wasser als Quelle des Lebens nahe.

Mit ihren Gewohnheiten und ihrer Persönlichkeit ist eine Bärin eine zärtliche Mutter, die für ihre Jungen lange Zeit aufmerksam sorgt. Sie wird oft stehend dargestellt, ein Kind wiegend oder tragend. Der Bärenkult breitete sich von Griechenland und den Höhlen in Frankreich nach Norden bis nach Sibirien aus. Die Bärin wurde sowohl in Japan als auch bei den Eskimos und noch bis ins letzte Jahrhundert bei den Indianern Nordamerikas verehrt. Bei den indianischen Völkern erfahren wir viel darüber, was der Bär den Menschen beibringen kann. Für sie ist er das Tier, das uns zeigt, welche Pflanzen genießbar sind. Außerdem weiß er viel über Heilpflanzen.

Der Bär lehrt uns, wie wir ein Gleichgewicht finden können zwischen Aktivität und Ruhe. Während seines Winterschlafes geht er seinen Träumen und Visionen nach und lebt uns vor, dass auch wir für unsere Heilung Zeiten der Stille benötigen, um in unsere innere Welt einzutauchen, um Ideen zu entwickeln, Einsichten zu gewinnen und uns zu erholen. Bei vielen Stämmen heißt dieser Ort des Rückzugs „Traum-Hütte". Wir befinden uns dann in der Sicherheit der Bauch-Höhle, der Gebär-Mutter.

Doch zuvor müssen wir uns mit den Energien der Ewigen Mutter in Einklang bringen. Erst dann können wir uns Nahrung holen aus der Großen Leere. Diese leere Höhle ist der Ort, an dem alle Fragen, Antworten und Lösungen gemeinsam in Wissen und Harmonie leben. Wer wieder herausgeht, ist gestärkt, neu geboren und kennt seinen Weg. In der Traum-Hütte sitzen auch unsere Vorfahren und Lehrer. Dies ist eine besondere Ebene, eine sensible, empfindsame und heilige Ebene. Sie verschließt sich jeder Logik und zerspringt durch Rationalisierung in tausend Splitter.

Das Geheimnis des Lebens lässt sich nicht aussprechen oder benennen. Denn dieses schöpferische Wissen liegt jenseits der Worte. In der Bauch-Höhle der Bären-Göttin finden wir Wege, um unsere Ziele zu erreichen, und wir erinnern uns daran, wie viel Kraft uns das Leben geschenkt hat und wie gut und stark wir erschaffen wurden. „Ge-bär-en" ist die große schöpferische Kraft der Bärin. Ihre weibliche empfangende Energie macht es möglich, dass Seher, Visionäre, Mystiker und Schamanen in die Zukunft geschaut haben. Seit Jahrtausenden haben alle, die auf der Suche nach der Traumzeit und nach Visionen waren, den Weg des Schweigens gewählt. Sie haben sich zurückgezogen in den Bauch der Bärin.

Heutzutage hat jedes Kind einen Teddybären und steht damit unter dem Schutz der wunderbaren Bärin.

MEDITATION: ERDE

Wenn du auf der Erde liegst und ganz still wirst, kann es sein, dass ein Geräusch an dein Ohr dringt. Wenn du lauschst, wandelt es sich langsam in eine immer stärker werdende Melodie. Du bemerkst, dass der Boden schwach vibriert und dich ganz sanft an einen Ort bringt, der ganz tief versteckt liegt. Nur wenige dringen hierher vor. Es ist ein gleichmäßiger Ton, der zu einem wunderschönen klaren Lied gehört. Vielleicht kannst du Worte vernehmen. Doch es handelt sich um einen uralten Rhythmus. Dieser sagt dir, dass alles in Ordnung ist. Je tiefer du sinkst, umso mehr verstehst du.

Die Botschaft ist alt, so alt wie die Felsen, so alt wie die Steine, so alt wie die Erde selbst. Diese Musik kommt von ganz tief aus der Erde durch alle Schichten zu dir an die Oberfläche. Der Atem von Mutter Erde hat schon immer so geklungen, seit Jahrtausenden. Ihr Lied ist unabhängig von der Zeit. Es hat sich in jedem Augenblick ihres Lebens in deinen Ahnen verankert und schwingt tief in deinen Genen. Es ist ein ursprünglicher Teil von dir. Es ist das Lied der Erde, dem du lauschst.

Du hörst das Heilungslied der Großen Mutter. Sie wiegt dich und hilft dir, gesund und ganz zu werden. Sie möchte, dass du stark bist. Sie segnet dich, so dass du mutig bist. Sie spricht zu dir wie zu den Vorfahren, die in Freiheit und in enger Verbindung zu ihr lebten.

Sie singt ihr Lied, das den Rhythmus des Lebens bestimmt. Indem du dem Lied der Erde lauschst, spürst du ihre Kraft und weckst sie in dir. Du findest Sicherheit und die tiefste Geborgenheit, die du dir vorstellen kannst. Denn die Erde ist deine wahre und wirkliche Mutter. Sie birgt dich und nährt dich mit allem, was du brauchst. Sie heilt dich und macht dich stark. Sie ist deine innere Heimat.

Sie kennt deinen Namen und begrüßt es, dass du deinen eigenen Rhythmus für dich beanspruchst. Es ist ihr eine Freude, dass du dich nun endlich selber lieben kannst. Du hast alles gegeben. Respektiere, wie es ist, und schließe Frieden mit der Realität. Kümmere dich um dein Wohlergehen und kehre zurück in dein Herz. Nun ist es an der Zeit, dass du dich selber als wertvoll erkennst. Mutter Erde wartet schon lange darauf, dass du dich selber achten und respektieren kannst und dich wichtig nimmst. Nun erkunde deinen eigenen inneren Raum. Dort dehnt sich deine Energie aus und darf nach allen Seiten wallen. Hier gehörst du ganz dir selbst …

Im Namen des Herzens von Mutter Erde danke ich dem geliebten Geist des inneren Feuers, der mich zu dem macht, was ich bin. Danke für die Dunkelheit, die mich Mut lehrt. Danke für das Licht, das mir den Weg weist. Danke für das Feuer, das immer lodert und uns zusammengeführt hat. Ich danke dem großen Kreislauf, dem Geist der Schönheit, unserer Mutter Erde und Vater Sonne dafür, dass sie sich um uns kümmern.

DIE MAGIE UND SYMBOLE DER GÖTTIN

Die alten Mütter wussten um die Gefahren, die magisches Wissen mit sich bringt. Darum gaben sie es mündlich und in Symbolen verschlüsselt weiter. Nur diejenige erhielt das geheime Wissen, die es sich erarbeitete und verdiente. Durch die Dominanz des männlichen Prinzips verschwand dieses magische Wissen im Laufe der Generationen mehr und mehr. Es waren die geheimnisvollen Fähigkeiten der Göttin, die den wilden Frauen dazu dienten, stark und mächtig zu sein. Sie lenkten die unsichtbaren Energien und bestimmten den Lauf der Dinge. Doch mündlich weitergegebenes Wissen braucht eine Gemeinschaft. Gerade die wurde den Frauen zerstört, indem sie voneinander isoliert wurden. So zerrissen die Verbindungen und konnten nicht mehr miteinander verknüpft werden. Einzelne Frauen hüteten noch die alte Weisheit, doch aus Angst davor, ermordet zu werden, konnten sie ihr Wissen nicht anwenden.

Nun ist eine neue Zeit, in der sich Frauen wieder stark miteinander verbinden. Gemeinsam tragen sie viele Puzzleteile zusammen aus den unterschiedlichsten Erfahrungsgebieten. Sie sammeln und verknüpfen die zerrissenen Fäden wieder miteinander und erforschen das alte Weltbild, das die Schöpfung der Göttin zuschreibt. Mit ihrem Wissen verhelfen sie der weiblichen Kraft wieder zu ihrem angestammten Platz.

In jeder Kultur gibt es eigene uralte Symbole. Auch Märchen bewahren das Wissen eines Volkes. In einer Art Bildersprache konnte sich in Mythen, überlieferten Geschichten und Legenden archaisches Frauenwissen bewahren. Auch wenn sich Frauen über Jahrtausende davor fürchten mussten, mächtig und herausragend sichtbar zu werden, blieb das Leben stärker als der Tod. Die grundsätzliche Magie der Geburt blieb.

Eine Frau setzte ein Zeichen. Sie hatte den Wunsch nach Mitteilung und die Absicht, dadurch etwas zu bewirken. Sie wollte eine Veränderung in eine bestimmte Richtung. Sie war eine unserer Ur-Mütter und malte mit ihrem Blut ein Zeichen an die Höhlenwand. Damit sagte sie ganz bewusst: „Ich bin". Nach ihr taten es viele ihrer Töchter auch. Für sie war es ganz natürlich. Eine typisch weibliche Art der Kommunikation. Sie beobachteten das Kommen und Gehen der Mondin und das Kommen und Gehen ihrer „Mond-Zeit", in der sie bluteten. Sie bluteten tagelang, ohne daran zu sterben. Und sie waren sich bewusst: Wenn die Blutung ausbleibt, kann die Frau das Wunder vollbringen und neues Leben entstehen lassen.

Dieser Umstand zeigt, dass Blut eine große Macht und Magie besitzt. Unsere Ur-Ur-Ur-Großmutter gab dem Mond einen Namen, auch ihrem Blut und dem Kind in ihrem Bauch. Das Kind lernte später diese Laute, der Mann ebenso. So kam die Sprache in die Welt.

Diese Ur-Worte drückten Bewusstheit aus, denn sie lassen allein durch ihren Klang die Vorstellung von etwas entstehen, was nicht anwesend ist. Es war eine magische Sprache, die bewusst das ausdrückt, was jenseits des Sichtbaren ist. Um Wissen über Magie zu erlangen, ist Sprache notwendig. „Ma" ist das wahrscheinlich älteste Wort. Es bedeutet Mutter, Schöpferin, Göttin, aber auch Milch, Nahrung, Wiedergeburt, Weisheit, Blut und Wasser. Da unsere Ur-Mütter in der Natur lebten, waren Geburt und Tod eng miteinander verwoben. Im Tod sahen sie Abwesenheit, doch sie selbst konnten neues Leben hervorbringen. Darum war der Tod kein Feind, sondern Teil des Lebens. Das Wort Ma bedeutete also auch Tod. Indem das Wort ausgesprochen wurde, konnte die Kraft und Energie, die sich im Verborgenen befand, herbeigerufen und beschworen werden. Sie konnte verehrt und gefeiert werden. „Ma" bedeutete für sie also Kommen, Gehen und Wiederkehr. So kam die Religion in die Welt.

Die Frau war die Priesterin der Göttin, die sich in immer neuen Aspekten zeigte und dem Kreislauf des Lebens folgte. **Frauen erfuhren die Mysterien der Göttin am eigenen Leib. Sie machten die Erfahrung und lernten, dass Energie niemals verloren geht. Denn alles Leben vollzieht sich in Kreisläufen.** Heute ist die Erkenntnis völlig neu, dass sich Energie wandelt, jedoch nicht verloren geht. Sich etwas vorzustellen, was nicht real anwesend ist, ist eine große geistige Leistung und auch ein Teil der Magie. Unsere Ahninnen wussten, dass auch etwas Unsichtbares Teil des Lebens ist. Eine Vorstellung oder Idee, ein Traum oder Bild, eine Vision oder ein Ziel, irgendetwas Gedachtes, Gewünschtes oder Herbeigesehntes steht am Anfang eines Werdens. Etwas bereitet sich im Unsichtbaren vor, bevor es in die Realität „geträumt" wird. Wenn ich mein Kind in den Arm nehme und streichle, beginne ich, mit ihm zu kommunizieren und wahrscheinlich wird es darauf reagieren. Das ist Magie, auch wenn es alltäglich ist. Wir können auf diese Weise mit allem in Kontakt treten. Mit Tieren, Pflanzen, Steinen, Wasser, Blumen, …

Sprache und Berührung sind also magische Instrumente, um Kontakt aufzubauen. Im Traum öffnen sich uns andere Wege, ebenso in Tagträumen, Phantasiereisen und schamanischen Reisen. Durch sie lassen sich Bewusstseinsveränderungen herbeirufen. Sie sind in allen Kulturen dokumentiert und Instrumente großer Macht. Göttinnen sind in verschiedenen Haltungen dargestellt, die dies zeigen. Eine bekannte Figur aus Kreta zeigt eine minoische Schlangenpriesterin, die in jeder ihrer erhobenen Hände eine Schlange hält. Ihre Gestalt drückt Triumph aus. Sie ist Siegerin über den Tod, denn ihre entblößten Brüste und die Schlangen legen nahe, dass sie den Schlangenbiss überlebt hat. Jeder weitere Biss ist nun nicht mehr tödlich, sondern löst bei ihr Visionen aus. In allen matriarchalen Kulturen galten Schlangen als heilig.

Heute sind zahlreiche andere Möglichkeiten bekannt, um in die Anderswelt zu reisen. Sie sind sehr viel ungefährlicher als ein Schlangenbiss.

Die Magie einer Frau, die Mutterkraft besitzt, schöpft ihre Kraft und Autorität aus sich selbst. Sie besitzt keine Macht, die vom Diebstahl fremder Energien herrührt. Dies unterscheidet sie von der Macht der Männer. Ihre Fülle reicht sie weiter, denn sie besitzt reichlich. So macht eine kraftvolle Frau ihre Kinder stark, ohne sie beherrschen zu wollen oder sich selber zu verausgaben. Sie gibt immer so viel, wie sie erübrigen kann, und bestimmt jederzeit selber, wann und wem sie gibt. So lässt eine Frau, die kocht, andere an ihrer Fülle teilhaben. Sie besitzt die Macht über das Leben. Denn sie entscheidet, was gekocht wird, wie es schmecken wird, wer an ihrem Tisch Platz findet, wie viel Essen auf dem Tisch steht, ob das Mahl bekömmlich oder vergiftet ist…

So ist Mutter-Macht. Sie lässt sich überall anwenden und gibt dir deine Energie, Würde und Kraft zurück. Denn du lässt dich energetisch nicht mehr leer saugen. Diese Entwicklung von Energiefeldern stillt auch den eigenen emotionalen Hunger der Frauen. Die Suche nach seelischer Nahrung bringt Frauen sonst dazu, die unwürdigsten Situationen zu ertragen. Doch den eigenen emotionalen Hunger kann man nur selber sättigen durch die eigene Bemutterung. Denn es ist möglich, die entgangene Liebe nachträglich zu bekommen. Es gibt zahlreiche Möglichkeiten, das innere Kind und das gesamte Familiensystem zu heilen. Das bedeutet, wir müssen nicht an Mangel aus Liebe und Zugehörigkeit zerbrechen! Selbst Waisenkinder, die nicht bemuttert wurden, schaffen es, sich selbst nicht zu verlassen. Wenn sie in sich selbst diese tiefe Liebe finden, werden sie ganz besonders stark und gehen ihren Weg.

Die Frau, die Mutter-Kraft besitzt, kann aus der Fülle geben und besitzt daher eine natürliche Autorität, um Entscheidungen zu treffen. Sie kann „Nein" sagen! Sie kann Ansprüche stellen und Bedingungen einfordern. Aus dieser Mutterkraft heraus kann sie sagen: „Nein, ich schicke meine Söhne nicht in den Krieg!" So ist auch matriarchale Kunst. Sie greift in die Realität verändernd ein. Auffallend ist, dass diese Veränderungen gewaltfrei sind, denn das Wissen, dass Gewalt eine Spirale der Angst und Aggression in Bewegung setzt, war bekannt. Eine erprobte Form des gewaltfreien Widerstandes ist das Votum der Füße. „Stell dir vor, es ist Krieg und keiner geht hin." Es ist ein passiver Widerstand, der darin besteht, aus unhaltbaren Zuständen wegzugehen, erzwungene

Arbeit niederzulegen, krankmachende Beziehungen zu beenden. Mutter-Kraft ist ein in sich ruhender Stolz und ein Weg der Verantwortung.

Die machtvolle Energie der Frauen-Magie wird durch uralte Symbole ausgedrückt, die unsere Ur-Ahninnen für uns als Botschaft auf Höhlenwänden und Felszeichnungen zurückließen. Die Rätselhaftigkeit dieser Symbole und Zeichnungen sind das lebendige Erbe unserer Vorfahren. Darum macht es Sinn, dass wir uns bemühen, sie zu verstehen. Denn die Versenkung in diese Symbole ermöglicht es uns, neue Erkenntnisse zu bekommen. So können wir ein nuancenreiches Spektrum von Bedeutungsebenen entdecken, die häufig inneren seelischen Zuständen entsprechen.

Symbole stellen etwas dar, was die gesamte Kraft des Wirklichen bündelt. Diese Energien und Kräfte sind sehr unterschiedlich, so wie ein Vogel, eine Blume und ein Puma. Über ein Symbol kannst du mit dieser Energie Kontakt aufnehmen. Und du wirst feststellen, dass die Kraft dir antwortet, denn ihre Anwesenheit verändert die gesamte Energie in einem Raum. Das zeigt, dass Symbole mit Macht und Magie zu tun haben. Dafür ist ein Kuss ein gutes Beispiel. Huren wissen instinktiv, dass sie ihre Kunden nicht auf den Mund küssen dürfen. Denn Speichel ist ein hochenergetisches Mittel. Jeder Kuss raubt den Frauen etwas von ihrer Kraft, denn ursprünglich kauten die Mütter die Nahrung für ihre kleinen Kinder vor und gaben sie dann von Mund zu Mund weiter. Der Kuss war also den Kindern vorbehalten. Später heilten Frauen mit ihrem Speichel und nutzten ihn auch, um klare Grenzen zu setzen. Das funktioniert noch heute: Wenn du jemandem vor die Füße spuckst, versteht jeder, was du von ihm hältst. Ein ähnliches Zeichen setzt auch der Kuss des Mafia-Paten, der denjenigen mit dem Todes-Kuss stigmatisiert, der sterben soll. Dies zeigt sehr deutlich, dass Magie ganz offensichtlich viel mit Macht zu tun hat.

In den 50er Jahren wurden Frauen ganz massiv in die Bereiche Küche-Kinder-Kirche abgedrängt und von gleichaltrigen Männern herablassend „Kindchen" genannt. Ironischer Weise kam in dieser Zeit ein Zaubergewürz für die Küche in Mode. Wir kennen es alle, es klingt ganz ähnlich wie Magie. Doch wenn wir uns erinnern: Es ist uns nie richtig gut bekommen. Darum machen wir nun Schluss mit dem faulen Zauber! Wir durchschauen das Spiel mit Wortmagie. Darum lachen wir nur noch über das künstliche „Maggi" und das „Kindchen". Denn inzwischen sind wir erwachsen. Darum fragen wir niemanden um Erlaubnis und bitten auch nicht. Wir holen uns unser Eigentum zurück und treten selbstbewusst unser Erbe an. Unsere weisen Ahninnen und wissenden Erdenhüter haben es für uns bewahrt und mit ihrem Leben verteidigt, damit es nicht in Vergessenheit gerät. Diese lang verschollenen Schätze liegen nun direkt vor uns.

Allein das Wort Magie löst bei vielen Frauen ein unbestimmtes Unbehagen, manchmal sogar offene Abwehr aus. Das ist verständlich und hängt mit der Geschichte unserer Ahninnen zusammen, deren Blut auch in unseren Adern fließt. Denn ungezählten Generationen von Frauen wurde ihr ursprüngliches Wissen brutal gestohlen. Ihre Würde und Erfahrungen, ihre Macht und Magie hat sie oft ihr Leben gekostet. Doch dies liegt nun hinter uns, jetzt ist eine neue Zeit! Jetzt ist es unsere Aufgabe, die Erde und alles Leben zu schützen.

Wir wissen um unsere weiblichen Stärken, kennen die Kraft der Göttin und nun nutzen wir all dies, um Kindern Schutz und Halt zu geben und das Leben zu bewahren in all seinen Ausdrucksformen. Durch Respekt vor dem archaischen Wissen unserer Ahnen können wir Synergien und tiefe Zusammenhänge erkennen, die durch die Wissenschaft zunehmend belegt werden. Dies gibt uns die Sicherheit, dass eine ganzheitliche Sicht unsere nächste Herausforderung ist. Es sind große Wachstums- und Entwicklungsschritte notwendig.

Doch wenn wir es wagen, uns auf das Wissen unserer Ur-Mütter einzulassen, werden vermutlich mit der Zeit all unsere Beziehungen heilen. Zuerst die Beziehung zu uns selbst, indem wir uns selber besser kennenlernen und zu uns stehen. Dann schauen wir anders und verständnisvoll auf unsere leibliche Mutter und verändern die Beziehung zu unseren Eltern. Wir werden auch unsere Verbindung zu anderen Menschen, zur Natur, den Tieren und der Erde erneuern. Auf diesem Entdeckungsweg können wir immer mehr den großen Reichtum erkennen, mit dem wir beschenkt und gesegnet sind. **Mit den Schätzen unseres Erbes können wir die Welt erneuern.**

Nun nehmen wir uns die Zeit, einzelne Symbole näher zu betrachten.

Die Zickzack-Linie: Wasser

Wasser ist der Anfang allen Lebens. Es ist die Mutter, der Ursprung und die Herkunft. Als Ungeborenes lebten wir im Uterus im Fruchtwasser, später können wir ohne Wasser nicht lange überleben. Und heutzutage wird der

Zugang zu Wasserquellen hart umkämpft. Wasser steht symbolisch für das Unbewusste und alle Emotionen. Ist seine Oberfläche ruhig, ist das Wasser ein Spiegel für uns. Doch Wasser bewegt sich und fließt meistens. Es ist ein elementarer Bestandteil des großen Kreislaufs. Wasser ist oft sanft und kämpft nicht, sondern umspült Hindernisse und findet seinen Weg. Ebenso fließend und strömend verhält sich Mutterkraft. Deshalb wurden Quellen als besonders heilige Orte der Erde und der Göttin verehrt. Wasser kann reinigen und heilen. Es spült Altes weg, so dass Platz für Neues entsteht.

Tiefgreifende Heilung erfahren wir durch Reinigung und Klärung, dann schöpfen wir neue Kraft und regenerieren. Durch innere Ruhe kann sich vieles in uns selber und in unserem Leben transformieren. Immer, wenn klärende Reinigung nötig ist, kann Wasser hilfreich sein. Darum baden Frauen so gerne.

Die Zick-Zack-Linie ist ein uraltes Motiv für Wasser. Unser Buchstabe M steht für die Wellen des Wassers. Es stammt vom Ur-Wort Ma, das Mutter bedeutet. In der sumerischen Mythologie bedeutet „Ma" Erde, in Vietnam Fluss und in Anatolien Göttin. Die Heiligtümer der Göttin standen immer mit Wasser in Verbindung. Sie befanden sich an Quellen, Brunnen, Seen, Flüssen und am Meer. Morgaine, die große Zauberin, wurde auch die Herrin vom See genannt. Sie wohnte auf der sagenhaften Insel Avalon, wo auch die heiligen Apfelbäume wuchsen. Zickzacklinien und das M-Zeichen beziehen sich auf Wasser und die Göttin in ihrer lebenspendenden Funktion. Häufig findet sich dieses Symbol als eingeritztes oder aufgemaltes Motiv auf Gefäßen, Schalen, Kannen, Deckeln, Anhängern, Webgewichten und Schmuckplättchen. In einigen Kulturen des alten Europa wurden große Gefäße hergestellt, auf denen das Gesicht der Göttin über einem M-Zeichen erscheint. Diese Wasserbehälter waren der Göttin als der Quelle des Lebens geweiht. Das M-Zeichen taucht auch auf kleinen Statuen und Figürchen auf. Es ist dann unterhalb der Brust der Göttin, der Quelle von Milch und universeller Nahrung eingraviert. Oder auch auf dem Rücken, zusammen mit Schmetterlingen, den Symbolen für Lebenserneuerung.

Der Glaube an die Heiligkeit von lebenspendendem Wasser an Quellen und Brunnen existiert seit vorgeschichtlicher Zeit und hält sich bis heute. Die Mythen um warme Quellen, besonders im Entstehungsgebiet großer Flüsse, lassen sich nicht vom Kult der Göttin trennen. In der griechischen, römischen, keltischen und baltischen Überlieferung ist von Göttinnen und Nymphen die

Rede, die an bestimmten Brunnen, Quellen und Flüssen verehrt wurden, die auch oft ihren Namen tragen. Es ist bestimmt kein Zufall, dass Sequana, die heilkräftige Göttin, an der Quelle der Seine verehrt wurde. Dort wurden in den nahen Ruinen eines Heiligtums Hunderte von Holzskulpturen gefunden. Sie bezeugen den Glauben an die heilenden Kräfte des mineralreichen Wassers, das dort emporsteigt. In Tempelhöhlen befinden sich häufig unterirdische Wasserläufe und Seen, die in der Nähe von Mineral- und Thermalquellen liegen. Strömende Linien und Parallellinien sind Verzierungen von Haus- und Höhlenwänden und Gebrauchsgegenständen. In ihnen sah man lange Zeit nur Ornamente ohne Bedeutung. Doch neuere Untersuchungen lassen vermuten, dass sie auf fließendes Gewässer oder eine Quelle hinweisen. Da oft ein Muster von anderen überlagert wurde, könnte diese Abfolge etwas über deren Bedeutung und Zweck aussagen. Strömende Linien treten auch in Verbindung mit Motiven der Augen, Brüste, Flügel oder des Mundes der Göttin auf. So wird ihre Rolle als gütige Spenderin hervorgehoben. Als Garant für das Leben, Gesundheit und Wohlstand aus der göttlichen Lebensquelle war das Symbol der strömenden Linien allgegenwärtig. Sie dienten vermutlich zur Beschwörung von Milch und Regen. Mit Löchern versehene Gefäße wurden höchstwahrscheinlich in Ritualen verwendet, in denen es um Beschwörung von Regen, Fruchtbarkeit und Wohlstand ging. Oder auch, um geweihtes Wasser zur Segnung für Felder, Tiere und Familien zu nutzen, so wie es noch heutzutage in ländlichen Gebieten Europas üblich ist.

Auf zahlreichen Spinnwirteln begegnen uns das M-Zeichen und die Zickzacklinie. Diese Einritzungen waren vermutlich Widmungen an die Schirmherrin der Spinnkunst. Die Verbindung zwischen der Webkunst und der Göttin zeigt sich auch darin, dass ihre abstrakten und bildlichen Merkmale auf Webgewichten zu finden sind. In der griechischen Mythologie heißt es, dass Athene das Töpfern, Spinnen und Weben, die Flöte, Trompete, Egge und Flug, das Ochsenjoch, Zaumzeug und den Wagen und sogar das Schiff erfunden habe. Sie war somit nicht nur die Erfinderin der weiblichen, sondern aller Fertigkeiten.

Wahrscheinlich war ihre Ahnin die Vogelgöttin. Sie war die „Allesgebende" und auch die Schöpferin der handwerklichen Fähigkeiten. Ihre Verbindung zum Spinnen und Weben, Metallurgie und Musik ist durch die Symbolzeichen belegt, die in Spinnwirtel, Webgewichte, Tiegel und Musikinstrumente eingeritzt sind. Schmuckmotive auf Schmelztiegeln und Kupfergegenständen erinnern an die Rolle der Vogelgöttin als Schutzpatronin des Metallhandwerks. Es wurden Kultgefäße und Statuen der Göttin oder ihres heiligen Tieres tief in den Schächten von Bergwerken gefunden. Das deutet darauf hin, dass bewusst ein Bezug hergestellt wurde zwischen der Göttin, der Metallurgie und dem Flintabbau. Die Menschen dieser Kultur stellten keine tödlichen Waffen her, obwohl sie die Metallurgie beherrschten. Und sie bauten keine uneinnehmbaren Festungen. Stattdessen errichteten sie großartige Grabmonumente, Tempel, Vorratsspeicher, Bade- und Geburtshäuser und behagliche Wohnhäuser in Siedlungen von mäßiger Größe. Sie schufen kunstvolle Keramikgefäße und Skulpturen. Es war eine lang anhaltende und politisch stabile Phase der Kreativität. Eine Zeit ohne Kriege, in der die Kultur durch Kunst geprägt wurde.

Die Göttin wurde durch nomadisierende Hirten mit patriarchalen Kriegergöttern verdrängt, bevor sie vom Christentum völlig abgelehnt wurde und sich in die Tiefen der Wälder oder auf die Gipfel der Berge zurückzog. Bis heute lebt sie dort in den Vorstellungen und Märchen der Menschen. Diese Verdrängung ins Unbewusste bewirkte die Entfremdung von den Wurzeln des irdischen Lebens. Doch der ewige Kreislauf der Natur setzt sich immer durch und so erleben wir heute, dass die Göttin aus den Wäldern und von den Bergen zurückkehrt und sich zu uns an den Tisch setzt, um uns zu unseren ältesten Wurzeln zurückzuführen.

Stern des Meeres

Ein wunderschönes Gebet zur Lieben Frau „Stern des Meeres" fand ich in einer Kirche in Maastricht, in der Basilika von Unserer Lieben Frau. Es stammt aus dem Jahr 1908. Stella Maris, Stern des Meeres, ist ein alter Name von Maria. Maria heißt hebräisch Miriam. Man kann das Wort in seine Bestandteile zerlegen. Mir/mar, Tropfen und jam, Meer. Der Name Maria bedeutet dann Meerestropfen. Seefahrer mussten sich früher auf Sterne verlassen. Da war es gut, wenn ein besonders heller Stern den Weg wies. Maria weist den Weg als „Meerstern", Stella Maris.

Stella Maris

O Maria, „Stern des Meeres", sieh mich hier niederknien vor Deinem Gnadenthron, wo schon Unzählige, die Dein Mutterherz lieben, die größten Wohltaten durch Deine Vermittlung erhalten haben; wo Du für die Betrübten Trost, für die Notleidenden Hilfe, für die Kranken Heilung, für die Sünder Vergebung erwirbst.

Liebste Mutter, ich komme jetzt zu Dir mit der größten Zuversicht. Die zahlreichen Wunder, die hier auf Deine Fürbitte geschehen sind, erfüllen mich elenden Sünder mit der süßesten Hoffnung, dass Du, Mutter der Barmherzigkeit, auch mein Gebet erhören wirst. Ja, ich bitte und ich flehe Dich an: O süßeste Mutter, gnadenreicher „Stern des Meeres", lass mich von hier nicht weggehen, ohne erhört zu sein. Da kannst mir helfen, Du bist ja die Mächtigste nächst Gott; Du willst mir helfen, da Du so voller Liebe für all Deine Kinder bist.

Gedenke, barmherzigste Jungfrau, dass man niemals gehört hat, dass jemand, der vertrauensvoll seine Zuflucht zu Dir nahm, von Dir verlassen worden ist; sollte ich dann der/ die erste Unglückliche sein, den/die Du von Dir weggehen ließest, ohne erhört zu sein? Nein, nein, gute Mutter, an diesem heiligen Ort wirst Du durch Deine allmächtige Fürbitte mir Hilfe in meiner Not und Trost in meinem Leiden erwerben.

Amen

Der Kreis: Erde

Der Kreis ist ein Symbol der Ganzheit. Überall auf der Erde auf jedem Kontinent haben unsere Vorfahren dieses Symbol für uns hinterlassen. Es zeigt sich in ganz unterschiedlichen Formen als Mandala, Steinkreis, Glücksrad, Sand-Bild, Rad des Lebens, runde Kirchenfenster, Tierkreis, Ritz-Bild auf Höhlen- und Felswänden, karmisches Rad, Medizinrad oder Rad der Zeit. Der Kreis ist auch ein Symbol für die Erde.

Seit Menschen auf der Erde leben, ist die Schwingung der Erde tief in unseren Ahnen und Genen verankert. Dieser Ur-Ton ist für unsere Ohren unhörbar, doch schwingt er in jeder unserer Zellen. Die Seele trägt ihn als Archetyp in sich. Er schwingt ebenso in allem Lebendigen. Dies geschieht seit Millionen und Milliarden von Jahren. Darum ist es nicht verwunderlich, dass das Wissen um die „Harmonie der Sphären" in fast allen Kulturen und Traditionen der Menschheit bekannt ist. Es wird in Mythen, Legenden, Sagen, Liedern und epischen Dichtungen beschrieben, in Symbolen und Zeichen festgehalten. Bei den Indianern Nord- und Südamerikas, bei den Taoisten im alten China, bei den Bramahnen und Tantrikern der indischen Tradition, in Japan, Korea, Afrika und Europa. Der Ton der Erde steht in unserem Bewusstsein dafür, „festen Boden unter den Füßen zu haben" und „auf dem Boden der Tatsachen zu stehen". Das Wort „Erdreich" bedeutet: Reichtum der Erde. Der Ton der Erde „erdet" uns, macht uns realistisch und verbindet uns mit unserem Heimat-Planeten, auf dem wir leben. Mit diesem Ton stehen wir morgens auf und gehen abends ins Bett. Diese Schwingung ist ständig, in jedem Moment unseres Lebens präsent. Der Erden-Ton steuert alles, was auf unserem Planeten geschieht.

Doch wir sind uns dessen nicht bewusst. Aber genau das muss sich ändern! Es ist unsere Aufgabe, bewusst zu werden! Wir tragen in uns einen riesigen Raum des Unbewussten. Den gilt es zu verkleinern. Und das geschieht, indem wir Teile des Unbewussten in den kleinen Teil des bewussten Raums hineinnehmen. So wird das Bewusstsein größer und das Unbewusste kleiner. In dem magischen Moment, in dem der Raum des Bewussten größer ist als der Raum des Unbewussten, beginnen Erleuchtungserfahrungen.

All diese Informationen – und sicher noch viele andere – sind in dem Symbol für Erde enthalten.

Unsere städtische Lebensweise übertönt den gleichmäßigen Herzschlag von Mutter Erde. So konnten intellektuelles und rein wissenschaftliches Denken dominieren. Geist und Intellekt waren lange die einzig gültigen Maßstäbe in der westlichen Welt. Die Folgen dieser materialistischen und rationalen Weltsicht kennen wir: Sie führte dazu, dass wir unfähig wurden, Wunder und wahre Schönheit zu erkennen und Dankbarkeit zu empfinden für all den Reichtum, den die Erde für uns bereithält.

Die Gehirnwäsche des Rationalismus und Materialismus führte zur gnadenlosen Ausbeutung der Natur und Tiere. Außerdem ließen die mächtigen Eisheiligen der finanziell und wirtschaftlich ausgerichteten Werteordnung die Mitmenschlichkeit völlig in den Hintergrund treten. Sie sorgten auch dafür, dass nicht nur die Erde selbst, sondern auch ihre weiblichen Bewohnerinnen nicht sonderlich geachtet werden und sich inzwischen selber nicht mehr wichtig nehmen. Viele Frauen ab 50 oder 60 haben große Angst vor dem Alter. Sie verdrängen ihr Lebensalter, so, als sei es eine Krankheit, und tun alles, um die Lebensspuren zu verbergen. Oft haben sie durch eiserne Disziplin eine tolle Figur und bemühen sich, das Lebensgefühl zu bewahren, das sie mit 30 hatten. Diese lange Jugendlichkeit ist wunderbar, wenn sie uns nicht davon abhält, den Schritt in die nächste Lebensphase zu tun, um die weise Frau und Großmutter zu werden. Diese Entwicklung ist eine ganz natürliche Reaktion darauf, dass Frauen in diesem Alter in unserer Kultur kaum Anerkennung finden und wenig zu lachen haben, auch weil bei uns Armut weiblich ist. Ihre Lebenserfahrung, ihr Wissen und ihre Erkenntnisse werden nicht gebraucht und gehen irgendwann mit ihnen ins Altersheim.

Doch die derzeitige Weltnotlage zwingt die Menschen zum Umdenken. Überall auf der Erde setzen sich Menschen zusammen, um Projekte der Hoffnung ins Leben zu rufen. Sie besinnen sich auf die richtige Art zu leben und auf uralte Prinzipien. Sie wünschen sich, ein Leben zu führen, das andere Menschen und unsere Umwelt respektiert. Sie ermahnen dazu, verantwortlich zu handeln und nur einen fairen Anteil der begrenzten Ressourcen unseres Planeten zu verbrauchen. Diese Pioniere des Friedens besinnen sich auf die Lebensweise eingeborener Völker. Und es ist kein Zufall, dass sich „Der spirituelle Rat der 13 Großmütter" immer deutlicher zu Wort meldet und die Botschaft der weisen Alten gehört wird. Diese Frauen stammen aus allen vier Himmelrichtungen. Ihre Mission wurde in vielen Völkern vorhergesagt. Gemeinsam schenken sie der Welt die Weisheit ihrer Stämme, der traditionell lebenden Völker. Dieses Wissen benötigen wir dringend. Denn Armut, Hunger, Naturkatastrophen und Kriege sind die großen Herausforderungen, vor denen wir stehen. Trotz aller Schwierigkeiten dürfen wir die Hoffnung und den Mut nicht aufgeben. Denn wir müssen zukünftigen Generationen ein würdiges Leben ermöglichen. In dieser Situation treten immer mehr mutige Frauen aus dem Schatten hervor und melden sich zu Wort.

Wir haben nur diese Erde, auf der wir leben. Inzwischen haben viele erkannt, dass wir sie nicht länger ausbeuten dürfen. Zahlreiche Menschen machen sich deshalb für eine Ökologie stark, die die Erde genau wie unsere Ahninnen als unsere Mutter sieht.

Die Menschen stehen nicht außerhalb als Gegenüber zur Schöpfung oder „Um-Welt", sondern sehen sich als Teil dieser Schöpfung. Die Erde ist ein lebendiges Wesen mit Intelligenz und Bewusstsein, das viele unterschiedliche Lebewesen auf sich beherbergt und versorgt. Sie alle besitzen gleichermaßen ein Lebensrecht und existieren nicht zum Nutzen der Menschen. Die Erde ist so groß, dass all ihre Kinder dort Platz und Nahrung finden.

In dieser Zeit verbünden sich auch engagierte Landfrauen und kluge Bäuerinnen, die ihr Wissen um natürliche Kreisläufe, Heilmittel und große Naturzusammenhänge für eine breite Öffentlichkeit und die nachkommenden Generationen zur Verfügung stellen. Sie bewahren Bewährtes, um Neues daraus zu gestalten. Sie nutzen ihre Bodenständigkeit, langjährige Erfahrung und Kreativität, um Menschen wieder Natürlichkeit entdecken zu lassen und ihre Lebendigkeit zu spüren. Familien mit Kindern können am Stadtrand Land pachten. Dort erhalten sie kompetente Anleitung, wie sie Gemüse und Obst pflanzen und säen können, und sie können die Bekanntschaft mit Hühnern, Kühen, Schweinen und Kaninchen machen.

Das Dreieck: Mond-Frau

Das Dreieck mit der nach unten weisenden Spitze symbolisiert den dreifachen weiblichen Weg. Frauen erleben drei zyklische Phasen, die eng mit dem Mond verbunden sind. Sie erfahren die Zyklen des Mondes ganz real durch ihre monatliche Blutung. Darum ist der Mond in den meisten Kulturen weiblich. Außerdem symbolisiert die Mondin die drei großen Lebensabschnitte eines Frauenlebens. Zu Beginn ist es die zunehmende Mondin, die starke freie Frau. Dann erleben wir die Mutterkraft in der Zeit der Vollmondin und abnehmenden Mondin. Und die Zeit der abwesenden Mondin entspricht der weisen alten Frau, die heilen kann.

Das Dreieck gehört zu den ältesten magischen Zeichen der Welt. Schon 30 000 Jahre vor unserer Zeitrechnung waren stilisierte Vulven in Höhlen skizziert. Wir sehen das Dreieck als Kuh-Kopf überall dort an Höhlenwänden, wo es Mutter-Kulturen gab. Die Vulva ist das Tor, durch das wir in diese Welt gekommen sind. Erdhöhlen galten als Vulva der Göttin, später auch Tempel und Heiligtümer.

In Griechenland gab es einen runden Tempel, der über einem Labyrinth gebaut war, der Engyon genannt wurde. Das ist noch heute der Begriff für

Schwangerschaft. Dieser Tempel war mit Sicherheit den Geburtsriten geweiht. Das bedeutendste griechische Heiligtum in Delphi lautet übersetzt „Mutter-schoß". Die prähistorischen Zeichnungen des Dreiecks stellen verschiedene Lebensphasen, aber auch unterschiedliche Energiequellen dar: Amazonen-kraft, Mutterkraft und Weisheit. Dabei kann jede Frau zu jeder Zeit Zugang zu jeder dieser Kräfte haben. Eine junge Frau kann weise sein, eine kann Mut-terkraft besitzen, ohne geboren zu haben, und eine Alte kann kämpferisch, wild, durchsetzungsstark sein und ein leichtes Lebensgefühl haben wie eine Amazone.

Das Dreieck ist für uns heute wichtig, denn in unserer Welt gibt es keinen Platz für wilde Frauen, weder für selbstbestimmte junge Frauen noch für mächtige Mütter oder magische Alte.

In unserer Zeit wird auch in der Natur aller Wildwuchs systematisch besei-tigt. Immer mehr Dschungel und wilde Naturlandschaften verschwinden von der Erde, ebenso wie die bunte vielfältige Pflanzen- und Tierwelt. Der Verkauf alter Apfelsorten und der Anbau uralter Heilkräuter, mit denen Krebs und Aids geheilt werden können, werden verboten. Darum können wir uns über jede kleine Blume freuen, die den Asphalt sprengt oder sich durch eine Mau-erritze ins Licht kämpft.

Das Labyrinth: Initiation, Prüfung

Das Labyrinth führt durch sieben runde Umgänge zum geheiligten Raum. Diese Art von Labyrinth ist in Kreta, England und bei den Hopi-Indianern bekannt und nur für Frauen bestimmt. Die Männer haben ein eigenes, das viereckig und in seinem Inneren anders aufgebaut ist. Überall auf der Erde ist die Form des Labyrinths in Felsen geritzt.

Das Labyrinth ist ein Initiationszeichen. Es bezieht sich auf den Rückzug in eine Höhle, in den Bauch von Mutter Erde. Auf Kreta zogen sich Politiker für einen Monat zurück in eine Höhle, um der Göttin Rechenschaft abzulegen. Ohne Licht und Ablenkung lernten sie die eigene Bedeutung, Verantwortung und sich selbst kennen.

In einer unterirdischen Höhle wurde die Form des Labyrinths entwickelt. Damit wurden große Energiefelder erzeugt. Stell dir vor, du stehst vor dem

Eingang eines unterirdischen Gebäudes. Dann wird dir klar, dass es die gleiche magische Kraft besitzt wie ein Tempel oder eine Kirche.

Du gehst hinein in unübersichtliche dunkle Gänge, mal links herum, mal rechts herum. Wenn du das Gefühl hast, du gehst weiter von deinem Inneren weg, dann gehst du auf die Mitte zu. Wenn du denkst, du gehst hinaus, wirst du weiter ins Innere geführt und umgekehrt. Du weißt nur, du kannst dich nicht verlaufen und doch wirst du immer verwirrter. Es gibt nur einen Weg hinein und den gleichen hinaus. Aber die Verwirrung bleibt und ist beabsichtigt.

Im Dunklen musst du dich konzentrieren und darauf achten, wohin du trittst und wie es weitergeht. So gelangst du in einen meditativen Zustand, in dem der Alltag immer weiter hinter dir bleibt. Du bist hellwach und gehst weiter, du atmest ruhig und bist einfach da, ohne Gedanken. **Wenn du dann im Allerheiligsten ankommst, erwartet dich eine Überraschung.**

Vielleicht begegnest du einem schrecklichen Wesen, vor dem du fürchterliche Angst hast … Es ist dein eigener Schatten, dein Selbst. Im Allerheiligsten erkennst du dich selbst. Denn die Suche nach dem Verborgenen und nach der Macht des Heiligen beginnt in uns selber. In der Mitte des Labyrinths und in deiner eigenen Mitte erfährst du Sicherheit, Heilung, konzentrierte Ruhe und Wachheit. Hier wird dir die notwendige Kraft geschenkt, so dass du lernst, loszulassen. Du hast deinen inneren Schatz gefunden. Deshalb kannst du all deine Wunden, deinen Kummer und dein Leid hinter dir lassen. Indem du dich auf dich selber einlässt, entwickelst du Vertrauen in das Leben. Genauso, wie eine alte, weise Frau durch viel Lebenserfahrung gelernt hat, dem Leben zu vertrauen.

Der Gang durchs Labyrinth stößt immer Dinge an und bringt Bewegung, wenn Veränderungen anstehen. Meistens überraschen die Ergebnisse, denn sie sind anders als erwartet.

Wenn du selbst ein Labyrinth durchschreiten möchtest, ist es sinnvoll, zu lernen, die Form zu legen. Die Linien können mit Stöcken, Asche, Sand, Bändern oder Kreide gezogen werden. Nach der Zeremonie sollte das Symbol wieder aufgelöst werden, damit nicht spielende Kinder oder unvorbereitete Erwachsene ausprobieren, wie es sich anfühlt. Uns sind die Wirksamkeit, Kraft und Magie der Symbole zu wenig vertraut. Denn wir konnten dieses Wissen nicht von unseren Ahninnen lernen. Darum müssen wir mit große Achtsamkeit und Respekt handeln. Wichtig ist eine bewusste und gleichzeitig intuitive Vorgehensweise. Wir können in kleinen Mäuse-Schritten Erfahrungen sammeln und so lernen, verantwortungsvoll mit magischen Kräften umzugehen.

Der tastende Weg hinein entspricht den ersten vierzig Lebensjahren einer Frau, die sich immer bis zur nächsten Wegbiegung auskennt. Ihr stellen sich immer neue und unbekannte Dinge in den Weg. Der Weg hinaus symbolisiert die Bewusstheit der späten Jahre. Die Schritte sind sicher. Die Angst vor Unbekanntem ist verschwunden. Der Geist ist ruhig, der Ausgang ist das Ziel. Denn aus Erfahrung wissen wir, dass der Weg zurück in die Freiheit führt und wir dann wieder im Licht stehen.

Das Labyrinth ist ein Symbol für alle Grenzüberschreitungen. Damit sind Lebensabschnitte, gemeint, wie der Wechsel vom Mädchen zur Frau oder von der Mutter zur Weisen. Das Labyrinth eignet sich sehr gut für Abschiede, Trennungen, Scheidung, Berufswechsel, möglicherweise auch für den Wunsch, eine neue Einstellung zu finden. **Auf jeden Fall hat das Labyrinth mit Tod und Wiedergeburt zu tun.** Hier wacht die Göttin über die Geburt unseres Bewusstseins und schenkt uns Erneuerung.

Das Labyrinth ist auch ein Symbol des Schutzes. Überall, wo Menschen ihren emotionalen Müll abladen, hilft es, negative Energien fernzuhalten. Gleichzeitig schenkt es Klarheit und Strukturiertheit. Mit dem Labyrinth können wir unsere Stabilität und Selbstsicherheit wieder aufbauen. Es ist so wohltuend für den Geist, wie ein warmes Essen für den Körper oder wie Musik für die Seele.

Die Doppel-Axt: Amazonenkraft, Kriegerin

Die Doppel-Axt steht in enger Verbindung zum Labyrinth, denn die Bedeutung des Labyrinths lautet: Haus der Doppel-Axt. Der Tempel von Delphi war solch ein Haus der Doppel-Axt und wurde wahrscheinlich von Amazonen erbaut. Nach dem Sturz des griechischen Matriarchats wurde es von Priestern des Apollon eingenommen. Doch die konnten nicht die schamanische Grenzüberschreitung in die Anderswelt vollziehen. Sie waren auf die Priesterin Pythia angewiesen, die nicht zufällig nach der Schlange hieß. Die Priesterin saß auf ihrem drei(!)-beinigen Schemel, um das Orakel zu sprechen.

Die Doppel-Axt ist das Symbol der Amazonen, was so viel wie „Mond-Frau" bedeutet. Sie waren nicht von Anfang an Kriegerinnen. Wahrscheinlich wandelten sie sich dazu, als die patriarchalen Eroberer die Frauenreiche angriffen. Auch die Germaninnen hatten mächtige Kriegerinnen, die Walküren. Bei den Kelten kämpften starke Frauenheere gegen römische Legionen.

Die Amazonen waren mächtige, freie Frauen, die nur sich selbst gehörten und sich die Welt eroberten. Diese archaische Frauen-Power verteilt die Macht in der Welt neu. Sie dehnt sich aus, erforscht, entdeckt, ist ungebunden und frei von Verantwortung. Sie ist wild, nimmt Herausforderungen an und überwindet jedes Hindernis. Diejenige, die Amazonen-Energie in sich spürt, nutzt ihre Kraft für sich selbst und verschenkt sie nicht sinnlos.

Darstellungen in Kreta lassen erkennen, dass zwischen der Doppel-Axt, dem Stier- bzw. Kuh-Kopf und dem Schmetterling eine enge Verbindung besteht. In manchen Zeichnungen wird das Stier-Horn zum Schmetterling und dann zur Doppel-Axt stilisiert. Die Form der Hörner steht für die Mondsichel. Im Griechischen bedeutet „Fengari" Mond, aber auch Stier-Hörner. Gleichzeitig symbolisieren die Hörner durch ihre Form die weiblichen Geschlechtsorgane. Der Schmetterling ist eine Ur-Form der Doppel-Axt. Er steht für Wandlung und Wiedergeburt. Dies symbolisieren auch die Stier-Hörner in ihrer Bedeutung als Mondsichel und Sitz des Paradieses: Uterus und Eierstöcke.

In einer Höhle in Frankreich, in Angles-sur-L'Anglin, gibt es die Darstellung von drei Frauenkörpern. Unter ihnen befindet sich die Zeichnung eines Stiers. Die erste Figur zeigt eine schlanke, sehr junge Frau. Die zweite bildet eine füllige Frau ab, die seitlich leicht gedreht ist. Und der dritte Körper hat die Form einer alten Frau, die ganz zur Seite gewendet ist. Alle drei Frauen haben ein ausgeprägtes Vulven-Dreieck und einen gewölbten Leib. Die drei Körper bilden die Drehung der Mondin ab. Der Stier oder die Kuh mit ihren Hörnern unterhalb der Figuren sagt etwas über den Mond aus. Die Kraft der Mondin zeigt sich hier in Frauenkörpern und gleichzeitig in den Stierhörnern. Die Energie fließt von den Frauenkörpern zu den Stier-Hörnern, von diesen zum Schmetterling und von dort zur Doppel-Axt. Auf unbewusster Ebene können wir dies auch heute noch mühelos verstehen.

Die Doppel-Axt war eine Waffe der Frauen. Auf Kreta ist sie sicher benutzt worden, um im Frühjahr auf heiligem Boden den Überschuss von männlichen Tieren zu schlachten. Die Opferung von Tieren bedeutete einen notwendigen Schritt, den jede Bäuerin kennt. Würden alle männlichen Tiere überleben, gäbe es eine Aggressionsexplosion in den Herden.

Ein alter griechischer Brauch unter Frauen ist eine Soforthilfe bei Verletzungen. Der verletzten Frau wurde eine gut geschliffene Axt gereicht, auf deren Klinge etwas Honig geträufelt wurde. Die Frau musste den Honig von der Klinge ablecken. Dies ist eine uralte schamanische Methode, die immer wirkt. Wenn du den Honig von dem scharfen Messer leckst, verschwindet der Schmerz fast völlig. Denn du konzentrierst dich darauf, dir nicht in die Zunge zu schneiden. Schmerz und gleichzeitige Konzentration auf etwas ganz anderes funktionieren nicht. Außerdem erfährt die Frau, dass sie in der Lage ist, sich nicht zu verletzen. Dies stärkt sie und hilft ihr, die eigene Mitte wieder zu finden.

Das Symbol der Doppel-Axt stärkt jede Frau. Amazonenenergie löst Opfer-Geschichten auf und setzt Handlungsenergie frei. Die Doppel-Axt ist ein kämpferisches Schutz-Symbol. Es schenkt Selbstvertrauen und hilft bei Verletzungen, Bedrohungen und Demütigungen als erste seelische Hilfe.

Die Dreifachlinie und die Kraft der Drei

Immer wieder finden sich auf Figuren der Vogel-Göttin Muster aus Dreifach-Strichen oder –Linien oder Gruppen aus drei Punkten. Die Dreifach-Linie tritt oft mit Symbolen der Kraft, wie dem Wirbel, der Schlange oder Spirale auf. Auf Schalen bilden sie mit Symbolen des Werdens, wie Uterus- oder Samenzeichnungen und Sichelformen, dynamische Ornamente. Eine dreifache Schlangenspirale symbolisiert möglicherweise eine dreifache Lebensquelle. Wir begegnen der Dreifach-Linie für sich alleine auf Spinnwirteln, Altären, Opfergefäßen, Vasen und Anhängern. Auf Figuren ist der Körper der Göttin häufig mit mehreren Halsbändern geschmückt und anstelle der Nase ist ein Schnabel zu sehen. Diese Merkmale kennzeichnen sie als Vogel-Göttin. Die Dreifachlinien erscheinen oft im Zentrum eines Wirbelmusters. Oder in der Mitte eines kosmischen Eis, aber auch als Verbindungslinien zwischen Himmel und Erde. Offenbar symbolisieren sie eine dreifache dynamische Lebenssubstanz, die dem Körper der lebensspendenden und erhaltenden Göttin entströmt. Diese dreifache Quelle wird assoziiert mit der dreifachen Göttin. Dies ist ein erstaunlich langlebiges Bild.

Schon vor 30 000 Jahren wurden Samenkörner, Schösslinge und Vulven in Felsen geritzt, also schon lange vor der Entwicklung des Ackerbaus. Sie stellten die weibliche Gottheit dar, meistens abstrakt als Dreieck. Dies ist ein Symbol für Frau und auch für den Schoß der Göttin, da es in Verbindung mit Wassersymbolen gezeichnet wurde. Es existieren drei unterschiedliche Darstellungen, jedes mit seiner eigenen Bedeutung. Das erste ist der kosmische Schoß der Göttin, aus dem die Wasser des Lebens entspringen. Das zweite steht für das keimende Leben, das dritte für den Akt des Gebärens. Bei zahlreichen weiblichen Idolen ist die Scham von Händen bedeckt. Solche Figuren wurden in Italien, in der Ukraine und in Sibirien gefunden. Vermutlich wird in diesem weitverbreiteten Bild die Göttin selbst als Gebärende dargestellt. Ihre Aufgabe ist es, jeden Geburtsakt beschützend und helfend zu unterstützen. Dem entspricht die jahrtausendealte Tradition von Gebärhäusern, -Tempeln oder Gebärhütten. Sie setzte sich in den Saunen Nordeuropas fort und nun greifen unsere modernen Geburtshäuser diese uralte Tradition wieder auf und beleben sie neu.

Die Spirale: Zeit und Energie

Auf Keramik-Gefäßen sind häufig fortlaufende Spiralen aufgemalt oder eingeritzt. S-förmige Spiralen verlaufen in allen Richtungen, häufig sind auch ineinandergreifende Spiralen abgebildet. Jedoch löst sich die Spirale nie aus ihrem symbolischen Zusammenhang. Schwungvolle Spiralen winden sich rhythmisch um Vasen- und Gefäßkörper. Häufig tritt die Spirale in Verbindung mit Schlangenlinien, Zickzack-Linien und Mondsicheln oder mit Tieren mit sichelförmigen Hörnern auf. Diese Symbolverbindung überdauerte Jahrtausende.

Hörner, Schlange und Spirale sind untrennbar miteinander verbunden. So ist die Spirale als eine künstlerische und symbolische Abstraktion der dynamischen Schlange zu sehen. Sie symbolisiert sowohl Kraft als auch den zyklischen Lauf der Zeit. Bei einigen Terrakotta-Figuren der Göttin sind die Augen als Spiralen dargestellt. Oder Spiralen sind um die Brüste oder auf dem Rücken eingeritzt. Diese Verzierungen haben Symbolcharakter und drücken als Schlange die Kraft der Göttin aus. Die Schlange kann den Tunnel darstellen, durch den die Göttin mit der „wahren Wirklichkeit" verbunden ist.

Sicher gab es auch schon in grauer Vorzeit Reigentänze in Spiralform. Auf den Menschen bezogen ist die Nabelschnur selbst die Schlange, die das neu entstandene Leben mit der Mutter verbindet. Die Auf-und-Abwärtsbewegung der Spirale brachten die Menschen sicher schon früh mit dem Zyklus des zu- und abnehmenden Mondes in Verbindung. Auf Gefäßbemalungen tauchen Spiralen immer wieder in Verbindung mit Mondsicheln oder unterschiedlichen Mondphasen auf. Im Mittelpunkt von Schalen befindet sich häufig eine Spirale, die von Bändern und 13 Kreisen umgeben ist. Wahrscheinlich symbolisieren sie die 13 Mondmonate des Jahres. Die Wellenbögen einer Schlangenlinie scheinen auch der Zeitberechnung gedient zu haben. Jede Schlangenwindung bezeichnet eine Einheit im Mondkalender. Die längsten Schlangen weisen bis zu 30 Windungen auf, was ungefähr den 29,5 Tagen des Mondmonats entspricht. Diese Schlangenform findet man auf irischen Grabmonumenten genauso wie als Ritzzeichnung auf Hirschgeweihen oder auf Keramikobjekten. Im Zentrum steht immer die Lebenskraft der Schlange. Sie fördert die Erneuerung der Natur, indem sie den Übergang vom Tod zum Leben und von Neumond zu Vollmond und vom Winter zum Frühling herbeiführt. Sie symbolisiert die Zeit und das Leben, die beide zyklisch verlaufen und sich kreis- oder spiralförmig bewegen.

Der viergeteilte Kreis: das Medizinrad

Das Zeichen für Erde ist ein Kreis, in dem sich ein Kreuz befindet. So ist der Kreis in vier gleich große Viertel geteilt, wobei die Striche die Himmelsrichtungen anzeigen. Die Pueblo-Indianer beschreiben diese Unterteilung als ersten Schöpfungsakt der Göttin. Die befruchtete Zelle, die sich teilt, sieht ganz genauso aus. Es ist das Zeichen des Schöpfungskreises, aus dem das Geheimnis des Lebens stammt.

So wird in verschiedenen Kulturen der Kreis als Schöpfungs-Ei gesehen. Viergeteilte Muster bestehen häufig aus einem zentralen Kreis, der von vier weiteren Kreisen oder Schleifen umgeben ist. Diese enthalten häufig Symbole des Werdens und Lebenskeims in sich. Es sind Eier, Küken, ein doppeltes Samenkorn, Schmetterlinge oder Mondsicheln. So drückt sich die Vorstellung von einem kosmischen Ursprung im Mittelpunkt und der Vereinigung von Gegensätzen aus.

Überall auf der Erde ist der viergeteilte Kreis als Medizinrad bekannt. Es handelt sich um ein sehr tiefgehendes Symbol, das auf ganz unterschiedlichen Bewusstseinsebenen seine Weisheit offenbart. Es symbolisiert die Einheit allen Lebens in der Natur und zeigt sich in sämtlichen Erscheinungsformen. Als astrologisches Tierkreiszeichen ist es noch heute jedem bekannt. Diese Tierprozessionen wurden in alten Zeiten auf Keramiken dargestellt und waren kreisförmig angeordnet. Es gab sie aber auch in großem Maßstab in Tempel- und Grabanlagen, wobei die aus Ägypten besonders bekannt sind. Auch in Höhlenbildern des alten Europa gibt es Tierprozessionen, die in Verbindung mit den Symbolen der Göttin als Herrin der Tiere stehen und die den Kreislauf von der Geburt zum Tod und vom Tod zur Wiedergeburt lenkte.

Steinkreise aus aufrechtstehenden Steinen (Menhiren) strahlen eine geheimnisvolle Energie aus. Menschen sind davon magisch angezogen. Auch heute berühren wir die Steine, gehen dreimal um sie herum und wünschen uns, geheilt zu werden. Der Menhir ist die Erscheinungsform der Göttin. Dies belegen zahlreiche prähistorische Stelen aus Südfrankreich, Spanien und Portugal. Die enge Verbindung zwischen Göttin und Stein ist auch aus historischer Zeit belegt. Die griechische Artemis wurde „die Steinerne" genannt und in Volksüberlieferungen heißt es bis ins 20. Jahrhundert, dass die irische Brigit und die baltische Schicksalsgöttin Laima in einem Menhir wohnen. Es gibt viele prähistorische Steinkreise, von denen Steinalleen zum Wasser führen. Bei manchen Steinkreisen befindet sich in der Mitte keine Steinsäule, sondern ein Brunnen, um den früher einmal Tänze aufgeführt wurden. **In zahlreichen Überlieferungen gibt es Verbindungen zwischen stehenden Steinen und dem Meer, Flüssen, Bächen und Brunnen. Dies entspricht der Verbindung der Göttin mit den Lebenswassern.** Mystische Wesen, die als Begleiterinnen der Göttin aus Brunnen, Quellen und Flüssen steigen, sind Feen, die sich wie Blumen im Morgentau entfalten. Sie tanzen im heiligen Kreis der Kraft. Deshalb werden Kreise aus aufrechtstehenden Steinen oder kreisförmige Spuren im Gras auch „Feenring" genannt.

Die in Märchen und Sagen überlieferte Verbindung zwischen Menhiren, Brunnen und Steinkreisen lässt vermuten, dass Göttin, Kreis und Brunnen austauschbar sind. Steinkreise und Kreistänze und das Sitzen um ein Feuer sind offenbar eine Erweiterung der in ihrer Mitte konzentrierten Kraft der Göttin. In Steinplatten eingeritzte Kreise mit einer Vertiefung in der Mitte haben vermutlich eine ähnliche Bedeutung. Die Kraft der Göttin wohnt, von magischen Kreisen umgeben, in der Tiefe des Steins und Wassers.

Steinkreise dienten ganz sicher kultischen Zwecken und deren Erbauer besaßen ein umfangreiches astronomisches Wissen, denn dabei spielt die Wintersonnenwende und besonders die Position des Mondes eine große Rolle, die man zu diesem Zeitpunkt bestimmte. Das lässt auf die besondere Bedeutung von Winterritualen schließen, die dann zelebriert wurden, wenn die Sonne an Kraft verlor. Mit besonderen Ritualen wurden die Lebenskräfte wiedererweckt. Dies geschah durch dynamische Kreistänze, die im Kreis der stehenden Steine getanzt wurden. **Die Steinkreise können nur dann ihre ganze Kraft entfalten, wenn die Menschen den Zyklus der Jahreszeiten mit ihren Tänzen und Ritualen begleiten.** In den jahreszeitlichen Feiern wurde der Zyklus des Lebens und Sterbens der Natur nachvollzogen. Der heilige Ort wurde als lebendiges Symbol und übernatürlicher Körper der Göttin betrachtet. Dies geschah im Frühling, Sommer, Herbst und Winter. Der Künstler Dames stellt sich vor, dass der Steinkreis von Avebury in Südwestengland und die nahegelegenen Kultstätten Silbury Hill und West Kennet ein zusammenhängendes religiöses Zentrum bildeten. Anfang Februar könnte dort an einer Quelle der Eintritt in die Pubertät gefeiert worden sein. Am 1. Mai wurde die Vermählung der Göttin mit ihrem Gefährten in Avebury gefeiert. Silbury Hill verkörpert dann die schwangere Göttin, die neue Ernte hervorbringt. Dies wurde mit dem Erntefest auf einem Hügel mit Tänzen und Spielen gefeiert. Schließlich wurde das Ende des Sommers oder der Winteranfang (Allerseelen), also die kritischste Zeit im Jahr, an den Grabstätten würdevoll begangen. Dann löste die Totenhüterin die Erntegöttin ab und rief die Menschen auf, ihr in ihr Reich unter der Erde, in den riesigen, 112 Meter langen Grabhügel von West Kennet, zu folgen.

Die Gebieterin über die zyklische Lebenskraft als Verkörperung des Winters, die Mutter der Toten, entwickelte sich allmählich zur Hexe der Nacht und Magie. Die anschließende Hexenjagd gehört zu den verabscheuungswürdigsten Kapiteln in der Geschichte der christlichen Kirche. Zur Zeit der Inquisition galt jede Frau, die die Göttin verehrte, als Jüngerin des Satans. Ungezählte weise Frauen, Seherinnen und Heilerinnen fielen der Hexenjagd von 15. bis zum 18. Jahrhundert zum Opfer. Mehr als acht Millionen Frauen starben als Hexe auf dem Scheiterhaufen oder am Strang. Es waren oft einfache Frauen vom Lande, die ihr Wissen um die Göttin und ihre Geheimnisse von ihren

Müttern und Großmüttern übernommen hatten. Als 1487 unter Papst Innozenz VIII. der „Hexenhammer" erschien, war dies ein Vorwand für Terror und Mord mit unendlich grausamen Foltermethoden.

Trotz des blutigen Feldzuges, der gegen die Frauen und ihr besonderes Wissen geführt wurde, und trotz aller Verleumdungen lebt das Gedächtnis der Göttin in Märchen und Mythen, in Ritualen und Bräuchen und in der Sprache weiter. In den Märchen, die die Brüder Grimm gesammelt haben, ist noch eine Fülle von vorgeschichtlichen Motiven zu finden. Frau Holle ist die Wintergöttin. Ein altes Weib mit wirrem Haar, langer Nase und großen Zähnen. Ihre Stärke liegt in ihren Zähnen und in ihrem Haar. Sie hat die Kraft, die den Schnee und das Wetter macht, die Natur zu neuem Leben weckt und die Sonne hervorbringt. Der goldene Ball ist wie der rote Apfel ein Symbol des Lebens. Er ist beim Spiel, bzw der Ernte in den Brunnen gefallen. Frau Holle bringt ihn in der Gestalt eines Frosches wieder zurück auf die Erde. Ihr Reich liegt tief im Inneren von Höhlen und Bergen. (Die Worte „Holle" und „Höhle" haben sicher einen gemeinsamen Ursprung. Daraus ist dann im Christentum die „Hölle" geworden.) Zu Ehren der Göttin Holle als Mutter der Toten wurde zu Weihnachten der „Hollenzopf" gebacken. Der Hollerbusch oder Holunder war der heilige Baum der Göttin, dem besondere Heilkräfte zugeschrieben wurden. Bis heute spielt diese Göttin eine herausragende Rolle als baltische Ragana, russische Baba Jaga, polnische Jedza, baskische Mari und irische Morrigan. Sie spielt jetzt eine Rolle bei der Entdeckung der Kräuterkunde und anderer traditioneller Heilmethoden und mehr als alle anderen stärkt sie das Vertrauen der Frauen in ihre weibliche Kraft.

Die Erinnerung an eine lange frauenzentrierte Vergangenheit konnte nicht getilgt werden. Und es überrascht nicht, dass das weibliche Prinzip in der unbewussten Welt der Träume und Phantasien eine enorme Rolle spielt. Um mit C.G. Jung zu sprechen, bleibt das Weibliche „ein Gefäß der menschlichen Erfahrung" und eine „Tiefenstruktur".

Das Zeichen für Erde bringt Klarheit, Einfachheit und Verbindung zum Ursprung. Das uralte Wissen über die Energien im Medizinrad, den Kreislauf des Lebens und seine Gesetze haben indigene Völker für uns in diesem Symbol bewahrt. Sie hielten die Erde für schützenswert. Es wird sich zeigen, wie wir entscheiden und mit dem Wissen unserer Ahninnen und Ahnen umgehen.

Die Hände und Füße der Göttin

Jahrtausende hindurch wurden die Hände und Füße der Göttin abgebildet. Sie sind auf Höhlenwänden und in Tempeln zu finden, auf Vasen gemalt und in Stein gemeißelt. In katholischen Gegenden werden noch heute Steine als Reliquien verehrt, weil sie den Fußabdruck Jesu, Marias oder eines Heiligen darstellen. Mit ihrer Kraft soll es möglich sein, zu heilen und Unglück abzuwenden. Auch dem Wasser, das sich in diesen Abdrücken sammelt, wird Heilkraft nachgesagt. Auf Türen aufgemalte Hände sollen das Haus und seine Bewohner vor Unglück schützen. Solche Vorstellungen gehen auf uralte religiöse Bilder zurück, die besagen, dass die Hände und Füße die Berührung mit der Göttin symbolisieren, die deren Energie übertragen.

Es sind rote und schwarze Handabdrücke, die auf Höhlenwänden positiv oder negativ abgebildet sind. Die meisten sind Frauenhände in Kombination mit weiblichen Symbolen der Schwangerschaft und Erneuerung.

Die Hand der Fatima ist auch heute als Schmuck noch weit verbreitet. Sie ist einmal als Distanzgebärde ein magisches Abwehrmittel, zum anderen ist es eine Hand, die Segen spendet und ein Glückssymbol darstellt.

UNSERE „MUTTERSPRACHE"

Unsere Muttersprache ist die Sprache, in der wir denken. Zusätzlich gibt es aber eine archaische Sprache, die älter ist als Worte. Es ist die Sprache der Symbole. Sie entstand in langen Zeiträumen und wurde durch die Erfahrungen vieler Generationen gefärbt. Unzählige individuelle Schicksale und Themen verschmolzen zu einem kollektiven Bild. In ihrer Allgemeingültigkeit können Symbole darum jeden ansprechen und erreichen. Figuren, Malereien, Symbole, Schmuck und andere Gegenstände enthalten aus Erfahrung gewonnenes Wissen. Diese sind durch genaue Beobachtung der Natur entstanden und können komplexe Zusammenhänge verständlich machen. Sie liefern eine archetypische, also allgemein gültige Bedeutung. Gleichzeitig berühren sie jeden persönlich, denn sie lassen auch das Individuelle zu. Es drückt sich durch die Handschrift des Künstlers oder der Künstlerin aus. So überlagert manchmal die persönliche Bedeutung die archetypische. **Jede Seele findet ihren Zugang zu Symbolen und versteht diese vorgeschichtliche „Mutter-Sprache".** Dadurch sind Symbole ein sanftes und leicht zu öffnendes Tor zum inneren Wissen und ein uraltes Hilfsmittel, um geistige Wahrheiten auszudrücken. Mit ihrer Magie transformieren und erweitern sie das Bewusstsein.

Durch die langen Zeitkorridore beschenken uns die Ahnen mit ihren Botschaften. Mit ihren Höhlenmalereien, Figuren und Symbolen teilen sie uns ihr Wissen mit. Und uns wird klar, dass wir ihre Natürlichkeit und die heiligen Gesetze völlig vergessen haben. Auch wenn unsere Ahnen in einer völlig anderen Zeit und Welt gelebt haben, so sind wir heute doch in der Lage, uns an ihrer Lebensweise zu orientieren. Wir können genau hinschauen und uns einiges von dem Wissen aneignen, das sie uns hinterlassen haben. **Unsere Ahnen sprechen zu uns in der ältesten aller Sprachen, durch Symbole.** So trägt der uralte Wind vergangener Generationen sein Lied in unsere Zeit. Er sagt uns, dass es grundlegende Gesetze gibt, die immer gelten. Sie stehen fest und sind zeitlos. Darum treffen sie auch für uns zu.

1993 entdeckte die russische Archäologin Natalja Polosmak im Altai-Gebirge auf dem Ukok-Plateau die sogenannte Lady. Es war die mumifizierte „Prinzessin von Ukok". Dies war eine Sensation! Der Fundort befindet sich im Süden Sibiriens an der Grenze zu China und der Mongolei. Der ewige Frost auf 2000 Metern Höhe hat die Frau von hohem Rang in ihrem Kurgan, einem runden Grabhügel, tadellos erhalten. Die reiche Ausstattung war anders als die der Gräber Adeliger, doch zeigt sie, dass „die Lady" eine Person von großer Macht und Bedeutung war. Sogar heute noch wird sie von den Bewohnern genauso verehrt, als gehörte sie zu den Zeitgenossen.

Sie war ungefähr 25 Jahre alt und hatte einen langen Schädel. Der Kopf war rasiert und trug eine Perücke, die verziert war mit Ornamenten, einer mondförmigen Scheibe und eingravierten Panthern. Ihr linker Arm war tätowiert. Auf ihrer Schulter war ein blauer Hirsch mit spiralförmigen Hörnern angebracht, der ein heiliges Tier dieser Völker war. Sie trug Schmuck und Kleidung von hervorragender Qualität. Eine Tunika aus gelber Wildseide, einen Woll-Rock und lange, reichverzierte Pelz-Stiefel. Die Altai-Nomaden halten die 2500 Jahre alte Prinzessin für die Urmutter der Turkstämme. Seit Wissenschaftler die tätowierte Schöne in die Universität von Novosibirsk entführten, häufen sich Erdbeben, Lawinen und Unwetter in dieser Region. Die Schamanen und

Indigenen fordern die Mumie zurück, denn die Bevölkerung sorgt sich um das Schicksal ihrer Ahnin. Sie sagen, die Erde würde darum bitten, die Ur-Mutter so zu beerdigen, wie sie gelegen habe. Dass die Priesterin und Schamanin derzeit in einem Museum ausgestellt ist, störe die naturgegebene Ordnung. Lokalpolitiker unterstützen dies und verboten Archäologen und Wissenschaftlern weitere Forschungen. Nach den uralten Legenden der Bewohner ist das Altai-Gebirge im Herzen Asiens der Nabel der Welt. Hier sei die gesamte Menschheit vom Himmel gestiegen.

Denk dir einmal, vor dir würde ein uralter Fund liegen, der sehr gut erhalten ist. Es ist ein Bündel aus weichem Leder, der einen Schatz des ältesten Erdwissens enthält. Vor hunderten von Generationen hat ein Mensch diese Dinge für dich zusammengetragen. Es ist ein fremd anmutendes Bündel, das vor dir liegt. Doch diese Funde gibt es tatsächlich! Sie sind unser reiches Erbe aus prähistorischer Zeit und weltweit in Museen ausgestellt. Sie überbringen eine Botschaft archaischen Wissens aus ferner Zeit. Von diesen Gegenständen fühlen sich die meisten Menschen magisch angezogen und inspiriert. Denn sie beeindrucken durch ihre Kunstfertigkeit und ursprüngliche Klarheit, ihre Phantasie und Eleganz. Diese kleinen Meisterwerke lassen in jedem Betrachter etwas anderes anklingen.

Sicher werden wir niemals all das verstehen, was uns die alten Völker hinterlassen haben, die seit langem von der Erde verschwunden sind. Doch ihre Sprache ist auch unsere „Muttersprache", an die wir uns erinnern können. Durch ihre Symbole und liebevoll gestalteten Kunstwerke geben uns die Menschen, die vor uns lebten, Auskünfte darüber, wie wir unseren unsicheren Weg Schritt für Schritt fortsetzen können.

Vorsichtig öffnest du den kostbaren Lederbeutel, der mit Applikationen und Ornamenten versehen ist. Als Erstes fällt dir ein goldener Spiral-Armreif auf. Du erkennst kleine Einlagen aus Türkisen und Koralle. An jedem Ende befindet sich ein Fries mit 7 kleinen Tieren. Wunderschön zart und schlangenartig windet er sich um den Arm. Möglicherweise symbolisiert dieser Armreif die Schlange des Lebens und gleichzeitig auch die Schlange des Todes. Er bringt seine Trägerin mit den großen Rhythmen der Natur in Einklang und erinnert sie daran, ihre Lebenszeit mit ihrer eigenen kostbaren Energie zu füllen, ganz praktisch: mit ihrem Arm. Dann kann sie kraftvoll (rote Koralle) und heilend (Türkis) handeln. Dabei muss sie das Wohl der Tiere im Blick behalten.

Nun interessieren dich die reich verzierten roten Frauenstiefel aus weichem Leder mit Perlen an der festen Sohle. Sie sind mit einem komplizierten symmetrischen, pflanzenhaften Ornament geschmückt. Und als du sie näher betrachtest, verstehst du. Sie erinnern dich daran, deinen Lebensweg in Schönheit zu gehen. Achtsam zu sein, behutsam den Fuß auf die Erde zu setzen, um die große Harmonie nicht zu zerstören. „Achte auf die Schönheit, die dich umgibt. Sie ist auch in dir und in jedem Wesen, mit dem du die Erde teilst. Alles ist phantasievoll miteinander verwoben zu einem großen sinnvollen Muster. Hüte diese Schönheit und den Frieden. Deine wahren Schätze sind Mitgefühl, Anteilnahme und Verständnis."

Eine kleine Figur aus Kalkstein fasziniert dich. Sie zeigt eine üppige Frauenfigur mit großen Brüsten, ausladendem Gesäß, doch ohne Gesicht. In der uralten „Muttersprache" spricht sie zu dir: „Ich bin die Große Mutter, die alles Leben hervorbringt. Mein Körper zeigt die Natur in ihrer Fülle und Schöpfungskraft. Es ist genug für dich und alle da. Du bist eng verbunden mit deiner Mutter, der Erde. Bewahre meine Gaben und schütze das Leben."

Nun entdeckst du eine zarte Göttinnen-Statue mit stabilem Sockel und erhobenen Armen. Vielleicht spricht sie zu dir und sagt: „Ich bin fest verbunden mit der Erde und besitze tiefe Wurzeln, wie ein Baum. Meine Arme erhebe ich wie zarte Flügel oder Vogelschwingen zum Himmel. Wie eine Regenbogenbrücke verbinde ich mit meinem Körper die Erde mit dem Himmel. Ich trage Gebete zu den unerreichbaren Sternen. Von dort bringe ich Schönheit und Harmonie zurück auf die Erde. Gebete und Dankbarkeit öffnen dein Herz, so dass du verstehst."

Eine zierliche, goldene Pantherfigur liegt nun vor dir. Panther sind machtvolle Wesen, mit denen wir die Erde teilen. Sie lehren uns, sie und alle Tiere zu achten. Alle haben das gleiche Recht, auf der Erde zu leben. Ohne Tiere wären wir einsam und hungrig. Viele Wesen opfern bereitwillig ihr Leben, um uns zu nähren. Sie sind unsere Freunde und Verbündeten. Wir können von ihnen lernen, unsere Sinne zu schärfen und ganz in diesem Moment zu leben. Panther erinnern uns daran, dass unsere Zeit schneller zu Ende sein könnte, als wir denken.

Versteckt in einem Stoffbeutel entdeckst du Samen vom Hanf, Kräutern und Gras. Daneben liegt ein winziges Räuchergefäß. Diese Gegenstände weisen auf das Geheimnis des Lebens, das häufig so klein, alltäglich und unscheinbar erscheint und doch ein Wunder ist. Das Räuchern mit Hanf lindert Schmerzen und trägt Reisende in die Anderswelt. Samen, Pflanzen und Bäume sind notwendig zum Überleben der Tiere und Menschen. Ist die Botschaft der Samen, dass wir auf die kleinen Dinge und Samen im Leben achten sollen? Vielleicht sähen wir jeden Tag neue Gedanken-Samen. Auf jeden Fall sollten wir uns darauf besinnen, dass unsere Regenwälder tausende von Jahren brauchten, um zu wachsen…

7 BOTSCHAFTEN AUS DER URZEIT

WENN STEINE REDEN:
DIE SPRACHE DER FELSBILDER VAL CAMONICA

In archaischen Kraftplätzen und Kulthöhlen wurde vergessenes Wissen in altem Gestein gespeichert. Da die Erfahrungen in einer Symbolsprache festgehalten wurden, sind sie für uns heute noch abrufbar.

In Norditalien, in der Lombardei, gibt es ein 70 km langes Tal, Val Camonica, in dem 350 000 Zeichnungen in Fels geritzt, gemeißelt und geschlagen wurden. Seit dem Ende der letzten Eiszeit, ca. 10 000 v. Chr., ist dieses Tal besiedelt. Dort befindet sich das größte Felsbilder-Archiv in Europa. Sie sind Teil des Weltkulturerbes der UNESCO. Prähistorische Felsbilder gibt es überall auf der Erde, doch dieses Erbe ist weitgehend unbekannt – abgesehen von einigen wenigen heiligen Orten in gut zugänglichen Gebieten. Unsere moderne Kultur hat dieses Vermächtnis unserer Ahnen noch nicht wiederentdeckt, hat aber damit begonnen. Botschaften aus der Vorzeit sind das Erbe der gesamten Menschheit, gleichzeitig stellt es für jeden Menschen einen geheimnisvollen und faszinierenden Reichtum dar. **Die Felsbilderkunst ist ein Teil des Bewusstseins und der kulturellen Überlieferung aller Menschen.**

Die Felsbilder in Val Camonica entstanden im Laufe von acht Jahrtausenden vor unserer Zeitrechnung und endeten im Mittelalter. Die Bewohner des Tals werden als Camunnen bezeichnet. Sie lebten von der Jagd, Landwirtschaft, Handwerk und Handel. Sie konnten Metall verarbeiten, bauten Häuser aus Holz und Stein, konstruierten Karren, Pflüge, Webstühle und Treppen. Sie pflegten Kontakt zu den Etruskern, Kelten und Römern und hatten eine unbekannte Sprache. Ihre Bilderschrift lässt vermuten, dass es sich bei diesem Ort um einen der größten heiligen Wallfahrtsorte der Geschichte handelt. Zahlreiche Szenen weisen darauf hin, dass hier Frauenrituale stattgefunden haben. Einige Szenen stellen duellierende Menschen dar, die aber nicht oder nur selten zu Tode kommen. Das lässt die Forscher darauf schließen, dass es sich nicht um reale Angriffe, sondern um Initiationsriten handeln könnte. Der Fußabdruck wird als Sinnbild für die Präsenz, die Anwesenheit eines Menschen oder auch einer Gottheit gedeutet. Der Fuß gilt als Unterschrift oder auch als Symbol einer bestandenen Einweihung. Die meisten Menschen werden mit erhobenen Händen dargestellt. Es gibt auch Figuren mit gesenkten Armen und Strahlenkranz um den Kopf. Die Forscher vermuten, dass es sich bei den unbewaffneten und geschmückten Menschen um Priester und Medizinmenschen handelt. Eine interessante Szene zeigt eine Reihe stehender Figuren mit erhobenen Händen. Sie erinnern an eine Zeremonie. Den Kreis zwischen den Beinen deuten die Forscher als Zeichen für Weiblichkeit. Eine weitere Figur wird unter dieser Gruppe dargestellt. Bemerkenswert ist, dass sie sich in einer Felsrinne befindet, die sich bei Regen mit Wasser füllt. Die anderen Figuren stehen dann am Ufer. Diese Szene gibt viel Anlass zu Interpretationen. Es könnte sich hierbei um eine Taufe, aber auch um einen Totenritus handeln. Möglicherweise zeigt dieses Felsenbild auch eine Initiation oder eine Geburt. Dieses Bild stammt aus der Jungsteinzeit (4000 – 3000 v. Chr.) und wird wohl immer sein Geheimnis bewahren.

Hier existieren die ältesten Landkarten der Menschen mit eingezeichneten Flüssen, Häusern und Feldern. Aber es gibt auch geheimnisvolle kartografische Verbindungen zu anderen Kontinenten und heiligen Orten rund um den Globus. Dieser Ort fordert dazu heraus, viele Fakten und aktuelle Theorien zu hinterfragen. Denn hier fanden Rituale statt, die mit Höhlen und Wasser, mit Frauen- und Mutterschaftskult zu tun hatten. Es existieren Altäre in Höhlen, die noch nie erschlossen wurden, weil die Grotten inzwischen durch Kalkablagerungen versperrt wurden. Hier wurden Gebete in Stein geschlagen, um das Gleichgewicht der Welt zu bewahren. Die zahlreichen Abbildungen von Hirschen können so gedeutet werden, dass ein erlegter Hirsch in der äußeren, materiellen Welt eine Lücke hinterlässt. Sie wird dadurch wieder geschlossen, dass er im Felsen weiterlebt. Das Wild kehrt wieder. Wenn Mutter Erde durch das Aufreißen der Erde mit einem Pflug verletzt wird, liefen die Menschen Gefahr, das Gleichgewicht zu zerstören, und hinterließen Votivbilder (geweihte Bilder), um den Boden wieder zu heilen.

Zahlreiche lunare Symbole und Zeichen deuten auf einen Frauen-, Mutter- und Göttinnen-Kult hin, der über ungezählte Generationen und viele

Jahrtausende an diesem Ort ausgeübt wurde. Im Mittelalter entstanden die letzten Zeichnungen. Doch die katholische Kirche machte dem ein blutiges Ende. Um 1505 wurden in diesem Tal mehr als 150 Frauen und Männer als Hexen auf dem Scheiterhaufen verbrannt. Per Sekret wurde verboten, „diese Steine anzubeten". Viele Zeichnungen wurden zerstört, andere waren Jahrhunderte überwachsen und wurden für Außenstehende als Kinder-Zeichnungen gedeutet. Doch uralte Riten fanden im Geheimen noch lange Zeit statt. Auch Namen, wie „der Platz der Nymphen" weisen auf einen Göttinnen-Kult hin. Erhebungen unter der Grasdecke verbergen noch heute Mauerreste, Kochstellen und alte Siedlungen. Doch es gibt Widerstände, diese offenzulegen.

Vielleicht ist das Geheimnis des Berges jedoch nicht aus Stein, sondern aus Licht. In der Zeit der Tag- und Nachtgleiche erscheint ein mächtiger Strahl, nachdem die Sonne untergegangen ist. Der Fels ist in Licht getaucht und es umgibt ihn ein Hauch von Magie. Er könnte einen Weg in die Anderswelt aufzeigen. Der Geist des Berges zeigt sich auch, wenn die Sonne günstig steht. Dann entsteht ein Bergschatten in den Wolken. Danach bricht die Sonne hervor. Hier stehen sich zwei Berge gegenüber. Ein phallischer Gott, der Licht hervorbringt, und ein runder Berg, die Göttin, die das Licht in sich aufnimmt. Dieses Tal symbolisiert die Schöpfung selbst durch die Göttin und den Gott.

URZEIT-TEMPEL UND DAS UNTERIRDISCHE REICH DER GROSSEN GÖTTIN

Die ältesten menschlichen Spuren wurden in einer Höhle auf Malta entdeckt. Sie enthält tiefe Ablagerungen aus der Urzeit, die ungefähr 250 000 Jahre alt sind. Dort kamen auch Reste ausgestorbener Tierrassen zutage. Kleine Flusspferde, Zwergelefanten, so groß wie Bernhardiner, und Reste eines Riesenschwans. Malta war schon vor mehr als 7000 Jahren von Menschen besiedelt. Und es gibt hier die ältesten Tempelanlagen der Welt, die wahrscheinlich sehr viel früher erbaut wurden als die ägyptischen Pyramiden. Diese Megalithkultur ist älter als 6000 Jahre und so finden wir an diesem Ort zahlreiche Samen sehr alter Kulte. Hier hatten unsere Vorfahren und Ahninnen seherische Träume, erlebten tiefe Einsamkeit, Versenkung und visionäre Schau. Sie hinterließen einmalige und großartige Bauwerke. Ihr Vermächtnis belegt, dass ihre schöpferischen Kräfte mit überwältigender Intensität einem religiösen Erleben geweiht waren.

Aus den dunklen, runden Höhlenwohnungen, den Sinnbildern des alles hervorbringenden, aber auch zurückfordernden Schoßes der Göttlichen Mutter, sind möglicherweise die großen Steintempel entstanden. Mit ihren breiten Doppelwällen blieben sie jedoch immer gleichsam in der Erde und mit den unteren Regionen eng verbunden. Alle Altarräume sind oval und werden als Symbol für den Zyklus des Lebens gedeutet. Häufig sind mehrere Ovale miteinander verbunden, was von oben wie ein Kleeblatt aussieht und zu dem Namen „Kleeblatt-Tempelkultur" geführt hat. Hier wurden Plastiken gefunden, die die mütterliche Göttin darstellen. Häufig haben sie auffallend zarte Hände, wobei die linke zur Brust gehoben ist. Diese Haltung wird auch in vielen anderen Kulturen gezeigt und entspricht einer schamanischen Körperhaltung mit der in Trance Heilung bewirkt werden kann. Die auf Malta gefundenen Figuren besitzen ein Madonnenhaupt, das ein liebliches Gesicht mit hoher Stirn zeigt, über der die Haare in schön geordneten Strähnen liegen. Der Hauch eines Lächelns liegt über dem stillen Antlitz, wie bei manchen fernöstlichen Statuen des meditierenden Buddhas.

Uralte Heiligtümer bergen zahlreiche Geheimnisse. Drei Stufen führen in eine kleine Kammer mit drei kompliziert konstruierten Nischen und Pfeilern. Diese Schreine müssen besonders wichtig gewesen sein, denn zwei mächtige Blöcke stehen wie Wachen rechts und links des Portals. Hohe Schwellen an den Toren zu den Sanktuarien, den heiligen Bereichen, sind wahrscheinlich auch magische Grenzen zwischen der Welt des Alltags und dem geheimen Bereich. Andere Anbauten sind nur von außen zugänglich, möglicherweise für geheime Kulthandlungen oder Orakel sprechende Priesterinnen.

In Hal Saflieni entdeckte man 1902 zufällig bei Straßenarbeiten ein mehrstöckiges System aus Grabkammern, Hallen, Durchgängen und Treppen, das zehn Meter tief in den Kalkstein gebaut war. Es war mit mehr als 7000 meist weiblichen Skeletten gefüllt. Wer aus der flirrenden Hitze die Treppe hinabgeht, findet hier Dämmerung, feuchte Frische und tiefes Schweigen. Alles geht hier unten in Kurvenlinien und runden Wölbungen weich ineinander über. Im Licht kleiner Öl- und Fettlampen erinnern diese Gewölbe an die bergende

Nacht des Mutterschoßes, in die man die Toten senkte. Sie ruhen dort wie Samen, die ihre Kraft erneuern, um wieder zum Leben zu erblühen.

Nach unten öffnet sich eine sakrale Zone. Lange gewölbte Hallen mit sorgfältig geglätteten Wänden führen dorthin. An vielen Stellen hat die heilige Ockerfarbe Spuren wie von Blut hinterlassen. Spiralornamente und symbolische Zeichen überranken die Decken. Die Nähe des „Allerheiligsten" kündigt sich an durch die elegante Fassade eines Tempels mit einem Trilithen-Portal, das aus zwei Tragsteinen und einem dritten querliegenden Deckstein besteht. Ansonsten gibt es vorspringende Pfeiler und Nischen. Die schön gearbeiteten Kammern wirken hier wie Kapellen. Die Sakralhandlungen in diesen Räumen waren vermutlich geheim und durch Türen verborgen.

Aus Keramikfunden lässt sich schließen, dass die Katakomben von Hal Saflieni von ca. 2900 bis 2300 v. Chr. genutzt wurden, also ungefähr 20 Generationen lang. Hier wurden Totenopfer dargebracht und Ahnengeister beschworen, Heilungen und heilige Rituale vollzogen. An diesem Ort war die Anwesenheit der Göttin in all ihren Erscheinungsformen zu spüren. Hier fanden die Einweihungen und verschleierten Mysterien der Großen Göttin statt. Die unterirdischen Räume dienten den Priesterinnen und ihren Schülerinnen dazu, mit hypnotischem Schlaf und bedeutungsvollen Träumen die Kunst des Orakelns auszuüben. Darauf deutet das hohe Alter der Figuren von schlafenden weiblichen Gestalten auf Ruhebetten hin, die in den Hallen mit spiralgeschmückter Decke gefunden wurden. Auffallend ist wieder der Gegensatz zwischen den üppigen Rundungen der Gestalten und der Grazie des Kopfes und den zarten Puppenhänden. Trotz ihrer Massigkeit wirkt z. B. die sehr fein modulierte kleine Plastik der „sleeping lady" sehr anmutig. Ihr Ruhebett besteht wahrscheinlich aus einem Holzgestell mit Rohrgeflecht und hat die Form einer Muschel. Die Ruhende wirkt fremd und entrückt, jedoch nicht wie eine Göttin. Wahrscheinlich stellt sie eine Priesterin dar, die in seherischen Schlaf versunken ist.

Im Höhlenreich von Hal Saflieni gab es bestimmt Orakel und auch akustischen Zauber. Denn in der Wand der Halle mit den roten Spiralen öffnet sich eine kleine Höhlung, die mit demselben Muster bemalt wurde wie der Saal. Wer in diese Öffnung spricht, hört den Ton durch die Gewölbe rollen. Eine Art

Gesims leitet ihn an der Hallenwand weiter. So ist es möglich, dass das Wunder geschah und körperlose Stimmen aus der Tiefe sprachen.

Diese heiligen Höhlen waren sicher nicht Schauplatz des öffentlichen Kults, im Gegensatz zu den oberirdischen Sanktuarien der Megalith-Kulturen (von griechisch megas = groß und lithos = Stein). Auf Malta gibt es ca. 30 dieser prähistorischen Tempel-Anlagen. Hagar Quim könnte ein frühzeitliches Observatorium sein, denn der Haupteingang weist genau in die Richtung, in der zur sommerlichen Mondwende der Vollmond aufgeht. Der rückwärtige Eingang ist dementsprechend auf die winterliche Wende des Monduntergangs gerichtet. Auch ein aufragender Stein in der Süd-Mauer ist ein Indiz für diese These. Er ist ein Signalstein. An bestimmten Tagen, wie der Sommer- und der Winter-Sonnenwende fällt sein Schatten auf exakt festgelegte Stellen im Inneren der Anlage.

Wir können die Erbauer und Erbauerinnen der Tempel nicht befragen, denn sie verschwanden namenlos in der Zeit, genauso wie sie erschienen waren. Doch die Insel und andere Orte wurden durch ihre Bauten und Kultstätten zu heiligem Boden. Denn mit ihren religiösen Gedanken und ihren mystischen steinernen Zeugnissen haben sie tiefe Wurzeln in die Erde und das menschliche Bewusstsein gegraben. Was sie erkannt, geglaubt und mühevoll gestaltet haben, ging selbst für uns, die wir viele Jahrtausende später leben, nicht spurlos verloren. Ihr Vermächtnis kündet in den Mysterienkulten der Antike von der alten Religion der Erdmutter. Ihre Weisheit bahnte sich aus tiefen Seelenschichten ihren Weg zu den Anfängen des Christentums und hinterließ ihre geheimen Spuren sogar bis in die heutige Zeit.

„Die alten Steine" sprechen zu uns: Neuartige wissenschaftliche Methoden erfordern immer wieder eine Umorientierung der Archäologie, um die geheimnisvollen Zeugnisse aus prähistorischen Zeiten zu bestimmen. Denn die Erkenntnisse und Theorien ganzer Generationen bedeutender Prähistoriker beruhten wahrscheinlich auf falschen Voraussetzungen, was die zeitliche Einordnung betrifft. Zusätzlich bewirkt eine dahinterliegende Theorie oder ein Schema immer auch die Verengung des Horizontes und damit eine übermäßige Vereinfachung der Sichtweise. Kulturgeschichte setzt sich jedoch aus unendlich komplexen Vorgängen zusammen, so dass man ihr häufig nicht gerecht werden kann.

Für mich ist es besonders auffällig, dass bei der Interpretation von Heiligtümern durchgängig eine männliche Sichtweise vertreten ist. Selbst wenn es sich offensichtlich um eine Zeit weiblich orientierter Weltsicht handelt, denken Forscher in Hierarchien, Streitkräften, Kriegen, Soldaten- und Priesterkasten, Herrschern und Königen. Die vorhandenen Gebäude und Fundstücke werden interpretiert, als dienten sie zur Verteidigung und wären Waffen, selbst wenn es sich eindeutig um Ritualgegenstände handelt. Aufwendig bestattete Frauen erhalten lediglich die Rolle einer Prinzessin oder Königsgemahlin. Und dass es sich bei den Skeletten in den Höhlen auf Malta fast ausschließlich um Frauen handelte, bleibt in den meisten Quellen unerwähnt.

Doch allzu viele Fakten sprechen eine andere Sprache. **Fakten verschwinden nicht dadurch, dass man sie ignoriert.** Unsere Ahninnen haben uns verschlüsselte Botschaften hinterlassen, die Jahrtausende überdauerten. So beginnt in der Gegenwart eine aufregende Schatzsuche, wenn wir die Göttinnen-Figuren betrachten und die Tempel im Kuppelbau, die unsere Urmütter hinterlassen haben. Sie nutzten Orte besonderer Kraft, die als Allerheiligstes eine ovale oder runde Form haben. Sie bauten Wasserheiligtümer, die weibliche Geschlechtsorgane darstellen. Dies ist aus der Vogelperspektive oder in schematischen Skizzen der Anlage sichtbar. Doch die magischen Symbole der Göttin wurden mutwillig verdreht und verfälscht oder nur am Rande erwähnt. Ihre heiligen Orte und Haine, die dem Mysterienkult geweiht waren, wurden uminterpretiert, überbaut und den Frauen im Namen der Wissenschaft gestohlen. Aber wir wissen längst, dass diese Sprache kalt ist.

Denn die Eisheiligen der Wissenschaft und Wirtschaft degradieren alle Emotionen und kennen kein Lächeln. Ihnen entsprechen Orte, die Macht repräsentieren und einschüchternd wirken.

In der Archäologie ist die Sichtweise weit vertreten, in den Gräbern und steinernen Monumenten nicht mehr als einen verschollenen Glauben zu sehen. Die Bauten unserer Ahnen werden dann zu Zeichen wirtschaftlicher und sozialer Entwicklungsstadien degradiert. Auch dann wird die Rolle der uralten Mutter- und Totengöttin mit deren weltweiten Bildnissen und Symbolen bagatellisiert. Wer so argumentiert, unterschätzt die emotionalen und geistigen Triebkräfte, die hinter solch gigantischen Leistungen stehen, ebenso den Mut und den Unternehmungsgeist der früheren Seefahrer. Denn auffallend ist, dass die Megalith-Bauten in Küstengebieten, auf Inseln und entlang großer Wasserstraßen zu finden sind.

Die Frage ist, woher unsere Ur-Ahnen den Anstoß hatten zur grandiosen Entfaltung einer ganz auf ewiger Dauer ausgerichteten Bauweise. Wer diese Zeugnisse nur als Erscheinung von Gesellschaftsstrukturen betrachtet, die voneinander unabhängig an verschiedenen Orten nahezu gleichzeitig entstanden sind, vergisst, dass Menschen zu allen Zeiten durch irrationale Motive zu ihren größten Anstrengungen inspiriert wurden. Diese Unterbewertung religiöser Aspekte vernachlässigt, dass die Menschen der Frühzeit das Materielle und das Übernatürliche nicht voneinander trennten. So war auch der prähistorische Handel religiös motiviert, denn Dinge, denen magische Kräfte zugeschrieben wurden, wie Kaurimuscheln oder Bernsteinamulette, waren die ältesten Handelswaren der Welt.

In den Grabanlagen und Heiligtümern, die um 4000 v. Chr. entstanden, finden wir die Urbilder der Mutter- und Totengöttin in all ihren Aspekten, den gütigen und den furchtbaren, die über Leben und Tod entscheiden. **Es sieht also gerade so aus, als ob die menschliche Geschichte neu geschrieben werden muss, seit sich die Archive des ältesten Erdwissens öffnen.**

Denn genau wie früher suchen auch die heute lebenden Menschen Antworten auf uralte Fragen.

Durch neuste Erkenntnisse ist ein faszinierendes Bild entstanden. Es zeigt, dass die Steintempel auf Malta, im Zentrum des Mittelmeeres mehr als tausend Jahre älter sind als die auf Kreta, und dass Stonehenge in Südengland das erste Observatorium ist, das Menschen aus mächtigen Steinen aufbauten. Ein Steinring um einen sakralen Raum kann nur als Ausdruck einer Religion und Geisteshaltung verstanden werden, denn der Aufwand war immens. Der Glaube, der „Berge versetzt", hat auch die Blöcke für die Megalith-Monumente einer frühen Menschheit bewegt, die dazu entschlossen war, zu dauern. Seine Verbreitung stellt uns vor die Aufgabe, den Voraussetzungen, Anfängen und Wirkungen nachzugehen.

Dies bedeutet ein Zurücktasten zu verschütteten Quellen unserer geistigen Welt.

Die Wanderung zu den steinernen Zeugen bringt uns auf die Suche nach unseren Ursprüngen und zum Lauschen, welche Antworten unsere Ahnen auf die richtige Lebensweise und die Unsterblichkeit der Seele hatten. Möglicherweise wollten unsere Ahnen uns einen Weg weisen. Und wir entdecken, dass dort, wo die Göttin lange Zeit verehrt wurde, noch Jahrhunderte später eine sanfte, friedliche und heilsame Atmosphäre überwiegt.

So lange, bis die strahlende Göttin wieder in unser Leben zurückkehrt, ersteigen wir den Gipfel des Berges. Dort ruhen wir aus und trinken das magische Wasser aus der Drachenquelle. Unsere große, ermüdende Anstrengung wird belohnt, denn es ist das beste Wasser, das wir je getrunken haben. Wir trinken es und wissen: Nichts kann unsere Seele je besiegen. Jede von uns wird ihren Weg finden! Und dies wird geschehen, obwohl in den letzten 150 Jahren 80 bis 90 Prozent der Bauten, die der Natur und den Jahrtausenden getrotzt hatten, von Menschenhand zerstört wurden.

FRAUEN-WEISHEIT UND MÄNNER-MACHT

Die blühenden Göttinnen-Kulturen des alten Europa wurden am Ende der Jungsteinzeit, zu Beginn der Bronzezeit von einfallenden Barbarenstämmen zerstört. Der Mythos von der **Enthauptung der Medusa** beruht auf diesen Geschehnissen. Die matriarchale Gesellschaft wurde zerstört, indem die Männer getötet, die Frauen geschändet und die traditionellen Kulturwerte zerstört wurden. Die lebendige Erfahrung der dreifachen Göttin als Lebensseele wurde für folgende Generationen aus dem Kopf ins Unbewusste verdrängt. Die Enthauptung symbolisiert sehr deutlich, dass vorhandenes Wissen brutal ausgelöscht wird. Von nun an kann Frauenwissen nur an geheimen Orten gehütet und gelehrt werden. Doch die Göttin überlebt auf allen Kontinenten. Allerdings ist es für ihre Priesterinnen und Lehrerinnen, Heilerinnen und Medizinfrauen, Schamaneninnen und Geschichtenerzählerinnen lebensgefährlich geworden. Denn das Wissen um ihre Macht sollte radikal ausgelöscht werden. Aber das Leben in seiner Ganzheit ist natürlich ohne Frau und Göttin nicht zu verstehen. Schließlich ersetzte reines Bücherwissen die direkte Erfahrung der zyklischen Wandlungen in der Natur. Während die Erd-Göttin das tägliche Leben der Menschen bestimmte, thront nun der männliche Gott im Himmel weit entfernt vom Alltag der Menschen. Gott existiert allein als Vorstellung in den Köpfen der Menschen und urteilt über ihre Handlungen. So wurden die

Menschen im wahrsten Sinne des Wortes von der Erde entfernt und entwurzelt. Sie konnten die Wahrheit nicht mehr fühlen oder überprüfen. Stattdessen gibt es nun Stellvertreter, die den Willen Gottes verkünden und die spirituelle und weltliche Macht innehaben. Frauen sind in diesen Bereichen nicht zugelassen. Schließlich sollen wir sogar glauben, dass unsere Ahnfrau Eva aus der Rippe von Adam erschaffen wurde, während die Göttin aus dem Kopf eines Mannes geboren wird. Allein diese Vorstellung zeigt, wie weit wir uns von ursprünglichen natürlichen Zusammenhängen entfernt haben. Das Kirchenrecht besiegelte die Minderwertigkeit der Frau.

Im Allgemeinen Kirchenrecht von 1240 wurde festgelegt:
- „Frau" bedeutet „Schwäche des Geistes".
- Die Frau ist aufgrund des dienenden Status ihrem Ehemann in allem untergeordnet.
- Die Frau ist nicht als Ebenbild Gottes geschaffen.
- Frauen können nicht Priester werden.
- Frauen dürfen (in der Kirche) nicht lehren oder taufen.

Dieses Gesetz war bis 1916 gültig (Quelle: www.womenpriests.org.). Diese jahrhundertealte Rechtsauffassung wirkt bis in die heutige Zeit.

Diese nach männlichen Maßstäben orientierte Weltsicht hat dazu geführt, dass Naturwissenschaftler Atome spalten, Genome manipulieren und klonen, Eizellen einfrieren und gegen Bezahlung Kinder von Leihmüttern austragen lassen. Viele medizinische Fortschritte sind sicher hilfreich. **Doch es bleibt die Frage, ob Menschen alles umsetzen dürfen, was ihnen möglich ist.** Denn inzwischen ist jedem klar, dass Wissenschaftler mit unser aller Leben spielen, wenn sie unsere Lebensgrundlage genetisch verändern. Sie bleiben im Detail-Denken verhaftet und verlieren den Blick für das Ganze. Dabei denken sie nicht an die Zukunft und ganz sicher vergessen sie die Kinder, die aus diesen Experimenten entstehen. Wie lernen Kinder ihren inneren Gefühlen zu vertrauen, wenn sie von einer anderen Frau ausgetragen wurden als von ihrer Mutter? Bei künstlichen Befruchtungen kommen Millionen von Embryonen um. So werden hier grundlegende moralische und ethische Maßstäbe im Dienste der Wissenschaft außer Kraft gesetzt, denn es wird rein verstandesorientiert gehandelt.

Die weise Gegenwart der Göttin findet keinen Zutritt in diesen Instituten. Auch die Dimension der Seele wird nicht berücksichtigt. Ebenso wenig wird die emotionale und schöpferische Frauen-Macht geachtet. Denn hier erfüllt Männer-Macht ihr Bedürfnis nach Anerkennung, ohne Rücksicht darauf, wie viel Leid sie verursacht. Im modernen Informationszeitalter akzeptieren wir kein Wissen, das über die Fakten und logische Systematisierung hinausgeht. Deshalb identifizieren, manipulieren und nutzen Wissenschaftler immer mehr Werkzeuge der Göttin, um die Natur zu „verbessern". Wir kennen Leihmutterschaft, Samenbänke, Adoption von Embryonen, aufwendige Fruchtbarkeitsbehandlungen, durchgeplante Schwangerschaften und Kaiserschnittgeburten, Fruchtwasseruntersuchungen, eingefrorene Eizellen u.v.m.. Doch bei all diesen sicher faszinierenden wissenschaftlichen Untersuchungen und Forschungen fehlen die notwendige Demut, der Spirit, die Ethik und die Liebe. Durch solche medizinischen Experimente werden Wesen ohne Seele erschaffen. Das Wissenszeitalter muss dringend durch Erfahrung und feminine Weisheit bereichert werden.

Jetzt ist es an der Zeit, dass die nahezu vergessene Göttin mit ihrer erneuernden Kraft in unser Leben zurückgerufen wird. Wenn es vergangenen Kulturen gelungen wäre, die Göttin völlig aus dem Leben zu vertreiben, wäre die menschliche Geschichte eine endlose Aneinanderreihung von Ereignissen ohne Ziel. Glücklicherweise ist das vorherrschende lineare Prinzip von Zeit und Geschichte nicht der einzig mögliche Standpunkt. Die logische, und rationale Denkart wird zurzeit überbewertet und als allgemeingültig betrachtet. Gleichzeitig wird das weibliche Prinzip als etwas Subjektives gering geschätzt und als politisch inkompetent betrachtet. Bei dieser rein intellektuellen Sichtweise bleibt das zyklische Zeitprinzip unberücksichtigt, so dass die Balance zwischen Yin und Yang verloren geht. **Die Göttin kennt keine lineare Geschichte,** sondern ein komplexes, in sich verwobenes, ornamentales Kulturgebilde, in dem der jetzige Augenblick der entscheidende ist. Für sie besteht Geschichte aus individuellen und kollektiven Erfahrungen und Realitäten, die uns wachsen lassen. Auf spiralförmigen Wegen wachsen wir emotional, physisch, psychisch und spirituell auf unsere Vollkommenheit hin. Die Göttin tritt über unterschiedliche Wahrnehmungsebenen mit der Welt in Kontakt. Die physische Welt erfahren wir über den Körper. Die geistige Welt erfahren wir durch unsere Gedanken und Vorstellungen. In Märchen, Mythen und Träumen nimmt unsere Seele Kontakt mit uns auf. Als Spirit erfahren wir die reine göttliche Energie. Diese Wahrnehmungsebenen sind ineinander verwoben. Und doch ist es so, wie Albert Einstein sagte, dass man ein Problem niemals auf der Ebene lösen kann, auf der es entstanden ist. Man muss auf die nächsthöhere Ebene wechseln, um eine Lösung für ein Problem zu finden.

DIE KÖNIGIN DER WELT

Ein Gebet:

Ich war die Königin der Welt
und leuchtete von innen.
Ich hatte ein Herz voller Liebe für alles Leben
und mein magisches Lied erklang übers weite Land.
Ich war die Königin der Welt.

Nach langer Zeit zog ich mich zurück,
um auszuruhen.
Ich legte mich nieder,
träumte eine andere Wirklichkeit,
und vergaß, wer ich war.

Nun weckt mich
die goldene Wärme eines Sonnenstrahls.
Und ich fühle:
Eine neue Zeit beginnt.
Noch traumverloren steigen sanft
uralte Bilder in mir auf.

Ich erinnere mich,
wie ich einst im Paradies lebte.
Meine Schwestern und Brüder,
all meine Tiere und Pflanzen waren bei mir.

Es war ein magisches Land,
in dem ich lebte.
Denn ich hatte weitgespannte Flügel.
Und meine Seele flog in entfernte Welten.

Wie gerne erinnere ich mich
an mein lang vergessenes Reich der Wunder …

Nun bin ich wieder hier.
Ganz wach bin ich,
spüre den Flügelschlag meiner Seele
und bin mir meiner Kraft bewusst.

Doch mein Herz ist noch schwer
von den Alpträumen entmachteter Frauen.

Ich weiß mit jeder Faser meines Seins:
Jetzt ist es Zeit, zu heilen,
alle Ängste und Schmerzen umzuwandeln.
Denn alle dunklen und hellen Erfahrungen gehören zu mir.

Wissend bin ich und liebend.
Ich erinnere mich,
wer ich war und wer ich bin.
Die Göttin lebt in mir und gleichzeitig die Frau.

Als strahlende Frau erhebe ich mich,
um auf den Horizont zu blicken.
Das warme Licht der Sonne umhüllt mich.
Und ich atme dankbar die göttliche Energie,
die Schönheit erkennend, die mich umgibt.

Die große Mutter bitte ich um Heilung
all meiner Wunden
und danke für mein kostbares Leben.

In dieser wunderbaren Zeit
zeigt sich erneut die Göttin und Königin der Welt.
Mein kraftvoller Gesang erklingt.

Denn die Seelen der Schlafenden will ich erwecken,
indem ich die Schönheit der Erde besinge.
Die ruhenden Samen locke ich
mit meinem Lied aus dem Boden,
so dass die Erde wieder grün wird.

Die Vögel rufe ich zurück in ihre Heimat.
Und ich bitte die Berge, das Eis loszulassen,
so dass die Bäche ins Tal fließen.

Ich singe den Frühling herbei,
damit das Leben neu entsteht.

Ich bin die Königin der Welt
und leuchte von innen.
Ich habe ein Herz voller Liebe
für alles Leben.

Mein magisches Lied erklingt
weit übers Land.
Ich bin die Königin der Welt.

ERFAHRUNGEN IM STEINZEITGRAB AUF RÜGEN

An der Ostseeküste und auf ihren Inseln gab es nach dem Zweiten Weltkrieg noch unzählige Hügel- und Steinzeitgräber. Viele sind inzwischen zerstört. Im Zuge der Bodenreform nach dem Zweiten Weltkrieg wurden sie in Nacht- und Nebelaktionen eingeebnet, um das Land leichter nutzen zu können. Doch auf Rügen gibt es noch zahlreiche steinerne Bauten, die unsere Vorfahren hinterließen. Dort hatte ich vor einigen Jahren folgende Erfahrung:

Ich fuhr mit dem Rad an einem dieser Hügelgräber vorbei und fühlte mich magisch angezogen. Da ich nicht alleine war, beschloss ich, am nächsten Morgen wiederzukommen, um dort in Ruhe Zeit zu verbringen. Ich schlief unruhig und war innerlich aufgewühlt, wie häufig vor wichtigen Ereignissen in meinem Leben. Da ich sowieso kaum Ruhe fand, suchte ich einige Dinge zusammen, nahm mein Rad und fuhr vor Sonnenaufgang los. Es war ein ähnlich schönes und vertrautes Gefühl, als wenn man nachhause fährt. Die Luft fühlte sich frisch und sanft an. Der Ort liegt friedlich und etwas versteckt. Es war dort eine weiche Atmosphäre und ich hatte das Gefühl, willkommen zu sein. Zuerst suchte ich den Müll zusammen, verstaute Bierflaschen, Zigarettenkippen und Taschentücher in einer Tüte. Dann zündete ich eine Kerze an, sprach ein Gebet und umrundete im großen Kreis das Grab. Ich stellte die Kerze in die Grabkammer. Entzündete dann ein Räucherstäbchen und reinigte die Atmosphäre und das Grab mit Rauch. Nun setzte ich mich ins Grab. Ich probierte alle vier Seiten und Ecken aus, bis ich meinen Platz fand. Er lag im Westen, so dass ich nach Osten in die aufgehende Sonne schaute. Ich spürte die Steine, auf denen ich saß und an die ich mich gelehnt hatte. Ich leerte meinen Geist von allen Gedanken und bat darum, zu erfahren, warum mich dieser Ort gerufen hat. Während ich gleichmäßig atmete, überkam mich eine tiefe Ruhe. Plötzlich schien es so, als raste ich durch einen Lichttunnel in eine andere Zeit.

Ich befinde mich nun an genau diesem Ort zwischen Frauen. Sie tragen die grobgewebten, braunen Kleider der Bäuerinnen. Doch ihre Gesichter sind fein geschnitten, ihre Augen leuchten und mir fällt auf, dass jede dieser Frauen etwas Besonderes an sich trägt: eine silberne Schließe, ein seidenes Tuch, ein Bernsteinarmband, eine Perlenkette oder Ohrringe, eine kostbare Trommel oder einen bestickten Beutel. Sie halten offensichtlich eine heilige Zeremonie ab, bei der eine junge Frau im Mittelpunkt steht. Es ist ein schöner, warmer Tag. Die junge Frau ist ungefähr 17 Jahre alt und besonders hübsch. Zunächst ist sie nackt. Sie wird von anderen Frauen massiert und gesalbt, frisiert und kostbar angekleidet. Es herrscht eine sehr liebevolle, weiblich-unterstützende und harmonische Atmosphäre. Die junge Frau wird von allen Anwesenden besonders zuvorkommend und respektvoll behandelt. Dann setzen sich alle um ein Feuer und nehmen gemeinsam ein köstliches Mahl ein. Schließlich erhebt sich die Schöne und beginnt zu sprechen:

„Geliebte Freundinnen, ich durfte vieles von euch lernen und dafür danke ich euch. Wir sind heute hier, um gemeinsam eine heilige Aufgabe zu erfüllen. Ihr wisst: Bevor der Mond rund war, hat die Große Mutter das Kind, das ich gerade geboren habe, wieder zu sich gerufen. Meine Brüste sind schwer und ich bin angefüllt mit kostbarer Weibermilch. Doch mein Kind trinkt nun die Milch der Großen Mutter. Es braucht meine Milch nicht. Die Schwesternschaft hat mich als Priesterin der Göttlichen Mutter aufgenommen und zur Hüterin über das Wissen um die Heilkraft und Magie der Frauenmilch bestimmt. Nun bin ich ohne Gefährte und ohne Kind. Darum werde ich heute nach der Tradition unserer geliebten Großmütter die Weisheit unseres Stammes auf alte Weise bewahren.

Dies geschieht für die Völker, die nach uns hier leben. Sie werden dieses Wissen brauchen, denn ohne Not werden sie ihren Kindern die Milch von Tieren geben und nur auf das Gedeihen des kleinen Körpers achten. Irgendwann in späteren Zeiten werden sie sich jedoch an altes Wissen erinnern und entdecken, wie wertvoll Frauenmilch ist. Erst nach über hundert Generationen werden sie erkennen, dass diese Milch von der lebendigen Göttin auf die Bedürfnisse jedes einzelnen Kindes abgestimmt ist. Denn unsere Milch ändert sich, ganz nach dem kindlichen Bedarf. Die Muttermilch gibt dem Kind nicht nur Energie zum Wachsen. Sie schenkt ihm auch Kraft zur Heilung und Schutz vor Krankheiten. Doch das ist längst nicht alles. Im Bauch der Mutter wird das Kind mit allem versorgt, was es braucht. Im Äußeren fließt mit der Weibermilch das Wissen seiner Ahnen in den Körper. Die Erinnerungen, Erfahrungen und Kenntnisse stammen direkt aus dem Gedächtnis unserer großen Mutter. Das Kind kommt auf die Erde und kann die Verbindung zu seinem Stern bewahren durch die unsichtbare Nabelschnur. Diese baut sich auf mit den Energien aus der Milch. Die Sternenschnur sorgt dafür, dass dieses Kind niemals verloren geht und sich immer wieder mit seinem Ursprung und Sternen-Selbst verbinden kann. So wird es immer wissen, wer es ist. Es kann mutig und stark im Körper und Geist sein, denn die Milch stärkt die Verbindung der Seele zum Körper. All dies und vieles mehr bewirkt die magische Frauenmilch. Sie heilt das Kind von schweren Krankheiten, verhindert Geschwüre und Wundbrand. Sie schützt das Kind vor bösen Blicken und macht es stark für das Leben.

Damit dieses Wissen unserer Ahnfrauen für immer in der Erde bewahrt bleibt, werde ich heute der Großen Mutter meine Milch und mein Leben schenken. Diesen Weg hat sie mir im Traum offenbart und ihr wisst: Es ist mein heiliges Schicksal.

Ich danke euch von Herzen, dass ihr mich und meine Seele begleitet, wenn ich heimkehre! Nun steige ich in mein Grab, angefüllt mit dem Schatz eurer Liebe und der bedingungslosen Liebe der Großen Mutter. Das kostbare Wissen der geweihten großen Priesterin nehme ich mit. Voller Freude kehre ich zurück in den Schoß der Großen Mutter. Mein Leib wird sich mit Mutter Erde verbinden. Mein Geist wird in die Steine dringen, die unser Wissen bewahren. Mein Atem wird den Raum mit mütterlicher Energie ausfüllen. Doch ich werde wieder frei sein, wenn ich die Aufgabe meiner Seele erfüllt habe. "

Jede der Frauen geht zu ihr und verabschiedet sich. Sie umarmen sie, flüstern ihr letzte Botschaften und Liebkosungen ins Ohr und verschenken ihre kostbarsten Schätze. Die silberne Schließe, das Seidentuch, die Perlenkette, die Ohrringe, das Bernsteinarmband und den bestickten Beutel, in dem sich betäubende Kräuter befinden und vieles mehr.

Die Priesterin nimmt die Geschenke an und schmückt sich mit ihnen. Es sieht so aus, als ob die junge Frau von innen zu leuchten beginnt, denn sie weiß sich über die Maßen geliebt. Dann schreitet die Priesterin in ihr Grab, das mit Tüchern und Blumen geschmückt ist. Sie setzt sich mit überkreuzten Beinen an die östliche Seitenwand mit dem Blick auf die untergehende Sonne. Noch ein letztes Mal schaut sie offen und ohne Trauer jeder der Frauen ins Gesicht. Dann schließt sie die Augen und begibt sich in Trance. Sie atmet ruhig. Ein Lächeln umspielt ihren Mund.

Die anderen Frauen schieben langsam einen Deckstein über das Grab, während die Trommlerin einen beruhigenden und gleichmäßigen Rhythmus schlägt …

Das Grab ist geschlossen.

Die junge Priesterin ist ganz ruhig. In ihrer Trance verbindet sie sich innerlich mit der Erde. Sie liebt ihre Mutter, die Erde, und fühlt sich geborgen. Sie weiß sich umhüllt von mütterlicher Liebe. Die Dunkelheit um sie herum nimmt sie nicht wahr, denn sie füllt den Raum mit ihrem eigenen großen Licht. Sie verschenkt ihr Wissen an die Steine und behält nichts für sich zurück. Langsam und friedlich gleitet sie über die Schwelle hinüber …

Frauen und Priesterinnen würdigten diesen Ort über ungezählte Generationen. Sie ehrten das Opfer ihrer Schwester, indem sie Blumen niederlegten und

Schalen mit Wasser und Muscheln aufstellten. Sie sangen, beteten, trommelten und tanzten. Doch irgendwann verwehte der Wind die Verbindungen zur Vergangenheit und die Bedeutung dieses Grabes geriet in Vergessenheit.

Zum Dank für meine Erfahrung und aus tiefem Respekt vor der Priesterin unsere Ahninnen sprach ich ein Gebet, hinterließ eine Blume, einen kleinen Edelstein und etwas Salbei.

BRUNNENHEILIGTUM AUF SARDINIEN

Auf Sardinien gibt es zahlreiche Überreste einer sehr alten Kultur (ca. 1800 – 230 v. Chr.), die als Nuragen-Kultur bezeichnet wird. 2013 besuchte ich mit meinen Kindern dort den Brunnentempel Santa Cristina. Zu dem 14 ha großen Areal gehören eine kleine Kirche, einige Hütten, zahlreiche Mauerreste, Türme und ein wunderschöner Olivenhain. Mich zog es magisch zu dem Quellenheiligtum, das von einer Mauer umgeben ist. Von oben sieht dieses Heiligtum aus wie ein runder Frauenbauch mit Eileitern, die durch niedrige Mauern dargestellt sind. In der Mitte befindet sich der Brunnen. Eine präzise gearbeitete Treppe führt mit 25 Stufen in den unterirdischen Brunnenraum, der mit Wasser gefüllt ist. Die Quelle liegt gut geschützt und auch heute noch sprudelt Quellwasser aus den Mauerzwischenräumen. Wenn man die Stufen hinabsteigt, hat man das Gefühl, man bewegt sich auf ein enges Schlüsselloch zu. Dieser Eindruck entsteht dadurch, dass die Decke wie eine umgedrehte Treppe gebaut ist. Oben in der Decke befindet sich ein Loch direkt über der Brunnenmitte. So scheint während der Tag-und-Nacht-Gleiche im Frühling und Herbst die Sonne auf den Grund des Brunnens. Möglicherweise ist dies ein Symbol für die Hochzeit zwischen Sonne und Mond, Himmel und Erde, damit neues Leben entstehen kann.

Mich hat dieser Ort völlig in seinen Bann gezogen. Die Luft fühlte sich sehr weich und sanft an. Mir schien dies alles sehr vertraut, obwohl ich vorher noch nie dort war. Doch ich fühlte mich willkommen geheißen an diesem Ort. Ganz selbstverständlich konnte ich für meine Kinder die Symbolik dieses Heiligtums deuten. Für mich liegt es auf der Hand, dass dieser Wassertempel zu Ehren der Großen Mutter gebaut wurde. Alles Leben kommt aus dem Wasser, es ist unsere Lebensgrundlage. Der Ursprung liegt in Quellen und Brunnen, verborgen wie der Beginn jedes Lebewesens im Bauch seiner Mutter. In der Nähe des Brunnens befindet sich eine eindrucksvolle runde Versammlungshütte. Sie hat zahlreiche Sitzmöglichkeiten entlang der gesamten Innenmauer und bietet sich für Unterweisungen an. Auf dem Gelände gibt es wunderbar friedliche Eichenhaine. Diese uralten Bäume sind Symbole für Weisheit und Inspiration. Wer sich länger dort aufhält, spürt, wie ihm neue Kraft, Mut und Hoffnung zufließen.

INNERE REISE: DIE GROSSE MUTTER ALS QUELLE DES LEBENS

Auf einer inneren Reise hielt ich zwei kleine Steine vom Brunnenheiligtum in der Hand, ein dritter lag auf meiner Stirn. Ich bat darum, dass die Erinnerung an die Rituale und das Wissen dieser Zeit geöffnet wird.

Nachdem ich ein bewachtes Tor passiert habe, komme ich in einen heiligen Olivenhain, in dem steinerne Monumente den Weg weisen. Ich bin ungefähr 20 Jahre alt, trage ein weites, langes Gewand und Sandalen. Die Steine sind sehr viel größer als ich und haben eine abgerundete Form. Es sind stilisierte Frauen mit Brüsten, die durch eingeritzte Spiralen dargestellt sind. Ich gelange in einen anderen Bereich und werde von Frauen gereinigt. Sie reiben mich mit weichem Sand und Ziegenmilch ab und führen mich dann in einen langen Raum, der völlig dunkel ist. Frauen singen weiche, wunderschöne Lieder, die mir alle Angst nehmen und Sicherheit geben. Der Text lautet:

„Du bist sicher und geborgen,
warm und weich gebettet
im Schoß der Großen Mutter.
Dir kann nichts geschehen,
denn du bist ihre geliebte Tochter.

Sie beschützt dich,
sie führt dich,
sie heilt dich.

Ruhe aus, atme aus,
lass alles hinter dir und schau nach innen.
Du bist sicher und geborgen."

Ich schlafe ein und träume, während ich den Herzschlag der Erde höre. Er ist dumpf, regelmäßig und dunkel. Dann wird die Tür geöffnet. Ich sehe den Mond und lausche neuen Gesängen:

"Du bist eine von uns.
Du bist die Tochter der Mondin,
die sich wandelt und wiederkehrt,
die sich ändert und doch immer treu bleibt.
Du verschwindest wie sie.
Und kehrst verwandelt zurück.
Du bist eine von uns …"

Nach einigen weiteren Zeremonien werde ich in einer Vollmondnacht ins Heiligtum geführt. Ich umrunde den Eingang und steige die Stufen hinab, um dann im Wasser zu bleiben. Wieder höre ich Gesänge.

"Kehre zurück in den großen Schoß.
Kehre zurück zur Quelle, die alles nährt.
Werde wieder eins mit der großen Mutter,
um neu geboren zu werden,
um geheilt zurückzukehren
in dein bisheriges Leben."

Frauen gossen aus großen Krügen Wasser die Stufen hinab, bis ich ganz von Wasser umgeben war. Als die Sonne aufging, drehte ich ihr mein Gesicht zu und wurde die Stufen hochgeleitet. Ich fühlte mich neu geboren. Ich durchquerte den heiligen Hain, wurde gut versorgt und konnte mich ausruhen.

Die Priesterinnen versicherten mir, ich dürfte jederzeit zurückkehren, wann immer ich es wollte. Auf jeden Fall sollte ich nach jeder Geburt wiederkommen. Denn dieses heilige Wasser heilt Mutter und Kind. Kinder wurden zu jener Zeit gemeinschaftlich und sehr liebevoll großgezogen.

8 AUF DER SUCHE NACH DER SEELE

WEGE WIE PFLANZEN

Da wir ein Teil der Natur sind, haben auch unsere Lebenswege etwas Organisches, so wie Pflanzen, die in eine bestimmte Richtung wachsen. Häufig haben wir das Gefühl, wir bewegen uns im Kreis, aber wir kommen nie wieder an den Ausgangspunkt zurück. Der Kreis schließt sich nicht. Dann bemerken wir, dass wir uns auf einem vegetativen Spiralweg befinden. Er hat Ausbuchtungen, ist mal dünner und dicker und er umfließt Hindernisse, die sich ihm in den Weg stellen. Manchmal sind es stille Wege durch ein sanftes Hügel-Wiesen-Land. Manchmal sind es verwinkelte Wunderwege: orientalisch und romantisch. Oft sind es Spiralwege, die wir gehen. Mit der Geburt führen sie uns nach außen in das Leben. Wir wachsen in neue Kleidung hinein, in neue Rollen und Lebensabschnitte. Naturgemäß sind damit neue Anforderungen verbunden, so dass wir auch innerlich, geistig und emotional wachsen. Es ist kein Zufall, dass so viele Menschen auf dem Weg sind, ohne zu wissen, dass sie es sind. Sie wachsen einfach in ihre Wege hinein, wie in neue Kleidung, ebenso wie Wein oder Efeu an Stöcken emporrankt. Irgendwann suchen sie nach einem tieferen Sinn im Leben und nach innerem Halt. Es ist die Seele, die unsere Wege bestimmt, und ihr Bestreben ist es, dass wir innerlich wachsen. Das bedeutet, dass wir uns auf den Weg begeben, um unseren Reichtum des Herzens zu finden.

Es ist die Sehnsucht nach dem Guten, Schönen, Heiligen und letztendlich nach Gott oder dem Spirit. Dies ist auch bei Menschen der Fall, die mit Religion nichts am Hut haben. Denn unsere Wege folgen inneren Gesetzen. Darum winden und ändern sich unsere Wege, genau wie das Wasser, die Wolken oder der Wind. Unsere inneren und emotionalen Wege würden nicht „Wege" heißen, wenn sie sich nicht genauso biegen würden. In den Bergen geht es auf und ab, es gibt Hindernisse, die überklettert werden müssen, und natürlich gibt es auch großartige Aussichten. Am Meer werden wir kräftig durchgepustet oder sogar vom Sturm umgehauen. Wir lernen die Landschaft unserer Erde auf unendlich vielen Wegen kennen und machen gerade die Erfahrung, dass es uns guttut, häufig statt der Autobahn, idyllische Landstraßen zu benutzen. Wir erleben, dass Umwege oft landschaftlich sehr schön sind.

All unsere Wege ändern den, der sie geht. Grundlegende Weggabelungen und Richtungs-Änderungen sind häufig schmerzhaft, deshalb sind sie besonders auffällig. Wir erleben sie nach einschneidenden Erlebnissen, wie Geburt, Trennung oder der Begegnung mit dem Tod. Solche kraftvollen Grenzerfahrungen bewirken immer eine innere Revolution. Denn wir begeben uns auf einen Spiralweg nach innen. Wir ziehen uns zurück. Unsere Kraft konzentriert sich, wird kleiner und kleiner, je näher wir unserer inneren Mitte kommen. Bis unsere Kraft wieder unendlich klein wie ein Same wird oder zu etwas, was wir Tod nennen. Denn wir können es weder messen noch wahrnehmen. Irgendetwas stirbt in uns. Danach ist nichts mehr so wie vorher.

Diese Erfahrung weckt uns auf, reißt uns aus dem bisherigen Leben und führt dazu, dass wir erwachen, und erwachsen werden. Überall gibt es diesen Gedanken, dass die Wirklichkeit, die wir mit den Augen sehen, nur ein Traum ist. Wir müssen erwachen, wie nach dem Schlaf. Heraklit drückte es so aus, dass jeder der Schlafenden in seiner Welt für sich lebt und die Erwachten in der einen, großen Welt leben. Es ist der gleiche Gedanke wie beim kleinen Prinzen, der verschiedene Menschen auf ihren Planeten besucht und feststellt, dass jeder in seinem eigenen kleinen Universum lebt, ohne das große Ganze sehen zu können.

Vielleicht ist unser morgendliches Aufwachen eine Metapher dafür, die uns täglich daran erinnert, dass es ein Erwachen gibt, das noch viel größer ist und uns richtig wach macht. Dann könnten wir auch unser körperliches Wachstum so verstehen, dass es uns daran erinnert, dass wir auch seelisch wachsen sollen. Denn diese Erfahrungen bestimmen jedes menschliche Leben. So ist unsere tägliche Realität, egal welcher Religion wir angehören. Das Leben fordert von jedem, zu wachsen, aufzuwachen und seinen Weg zu gehen. Wenn du jedoch zögerst und dich immer wieder fragst, welchen Weg du gehen sollst und ob dies der richtige Weg ist, bleibst du innerlich stehen. Das Leben kennt nur vegetative Lebenslinien, die labyrinthisch, fantasievoll und individuell verlaufen. Sie tun dem Ablauf keinen Zwang an und lassen sich von inneren Kräften führen. Wenn du allerdings darauf bestehst, auf ganz geraden Wegen durchs Leben zu gehen, bleibst du dort, von wo dich der Weg fortführen soll: im Kopf, in den Gedanken und im Intellekt.

Der Körper ist greifbar, ist Materie. Andererseits ist es offensichtlich, dass es noch etwas anderes gibt. Und weil man ein Wort dafür braucht, nennt man es Geist, Seele, Spirit, Höheres Selbst, Engel, …. Doch indem man diese Energie benannte, trennte man gleichzeitig den Geist oder die Seele vom Körper. Diese Trennung entspricht dem, was in der Religion als Sünde bezeichnet wird. Denn nichts anderes als ab-sondern von Gott oder trennen, was zusammengehört, bedeutet Sünde. Die Sehnsucht unserer Seele ist es jedoch, die Ganzheit und Einheit, das Verbindende und Spirituelle wiederzufinden.

Dies ist die Aufgabe von Religionen. Sie sollten verbinden. Aber leider haben sie immer wieder trennend gewirkt. Besonders die großen monotheistischen Religionen, wie das Christentum, in dem man an den einen Gott glaubt, und der Islam, der eine unumstößliche Wahrheit kennt. Durch diesen Glauben fühlt man sich anderen Menschen überlegen, die ihn nicht haben, und stellt bestimmte Ansprüche. Darum sind Religionen und religiöse Überzeugungen der häufigste Kriegsgrund in der Geschichte der Menschheit. Das Gemeinsame der Religionen, die Spiritualität, verbindet, ebenso der Schamanismus, der sich auf persönliche Erfahrungen beruft. All die unterschiedlichen Wege, die therapeutischen, spirituellen, familiengebundenen, religiösen, beruflichen und all die anderen münden in eine gemeinsame Richtung. Es ist das Anliegen des Wassermann-Zeitalters, all diese Wege, die jeder zu gehen hat, zusammenzubringen, um sich auf einen gemeinschaftlichen Weg zu machen.

DER RUF ZUR EINWEIHUNG

Kinder und Alte sind ganz ehrlich in ihren Wünschen und Bedürfnissen. Sie sind frei und sagen, was sie brauchen. So ist die Natur. Freie Wesen holen sich Nahrung und Energie dort, wo sie beides finden. Sie machen sich keine Gedanken darüber, ob sie andere Wesen dadurch schwächen. Daher ist es unsere erste Aufgabe, Nahrung und Energie für uns selber zu reservieren. Wir müssen Grenzen ziehen, wenn diese Reserven und Notwendigkeiten angegriffen werden. Im täglichen Leben bedeutet dies, Schluss zu machen damit, sich ständig in andere hineinzuversetzen, sich zur Verfügung zu halten, sich verantwortlich zu fühlen, sich Sorgen zu machen und Vorsorge zu treffen. Wir müssen uns nicht das Gejammer von anderen anhören, die doch nichts an sich selbst und ihrem Verhalten ändern. Wir hören auf, über Probleme anderer nachzudenken, vor Mitleid zu zerfließen und mit allen zu leiden. Stattdessen üben wir, aus der Situation herauszugehen und für uns selber zu sorgen. Dann entwickeln wir Mitgefühl und können helfen. Wir lassen uns von unserem roten Frauenfaden leiten, der uns durch unsere Intuition zu unser Kraft und den eigenen Herzenswünschen führt. Im Flugzeug weisen Flugbegleiterinnen darauf hin, erst sich selbst die Sauerstoffmaske aufzusetzen und sich mit Energie zu versorgen. Danach sind wir in der Lage, Kindern und anderen zu helfen.

Der Ruf zur Einweihung kommt durch Träume, tiefe Gefühle und ein sehnsüchtiges Ziehen. Es ist ein inneres Drängen, neue Wege auszuprobieren, und die Sehnsucht, dass es mehr geben muss als das, was ich kenne. Wenn wir diesem inneren Drängen folgen, kommt etwas Neues auf uns zu. Es fühlt sich richtig an, ohne dass wir sagen können, warum. Während wir auf dem Weg sind, stellen wir uns selber Fragen:

Was brauche ich?

Was wünsche ich mir?

Was kann ich tun, um nicht für andere selbstverständlich zur Verfügung zu stehen?

Welche Vorteile ziehe ich aus meiner jetzigen Situation?

Was hindert mich daran, etwas zu verändern?

Der tiefere Sinn all dieser Fragen ist, sich selbst darüber klar zu werden, was uns mit der Energie versorgt, die wir zum Leben brauchen. Wir haben jedes Recht, unsere Bedürfnisse in den Vordergrund zu stellen. Denn sonst geben wir anderen zu viel Macht. Für unseren Lebensweg müssen wir uns nicht rechtfertigen, denn unsere Seele sucht nach bedingungsloser Liebe. Wir alle sehnen uns danach, dass uns ein Mensch bedingungslos annimmt, so wie wir sind, und an uns glaubt, weil wir innerlich wissen, dass wir erst dann die Kraft haben, um zu wachsen und aufzublühen. Im Idealfall konnte unsere Mutter uns diese Liebe geben. Doch sie ist eine ganz normale Frau, die nicht dadurch perfekt wurde, dass sie uns das Leben geschenkt hat. Wir haben das von ihr bekommen, was sie zu geben hatte, und dafür danken wir ihr. Doch nun, da wir erwachsen sind, sorgen wir selber für das, was wir brauchen. In dieser Situation kommen ganz sicher Hilfe und Unterstützung. Wahrscheinlich tritt ein Mensch in unser Leben, der uns diese tiefe Geborgenheit fühlen lässt, uns grundlegendes Wissen vermittelt oder ein Buch gibt, das uns weiterhilft. Bei mir waren es häufig Lehrer oder Lehrerinnen, die wie aus dem Nichts plötzlich da waren. Sie hatten den Ruf meiner Seele gehört und zeigten mir neue Wege.

Manchmal lösen ganz kleine Dinge Großes in unserem Leben aus. Es gibt zum Beispiel kleine gelbe Post-it-Zettel, die an Straßenschildern, Schaufensterscheiben oder Fahrkarten-Automaten kleben. Auf ihnen stehen Fragen wie: Tut es gut, was Du tust? Wofür lebst Du? Wann singt Dein Herz? Sie wollen zum Nachdenken anregen und stammen von der Erinnerungs-Guerilla. (www.die-erinnerungsguerilla.org)

Der Ruf, einen spirituellen Weg zu gehen, zeigte sich bei mir in einer tiefen Sehnsucht und Suche. Auf einer Englandreise mit einer Gruppe von Freunden machten wir bei Stonehenge eine Pause. Ich hatte mich nicht belesen oder irgendwie vorbereitet und war tief betroffen, als ich die Energie dieses wunderbaren Ortes spürte. Den ganzen Tag über verbrachte ich wie in Trance und konnte nicht sprechen. Ein inneres Tor war geöffnet. Ein Satz von Erich Fromm löste den nächsten Schritt auf meinem spirituellen Weg aus. Es war die Aussage (in „Die Kunst des Liebens"), dass wir nur einen geringen Bruchteil unserer geistigen Kapazität und des Gehirns nutzen. Mit 17 entschied ich mich also, dieser Spur zu folgen. Wonach ich suchte, fand ich jedoch im Studium weder in Psychologie-, Pädagogik- oder Soziologievorlesungen. Aber ich hatte eine gute Intuition und traf die Entscheidung, mich nach innen zu wenden. Ich lernte zu meditieren und war schon mit 22 Jahren ausgebildete Meditationslehrerin. Einige kurze Augenblicke mit meinem Meditationslehrer, einem indischen Meister, veränderten mich völlig. Ich hatte das Gefühl, dass er bis auf den Grund meiner Seele blicken konnte. Er schaute sehr liebevoll und ich wusste, dass er mich bedingungslos akzeptiert. Das war ein wundervoller magischer Moment. Ab da waren es meine eigenen Erfahrungen, mit denen ich lernte umzugehen und die mich immer sicherer werden ließen. Durch das Meditieren wurde ich in meiner Ursprungsfamilie zur Außenseiterin. Denn gesellschaftlich wurde Meditation als Weltflucht und esoterischer Unsinn abgetan. Doch inzwischen sind wir klüger. Heute bestätigen immer mehr Wissenschaftler und Mediziner die Wirksamkeit von Meditation, Yoga und positivem Denken.

DIE TRADITION LEBT: SEELEN-PRÜFUNGEN HEUTE
Was bedeutet es, auf dem spirituellen Pfad zu sein?

Die eben beschriebenen Wege und Unterweisungen finden in unserer Zeit nur noch selten in Tempeln und Klöstern statt. Doch die Wahrheit bleibt. Wir bestehen diese Prüfungen in kleinen Schritten in unserem Alltag. Unser Lebensrhythmus hat sich ungeheuer beschleunigt, im Vergleich zu früheren Generationen. Dadurch erhalten wir die Gelegenheit, unser Leben mit all den Erfahrungen zu füllen, nach der sich unsere Seele sehnt.

Zurzeit verschiebt sich der Fokus des allgemeinen und wissenschaftlichen Interesses in Bereiche, die vorher völlig vernachlässigt wurden. Es eröffnen sich neue Horizonte, wenn wir erkennen, welch tiefe Bedeutung unsere Träume für unsere psychische Gesundheit haben. Östliche Weisheit bereichert seit vielen Jahren unser westliches, wissenschaftliches Denken. Meditation wurde hier über viele Jahre als Weltflucht verpönt. Inzwischen sind Entspannungskurse fest in Kliniken etabliert. Genauso ist es mit Yoga, Homöopathie, Akupunktur, systemischen Aufstellungen und schamanische Methoden. Sie werden immer selbstverständlicher integriert, obwohl wir häufig nicht verstehen, warum etwas funktioniert. Wir beginnen mehr und mehr unserer persönlichen Erfahrung zu vertrauen, und sagen innerlich: Was mir guttut, nutze ich. Denn ich weiß, dass es funktioniert. So öffnen sich immer mehr Menschen für feinere und subtilere Ebenen. Sie tun, was sich richtig anfühlt, und folgen mehr ihren inneren Impulsen. Der Kopf und Verstand sind nicht mehr die einzigen Instanzen, die befragt werden. So findet die nichtalltägliche Wirklichkeit langsam Einlass in unser Leben. Das Herz, der Geist und der Spirit melden sich nun vehement zu Wort. Wer die Erfahrung macht, dass er selber oder seine Kinder auf Medikamente verzichten kann, die starke Nebenwirkungen haben, nutzt lieber geistige Techniken wie Meditation und feinere Heilmethoden wie Homöopathie, Craniosacral-Therapie, Bachblüten und Schüssler-Salze. Wir können noch so viel über den Unsinn von Homöopathie gelesen haben, doch wenn unser zweijähriger Sohn oder Enkel Ohrenschmerzen hat und vor Schmerzen schreit, geben wir ihm einige Kügelchen Chamomilla. Wir beobachten, dass er sich einige Minuten später beruhigt und einschläft. Vermutlich verändert diese Erfahrung unsere Einstellung. Denn wer heilt, hat Recht. Einem Kranken ist es egal, wodurch er gesund wurde. Hauptsache, es geht ihm jetzt wieder gut.

Es ist der Geist, der sich den Körper baut, schrieb Friedrich Schiller im Wallenstein. Und die moderne Neurowissenschaft bestätigt Schritt für Schritt diese Erkenntnis des Dichters und examinierten Arztes. **So können wir es inzwischen als erwiesen annehmen, dass die Seele den Körper verändern kann.** Durch diese neuen Erkenntnisse wird Meditation nicht mehr nur als esoterischer Unsinn abgetan. Denn viele Psychologen und Mediziner verbinden hinduistische, buddhistische und christliche Meditationen mit moderner Medizin. In Reha-Kliniken halten Yoga, Tai-Chi, Achtsamkeitsmeditation und Mandala-Malen Einzug. Auch das positive Denken wird von Ärzten ernster genommen. Oft suchen Patienten zunächst Ruhe und Gelassenheit, weil sie sich nahe bei einem Burn-out befinden. Sie sind verspannt, sorgengeplagt und leiden unter Schlafstörungen. Sie sind es leid, sich mit peinigender Selbstreflektion zu zerfleischen, und sehnen sich nach Anteilnahme und Entspannung. Im Gehirn-Scanner zeigt sich, wie Meditieren die Angst vertreibt und sie gelassener und entspannter werden. (Untersuchung von der Psychologin Britta Hölzel im Spiegel, 21/2013)

Eine persönliche Krise, Katastrophe, ein Unfall oder eine Krankheit können uns also einen neuen Weg aufzeigen, den wir an einem Ort finden, an dem wir es am wenigsten vermutet hätten. Die inneren Gaben eines Menschen zeigen sich sehr deutlich und kraftvoll, sobald er vor völlig neuen Herausforderungen und Aufgaben steht. Dies geschieht gerade im Leben vieler Menschen.

Wenn du erkannt hast, was in dir steckt, dann musst du dem folgen, denn das ist der Weg deiner Seele. Dieser Weg wird dich mit Energie füllen und glücklich machen.

Das warme Geborgenheitsgefühl eines Babys ist vielen Erdbewohnern abhanden gekommen. Es ist von einem nagenden Gefühl abgelöst worden, dass die Zeit drängt, Neues zu wagen. Wir spüren, dass wir zu schnell und zu weit in eine falsche Richtung gelaufen sind und den richtigen Weg verpasst haben.

Weise Menschen aus allen Ländern betonen immer wieder, dass wir uns daran erinnern müssen, dass Fragen so lange unbeantwortet bleiben, bis beide Seiten berücksichtigt wurden: die lineare und die innere.

Das bedeutet, wir dürfen nicht mehr nur in geraden Linien denken, sondern müssen auch Kurven und Ecken mitnehmen. Vielleicht ist es nützlich, manchmal die Richtung zu ändern und zurückzudenken, unsere Großeltern zu fragen, wie sie über unsere Art zu leben denken? Oder vorwärtsdenken, indem wir unseren Kindern zuhören, was sie sich vom Leben erträumen. Sie sind wunderbare Philosophen und stellen wichtige Fragen. Außerdem haben sie eine Wahrnehmung, die von allem Lebendigen fasziniert ist. Oder indem wir Weisen aus alten Völkern lauschen, die davon erzählen, wie eine naturverbundene Lebensweise früher aussah.

Dieses neue Denken bewirkt, dass immer mehr Menschen erkennen, dass jedes lebendige Wesen einen Platz im fragilen Gleichgewicht unserer Erde hat. Felsen, Mineralien, Pflanzen, Tiere, alle haben das Recht, zu leben und genährt zu werden. Die Geschichte zeigt, dass immer wieder Krieg entsteht, wenn einige Menschen ihre Rechte über die von anderen Menschen und Lebewesen stellen.

Gerade jetzt durchlaufen alle Menschen einen Einweihungsweg, den jeder gehen muss. Denn jetzt ist es an der Zeit, dass wir Frieden machen mit der Erde und allen Völkern, die diesen Planeten bewohnen. Dies kann nur gelingen, wenn wir eine persönliche Beziehung zur Erde herstellen und sie anerkennen als das, was sie ist. Indigene Völker rund um den Globus bezeichnen sie als unsere Mutter und Lebensgrundlage. Dies ist eine sehr respektvolle und liebevolle Sichtweise, die ihre Berechtigung hat, denn wenn die Erde verschwindet, ist unser Leben beendet. Die Erde ist uns so selbstverständlich geworden wie unsere leibliche Mutter, die immer da ist, ohne Ansprüche an uns zu stellen. Spätestens wenn unsere Mutter zu ihren Ahnen gegangen ist, wird uns klar, dass wir uns besser um sie hätten kümmern müssen. Was im Kleinen geschieht, geschieht auch im Großen. Wir müssen lernen, liebevoll und respektvoll mit allem Leben, mit unseren Kindern, unseren weisen Alten, den Tieren, Pflanzen, Erd-Schätzen und Mutter Erde umzugehen.

Wir erfahren gerade, wie wichtig reines und klares Wasser für die Menschheit ist. Das bedeutet, wir müssen auch auf unsere Emotionen, unser Gefühl achten und ehrlich mit uns selbst sein. Wenn wir unser Herz öffnen, können wir mit allem Lebendigen in Kontakt treten, nicht nur mit Menschen, sondern auch mit Tieren, Bäumen, Pflanzen, Blumen, …

Wir beginnen eine Beziehung mit der inneren oder verborgenen Welt, die dem entspricht, was während einer Schwangerschaft im Mutterleib im Verborgenen geschieht. Wir öffnen uns für unser Inneres, wenn wir den weiblichen Einweihungsweg gehen. Dies erfordert eine große sexuelle und übersinnliche Kraft. Vielleicht hast du auch schon einmal die Erfahrung gemacht, dass dich eine Riesenwelle von sexueller Energie erfasst hat und du im gleichen Augenblick wusstest, dass du widerstehen musst. Es zerreißt dich fast und es gibt keinen logischen Grund zu widerstehen. Doch du musst diese Energie umwandeln. Ein tiefes, klares Gefühl sagt dir, dass du diese Energie anders lenken und nutzen solltest.

In Indien gibt es das Bild, dass am Ende der Wirbelsäule die Kundalini-Kraft in Form einer Schlange ruht. Wenn sie erwacht, schlängelt sie sich die Wirbelsäule hoch und aktiviert auf ihrem Weg nach oben nacheinander bestimmte Energiezentren, die Chakren genannt werden. Die ursprüngliche Energie der Sexualität und schöpferischen Kraft wird nach oben, in höhere Chakren gezogen und transformiert. Wenn sich ein Energiezentrum nach dem anderen öffnet, zeigt sich dies in völlig neuen Bewusstseinserfahrungen. Ist die Energie so verwandelt und vergeistigt, dass sie oben im Kopf angekommen ist, hat sich der Mensch mit dem Göttlichen verbunden. Dies wird als Erleuchtung beschrieben. Diese Menschen werden in der Kunst mit einem Heiligenschein dargestellt.

Wenn sich Körper, Geist und Seele auf den Weg machen, um eine Einheit zu werden, muss wie immer, wenn etwas Neues entsteht, etwas Altes gehen.
Es gibt bestimmte Erfahrungen, die darauf hindeuten, dass du auf dem See-

lenweg bist, wenn Dinge und Menschen, die dich früher interessierten, faszinierten und glücklich machten, anfangen, dich zu langweilen. Du fühlst dich alleine und fremd, selbst wenn andere Menschen bei dir sind, und integrierst dich nicht mehr so leicht in Gruppen wie früher. Es fällt dir schwer, etwas zu tun, das dir sinnlos erscheint, oder bestimmte Rollen auszufüllen, die dir früher Spaß machten. Du freust dich über andere Dinge als früher und es fällt dir immer leichter, zu dir zu stehen. Die Gesellschaft von bestimmten Menschen wird dir unangenehm, obwohl sie sich so verhalten wie immer. Doch dir fällt an ihnen auf, dass sie hauptsächlich über das Verhalten anderer Leute und über Oberflächlichkeiten reden oder die Vergangenheit beschwören, oft über ihr schweres Schicksal klagen oder sich über Krankheiten und erlittene Kränkungen ausbreiten. Plötzlich werden sie zur Belastung für dich und du kannst sie buchstäblich nicht mehr riechen. Stattdessen beginnst du Zeit für dich alleine zu genießen. Dies sind Anzeichen dafür, dass du dich in einer Orientierungsphase befindest, in denen sich dein Leben neu ausrichtet. Das alte Leben löst sich auf, das Neue befindet sich aber noch im Nebel der Unbestimmtheit. Manchmal siehst du keinen Sinn mehr, denn so wie bisher geht es nicht weiter, das ist dir klar. Darum versinkst du in Einsamkeit und Traurigkeit. Deine Seele führt dich in die Einsamkeit, damit du dich der Frage stellst: Wer bin ich? Was ist meine Aufgabe hier?

Auf dem Weg der Bewusstheit wird die Einsamkeit immer wieder deine Begleiterin sein. Doch irgendwann ist sie zu Ende. Dann hast du das dunkle Tal durchschritten. Du findest den Mut, deine Sicherheitszone zu verlassen, in der du dich komfortabel eingerichtet hattest. Doch nun brichst du auf, folgst einfach deiner Sehnsucht und Intuition, machst furchtlos den nächsten Schritt und erkennst einen tieferen Sinn. So hilft dir die Seele, neue Wege zu gehen, zu wachsen und dich zu verändern.

Diese neuen Wege können sich innerlich vorbereiten, aber du kannst sie auch auf äußere Weise erreichen. Dann sammelst du Informationen, bereitest dich vor, übst, orientierst dich im Außen und eroberst auf männliche, strategische Weise dein Ziel. Dann verwendest du physische und intellektuelle Energie. Aber auch dann benötigst du mehr Zeiten der Ruhe als früher, um wieder zu regenerieren.

TÖCHTER DER ERDE UND DES HIMMELS

Es gibt höhere Gesetze, die das Leben bestimmen. Die Natur enthüllt uns diese Gesetze und lehrt uns durch die Jahreszeiten, den Wind und die Wolken, durch das Meer und die Macht der Stürme. Überall zeigen uns die natürlichen Lebensformen, wie wir leben sollen. Wir erkennen Leitprinzipien oder spirituelle Gesetze, die uns auf unserem Lebensweg begleiten. Sie sind so zuverlässig wie Planetenbewegungen und haben großen Einfluss auf die menschliche Psyche. In der Natur kann alles zu unserem Lehrer werden. Zum Beispiel ein Baum. Wir beobachten, wie der Sturm an ihm rüttelt und die Zweige abreißt, die trocken und starr geworden sind. So lehren uns der Baum und der Wind etwas über Unnachgiebigkeit und Flexibilität. Die Natur zeigt uns zum Beispiel auch, dass wir das ernten, was wir säen. Denn Samen bringen nur ihresgleichen hervor. Bauern und Gärtner wissen sehr viel über Wachstumsprozesse. Bist du dir bewusst, welch ein Wunder ein kleiner Samen in sich birgt? Den Blicken verborgen ruht er lange wie leblos in der Erde. An der Schwelle des Werdens schläft er so lange, bis seine Zeit gekommen ist. Er braucht gute Erde und Wasser, um zu keimen. Dann dauert es seine Zeit, bis die Pflanze Wurzeln schlägt, Triebe wachsen lässt, blüht und schließlich Früchte trägt. Jede Gärtnerin bewahrt sicher 10% der Samen für die kommende Aussaat zurück.

- Welche Gedanken-und Wunsch-Samen trägst du in dir?
- Wie sehen deine Wurzeln aus?
- Welche Kraft hat sich in dir entfaltet?
- Welche Einzigartigkeit erblüht in dir?
- Welche Spuren möchtest du hinterlassen?

Die Pflanzen leben uns vor, dass ein Zyklus auf den anderen folgt. Ein Kreislauf schließt sich und ein neuer beginnt. Jeder Samen verändert sich im Laufe der Zeit. Er keimt, wächst, blüht, trägt Früchte und stirbt schließlich, um dann wieder neu aufzugehen. Diese spirituellen Lebensgesetze offenbaren sich quasi von selbst, wenn man in der Natur lebt. Dann folgen wir unserem Körper und seinen Instinkten, den feinen intuitiven Impulsen, unseren tiefsten Gefühlen. Wir vertrauen der inneren Weisheit unseres Herzens.

Wenn wir unser Leben nach diesen grundlegenden spirituellen Gesetzen ausrichten, werden wir natürlich trotzdem Herausforderungen haben und Probleme kennen. Denn wir wollen innerlich wachsen und uns weiterentwickeln. Der Trick besteht darin, dass wir uns im entscheidenden Moment an grundlegende Lebens-Prinzipien erinnern und unser Wissen anwenden. In alten Mysterien-Schulen wurden diese spirituellen Prinzipien gelehrt, bis der Geist und die Emotionen so geklärt waren, dass das Handeln, die Gefühle und Sichtweise das entsprechende Bewusstsein ausdrückten.

Die einzelnen Phasen und Lernschritte sind nicht wie eine Stufe von der anderen getrennt. Erfahrungsgemäß gehen sie in unserem Alltag ineinander über. Es ist kein gerader, nach oben führender hierarchischer Weg, sondern eher ein spiralig verlaufender Pfad. Manchmal ist es vielleicht auch so, dass du das Gefühl hast, an der gleichen Stelle schon einmal gestanden zu haben oder genau die gleiche Situation schon einmal erlebt zu haben. Dann schließt sich gerade ein Kreis. Erfahrungsgemäß erscheinen wichtige Lern-Themen mehrmals. Wenn du gar nicht damit rechnest, kommt das Thema wieder auf den Tisch, zu einem späteren Zeitpunkt in neuer Verkleidung und aus anderer Perspektive. So ist es mit den meisten Aufgaben: Sie wiederholen sich auf unterschiedlichen Ebenen und kommen in Schichten an die Oberfläche, um gelöst zu werden. Wenn der Lernschritt verinnerlicht ist, sind die entsprechenden Themen keine Herausforderung mehr und verschwinden von selbst aus dem Leben. Denn die Erfahrung ist inzwischen tief in dir verankert und ein Teil deiner Persönlichkeit geworden.

Der weibliche spirituelle Weg verläuft wie ein mäandernder Fluss, der geschwungen und kurvig durch die Landschaft fließt. Dieser Fluss bildet häufig kleine romantische Buchten und Nebenarme. Er besitzt winzige Inseln, auf denen seltene Blumen und Tiere leben.

Beobachte einmal mehrere Frauen beim Gespräch. Ihre Kommunikation verläuft häufig parallel auf unterschiedlichen Ebenen und gleichzeitig mit verschiedenen Teilnehmerinnen. Jede Frau hat oft die ganze Gruppe im Blick. Manche reagiert deshalb schon auf ganz kleine Signale. Das kann eine hochgezogene Augenbraue sein, ein aufgeschnappter Nebensatz, ein vorbeihuschendes Eichhörnchen, eine herabschwebende Feder. Diese Dinge können die Gesprächsrichtung völlig ändern. Oder eine Frau erinnert sich an ihre Gastgeberrolle, unterbricht alle Gespräche mit der Frage, ob jemand noch Kaffee möchte oder ob jetzt ein Spaziergang in der Sonne nicht schön wäre.

Diese Art der Kommunikation erlaubt es Frauen, dass ein ganzer Strom von Information auf sie zufließt. Dazu gehören all die Geräusche und Gerüche, die Energie des Raumes und die unausgesprochene Wechselwirkung der Beziehungen jenseits der Worte. An der Körperhaltung und Mimik ihres Gegenübers erkennen viele Frauen bestimmte Emotionen und reagieren darauf. Sie wissen aus Erfahrung, dass der Ausdruck von Gefühlen sehr klärend auf der persönlichen Ebene wirkt. Denn ausgedrückte Emotionen lösen sich aus dem Körper. Dies wirkt heilend. An der Art zu sprechen erkennt eine Frau sofort, in welcher Verfassung ihre Freundin ist. Sie sorgt erst einmal dafür, dass sie sich wohlfühlt und sich entspannt. Sie kocht einen Tee und redet über Alltägliches. Sie fragt, hält Augenkontakt und hört zu. Auf ihre persönliche Weise schafft sie Nähe und Vertrauen.

Frauen versorgen sich gegenseitig mit Geborgenheits-Energie. Sie wissen, wie sich ihre Freundin fühlt und was sie braucht. Sie lernen voneinander, indem sie sich begleiten. Häufig leben enge Freundinnen ganz unterschiedlich. Zum Beispiel ist eine alleinlebende Künstlerin mit einer Familienfrau mit Haus, Kindern und Hund befreundet. Oder es gibt die enge Freundschaft zwischen einer 80-jährigen vitalen Frau und einer engagierten 50-jährigen berufstätigen Frau. Sie geben sich gegenseitig Halt. Außerdem sind sie füreinander auch Lehrerinnen, denn sie erfahren voneinander, dass jeder Lebensweg besondere Herausforderungen bereithält. Eine alleinlebende Frau ohne Partner wird stark dadurch, dass sie sich ein funktionierendes Netzwerk aufbaut. Auf ihrem Weg lernt sie, sich durchzusetzen und auf ihre Bedürfnisse zu achten. Während eine in Partnerschaft lebende Frau Gefahr läuft, in alte Rollenmuster zu fallen. Sie muss darauf achten, mit ihren Kräften hauszuhalten und sich nicht zu verausgaben. Die Wege mögen sehr verschieden voneinander sein, die grundlegenden Lernschritte sind es nicht.

MEILENSTEINE AUF DEM WEG: KRISEN UND EINWEIHUNGEN

Unsere begrenzenden und einschränkenden Glaubenseinstellungen und Verhaltensmuster beeinflussen unser gesamtes Leben und haben entscheidenden Einfluss auf unsere Gesundheit. Es gibt weltweit ein umfangreiches und altes

Wissen darüber, wie wir unsere Selbstheilungskräfte aktivieren können. Neben der Selbstheilung können wir auch umfangreiches Wohlbefinden erschaffen: auf mentaler, emotionaler und körperlicher Ebene. Dies sind Fundamente, um sich auf den Weg der Erleuchtung zu begeben. Wir müssen uns erinnern:

- Wie bekomme ich Kontakt zu meinem Herzen und dem Spirit?
- Wie schaffe ich es, auf meinen Körper zu hören?
- Wie kann ich alte Muster und Verhaltensweisen, die mich behindern, verändern?
- Wie kann ich meine Lebensbereiche miteinander in Einklang bringen und Erfüllung finden?
- Wie kann ich meinen Lebenssinn finden und erfüllen?
- Wie kann ich meine Komfortzone immer weiter ausdehnen?
- Was will ich?

Du hast etwas, was keiner von uns hat. Setz dich nicht unter Druck, aber sei auch nicht feige oder einsam, verplempere nicht deine Zeit, sondern geh deinen Weg!

Das Ziel war und ist Integrität. Universelle Prinzipien wurden verstanden und werden angewendet auf allen Ebenen der Existenz. Sie betreffen den Körper und Geist, die Seele und den Spirit. Auf diese Weise wird das Bewusstsein vom Kopf zurück in das Herz gebracht. Besondere Erfahrungen und Trainings verankern diese Prinzipien dauerhaft im Unterbewusstsein und dann ist es möglich, immer mehr gesunde Gewohnheiten im eigenen Leben zu etablieren.

Grundlegende Seelenprüfungen wurden den Menschen oft beispielhaft durch große Menschheitslehrer vorgelebt. Jesus Weg ist ein gutes Beispiel dafür. Seine Geburt ist von einem Mysterium umgeben. Viele Zeichen deuten darauf hin: der helle Stern, die heiligen drei Könige, der einfache Stall … Die erste große Einweihung ist die Erfahrung, ein Teil dieser Schöpfung zu sein und einen liebevollen Kern tief in sich zu besitzen, der die Rückverbindung zur Quelle dieser Schöpfung ist. Man könnte es als die Geburt des göttlichen Selbst im Körper bezeichnen.

Die zweite Einweihung hat Jesus als Taufe symbolisch erlebt. Im Wasser des Lebens, vollkommen gereinigt und eingetaucht in den Fluss des Lebens ist dies das Bekenntnis zu seiner inneren Göttlichkeit. Die Kreuzigung stellt dar, dass der Eigenwille, das Ego zugunsten höherer Prinzipien geopfert wird. Es ist die völlige Rückkehr in die innere Mitte.

Das Kreuz mit dem waagerechten Balken stellt die materielle Welt dar, der senkrechte Balken symbolisiert die Verbindung von Himmel und Erde. All dies muss aufgegeben werden: die Verbindung zum irdischen Leben, die durch den körperlichen Tod beendet ist, und auch die Verbindung zu Gott („Mein Gott, mein Gott, warum hast du mich verlassen?"). Ein Zyklus ist vollendet. Doch nun geschieht etwas Wunderbares: die Auferstehung. Wenn alles zu Ende scheint, gibt es doch die Hoffnung auf ein Weiterleben auf einer völlig neuen Ebene.

IN DER GROSSEN EINSAMKEIT IST ANDERSSEIN GANZ NORMAL

Auf dem spirituellen Weg gibt es irgendwann eine Zeit, die sehr einsam ist. Der Weg, den eine Frau dann alleine geht, stellt ihr eine Seelengefährtin zur Seite. Es ist eine weise Alte, die sich in ihrem Inneren meldet und sie begleitet. Die Frau und ihre innere Medizin-Frau sind eng miteinander verbunden, seit die Frau gelernt hat, ihrer Intuition zu vertrauen. Sie bewegt sich in der Zeit der Einsamkeit entlang von Grenzen. Sie sitzt sozusagen auf den Hecken, an denen Wildnis und Zivilisation, Leben und Tod aufeinandertreffen. Sie wohnt am Waldrand, sammelt Beeren und Pilze. Der Wald ist ihr sehr vertraut und mit der Zeit kennt sie all seine Geheimnisse. Er ist wie ein Freund und sie geht sensibel mit der Natur um. Sie erkennt mehr und mehr, dass der Wald und sie Teil eines Ganzen sind.

Von Außenstehenden wurde sie deshalb als Hexe bezeichnet. Sie selber verfeinert ihre Wahrnehmung, öffnet ihre Sinne und lernt, mit allen Wesen, die ihr begegnen, in Kontakt zu treten und zu kommunizieren. Hier gibt es keine Regeln, keine Vorschriften oder Ratschläge, nur das Erinnern und Erfahren, was hilft und was hindert. In dieser Phase lernt sie, ihrer Intuition immer mehr zu vertrauen, bis sie ein ganz sicheres Gefühl hat, ohne jeden Zweifel. Es äußert sich als tiefes, inneres Wissen.

Es ist eine einsame Zeit, oft über viele Jahre. Sie lebt wie in einem Kokon mit ihren inneren Prozessen. Die Raupe erschafft sich in dieser Phase einen neuen

Körper mit völlig neuen Organen. Das Gleiche geschieht im Inneren der Frau. Von außen mag es so aussehen, als säße sie in der Ecke mit einem intelligenten Gesicht und atmet ein und aus, sonst nichts. Doch diese Zeiten sind äußerst wichtig, denn im Inneren, in der Stille bereitet sich etwas Neues vor. In dieser Phase ist man völlig auf sich alleine gestellt. Es gibt keine Bestätigung oder Anerkennung, weder die Möglichkeit des Austausches noch das Lob einer Lehrerin.

Der spirituelle Weg zur inneren wilden Kraft kann in der Stadt oder auch in der Wildnis zurückgelegt werden. Die Frau, die diesen Weg geht, ist kraftvoll, jedoch niemals niedlich. Ihre seelische Entwicklung hat sie dahin geführt, dass sie mit wenig Gepäck durchs Leben reist. Sie hatte harte Kämpfe zu bestehen und weite Wege zurückzulegen: von seelischer Bedürftigkeit hin zu Selbstvertrauen, von Ängstlichkeit zu Mut und Unbeschwertheit, von fordernd zu dankbar annehmend, von überkritisch zu unterstützend, von vorwurfsvoll zu nachsichtig. So manches Mal bricht uns das Herz. Doch nun ist es wieder offen! Und uns wird bewusst, dass das Gute im Leben nicht selbstverständlich ist. Denn die Seele hungert nach Gelegenheiten, zu wachsen und sich zu entwickeln.

Nun spricht die Frau in Worten, die man anfassen kann. Sie plant nicht, sondern ist immer ganz da. Beim Hauptgang spricht sie nicht vom Dessert, beim Einschlafen nicht über den Morgen, beim Abschied nicht über ein Wiedersehen. Sie ist im Jetzt angekommen.

Für sie wird es immer unendlich beglückende sinnliche Momente geben. Diese bestehen darin, in kleinen Dingen das Wunderbare zu erkennen, Geheimnisse zu entdecken und das innere Leuchten hervorzulocken. Oft machen Träume ihr Leben reich und bunt.

Im Spiel der Möglichkeiten werden Erinnerungen angelegt. Sie verknüpfen sich mit neuen Erfahrungen, Eingebungen, kreativen Impulsen und werden verwebt in das Netz der Gefühle, des Lichtes und der Klarheit. All dies ist so zart und schillernd wie ein Schmetterling, der sich kurz zeigt und dann vom Wind weitergetragen wird. Darum ist bewusste Wachheit im Alltag und Achtsamkeit den inneren Erfahrungen gegenüber entscheidend. Es ist der Weg, auf die Stimme des Herzens zu lauschen, die uns führt. Sie sagt uns, dass wir alle verantwortlich sind für unsere Erde und dass wir sie nur gemeinsam erhalten können.

9 DIE EBENEN DER WAHRNEHMUNG

In unserer Kultur durfte **das Spirituelle** lange nicht als sinnliche Erfahrung gelebt werden. Das Wissen um erfahrbare Religiosität ist durch die Kirchen so weit verloren gegangen, dass viele Menschen eine Scheu davor haben, sich damit zu beschäftigen. Doch von Geburt an, bis wir ungefähr neun Jahre alt waren, haben wir eine Phase erlebt, die magisch, spirituell und kreativ war. Phantasie, Tagträume, Märchen, spontane Spiele und Witze bestimmten unsere Welt, in der es lebendige Kuscheltiere gab, Engel, Elfen, sprechende Tiere, unsichtbare Freunde und Helden. Die meisten von uns haben über ihre Träume nicht gesprochen, weil sie wussten, dass die Erwachsenen diese Phantasien nicht hatten. Doch die ersten spirituellen Erfahrungen gehören zu uns, obwohl sie häufig verschüttet sind.

Wenn wir uns an unsere ersten Verbündeten erinnern können, haben wir wieder Kontakt zu einer unserer wichtigen Kraftquellen. Uns wurde von unserem Schutzengel erzählt und wir sprachen mit unseren unsichtbaren Gefährten. Sie hörten uns zu und trösteten uns, wenn uns niemand sonst verstand. Oft befolgten wir ihren Rat und stellten uns vor, genauso wissend, stark und mutig zu sein. In diesen ersten Jahren erlebten wir viele Abenteuer mit ihnen, wenn die Erwachsenen zu beschäftigt waren, um uns zuzuhören.

Diese Zeit ist längst vergangen und die Wissenschaft, Wirtschaft und Logik bestimmen unser Leben. Doch die Frage ist, wohin uns die schönen wissenschaftlichen Konstruktionen gebracht haben. In der Wissenschaft wird das Mystische mit dem Weiblichen gleichgesetzt. Das Irrationale, Unberechenbare und Wilde der Frauen ist „unqualifiziert und unwissenschaftlich". Doch jetzt erkennen wir, dass all die Technologie viel mehr Schaden angerichtet hat, als es Hexen, Priesterinnen oder Göttinnen je vermocht hätten.

Wir leben inzwischen in einer Phase, in der unsere Erde jederzeit in die Luft fliegen könnte, wenn nicht vernünftige und verantwortungsvolle Menschen das Ruder herumreißen. Für die in den 1950er und 1960er Jahren Geborenen ist die jetzt stattfindende Zeitenwende eine herausfordernde Reise zum Sinn des Lebens. Unsere Energien und das beachtliche Potential müssen gesammelt und transformiert werden.

Dies kann geschehen, indem wir eine völlig neue Einstellung zu unseren Lebenserfahrungen finden. Denn wir können unseren Kummer und Groll durch unsere Art zu denken verwandeln. Da unsere Gedanken ihre Informationen an unsere Körperzellen weitergeben, bestimmt unser Denken, wie wir die Welt erleben. Die Aufgabe, die vor uns liegt, besteht also darin, uns von unseren begrenzenden Denkmustern zu lösen. Das geschieht, wenn wir für unsere Erfahrungen Dankbarkeit empfinden und die Geschenke entdecken, die sie uns überbracht haben. Häufig sind es Erkenntnisse, Wissen, tiefe Gefühle und Begegnungen, Wachstum u.v.m. Unser Denken spiegelt unser Erleben wider, ebenso die Gesundheit unseres Körpers und auch den Zustand unserer Welt.

Das bedeutet: **Nur wenn wir neu denken, können wir alles umprogrammieren! So ungewohnt es auch sein mag, wir müssen grenzenlose Gedanken zulassen und Wunder erwarten.**

Denn jeder kann zaubern. Häufig ist es ganz gewöhnlicher Zauber, wie z.B. trösten. Dann umarmst du dein Kind oder den geliebten Menschen und flüsterst ihm ins Ohr: „ Oh, wie sehr ich dich liebe..." Das verändert alles.

Das Kind vergisst seinen Kummer und deine Freundin vergisst sogar, dass sie inzwischen selber Mutter ist. Die Aufmerksamkeit ist nun auf die Liebe gelenkt, die uns nährt. Du richtest dich wieder auf und machst weiter. Diese Art Zauber ist gemeint.

Diejenigen, die sich jetzt in der Lebensmitte befinden, brauchten sehr viel länger, um erwachsen zu werden, als frühere Generationen. Sie blieben länger jung, doch sie hatten schwerwiegende Probleme aufzuarbeiten, die ihnen vorherige Generationen als Erbe hinterlassen haben. Dies hat viele 10 bis 20 Lebensjahre gekostet, bis sie sich selbst gefunden haben. Zahlreiche Gesichter zeigen, dass sie resigniert haben und ihr jugendliches Feuer verloschen ist. Und doch sind wir in der Lage, unsere Schmerzen loszulassen. Wir können uns befreien und uns der Neu-Zeit mit offenem Herzen überlassen. **Denn jetzt ergeht ein lauter Weckruf an alle Seelen und es wird klar, dass das Leben überaus kostbar ist und dass es für jeden immer weniger davon zu vergeuden gibt.** Wenn wir überhaupt keine Angst vor der Zukunft hätten und vor dem Tod, dann könnten wir uns selbst die Erlaubnis geben, mit all dem zu leben, was wir mitbekommen haben. Wir würden loslegen, anstatt zu resignieren, wir würden Nägel mit Köpfen machen. Das bedeutet, wir könnten für uns und die Menschen um uns herum etwas völlig Neues schaffen. Und all die einschränkenden Vorstellungen, die unsere Kultur prägen, würden wir hinter uns lassen. Denn viele unserer Vorstellungen passen nicht mehr zu dem, was wir heute sind und was die neue Zeit von uns fordert. „Jetzt bin ich an der Reihe: Ich möchte etwas radikal Entscheidendes tun!" Für solch eine Entscheidung ist es nie zu früh oder zu spät!

Wir müssen nicht länger glauben, dass unsere Möglichkeiten begrenzt sind, denn unser Leben hat das Gewicht, das wir ihm selber geben. Darum hat das Gestern nicht die Macht, das Heute zu bestimmen. Jede neue Situation fordert uns heraus, doch wir sind ihr gewachsen. Denn in dieser Zeit müssen wir die Initiative ergreifen. Dies gelingt nur, wenn wir all die Schemata und Regeln hinter uns lassen, die uns sagen, was „möglich" ist. Nicht die Vergangenheit bestimmt unsere Zukunft, sondern wie wir das Geschehene interpretieren und daraus lernen. So stellen wir die Weichen für unsere Zukunft. Jeder einzelne besitzt eine unendlich dynamische Kraft, die auf unseren Seelenzustand reagiert.

Es ist ein Fehlschluss, zu glauben, dass es im Leben immer nur aufwärts geht. Wer über 40 ist, hat meistens bereits einige größere Stolpersteine kennengelernt: gescheiterte Beziehungen, Probleme mit Alkohol, Kindern oder im Beruf, Schwierigkeiten mit der Familie, Freundschaften oder Geld… Jeder landet irgendwann unsanft auf dem Boden. Das ist nicht entscheidend. Wenn man gefallen ist, ist es wichtig, dass man aufsteht und wieder auf die Beine kommt! Das ist oft nicht einfach, denn gerade dann sabotieren uns innere Dämonen oder der Kritiker blockiert unseren Weg. Darum müssen wir manchmal lange gewundene Wege durch dunkle Tunnel und Labyrinthe zurücklegen.

Unser Feuer ist häufig durch das Leben eingedämmt worden. Belastungen und Enttäuschungen haben sich wie Jahresringe angehäuft, denn zu lange haben wir nur reagiert und sind wie ferngesteuert durchs Leben gelaufen. So ist alles Helle, Klare, Witzige, Schöne und Zarte verschwunden. Doch gleichzeitig entsteht gerade jetzt etwas Neues. Denn aus der dunklen Tiefe wächst ein Gefühl voller Sehnsucht, Magie und Stärke. Es steigt eine verwandelte seelenvolle Energie an die Oberfläche, die all die Lebenserfahrung enthält voller schöner und leidvoller Zeiten. In unserem Inneren fließen unterschiedliche

Wissensschichten ineinander und finden eine neue Balance. Dies geschieht, um unsere Talente, Selbstheilungskräfte und Fähigkeiten in Übereinstimmung zu bringen mit unserer Verantwortlichkeit und Persönlichkeit. Dann stehen wir auf, orientieren uns neu und machen auf unsere ganz eigene Weise weiter. Es entwickelt sich gerade eine neue persönliche Authentizität voller Charme und Einzigartigkeit.

Durch unsere Reaktion auf große und kleine Lektionen bestimmen wir selber, was wir tun und welche Person wir sind. Auf diese Weise entscheiden wir, wie das Leben weitergeht. Gerade jetzt brechen überholte Denkmuster auf, die den Weg zu unserer höheren Bestimmung behinderten. Das Leben zwingt uns, dass wir uns auf die unmittelbar vor uns liegenden Dinge konzentrieren.

Die Seele sendet ihre Botschaften an unser Unterbewusstsein in Form von Bildern, Symbolen, Träumen – an unseren Geist in Form von Ideen, Wünschen, Projekten – an unseren Körper in Form von Gefühlen, Beschwerden und Blockaden – manchmal auch Unfällen.

Einige reagieren auf diese Botschaften so, dass sie sich nur noch innerhalb ihrer vertrauten Bequemlichkeitszone bewegen und zu allem anderen „Nein" sagen. Dann hat die Angst gesiegt. Angst ist ein Schutz und sichert das Überleben. Sie ist eine mächtige Lehrerin, ein Ur-Gefühl und das Gegenteil von Freiheit, Sicherheit und Liebe. Wir überwinden sie, indem wir sie akzeptieren und ernst nehmen indem wir sie integrieren und uns ihr stellen. Eine Angst wird in dem Moment losgelassen, in dem sie nicht mehr bekämpft wird. Wird sie angenommen und zugelassen, löst sie sich von selber auf.

Der Wunsch, frei zu sein, um zu wachsen, zählt. Man braucht dazu den Mut, den ersten Schritt zu tun. Dies kann geschehen, indem man das tut, wovor man Angst hat: real oder in der Vorstellung. So wird man die Angst fühlen und diese Erfahrung macht einen vollständig. Leider ist Furcht unglaublich gierig. Sie frisst unsere Freude, die Flexibilität des Körpers und des Geistes und schränkt unsere Möglichkeiten sehr ein. In dieser wilden Zeit werden uns Angst und Chaos überwältigen und uns immer weiter nach unten ziehen, wenn wir nicht neue Wege einschlagen. Angst und Mut gehen Hand in Hand.

Es braucht Mut, die Angst hinter sich zu lassen. Ganz besonders in dieser Zeit, in der inzwischen jeder persönliche Dramen erlebt hat oder es noch tut. Doch wir stehen für das ein, was wir als wichtig erkannt haben. Trotz allem richten wir uns auf, machen uns groß, stehen ruhig und strahlen ein neues

Selbstbewusstsein aus. Und wie auf ein geheimes Zeichen begegnen wir uns alle an einem gemeinsamen Punkt. Wie in alten Zeiten sitzen wir im Kreis, schauen uns an und spüren die Kraft der Mitte, die das Lebensrad in sich trägt. Wir waren in der Dunkelheit zuhause, ließen die Zerstörung zu und behielten trotzdem unsere Bewusstheit. Nun spüren wir die Freude darüber, dass etwas ganz Neues entsteht. Voller Vertrauen bringen wir all unsere Talente, Gaben, Erfahrungen, unser Wissen, unsere Hoffnungen und unsere Kreativität zusammen. Wir spüren die Lebendigkeit, die fließende Energie des Wandels und der Begeisterung.

Bisher sind wir den Weg alleine gegangen. Doch nun gehen wir gemeinsam in eine neue Zeit. Denn jede Seele trägt in sich das Versprechen, dass sie einen Beitrag dazu leistet, die Welt ein bisschen besser zu hinterlassen, als sie sie vorgefunden hat. Diese Sehnsucht lebt in jedem von uns. Vielleicht ist es ein Versprechen, das wir bei unserer Geburt gegeben haben. Es lässt sich nicht bis ans Lebensende unterdrücken. Das Herz fragt: Was tue ich jetzt mit der kostbaren Zeit, die mir geschenkt wurde? Wir können etwas Sinnvolles und Bedeutungsvolles tun, um die zerstörerischen Muster unserer Vergangenheit zu erkennen und aufzulösen.

Eltern und Großeltern wollen eine schöne Zukunft für nachfolgende Generationen ermöglichen, denn Ältere wissen, wie zerbrechlich das Leben ist. Nun sind wir die Bewahrer unserer Erde. Denn immer sind es die lebenserfahrenen Generationen, die zu Hütern des Planeten werden. Dazu ist die Generation der 50- und 60-Jährigen jetzt aufgerufen. Wir haben nicht mehr die Zeit, zu fragen: „Wo will ich in 10 Jahren sein?" Wir müssen uns fragen: „Wie gelingt mir in der Gegenwart mein Leben?" Vor uns liegt die wunderbare Aufgabe und Herausforderung, unsere Träume praktisch umzusetzen. Wir sind aufgerufen, uns für das Leben zu engagieren und unsere wahre Größe zu erlangen.

All unsere Erfahrungen haben uns zu dem gemacht, was wir heute sind. Wenn wir ängstlich und distanziert sind, schlagen uns Angst und Distanziertheit entgegen. Deshalb bemühen wir uns, Schwächen abzubauen und Stärken zu kultivieren. Wir können dabei natürlich in innere Schatten-Räume gelangen, die man lieber nicht betreten möchte. Da sich dies aber nicht umgehen lässt, müssen wir das Beste daraus machen. Wir wissen, dass wir unsere inneren Räume umgestalten und neu erleben können. Dies wird geschehen, wenn wir unsere seelischen Wunden wahrnehmen, um Heilung bitten und selber alles unternehmen, damit wir geheilt werden, auf welche Art, auf welcher Ebene und mit welchen Methoden auch immer: Es ist unsere dringende Aufgabe, Dinge in Ordnung zu bringen.

Wo Schatten ist, ist Licht ganz nahe. Licht und Erleuchtung finden nicht im Kopf, sondern im Herzen statt. Schatten, wie Ärger, Groll und Hass machen einsam, während Liebe verbindet. Wenn wir also aus unserem Schatten treten wollen, müssen wir unser Herz wieder öffnen. Auf der Beziehungsebene kann dies bedeuten, Zeit mit Kindern, der Familie und Freunden zu verbringen. Wir können an Enkeln das wiedergutmachen, was bei den Kindern versäumt wurde. Das ist eine Möglichkeit, etwas zurück in die Balance zu bringen. Wenn wir in diesem Moment unser Bestes geben, holen wir die Hoffnung zurück in unser Leben und unsere Freude.

Wir können Sinn finden, Leidenschaft, Erkenntnisse und uns mit einer Vision füllen. Dann schwimmen wir wieder „im Fluss des Lebens" und sind mit dem, was als Nächstes geschieht, einverstanden. Denn uns ist es egal, was andere darüber denken, was wir sagen oder tun. Wir sind strahlend und ganz in uns ruhend, von wo aus wir unser Lebenslied singen.

Um die eigene Balance zu finden, nutzen indigene Völker rund um den Globus das heilige Medizinrad. Häufig ist es ein Kreis, der aus Steinen auf dem Boden liegt. Er hat vier unterschiedliche Bereiche, die nach den Himmelsrichtungen ausgerichtet sind. Diese Medizinräder stellen ein kompliziertes Lernsystem dar, in dem völlig unterschiedliche Energien erfahren werden können. Das Medizinrad lehrt uns, dass es vier unterschiedliche Ebenen der Wahrnehmung gibt, die wir auf unserem Lebensweg erfahren und schulen.

DER KÖRPER UND DAS REPTILIEN-GEHIRN

Unser Reptilien-Gehirn oder Stammhirn am Hinterkopf hat ausgesprochen scharfe Sinne. Wir vertrauen unserem ältesten Gehirn und unseren Sinnen. Auf dieser Ebene ist alles greifbar, fest und schwer zu ändern. **Die Wirklichkeit besteht fast ausschließlich aus Materie.** Wir sehen, greifen, fühlen und schmecken den Apfel. Wir denken nicht an den Samen, das langsame Wachsen des Baumes, das Wetter, die Blüte oder Ernte des Apfels. Wir sehen, dass der Apfel unseren Hunger stillt. Entsprechend erfahren wir Sex als Stillen eines körperlichen Verlangens, das losgelöst von Liebe existiert. Im zwischenmenschlichen Kontakt reagieren wir instinktiv wie ein Krokodil oder eine Echse mit Flucht oder Kampf. Sobald sich ein Konflikt ergibt, bekämpfen wir den anderen. Wir streiten und müssen um jeden Preis Recht haben. Oder wir verlassen den Raum, knallen die Tür zu und brechen den Kontakt ab. Wir verlassen uns auf unsere körperlichen Instinkte und vermeiden es, über unsere Probleme nachzudenken. In diesem Zustand sehen wir nur das Offensichtliche. Wir agieren und reagieren, ohne unsere Gefühle oder die der anderen zu verstehen.

Schlangen rufen starke Gefühle in uns hervor. Wir sind voller Angst und gleichzeitig fasziniert. In der Vorstellung vieler Völker befindet sich die Lebenskraft am unteren Ende der Wirbelsäule. Dort ruht sie wie eine zusammengerollte Schlange und erwacht, wenn sich der Mensch neue Bewusstseinsebenen erobert. Die magische Schlangenkraft beruht darauf, dass sie sich viele Male häuten kann. So ist sie eine Meisterin der Wandlung und Veränderungen. Schlangen lieben es, sich in der Sonne zu wärmen. Darum werden sie in Verbindung mit Feuerenergie gesetzt. Ein in sich verschlungenes Schlangenpaar symbolisierte in Ägypten die Heilung durch Feuer, das das Gift negativer Erfahrungen oder Zustände herausbrennen kann. Die Priester-Könige trugen goldene Schlangenkronen, die ihre Macht und übersinnliche Gaben symbolisierten. Schlangenpriester der Hopi tanzen in ihren Zeremonien mit giftigen Schlangen, ohne gebissen zu werden. Das Symbol der Ärzte ist der Äskulapstab: zwei Schlangen, die sich um einen Stab winden. Schlangen-Medizin wird auch mit Sexualität und Schöpfungskraft in Zusammenhang gebracht.

Wenn du gerade viele Veränderungen erlebst, eine neue Beziehung beginnst oder eine neue Arbeit gefunden hast, lehrt dich die Schlange, auszuruhen, in der Sonne zu liegen und Kraft zu tanken. Wenn du verraten oder verleumdet wurdest, kannst du dieses Gift mit Hilfe der Schlangenkraft neutralisieren. Entweder du ignorierst es und entfernst dich, oder du nutzt deine Autorität und stellst den Übeltäter. Niemals sollte dich die Angst daran hindern, deine überholten Ansichten oder Minderwertigkeitsgefühle loszulassen. Du kannst deine alte Haut abstreifen und in eine neue schlüpfen, um dein Leben phantasievoll und leidenschaftlich zu leben. Die Schlangen-Medizin hilft dir, durch die Lektionen des Lebens neue Stärke und Selbsterkenntnis zu erlangen.

Die Aufgabe unserer Instinkte ist es, uns vor Gefahren zu warnen. So meiden wir bestimmte Menschen oder Orte. Wir haben es oft im Gefühl und gehen beim Autofahren instinktiv vom Gas, bevor wir überhaupt sehen können, in welcher Gefahr wir uns befinden. So sichern unsere Instinkte unser Überleben in Krisensituationen. Denn wir reagieren, indem wir das Notwendige tun. Wir funktionieren einfach, ohne nachzudenken. In anderen Situationen machen wir instinktiv einen Schritt nach dem anderen und sparen auf diese Weise wertvolle Energie.

Wenn dies unsere alleinige Wahrnehmungsebene ist, streben wir nach einem perfekten Körper, einem perfekten Leben und nach materieller Sicherheit. Wir werden es schwer haben, liebevoll mit unserer Familie und mit Freunden umzugehen. Denn Angst kontrolliert das Leben. Diese tiefe Lebens- und Existenzangst bringt gewalttätige Kriegergesellschaften hervor. Um sie zu heilen, müssen die Menschen lernen, zu vergeben, Liebe zu empfinden und sich mit dem Geist zu verbinden. Die Wahrnehmung muss sich weiterentwickeln und auf eine höhere Stufe heben. Der verzerrende Einfluss besteht darin, dass sich die Menschen statt auf die innere Führung nach außen orientieren und der Dominanz anderer nachgeben. Dann leben wir in einer bedrohlichen Welt, in der Rache das Gesetz ist. Dann gilt: „Auge um Auge." Unsere Aufgabe als Mensch ist es, das Krokodil zu zähmen und die Schlange dazu zu bringen, sich zu erheben.

DIE LIEBE UND DAS WISSEN DER WILDKATZE

Auf dieser Erlebensebene ist die Wirklichkeit durch das Denken bestimmt. Die Erfahrungen und emotionalen Wahrnehmungen werden durch den Verstand gedeutet. Wir erkennen, dass unsere Art zu denken psychosomatische Krankheiten verursachen kann oder dass wir uns durch unsere Vorstellungskraft und Imaginationen heilen können. Wir verstehen, dass unterdrückte Wut und fehlender Lebensmut Krebs verursachen kann, genauso, wie eine positive Einstellung und Dankbarkeit uns selber und unserer Familie Frieden bringt. Wir übernehmen zunehmend Verantwortung für unsere Gedanken und Erfahrungen. Wir betrachten uns nicht länger als Opfer der Umstände und erkennen, dass Dinge nicht unbedingt so sind, wie sie erscheinen.

Wenn wir jetzt einen Apfel in der Hand halten, ist er für uns viel mehr als nur Nahrung. Wir waschen und polieren seine Oberfläche, nehmen mit allen

Sinnen seinen Duft wahr. Möglicherweise beißen wir hinein. Oder wir heben ihn auf und backen später einen Apfelpfannkuchen. Vielleicht haben wir auch Lust, ihn mit Marzipan zu füllen und unseren Liebsten mit einem Bratapfel zu überraschen. Wir sind uns bewusst, dass wir eine Entscheidungsfreiheit haben, und kennen die symbolische Bedeutung eines Apfels. Wir erinnern uns sofort an den Baum der Erkenntnis und den Apfel, den Eva Adam gereicht hat, die verbotene Frucht, die der Grund für die Vertreibung aus dem Paradies ist und uns ein hartes, arbeitsreiches Leben beschert hat. Wir kennen den Begriff des „Zank-Apfels" und den Spruch: „One apple a day keeps the doctor away." Oder: „Der Apfel fällt nicht weit vom Stamm." Der Apfel stillt nicht mehr nur unseren Hunger, und Sex kann auch mit tiefen Gefühlen verbunden sein. „Ich erkenne meine Gefühle und zeige sie. Ich schaue dir in die Augen und lasse dich an meinen Empfindungen teilhaben. Ich fühle den Schmerz und die Freude. Du siehst mich und fühlst mit mir. So entsteht Nähe. Die Liebe zwischen uns kann fließen."

Diese Art der Wahrnehmung kann eine Situation schlagartig verändern. Überzeugungen und Vorstellungen können sich durch eine plötzliche Einsicht wandeln. Negative Gefühle oder alte Verhaltensmuster, die uns behindern, können plötzlich verschwinden. Manche Raucher hören, für sie selber überraschend, von einem Tag auf den anderen mit dem Rauchen auf.

Die Instinkte einer Katze sind ganz anders als die eines Reptils oder Krokodils. Eine Wildkatze ist eine geschickte und clevere Jägerin, die sich anschleicht und blitzschnell Leben auslöscht. Sie ist neugierig und wissbegierig. Ihr Instinkt führt uns zu den richtigen Menschen und Situationen. Sie steht für Empfindungen, wie Liebe, Fürsorge, Familie und Nähe, aber auch für Aggression, Aberglaube, Zauberei und besondere Wahrnehmungen. Eine Katzenfrau hat ein Brennen im Blick, der von großem Hunger erzählt und von dem Mut, ihn zu stillen. Die lebenshungrige Frau will kämpfen. Ihre Augen sagen: Wenn du kannst, unterwirf mich. Doch wage es nicht, mich zu demütigen! Ich bin weich, zart und verletzlich, doch ich habe Krallen und Zähne. Ich kann mich wehren. Ich will etwas erobern. Etwas für mich ganz allein.

Eine Katzenfrau liebt ohne Scheu, ohne Bedingungen, aber auch ohne Versprechungen. Sie geht eigene Wege und schaut nicht zurück.

Pumas und andere Wildkatzen verteidigen ihr Revier bis aufs Äußerste. Sie sind stark und mächtig, bewegen sich leise und leichtfüßig. Sie beanspruchen

Führung, besitzen Schläue und Bestimmtheit. Die Wildkatze lehrt uns, Führungsqualitäten zu entwickeln. Sie zeigt uns, dass wahre Macht auch sanft sein kann. Ihre Ehrlichkeit lehrt uns, zu den eigenen Instinkten und Begabungen zu stehen. Der Puma lebt uns vor, die eigene Kraft zur richtigen Zeit zu nutzen. Manchmal verlangt dies, einen großen Sprung ins Ungewisse zu wagen und die eigenen Schwächen „aufzufressen". So erlangt man Meisterschaft über seine Gedanken und Gefühle, also über sich selbst.

Auf der Katzen-Ebene nehmen wir einen sehr viel größeren Ausschnitt wahr als auf der Reptilien- oder Krokodils-Ebene. Darum fallen uns viel mehr Lösungen ein. Wir hinterfragen das Verhalten von anderen und bemühen uns, sie zu verstehen und zu unterstützen. Ein unruhiges Kind wird nicht ausgeschlossen und auf die stille Treppe verbannt, sondern wir fragen uns, warum es unruhig und unkonzentriert ist. Musste es zu lange in geschlossenen Räumen sein und still zuhören? Ist ihm langweilig? Braucht es Bewegung oder Anregung? Will es zu seinem Freund oder Tier? Hat es Schmerzen, Kummer, Hunger oder Durst? Wir können zwischen vielen Möglichkeiten wählen und gute Veränderungen bewirken.

Die Kraft der Sprache und des gesprochenen Wortes nutzen wir, um unsere Ideen, Überzeugungen und Gefühle zum Ausdruck zu bringen. Wir verstehen die tiefe Bedeutung von Symbolen und Zeichen. Wir gehen über die wörtliche Ebene hinaus und erkennen unterschiedliche Handlungsmöglichkeiten. Natürlich können wir einem Kind einen Apfel schenken. Wir können aber auch mit ihm gemeinsam auf eine Leiter steigen und Äpfel ernten. Vielleicht haben wir später auch die Idee, gemeinsam einen Apfelbaum zu pflanzen. Dann sorgen wir dafür, dass der Stamm gestützt und geschützt ist vor Sturm und nagenden Tieren. Wir können jeden Tag den Baum besuchen und das Kind anleiten, ihn zu gießen und sich verantwortlich zu fühlen.

DER SCHMETTERLING UND DIE SEELE

Die nächste Ebene der Wahrnehmung betrifft die Seele. Sie spricht zu uns durch unser Unbewusstes. Märchen, Mythen und Träume, Kunst, Dichtung und Musik erinnern uns daran, dass wir uns auf einer Seelenreise befinden. Auch ein Schmetterling hat eine lange innere Reise mit vielen Verwandlungen hinter sich, bis er frei fliegen kann und seine Flügel im Sonnenschein wunderschön schimmern. Die Schönheit der Schmetterlinge ist für Indianer seit jeher ein Symbol für Wandlung und Auferstehung. Im Südwesten der USA tanzen Frauen ihren heiligen Schmetterlingstanz. Sie tragen dann traditionellen, bunten Kopfschmuck. Schmetterlinge leben ganz im Moment und genießen den Sonnenschein. In völliger Harmonie folgen sie dem Fluss des Lebens. Sie sind sehr filigran. Wenn sie fehlen, zeigt dies ein ökologisches Ungleichgewicht an. Der Schmetterling bringt uns bei, uns von dem zu verabschieden, was vorbei ist. Wandlung und Transformation ist sein Thema. Er lehrt uns, die Schönheit in jeder neuen Lebensphase zu sehen. Er lebt uns vor, wie wir negative in positive Empfindungen verwandeln können. Und er erinnert uns daran, dass wir Wesen aus Geist und Licht sind, die sich auf einer großen spirituellen Reise befinden. Der jüngste Teil unseres Gehirns wird dieser Stufe zugeordnet. Vor ca. 100 000 Jahren entwickelte sich der Neocortex, der es uns möglich macht, logisch zu denken, zu visualisieren und kreativ zu sein. Genie, Wissenschaft, Kunst und Mythologie nutzen diesen Bereich des Gehirns.

Wenn wir Probleme nicht mit dem logischen Verstand lösen können, kann uns auf seelischer Ebene plötzlich die Lösung ganz klar werden. Von Wissenschaftlern und Künstlern ist bekannt, dass sie die Lösung für ein Problem im Schlaf fanden oder in völlig entspanntem Zustand, als sie an anderes dachten. Dies geschieht häufig auch bei Aufstellungen, wenn ohne viel Sprache eine Familie oder ein Problem aufgestellt wird. Der Blick auf das gesamte System und die eigene Rolle darin wird erfahren und erfühlt. Dann zeigt sich fast von selber ein Weg, der die Liebe oder Kommunikation wieder fließen lässt. Auf diese Weise kann umfassende Heilung geschehen, denn die Seele weist einen Weg, der mit dem Verstand nicht erkannt werden konnte.

Das gleiche Wunder geschieht, wenn wir Märchen hören. Darum gab es in allen Kulturen eine lange Tradition von Geschichtenerzählern. Neuerdings gibt es auch bei uns wieder Märchenerzähler. Wer erlebt, wie kleine Kinder mit weit aufgerissenen Augen Geschichten lauschen und in tiefer Konzentration vertieft dem Geschehen folgen, der ahnt, dass sie auch als Erwachsene das „Verzaubertwerden" durch Geschichten brauchen wie die Luft zum Atmen. Geschichten erfüllen und kleiden uns aus mit Liebe, mit Stärke und mit Wissen. Sie bringen uralte Weisheit in unsere durchrationalisierte Welt und erzählen von Seelenwegen. Sie entführen uns in eine andere Zeit und an fremde

Orte. Dort gelten andere Gesetze als in unserem Alltag. Alles ist möglich. Es gibt kluge Prinzen und wunderschöne Prinzessinnen. Doch sie können nicht friedlich in ihrem Königreich bei ihren Eltern leben, denn es gibt Gegenspieler, die sie herausfordern. Da leben Hexen, Drachen, böse Menschen oder magische Wesen mit gefährlichen Fähigkeiten. Sie locken das Königskind in den dunklen Wald und in die bunte Welt hinaus. Dort warten Abenteuer, große Herausforderungen und unterschiedliche Prüfungen. Manchmal scheitert der Held und muss lange Verwandlungen erdulden oder die Prinzessin wird gefangen genommen. Doch irgendwann kommt Hilfe. Die Erlösung geschieht durch verschiedene Tiere, Feen, Ritter, Zauberkundige, Krieger oder weise Menschen, die dem Königskind gut gesonnen sind. Es wird befreit und kann zu seinen alten Eltern zurückkehren. Inzwischen sind die Prinzessin und der Prinz erwachsen geworden und können das Königsreich ihrer Ahnen übernehmen und selber regieren. Alles ist gut.

Auf dieser Ebene nehmen wir in Gesprächen nicht nur die Worte und Informationen wahr, sondern hören auch die Botschaften zwischen den Zeilen. Manche Menschen können in einem Gespräch heraushören, was ihrem Gegenüber fehlt. Der Körper spricht zu ihnen. Die Haltung, Bewegungen, Gesten und die Mimik zeigen, welche Gefühle sie bedrücken, beugen oder aufrichten. Sie sehen durch alle Masken und Rollen hindurch und dringen zu dem Menschen vor. Sie sehen deren Sorgen und Nöte, ihre Träume und Sehnsüchte, ihre Talente und Aufgaben. Auch die Stimme, die Sprechgewohnheit und die besonderen Worte offenbaren, wie sie das Leben sehen, fühlen und riechen. Sie entdecken Geheimnisse und Wunden, die unter Wortwolken versteckt werden. Wer Worte benutzt, wie: „Damit habe ich gerechnet", „Das war geplant" oder „Quäl-Kram hoch vier" lebt in einer mathematisch orientierten Welt. Diese Person verdrängt Gefühle und wird nicht intuitiv handeln oder gar an Wunder glauben. Der Beobachter lauscht auch auf die Worte, die glücklich machen, denn auch das, was ein Mensch liebt, färbt seine Sprache ein. Eine Musikerin spricht davon, dass jemand in der Familie „die erste Geige spielt". Eine Schneiderin beschreibt das lachende Gesicht ihrer Nachbarin: „Sie ist immer fröhlich und hat so viele Falten wie eine ungebügelte Leinenbluse."

Auf dieser Wahrnehmungsebene nehmen wir die Signale unseres eigenen Körpers ernst. Wir fragen uns, warum wir diese Schmerzen und Symptome haben, und bemühen uns, die Zusammenhänge zwischen unserem Verhalten, unseren Einstellungen und den Körpersignalen zu verstehen. Dann können wir dagegen lenken und entscheiden, zu welcher Art der Heilung uns der Schmerz auffordert. Zum Beispiel, indem wir das mögliche Gedankenmuster herausfinden, dass die Ursache für die Krankheit sein könnte. Dann werden wir es durch ein besseres ersetzen. Vielleicht sollten wir etwas loslassen, das uns ausbremst. Möglicherweise eine Wut, einen ungeliebten Job, ein altes Verhaltensmuster oder einen Freund, der unsere Energie absaugt. Eine andere Möglichkeit, sich selber zu heilen, könnte ein Vergebungsritual sein. Oder wir können einfach aufhören, uns so viel Stress aufzuladen.

Ein unruhiges Kind könnten wir mit Ritalin behandeln, um es dazu zu bringen, still zu sitzen und dem Unterricht zu folgen. Gleichzeitig erkennen wir auch, dass diese Ruhe mit einem hohen Preis bezahlt wird. Denn das Kind könnte nicht mehr mehrere Dinge gleichzeitig tun. Uns sollte klar sein, dass in einer natürlichen Umgebung das problematische Verhalten durchaus vorteilhaft ist. Denn solch ein offener Mensch kann dem Vogelgesang zuhören und Warnrufe erkennen, während er Gerüche wahrnimmt, die der Wind heranträgt. Er kann sich unterhalten, während er gleichzeitig auf alle mögliche Gefahren achtet. Seine leichte Ablenkbarkeit wäre im Dschungel ein lebensrettendes Geschenk.

Auf der Ebene des Schmetterlings ist es sehr viel leichter, Veränderungen herbeizuführen, als auf den vorherigen Stufen. Die Entwicklung vom Ei zur Raupe, von der Raupe zur Puppe und von der Puppe zum Schmetterling erscheint wie mehrere Leben in einem. So verschieden sind die Lebensbereiche und neuen Möglichkeiten.

MIT DEM ADLER IN SPIRITUELLEN HÖHEN SCHWEBEN

Ein fliegender Adler sieht die Täler, die Felsen und Bäume, den Wald und auch die winzig kleine Maus. Er sieht die gesamte Landschaft und kann seinen Blick gleichzeitig fokussieren auf etwas ganz Kleines. **Dies ist die spirituelle Ebene, die fast ausschließlich aus Bewusstsein besteht. Materie spielt hier kaum mehr eine Rolle.** Der Adler schwebt in luftigen Höhen und kehrt nur selten in sein Nest zurück. Er ist ein Einzelgänger und völlig frei. Seine Welt ist die von

Schwingungen und Energieströmungen. Er lässt sich vom Wind tragen und ist ganz bei sich. In der indianischen Tradition ist der Adler der heiligste aller Vögel. Er fliegt sehr hoch und überbringt die Gebete der Menschen an den Großen Geist. Adlerfedern bergen große Kraft und werden zu Segnungen und zur Reinigung der Aura benutzt. Die Federn des Adlers werden zu Ehren einer mutigen Tat verliehen und vom Lehrer an den Schüler weitergereicht. Heutzutage gehören Adler zu einer aussterbenden Art und sind geschützt. Adler-Medizin erhebt uns in den geistigen Bereich. Sie bringt Erleuchtung, Einsicht und klare Sicht auf unseren weiteren Lebensweg. Der Adler erkennt unser Herz und das der anderen. Er hilft, dass wir unseren Schatten deutlich sehen. Er bewirkt Wandlung und Heilung. Die Furchtlosigkeit des Adlers schenkt uns den Mut, die Herausforderungen des Lebens anzunehmen. Diese Erfahrungsebene wird dem präfrontalen Cortex zugeordnet, der auch „Gott-Hirn" genannt wird. Im Spirit lösen sich Grenzen auf. Von diesen Ebenen berichten Weise, Religionsstifter und Schamanen. Sie sprechen von kosmischer Musik, die alles verbindet. Sie berichten von Sphärenklängen der Planeten und reden vom Gewebe des Lebens, das alles mit allem verbindet. Das Ich löst sich auf und erkennt sich in allem.

Das überaktive Kind würde auf dieser Ebene nicht als krank und sein Verhalten nicht als problematisch angesehen werden. Es ist eine göttliche Seele, die ihre Erfahrungen macht. Seine Eltern würden sich bemühen, eine Lebensumgebung zu schaffen, in der sich ihr Kind angenommen fühlt. Sie würden es vor zu vielen Eindrücken schützen und die Bewertung von anderen Menschen vermeiden. Schließlich würden sie erkennen, welche besonderen Begabungen ihr Kind in sich trägt, und diese fördern. Vielleicht leben sie ihrem Kind zuliebe einige Jahre in einer natürlichen Umgebung und geben ihrem Kind Ruhe, Sicherheit und ein aktives Leben. So lange, bis es stabil und sicher in sich ruht. Dann lassen sie es selber entscheiden, wie und wo es leben möchte.

Wenn wir Schwierigkeiten zu lösen haben, brauchen wir umso weniger Energie, je näher wir der spirituellen Ebene kommen. Wenn unser Apfelbaum in einem Jahr keine Früchte trägt und ungesund aussieht, schauen wir uns den Boden an, in dem er seine Wurzeln hat. Wir sehen die Umweltverschmutzung, all die Plastiktüten, den Müll und Abfall, und fragen uns, warum wir Plastik nutzen und auf den Boden werfen. Auf der Ebene des Schmetterlings beginnen wir, den Müll zu recyceln, auf der Adler-Ebene stellen wir die grundsätzliche Frage, warum wir Plastikverpackungen nicht völlig abschaffen. Wir sehen die Folgen von Handlungen, indem wir auf die Früchte des Baums (der Erkenntnis) schauen. Wenn unser Kind mit dem Gesetz in Konflikt gerät, schauen wir, wie wir es durch unser Vorbild und unsere Liebe so beeinflussen können, dass es die Regeln beachtet und Respekt vor dem Recht anderer entwickelt. Nur wenn wir die Wurzeln des Baumes wässern, können wir die Früchte genießen.

Physiker untersuchen die Eigenschaft von Materie und entdecken gerade, dass sie auf feinen, subatomaren Ebenen viel weniger fest ist als angenommen. Ein Tisch oder Stuhl besteht demnach aus winzigen vibrierenden Teilchen und Schwingungen. Das überaus Erstaunliche an diesen Elektronen ist, dass ihr Verhalten davon abhängt, was von ihnen erwartet wird. In Experimenten verhalten sie sich einmal wie Teilchen, ein anderes Mal wie eine Welle. Die Wissenschaft bestätigt hiermit, was Schamanen aus indigenen Völkern schon immer sagten: Unsere Welt wird durch unsere Wahrnehmung bestimmt.

Wir erleben die Wirklichkeit durch unsere Sinne und Wahrnehmungsfilter. Doch es gibt eine Vielzahl von Möglichkeiten, unsere Erfahrungswelt zu erweitern. Dies geschieht jede Nacht, während wir träumen. Auch wenn es uns nicht bewusst ist, verbringt jeder von uns mehr als die Hälfte seines Lebens auf der Traumebene. Der Adler nimmt uns mit auf eine Reise in helle göttliche Bereiche. Er weckt unsere Visionen und lehrt uns Mut und Freiheit. Beim Yoga nehmen wir bestimmte Körperhaltungen ein und lernen neue Erfahrungsebenen kennen. Wir nutzen Atemtechniken, das Gebet, die Musik und Kunst. All dies ändert unser Bewusstsein. Wir meditieren und fühlen uns frei wie ein Adler. Wir unternehmen schamanische Reisen und erfahren, wie sich eine Löwin fühlt, oder wir fliegen zu den Sternen. In anderen Bewusstseinszuständen sind uns Dinge möglich, die im Alltag den physischen Gesetzen widersprechen.

Auf der Ebene des Adlers gibt es keine Zeit und auch Entfernung spielt keine Rolle. Deshalb können Menschen, die sich bewusst auf diesen spirituellen Ebenen bewegen, Dingen eine andere Richtung geben, bevor sie materielle Form annehmen. Sie können die Wirklichkeit beeinflussen.

10 MIT DER SEELE DIE WELT ENTDECKEN

WIE DIE SCHLANGE MEINE LEHRERIN WURDE

Eines Nachmittags saß ich ganz entspannt im Wohnzimmer und war in ein Buch vertieft. In jenen Jahren kam das äußerst selten vor, weil immer eine große Kinderschar meine Aufmerksamkeit verlangte. Völlig unbemerkt schlich sich mein 13-jähriger Sohn von hinten an und hielt mir mit frechen Lausbubengesicht eine lebendige ungefähr 20 cm lange grüne Schlange direkt vor die Nase. In mir geschah ganz viel gleichzeitig. Ich konnte mich selber genau beobachten.

Eine Ebene erlebte einen Schock und geriet in Panik, weil ich gerade ein Buch über Engel las und in wunderbar lichten Sphären unterwegs war.

Gleichzeitig wusste ich, dass ein hysterisches Aufschreien genau das war, was mein Süßer von mir erwartete.

Und dann geschah etwas Wunderbares: Es breitete sich ganz tief in mir eine Decke aus unerschütterlicher Ruhe aus. Ich brauchte ungefähr drei Atemzüge. Dann reagierte ich aus dieser Ruhe heraus.

Ohne Angst schaute ich die zarte Schlange genau an und fragte, woher mein Sohn sie habe. Er hatte sie von einem Freund geschenkt bekommen und erzählte, dass sie aus Ungarn stammt. Ich streichelte sie vorsichtig und merkte, dass sie sich ganz glatt und sauber anfühlt. Dann nahm ich sie in die Hand. Wahrscheinlich ließ ich mich in diesem Augenblick auf dieses fremde Lebewesen ein. Ich war ganz offen für die kleine Schlange, fand sie süß und konnte in diesem Moment die Faszination meines Sohnes verstehen, der schon als Kindergartenkind die „Regenbogenschlange des Lebens" gemalt hatte. Anscheinend verband ich mich auf der seelischen Ebene mit ihr, denn ich spürte, wie mein Herz aufging. Ich hatte sehr liebevolle Gefühle für sie und habe sie noch immer. Merkwürdigerweise wusste ich, dass die Schlange diese Liebe spürte.

Ich fand sie wunderschön, war neugierig darauf, sie zu beobachten, und freute mich, sie bei mir zu haben.

Mein jüngster Sohn Frederik hatte dann noch andere Schlangen, die schnell groß wurden und sich dann häuteten. Er schenkte mir die abgelegte Haut, die mir sehr kostbar ist. Ich fand es spannend, zu sehen, dass sich das Tier im Ganzen aus der alten Haut herauswindet und sogar die Augenhaut erneuert. Die Schlange sieht mit der neuen Haut wie frisch geboren aus. Sie ist ganz glänzend und fühlt sich wunderbar weich an.

Im gleichen Jahr machte mir mein ältester Sohn ein besonderes Geschenk zum Geburtstag. Er lebte schon damals im Ausland und hatte von der Schlange nichts mitbekommen. Sebastian schenkte mir ein Bild von Gustav Klimt: „die Medizin". Es zeigt Hygieia, die Göttin der Gesundheit, eine charismatische Frau mit einer Schlange, der sie aus einer Schale zu trinken gibt. Hygieia fand für tiefe Leiden heilende Mittel. Für Klimt ist die „Muse der Medizin" ein Synonym für die Einheit von Leben und Tod. Für mich war dieses Geschenk die Bestätigung dafür, dass ich mich mit der Kraft der Schlange verbinden sollte, um von ihr zu lernen.

Das Leben schickt uns häufig drei Signale, die einen neuen Weg aufzeigen. Bei mir waren es sehr deutliche Zeichen, die mir durch meine Kinder überbracht wurden: die kleine Schlange, die geschenkten Schlangenhäute und das Bild von Klimt.

Die zarte, kleine, grüne Schlange, in die ich mich so verliebt hatte, war übrigens doch giftig! Aber das habe ich erst viel später in einem Schlangenlexikon nachgelesen.

WIE SICH EIN WILDER PUMA
IN MEIN LEBEN SCHLICH

Indianer gehen davon aus, dass jeder Mensch ein Krafttier hat, das ihn begleitet und sein Lehrer ist. Einer meiner wunderbaren Lehrer ist ein Indianer. Allerdings trägt er keinen Kopfschmuck, sondern Jeans, T-Shirt und er hat kurze Haare. In der Stadt wäre er mir nicht aufgefallen. Doch gleich zu Beginn des Kurses bewegte er sich geschmeidig wie eine Hauskatze. Er sprach von grundsätzlichen spirituellen Gesetzen, die er uns beibringen würde, damit wir unsere

Kraft kennen lernen und nutzen. Er fand wunderschöne poetische Worte. Dabei umrundete er die Gruppe, die völlig in seinen Bann gezogen war.

Dann änderte sich etwas in ihm. Von einem Moment zum anderen wurde aus der zahmen Hauskatze ein gefährlicher Puma, der seine Krallen schärft und sich bereit macht für die Jagd. Dann ging es los. Er jagte jede einzelne unserer Unaufrichtigkeiten, Unehrlichkeiten, Ängste und Lebenslügen. Er war leidenschaftlich, unerbittlich, klar. Ein Kämpfer, der niemals aufgab. Er nannte die Regeln, hämmerte auf uns ein, biss sich fest und ließ nicht locker. Niemand konnte sich vor ihm in Sicherheit bringen. Er kannte jedes Schlupfloch, jedes Versteck, jede Ausrede. Er war wie ein wildes Tier, das Lügen riecht und gnadenlos entlarvt. Ohne Mitleid war er. Ein Krieger, der auf unsere Rollen Jagd machte und jede Maske stahl. Als er sein Revier abgesteckt hatte, beendete er die Hetzjagd. Wir blieben erschöpft, nackt und verletzlich zurück. Er war der uneingeschränkte Sieger und allen war klar, dass er überaus kampferprobt war.

Nun zeigte er sich wieder als zärtliche Hauskatze. Sanft erinnerte er uns an das, was tief in jedem von uns schlummert. Mit seiner Wildkatzen-Power und Liebe hat er uns gezeigt, dass hinter all den Schutzmauern, Masken, Rollen und Lügen etwas unbeschreiblich Kostbares verborgen ist. Er jagte uns durch unser Schattenland, bis wir es durchquert hatten und es hinter uns lassen konnten. Befreit von uraltem Ballast zeigte er uns nun die Quellen, aus denen wir trinken können, und führte uns zu guten Futterplätzen, die unsere Seele nähren, so dass unser inneres Licht groß und größer werden kann.

Danke mein geliebter, starker Lehrer!

WIE ICH DEM SCHMETTERLING FOLGTE

Als ich mit meinem ersten Sohn schwanger war, musste ich wegen eines frühzeitigen Blasensprungs wochenlang in der Klinik liegen. In dieser Situation bekam ich wehenhemmende Medikamente über einen Tropf. Der Oberarzt und der Stationsarzt, mehrere Assistenzärzte und Medizinstudenten kamen jeden Morgen zur Visite. Mindestens acht Ärzte standen dann in ihren gestärkten weißen Kitteln an meinem Bett und betonten gemeinsam und eindringlich, wie wichtig es sei, dass ich zusätzlich ein bestimmtes Medikament nehme.

In diesen Momenten war in mir völlige Stille. Das Einzige, was ich spürte, war eine absolute Klarheit darüber, dass ich in keinem Fall Valium nehme! Wenn ich es gesagt hätte, wäre ich zur Einnahme gezwungen worden, das wusste ich. Denn in der damaligen Zeit gab eine Frau in der Klinik nicht nur ihren Mutterpass ab. Es wurde von ihr verlangt, auch ihren eigenen Willen aufzugeben und sich vollkommen auszuliefern. So wurden Zigeunerinnen unter der Geburt ganz selbstverständlich auf dem OP-Tisch fixiert, damit die Ärzte den Geburtsverlauf kontrollieren konnten. Denn man wusste, dass diese Frauen traditionell in der Hocke entbinden.

Tief in mir war ich ganz sicher, dass ich richtig handle, indem ich die Einnahme verweigere. Es war ein tiefes, uraltes Wissen, dem ich folgen musste. Die Entscheidung traf ich allein, weil ich mich niemandem anvertrauen konnte. Meine Freundinnen waren im Prüfungsstress. Mein damaliger Mann war Arzt an der Uniklinik, mein Vater war Gynäkologe und beide dachten wie ihre Kollegen. So übte die Umgebung einen großen moralischen Druck auf mich aus. Ich konnte das Bett nicht verlassen und natürlich durfte niemand merken, dass ich die Tabletten verschwinden ließ. Doch ich folgte meiner Seelenweisheit über viele Wochen.

Damals sahen die Ärzte lediglich die praktische körperliche Ebene. Die Mediziner wussten nicht, dass ich mich als Meditationslehrerin sehr gut entspannen kann und keine Beruhigungsmittel brauche. Was ich allerdings nicht wusste, war, dass gerade eine entsprechende Versuchsreihe lief, in der die besagte Medikamentenkombination getestet wurde. Glücklicherweise bekam ich einen gesunden Sohn! Dafür bin ich unendlich dankbar.

Wie ich Jahre später „durch Zufall" in der Zeitung gelesen habe, haben 98% der Frauen, die diese Medikamenten-Kombination einnahmen, leider ein behindertes Kind geboren.

In dieser seelischen Prüfungs-Situation entwickelte ich mich von der Frau, die es allen recht machen möchte, in eine Frau, die ihre innere Weisheit höher einstuft als das Expertenwissen, das von außen an sie herangetragen wird. Diesen Weg musste ich in völliger Eigenverantwortung gehen.

Wenn die Schmetterlings-Raupe aus dem Ei schlüpft, achtet sie genau darauf, was ihr bekommt und was nicht. Sie frisst kein Gift, weder real noch im übertragenden Sinn. Sie glaubt keinen trügerischen und unaufrichtigen Worten. Sie vertraut nicht den Falschen und übernimmt keine krankmachenden Überzeugungen. Die Raupe nimmt nur das zu sich, was ihr guttut.

WIE EIN BOTE DER GÖTTER IN MEIN LEBEN TRAT

Vor vielen Jahren machte ich eine Ausbildung, in der es darum geht, andere auf dem Weg zu begleiten, sich mit dem Höheren Selbst zu verbinden. Chris Griscom lehrt diese Methode im Light Institut in New Mexico. Meine Lehrerin schenkte mir bei unserer letzten Sitzung einen unscheinbaren dunkelgrünen Stein, der wie Flaschenglas aussieht. Als ich ihn in der Hand hielt, spürte ich ein leises Pochen. Meine Lehrerin sagte: „Dies ist ein ganz besonderer und seltener Stein, ein Moldavit. Das ist ein außerirdischer, stellarer Stein. Er stammt nicht von der Erde. Er hat Millionen Lichtjahre zurückgelegt und ist durch Zeit und Raum gerast. Vorbei an Gestirnen und Galaxien, bevor er auf der Erde in die Moldau gefallen ist. Es ist ein Gruß und Energiebündel aus fernen Welten. Er stärkt die Verbindung zu allem Leben und unterstützt dich auf deinem Weg zur Erleuchtung. Er aktiviert das Nervensystem, befreit von Ballast und bringt Licht in die Zellen. Er wird dich dein Leben lang begleiten. Aber habe ihn nicht ständig in deiner Nähe, denn seine Schwingung ist besonders intensiv. Probiere aus, wie es dir damit geht."

Nun liegt der Moldavit schon zwanzig Jahre auf meinem Nachttisch und „bestrahlt" mich. Meteoriten werden von allen Völkern als Boten der Götter angesehen. Und ich kann bestätigen, dass ein besonderer Zauber von diesem Stein ausgeht. Ich nehme ihn als kostbares Geschenk aus der Adler-Ebene und freue mich, dass sich die „Geflügelten", die Vogelstämme und Engel so nahe bei mir aufhalten.

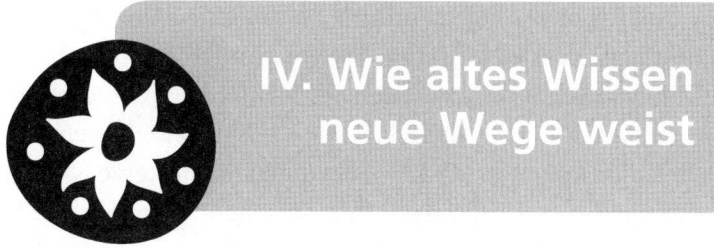

11 WEIBLICHE WEISHEIT

DIE WILDE FRAU UND DER SPIRITUELLE WEG

In unserer Zeit des Wandels lösen sich alten Strukturen auf. Mutig hinterfragen wir alles, ohne dass unsere Angst uns von unserem Vorhaben abhalten kann. Ab jetzt sind wir ehrlich mit uns selbst, horchen in uns hinein und lauschen, um die Wahrheit hinter den Dingen zu erfühlen. Frauen sind nun nicht länger unsichtbar. Sie treten aus dem Schattendasein hervor und zeigen sich. Wie auf ein geheimes Zeichen hin verhalten sich viele junge Frauen überall auf der Welt ähnlich. Sie sorgen erst einmal für ihre eigene gute Ausbildung und stellen Kinder und Familienleben hinten an. Sie stehen nicht länger selbstverständlich zur Verfügung, um Kinder zu bekommen, ohne gleichzeitig einen Anspruch an die Gesellschaft zu stellen. Sie fordern mit Recht, dass sich auch die Gemeinschaft für die Erziehung der nächsten Generation verantwortlich zeigt.

Die jetzt 20- bis 40-jährigen Frauen haben erlebt, wie ihre Mütter und Großmütter lebenslang berufliche Ungerechtigkeiten, Nachteile und Überforderung in Kauf nehmen mussten. Zusätzlich und ganz selbstverständlich wurde ihnen auch von Fachleuten und Wissenschaftlern Versagen vorgeworfen, wenn etwas nicht nach Plan in der Familie lief. Schuld waren immer erst einmal die Mütter, gerade weil sie den Mammut-Anteil der Verantwortung getragen haben. Welche Rolle die Väter spielten, wurde nicht einmal gefragt.

Vorbei sind die Jahre, in denen Frauen litten und schwiegen, weil sie meinten, ihre Probleme lägen an ihrer persönlichen Unfähigkeit. Sie fanden nämlich heraus, dass es fast allen Frauen ähnlich erging. Voller Zorn gingen sie auf die Straße, weil sie weltweit als Menschen zweiter Klasse behandelt wurden. In China wurden den Mädchen die Füße zusammengebunden, so dass sie nicht laufen konnten. Mädchen bekamen häufig keine Namen, sondern hießen Tochter eins, zwei oder drei. In arabischen Staaten wird ihnen ihre Klitoris beschnitten und sie dürfen nur tief verschleiert auf die Straße gehen. Mädchen, die lesen, werden auf fürchterlichste Weise bestraft. Bei den Inuit war es üblich, die Frau an Besucher auszuleihen. Doch diese Zeiten gehen hoffentlich jetzt ihrem Ende zu.

Überall auf der Erde suchen Frauen nach ihrer weiblichen Identität und erkennen ihren eigenen Wert. Wir finden unseren Stolz wieder, wenn wir aufhören, nach Bitterwurzeln zu graben. Stattdessen graben wir nun nach unseren eigenen Wurzeln. Und wir finden fast verschollene, blühende Zeiten in der Menschheitsgeschichte. Es waren sehr lange Zeiten, in denen es Matriarchate und Amazonenstaaten gab. Voller Begeisterung für das Unerforschte sichteten Wissenschaftlerinnen vielfältige Forschungsberichte, Literatur und Entdeckungen. All dies führte zu neuen Spuren und löste Fehldeutungen auf. Nun, da die Frage aller Fragen nach dem Sinn der eigenen Existenz Gestalt annimmt, holen Frauen die Göttin zurück in unsere von Männern bestimmte Welt.

DIE TOCHTER DER ERDE: FRAUENKRAFT UND INTELLIGENZ

Wir trugen die Sehnsucht in unserem Herzen, in einer Welt zu leben, in der nicht Angst das dominierende Lebensgefühl ist, sondern Liebe und Freude. Lange Jahre waren wir Frauen stolz darauf, ganz vieles zu schaffen. Doch wir haben die Kraft der alten Vorstellungen völlig unterschätzt, denn sie zogen uns schon mit der ersten Schwangerschaft wie an unsichtbaren Gummibändern zurück in die vorgesehenen Frauenrollen.

Doch die Träume der Frauen nach Freiheit und Gleichheit sind ebenso stark wie die alten gesellschaftlichen Traditionen. Inzwischen wissen wir aus Lebenserfahrung, dass es viele Arten von Intelligenz gibt, die wir nutzen können.

In der Schule lernten wir ausschließlich über die kognitive, also verstandesmäßig bestimmte Intelligenz der linken Gehirnhälfte. Reines Faktenwissen steht in unserem Bildungswesen im Vordergrund. Die logische Intelligenz benötigen wir, um zu verstehen und einzuordnen, was wir erfahren. Wir analysieren, schlussfolgern, sezieren, isolieren und fügen wieder zusammen. So versuchen wir das Ganze im Zusammenhang zu erkennen. Es wird experimentiert und probiert, was machbar ist. Es wird versucht, welche Ideen sich umsetzen lassen. Die Einseitigkeit dieser Intelligenz zeigt sich in dem Zustand unserer Welt. In Labors können Horrorvisionen von Dr. Frankenstein entstehen, der Leben aus toter Materie erschaffen wollte. Genau das ist es, wenn aus Faszination darüber, was machbar ist, mit überzähligen und gestohlenen Embryonen experimentiert wird. So sind letztendlich viele der klügsten Wissenschaftler die Allerdümmsten. Denn sie setzen durch ihre egoistischen Experimente das Leben aller Erdbewohner aufs Spiel, weil bei rein intellektuellem Vorgehen die Folgen für das Ganze aus dem Blick verschwinden.

Im Normalfall übernimmt die Sichtweise des Ganzen die sogenannte emotionale, „weibliche" Intelligenz. Sie steht nicht außerhalb des Geschehens, sondern begreift sich als Teil des Ganzen. Darum fügt sie immer Empathie, Mitgefühl und soziale Verantwortung zu den intellektuellen Erkenntnissen. Um die Gesamtheit, das Ganze, im Blick zu haben, nutzen wir die rechte Gehirnhälfte. Wir fügen zusammen, verweben, vernetzen und beziehen mit ein. Zwischen beiden Gehirnhälften befinden sich sogenannte Brücken, die die Bereiche miteinander verbinden.

Diese Brücken benötigen wir dringend in dieser Zeit, denn es ist die natürliche, ganz praktisch ausgerichtete Intelligenz. Sie hilft uns, Lösungen für die vielfältigen Probleme zu finden. Um eine neue kreative Bildung zu schaffen, die auf Liebe beruht und die Suche nach Wahrheit und Achtung vor dem Leben zum Inhalt hat, müssen wir viele neue Brücken bauen! Es handelt sich um ganz unterschiedliche Brücken, wie zwischen linker und rechter Gehirnhälfte, zwischen männlichem und weiblichem Vorgehen, östlicher und westlicher Lebensauffassung, altem und neuem Wissen.

Dabei ist uns auch die soziale Intelligenz von großem Nutzen. Sie bewirkt, dass wir uns für andere einsetzen, die Unterstützung brauchen oder Not leiden. Denn nur durch die Vielfalt der Begabungen und unterschiedlichen Fähigkeiten kann eine Familie oder Gruppe, also auch die Erdbevölkerung, überleben. Unsere soziale Intelligenz sorgt dafür, dass wir unsere schreienden Babys nicht einfach irgendwo hinlegen und weggehen, um endlich unsere Ruhe zu haben. Unsere soziale Intelligenz ist auch gefragt, wenn wir sehen, wie Menschen aus ihrer Heimat vertrieben werden. Sie hilft uns, uns in die Lage der anderen Menschen zu versetzen und Verantwortung zu übernehmen. Da dies häufig unbequem ist, fällen wir stattdessen Urteile über andere, so dass wir nicht handeln müssen. Die soziale Intelligenz ist ein Garant dafür, dass wir alles Lebendige pflegen und beschützen.

Unsere somatische Intelligenz meldet sich, wenn wir nach innen und auf die Signale unseres Körpers hören. Er gibt uns Rückmeldung darüber, wie ausgeglichen und gesund unser Körper-Seele-Geist-System ist. Unser Körper signalisiert uns, wie gut wir für ihn sorgen, wie positiv unsere Einstellung zu uns selbst und zum Leben ist und wie stark wir mit unserer inneren Mitte verbunden sind. Der Körper ist ein Spiegel unseres Denkens, Fühlens und Bewusstseins. Die somatische Intelligenz zeigt uns durch Signale und Symptome unsere gedanklichen Muster auf. Diese weisen uns den Weg zu einer neuen Bewusstheit und Einsicht. Wenn du zum Beispiel ständig einen steifen Nacken hast, macht es Sinn, genauer zu schauen, ob du innerlich so unbeweglich geworden bist, dass es dir schwerfällt, unterschiedliche Seiten einer Angelegenheit in den Blick zu nehmen. Dann kannst du üben, andere Ansichten mit liebevollem Verständnis anzunehmen. Wahrscheinlich wird dein Nacken dadurch wieder beweglicher.

Mit Hilfe der kreativen Intelligenz schaffen wir es, über unseren eigenen Schatten zu springen. Wir stellen neue Verbindungen her, die es vorher nicht gab oder die nicht erkannt wurden. Das ist häufig eine große Herausforderung. Doch gerade jetzt erfordert es das Leben, kreative Wege zu erkunden und auch neu zu denken. In unserer Wahrnehmung ist dies ein Quantensprung, denn wir lassen alte Denkmuster hinter uns und wagen es, Zusammenhänge herzustellen, die vorher nicht gesehen wurden. So ist es kein Zufall, dass gerade in den letzten Jahren ganzheitliche Therapieansätze großen Zuspruch finden.

Bei systemischen Familien-Aufstellungen beispielsweise wird nicht wie bisher nur auf den einzelnen Menschen geschaut, dem es nicht gutgeht. Stattdessen gerät seine gesamte Familie, das generationsübergreifende Familiensystem genauer in den Blick. Auf diese Weise konnte man die weitreichenden Folgen von schicksalhaften Dingen feststellen. Es zeigt sich, dass die Kinder- und

Enkelgeneration auffallend häufig unverarbeitete traumatische Erfahrungen ihrer Vorfahren tragen. Sie tun dies unbewusst aus innerer Verbundenheit. Stellvertretend tragen sie etwas, was ungelöst ist, und leiden darunter. Mit dieser ganzheitlichen Methode lassen sich gute Wege finden, die Heilung für die gesamte Familie bewirken. Der Einzelne wird praktisch wie ein Teil von einem filigranen Mobile gesehen, das auf jede Veränderung sensibel reagiert. Es wird geschaut, welcher Platz dem Betreffenden in seiner Familie zusteht, so dass eine gute Balance gefunden werden kann. Auf diese Weise gerät das Ganze wieder in den Blick.

Freies und mutiges Denken ist meistens nicht bequem, weil vieles in Frage gestellt wird und auch Bereiche beleuchtet werden, die lange als Tabu galten. Doch gerade in dieser fruchtbaren Zeit, in der wir zu neuen Ufern aufbrechen, benötigen wir unsere kreative Intelligenz.

Die Erfolgsintelligenz ist bei Männern stark ausgeprägt und Frauen nicht so vertraut. Sie hilft uns, unser Tun als Erfolg zu verbuchen und darauf stolz zu sein. Es bedeutet, erfolgreich zu sein und das zu verwirklichen, was die kreative Intelligenz entwickelte. In hierarchischen Systemen führt die Erfolgsintelligenz dazu, ein gut funktionierendes Finanznetzwerk aufzubauen und selber möglichst viel von den Geldströmen zu profitieren. Dies führt zu Gier nach Reichtum. Schließlich wird der Natur gravierender Schaden zugefügt und die wirtschaftlichen Interessen einer Gruppe sind bestimmend für eine ganze Gesellschaft. Dies ist ein eindeutiges Zeichen dafür, dass ein lebensverachtendes Prinzip herrscht.

Da Frauen eher nicht hierarchisch denken, geben sie anderen Werten den Vorzug. Meistens würdigen sie das Leben mehr als das Geld. Diese Belange werden wiederum in unserer von Männern bestimmten Welt nicht als grundlegend angesehen und deshalb finanziell kaum honoriert. Das ist der Grund dafür, dass Frauen ihre Erfolgsintelligenz nicht so hoch einschätzen. Denn alle Statussymbole, wie Geld, Häuser und Reichtümer, befinden sich fest in Männerhänden.

Die intuitive Intelligenz und Vorstellungsgabe lässt uns Dinge wissen, die mit dem logischen Verstand nicht oder nur schwer zu erklären sind. Sie zeigt, dass mehr möglich ist, als wir denken. Es gibt Eingebungen und Einsicht in Zusammenhänge, die auf unbewussten Gründen, Einfühlungsvermögen und Empathie beruhen. Ein unerwartet neuer Gedanke und Geistesblitz ermöglicht es, Dinge in völlig neuem Licht zu sehen. So kannst du vielleicht nicht begründen, woher du etwas weißt, du bist dir aber hundert Prozent sicher, dass es so ist. Du spürst, wie es deiner Freundin geht, auch wenn sie in Amerika lebt und du in Europa bist. Du weißt plötzlich, dass du schnell nachhause fahren musst. Dort steht dein völlig verstörter Freund, der gerade einen Autounfall hatte. Mit deinem Geist kannst du in Bereiche vordringen, um Menschen zu heilen. In der Seelenlandschaft des Hilfesuchenden kannst du Dinge bewirken, die auf der materiellen Ebene nicht möglich sind, die aber zur Heilung führen. Die Vorstellungskraft wird seit Jahrtausenden von Schamanen überall auf der Welt genutzt.

Mit der spirituellen Intelligenz sind wir in der Lage, große, kosmische Zusammenhänge zu erkennen und uns mit unserer Lebensquelle zu verbinden. Es ist das unbedingte Ja zum Leben, Dankbarkeit zu empfinden für das, was wir haben, und die Schönheit zu erkennen, die uns umgibt. Diese Intelligenz ist auf innere Werte und die Entwicklung des Bewusstseins ausgerichtet. Sie betrachtet das Leben als Entwicklungs- und Erfahrungsprozess, als „Schule des Lebens", in der es die unterschiedlichsten Wege und Prüfungen zu bestehen gibt, die sich mit Lern- und Erholungsphasen abwechseln. Das Ziel ist immer das erwachende und erweiterte Bewusstsein. Die innere Erneuerung, Entwicklung von Herzensqualitäten, das Erlangen von Weisheit und die Verbindung zur Seele kennzeichnen die spirituelle Intelligenz. Es ist der Weg unserer Seele und die Verbindung zum Höheren Selbst, zum Schutzengel, zu Gott, zur Quelle der Schöpfung und zum Spirit.

AUSSTIEG AUS DER SELBSTVERACHTUNG

Viele Frauen haben längst erkannt, wie zurzeit der Hase in unserer Gesellschaft läuft. Sie flüstern es einander zu und ihre Töchter wissen, dass das Wirtschaftssystem nur deshalb funktioniert, weil es hierarchisch aufgebaut ist und bis jetzt zum großen Teil auf Kosten von Frauen geht. Denn die aufreibende Arbeit von Müttern wird weder anerkannt noch bezahlt. Stattdessen muss 2014 in Deutschland jede zweite alleinerziehende Mutter mit ihren Kindern von Hartz IV leben. Das ist entwürdigend und beschämend. Da liegen einige Fragen nahe, zum Beispiel:

- Wie hoch wäre das Vermögen einer Frau, würde man ihre Familienarbeit gerecht und genauso entlohnen wie Männerarbeit?
- Warum wird die jahrelange Arbeit, die für den Fortbestand der Gesellschaft und Menschheit ausschlaggebend ist, so wenig anerkannt?
- Wer entscheidet, dass diese Arbeit wirtschaftlich nicht zählt?

Zugegeben: Sie ist schwer messbar, weil sie mit Gefühlen verbunden ist. Wir lieben unsere Kinder und schenken ihnen all die Aufmerksamkeit und Pflege, die wir geben können. Aber denke an all die durchwachten Nächte mit Babys und Kleinkindern, all die ungezählten Arztbesuche und jahrelange Schulaufgaben-Betreuung: Dies leisten Frauen ohne Anerkennung und Lohn, zusätzlich zum Großteil der Hausarbeit, die in einer Familie anfällt. Da fällt mir spontan eine kleine Liste ein: die Beseitigung der Wäscheberge, nicht enden wollende Einkaufsorgien, das tägliche Kochen und Putzen, die Fahrdienste, Erziehungsgespräche und Elternabende… Es wird unendlich viel Lebenszeit, Organisationstalent und Frauen-Power über viele Jahre selbstverständlich von der Gesellschaft in Anspruch genommen. In diesem Bereich findet ein Ausgleich von Geben und Nehmen nicht statt. Doch jede Frau, die ein oder zwei Kinder großgezogen und vielleicht noch ein Familienmitglied gepflegt hat, wäre mehrfache Hausbesitzerin, würde sie einen angemessenen Stundenlohn erhalten. All die geleistete Arbeit der Familienfrauen und Mütter wird der Gesellschaft geschenkt.

Ist es Zufall, dass soziale Berufe, die vorwiegend von Frauen ausgeübt werden, nicht bezahlt oder schlecht entlohnt werden?

Warum ist so viel ehrenamtliche Arbeit in der Gesellschaft notwendig? Zahlreiche Frauen arbeiten nach oder während der Familienphase noch ehrenamtlich. Und wieder stellen sie ihr Wissen, ihre Zeit und Erfahrung kostenlos zur Verfügung. Sie tun dies, weil sie sehen, dass die Arbeit getan werden muss. Angeblich steht dafür kein Geld zur Verfügung. In Mini- oder Gelegenheits-Jobs werden sie weiter ausgenutzt. **Das Geld, das Frauen für ihre geleistete Arbeit zusteht, fließt leider in andere Kanäle und landet in den Taschen von Männern.**

Darum sorgen viele junge Frauen erst einmal für sich. Denn sie tragen das Erbe ihrer Mütter und Großmütter in den Knochen. Sie stillen den angestauten Frauen-Hunger nach Bildung, Abenteuern, Reisen, Freiheit und Ungebundenheit. Mit der jungen Generation weht ein neuer, frischer Wind. Diese Mädchen und Frauen nehmen ganz selbstverständlich die gleichen Rechte in Anspruch, wie sie Jungen und Männer haben. Dadurch hat sich schon jetzt vieles verändert. Diese Frauen machen erst einmal Karriere. Sie stecken viel Zeit in ihre Ausbildung, reisen, verdienen Geld und entscheiden sich, wenn überhaupt, erst sehr spät dazu, Mutter zu werden.

Darum ist die Frage nicht abwegig: Was würde mit unserer Wirtschaft geschehen, wenn keine Frau mehr bereit oder in der Lage wäre, ein Kind zu bekommen?

Die Gesellschaft und Wirtschaft reagiert notgedrungen auf die neuen Generationen. Inzwischen gibt es sehr gute Kindergärten und Krippen in Unis und Firmen. Vorbei sind die Zeiten, in denen die jungen Eltern, als sie Kinder waren, nur zwischen 9 und 12 Uhr im Kindergarten abgegeben werden konnten. Die modernen jungen Mütter werden sich nicht zwischen Beruf und Familie entscheiden, denn sie können beides haben, wenn sie möchten. Und die jungen Männer und Väter werden es anders machen als die Generation ihrer Väter. Durch die technische Wissensgesellschaft werden sie sich nicht als Arbeitssklaven verdingen, die von ihren Kindern nur schlafend oder todmüde erlebt wurden. Dadurch kann ein Familienleben mit ganz neuen Inhalten gefüllt werden.

Der Wert von Arbeit wird aus individueller, unternehmerischer und gesellschaftlicher Perspektive neu gedacht. Zurzeit drückt der Arbeitslohn den Wert der Arbeit aus, der sich lediglich an ihrer ökonomischen Verwertbarkeit bemisst. Die Frage ist, wie es erreicht werden kann, dass Tätigkeiten im Gesundheitsbereich, im Sozialen und Kreativen, in der Kunst und Kultur besser vergütet werden können. Denn ihre Wertschöpfung und kulturelle Bereicherung sind für die Gesellschaft sehr hoch. Allerdings entspricht die Bezahlung dieser Arbeit nicht der notwendigen Wertschätzung, denn in Euro wird ihr Wert sehr gering gehandelt.

Wir wissen alle, dass es auf keinen Fall so weitergeht wie bisher. In der Natur gibt es kein ungebremstes Wachstum. Irgendwann sind alle Ressourcen verbraucht.

Was jetzt notwendig ist, ist ein inneres Wachstum, eine grundlegende Transformation. Eine natürliche, frische und lebendige Art, zu denken, zu fühlen und zu leben. Wir müssen uns eine neue Dimension erobern und als

Menschheit einen Entwicklungssprung machen, so wie sich aus einem Ei eine Raupe entwickelt, die sich verpuppt und dann ein wunderschöner Schmetterling wird. Oder so, wie aus einem anderen Ei eine Kaulquappe schlüpft. Ihr wachsen Beinchen, sie wird zum Frosch und hüpft an Land. Durch ihre erstaunlichen Entwicklungsschritte und Verwandlungsfähigkeiten zeigen uns diese Tiere, dass es möglich ist, sich grundlegend zu verändern und dann ganz neue Erfahrungswelten kennen zu lernen. Der Schmetterling lebte als Raupe auf der Erde, schlüpft aus dem Kokon, breitet seine Flügel aus und fliegt los. Nun kann er sowohl auf der Erde landen als auch in der Luft fliegen. Er hat sich eine neue Dimension erobert. Auch der Frosch verlässt nach zahlreichen Verwandlungen sein wässriges Element und geht an Land.

Auf die Arbeitswelt übertragen bedeutet dies, dass wir Sprünge in eine andere und neue Denkweise wagen müssen, um notwendige Veränderungen bewirken zu können.

Das beginnt damit, wie wir mit unseren Kindern umgehen. Sie kommen überaus wissbegierig und voller Neugier auf die Welt. Sie bringen unendlich viel Kreativität, Witz, freie Denkansätze, philosophische Weisheit und Sprachbegabung mit. Diesen Schatz der frühen Kindheit haben sie bereits mit acht Jahren, nach zwei Schuljahren verloren. Die ursprüngliche Begeisterung und Freude am Lernen sind weitgehend verschwunden, weil sie nicht das lernen, was für sie selber bedeutsam und interessant ist. Stattdessen werden sie angefüllt mit Faktenwissen und Frühförderung. Es wird nicht genauer geschaut, was sie schon mitbringen und lernen möchten. Was begeistert sie? Welchen Fragen möchten sie nachgehen?

Wenn es für Kinder Schulzeiten gäbe, in der sie auf ihrem persönlichen Weg eine kompetente und liebevolle Begleitung hätten, würde die Freude am Lernen überwiegen und nicht die Schulangst. Denn häufig findet eine frühzeitige intellektuelle Beschulung statt, obwohl das notwendige Abstraktionsniveau noch gar nicht entwickelt ist. Die Schulpausen zum Erholen verbringen die Kinder meistens auf einem zubetonierten Schulhof, auf dem sich Klettergerüste aus Metall befinden. Wie viel natürlicher und anregender wäre ein Obstgarten mit Kletterbäumen, Blumenwiese, Bach, Gemüsebeeten, Insektenhotel, Vogelhäusern, Tieren, Brunnen, Steinbackofen, Feuerstelle und Michels Tischlerschuppen zum Bauen, Basteln und Experimentieren.

Kinder fragen ihre Eltern und Lehrer nach dem Weg. Die tägliche Erfahrung zeigt leider, dass sie oft allein gelassen werden mit ihren Fragen und ihrem Bedürfnis, in Ruhe herauszufinden, was sie selber interessiert. Langeweile und Zeit für Experimente und Abenteuer verschwinden immer mehr aus dem Kinderleben. Doch gerade diese Erfahrungen regen zur Kreativität an. Bei den Cheyenne-Indianern war es so, dass die Erwachsenen des Stammes das Kind beobachteten, um herauszufinden, welche Interessen es hat. Dann nahm es zum Beispiel die Großmutter mit, wenn sie Heilkräuter sammelte, und brachte ihrem Enkel vieles darüber bei. Anschließend nahm es der Vater mit, wenn er neue Pferde kaufte, und sah, ob das für das Kind interessant war. Das nächste Mal blieb es für einige Zeit bei der Tante, die töpferte und webte. So brachte jeder dem Kind etwas bei. Es nahm ganz natürlich am Leben der Erwachsenen teil. Die Interessen entwickelten sich und seine Begabungen zeigten sich früh. Bei der Erziehung schauten diese Menschen ganz bewusst auf die individuellen Stärken der Kinder und bestärkten sie früh darin, etwas Wertvolles zum Leben aller beizutragen. So erhielten die Kinder eine umfangreiche Bildung, die für das Überleben des Stammes wichtig war.

Unsere Schulen bilden die junge Generation zu erfolgreichen Einzelkämpfern aus. Konkurrenz und Wettbewerbsverhalten werden durch den Vergleich und Noten gefördert. Wahrscheinlich müssen jetzt grundlegende gängige pädagogische Maßnahmen auf ihren Nutzen hin neu überprüft werden. Was bedeutet es, dass Fehler rot angestrichen werden? Kinder sind in der Schule, um zu lernen. Wäre es nicht genauso sinnvoll, das Richtige zu belohnen? So lernen Kinder vieler indigener Völker. Sie heben die originellen Ideen ihrer Kinder hervor und beobachten genau, wofür sich das einzelne Kind besonders interessiert, um es entsprechend zu fördern. Sie erwarten und belohnen gegenseitige Unterstützung und Hilfe und vermeiden Beschämung. So wird schon früh Gemeinschaftssinn und Verantwortlichkeit füreinander kultiviert, der das Überleben des Stammes sichert.

Unser System macht nicht nur die Lehrer krank, sondern auch die Schüler, denn es entmutigt ihr liebevolles Herz und zerstört systematisch die natürliche Verbundenheit untereinander. So fühlen sich viele Kinder einsam und sind unglücklich. In der Schule werden sie darauf vorbereitet, später erfolgreich einen Platz in der Hierarchie einnehmen zu können. Doch der Preis dafür ist hoch. Denn wenn im Beruf Teams gebildet werden, gibt es Probleme, weil sich jeder weiterhin als Einzelkämpfe verhält, zu dem er über viele Jahre ausgebildet wurde. Es fehlt eine innere Verbundenheit der Gruppe und so arbeitet jeder alleine vor sich hin. Doch was sich einer ausdenken kann, reicht längst nicht mehr aus. Denn wir brauchen die Fähigkeiten von vielen, um hochkomplexe, nachhaltige und innovative Lösungen zu finden. **Damit Menschen als gut-funktionierendes Team zusammenarbeiten, brauchen sie ein emotionales gemeinsames Ziel, hinter dem jeder steht.** Dies ist wahrscheinlich der Fall, wenn eine Oberstufenklasse gemeinsam einen alten Bus repariert, um eine Klassenreise zu unternehmen, die von allen zusammen geplant und organisiert wird. Diese Schüler werden viel lernen, was ihnen im späteren Leben äußerst nützlich ist, und sie werden genauso viel Spaß zusammen haben.

Erst eine gemeinsame Idee oder Vision verbindet die Gruppenmitglieder miteinander, denn jeder einzelne Teamplayer freut sich auf die bevorstehenden Abenteuer. Der Bus muss fahrbereit gemacht werden und die Planung der Reise steht an, um dann eine schöne gemeinsame Zeit zu haben. Jede mögliche Begabung kann zum Einsatz kommen und neue Fähigkeiten werden erlernt. Das gemeinsame Ziel eines Teams muss alle begeistern, anfeuern und emotional tief betreffen. Dann verlagert sich das Interesse von der eigenen Person auf das angestrebte Ziel. Jeder ändert seine innere Haltung. Der Funke springt über, die Idee begeistert und der gemeinsame Vorteil steht über dem des einzelnen. Nun wird ein Teamgeist wachsen.

Eine gute Freundin macht sich selbständig und kauft ein großes ehemaliges Hotelgelände mit viel Wald und Natur drum herum. Sie hatte schon immer den Traum, Menschen Naturerlebnisse der besonderen Art zu bieten. Mit ihrer Vision hat sie Hunderte von Menschen begeistert. Nun hat sie den richtigen Ort gefunden, um ihre Träume zu realisieren. Durch ihren Mut, ihre Tatkraft und ihre funkensprühende Begeisterung entstehen erfolgreiche und sehr aktive Teams. Diese bestehen aus Leuten, die sich sonst nie kennengelernt hätten. Es engagieren sich Kindergärten und Werbegrafiker, Bauernhof-Pädagogen, Trainer und Manager, Familien mit Kindern, Therapeuten und Bauern mit ihren Tieren, Freunde, Köche und Hauspersonal, Gäste und Autoren, Musiker, Designer, Künstler und Sportler, Handwerker und Freiberufler. Die

Augen von zahlreichen Menschen beginnen zu leuchten, denn ihr Geist ist wieder beflügelt. Sie erkennen für sich neue Chancen, das zu verwirklichen, was ihren Herzenswünschen entspricht. Schon jetzt ist es ein lebendiger Ort der intensiven Begegnung und Bereicherung. Hier entsteht gerade für viele Seelen ein inneres Zuhause, denn plötzlich beleben ungezählte Möglichkeiten diesen Ort, der noch vor wenigen Monaten im seligen Dornröschenschlaf lag.

Dornröschens Einsicht:
Viele Jahre hatte Dornröschen geschlafen. Jetzt wird sie wach. Sie schaut sich um, aber sieht niemanden, der sie retten möchte. Sie schläft wieder ein. Jahre gehen vorbei und eines Tages erwacht sie wieder. Sie schaut sich nach allen Seiten um, aber es ist keiner da, kein Prinz, kein Jäger, kein Gärtner, und so legt sie sich wieder zum Schlafen nieder. Schließlich erwacht sie zum dritten Mal. Sie öffnet die Augen, sieht aber niemanden, der sie rettet. Da sagt sie sich selbst: „So, jetzt ist es aber genug." Sie steht auf und ist frei.

Diese neue innere Freiheit ist ein beglückendes Erleben. Es bedeutet einen Quantensprung in ein neues Bewusstsein, denn es eröffnet eine neue Ebene, sich selber wahrzunehmen. Dies kann in jedem einzelnen erlebt werden, wie in Dornröschens Einsicht, aber auch als Gemeinschaft oder Gruppe, wie oben beschrieben.

Der gleiche Vorgang findet in der Natur statt, wenn sich einzelne Zellen zusammenschließen, um gemeinsam ein Organ zu bilden, zum Beispiel ein Herz oder Auge. Das Leben jeder einzelnen Zelle ist nun völlig neu. So ist es auch für jeden einzelnen Menschen, der sich mit anderen zu einem Team zusammenschließt. Dies wird immer wieder beschrieben, wenn sich Musiker zu einem Orchester zusammenfinden. Erfolgreiche Teams bewirken bei Menschen, dass sich im Gehirn die neuronalen Vernetzungen verändern und erweitern. Auf diese Weise wirken äußere Veränderungen auf unser inneres Erleben und auf unser seelisches Wachstum. Die Begeisterung verändert die Selbstwahrnehmung und wir fühlen uns intensiv miteinander verbunden. So kann sich für eine Gesellschaft eine neue emotionale Beziehungskultur entwickeln. Dann bemühen sich die Menschen nicht länger, möglichst gut zu funktionieren oder sich auf Kosten von anderen zu bereichern. Stattdessen empfinden sie Freude darüber, dass ihr Tun das Leben ihrer Mitmenschen bereichert. Denn auch sie selber erhalten diese Geschenke von anderen. Dann entsteht eine positive Spirale, die immer mehr Lebensfreude erzeugt. Denn viele Situationen entstehen, in der nicht nur einer siegt, sondern in der alle gewinnen.

DER BIOLOGISCHE UND SPIRITUELLE WEG DER FRAUEN

Ein Frauenleben ist nach dem Mond und seinen wiederkehrenden Zyklen ausgerichtet. Frauen erleben ständig körperliche innere Veränderungen. Sie reagieren auf die nicht sichtbare, nicht physische Ebene. Ihre Symbole sind der Kreis und die Spirale. Bei einer Frau ist vieles naturgegeben rund: der Kopf, die Brüste, die Hüften und der Bauch. Der Kopf, damit das Denken neue Wege und Lösungen auf kreativen Wegen findet. Geht es nicht so, dann eben anders. Die Brüste nähren neues Leben, geben Geborgenheit und schützen das Neugeborene vor Infektionen. Die Hüften setzen Notvorrat an und der Bauch ist der geheime Ort, in dem neues Leben entsteht und geschützt heranwächst.

Allein der Körper einer Frau zeigt, dass vieles im Dunklen und Geheimen geschieht. Ihr innerer Weg ist vor den Augen der anderen verborgen und hält für sie selber große Überraschungen bereit. Darum wird er als das „verschleierte Mysterium" bezeichnet. Denn innere Erschütterungen, die das Leben jeder Frau begleiten, verändern sie auf ganz natürliche Weise und lassen sie innerlich wachsen.

Der Wohnraum in einem weiblichen Körper ist Höhlenreich und enthält einen Raum, der in der Schwangerschaft dem Kind eine geschützte Heimat bietet. Auch die Sexualität erleben Frauen in ihrem inneren Raum. Diese Erfahrungen prägen Frauen und machen sie hellhörig für innere Vorgänge. Niemals kämen Frauen auf die Idee, es gäbe keine innere Wirklichkeit.

Schon kleine Mädchen haben die Fähigkeit, sich in andere einzufühlen und deren Wünsche und Bedürfnisse zu verstehen. Die erste Blutung und der Rhythmus der monatlich wiederkehrenden Menstruation sind wichtige Impulse für ihr seelisches Wachstum, weil sie von Kräften gesteuert werden, die größer sind als wir. Mädchen lernen schon früh, dass es Dinge im Leben gibt, die weder zu beeinflussen noch zu steuern sind. Daher sind sie realistisch in Bezug auf Macht. Eng damit verbunden sind die mögliche Erfahrung einer Schwangerschaft und Geburt. Sie betrifft den gesamten Lebensplan und die Zukunft. Vielleicht ist die Schwangerschaft ein Geschenk. Doch wenn sie unerwünscht ist, ist sie eine düstere Schicksalswolke, der sich die Frau stellen muss. Sie kann nichts anderes tun. Sie ist dem Ereignis ausgeliefert und muss sich für einen Weg entscheiden. Manche treiben ab. Sehr viele Frauen erleben eine Fehlgeburt oder Totgeburt. Die damit verbundenen tiefen, existenziell erschütternden Gefühle und hormonellen Schwankungen kann ein Mann nicht nachempfinden. Denn all diese Geschehnisse sind so unendlich nahe, sie finden im Körper, in der inneren Mitte der Frau statt. Deshalb können diese Erfahrungen nur Frauen miteinander teilen. Sogar in unserer Zeit der lückenlosen medizinischen Kontrolle spürt jede Frau die mögliche Nähe des Todes während einer Geburt. Und fast jede Frau hat in ihrer Familie eine Großmutter, Tante, Verwandte, Freundin oder Ahnin, die an den Folgen einer Schwangerschaft gestorben ist. Diese naturgewaltige Geburtserfahrung – so alltäglich sie auch ist – verändert jede Frau und schenkt ihr seelische Tiefe. Ab nun hat sie Mutterkraft und trägt die Verantwortung für ein Kind.

Wenn eine Frau schwanger wird, ohne dass sie das Weibliche in sich akzeptiert, wird ihr Wissen über Nähren, Aufblühen, Gewährenlassen und Überleben beschädigt sein. Sie braucht dann eine erfahrene ältere Frau – ihre Mutter oder eine Hebamme –, die ihr beisteht, sie anleitet, sie hält und ihr Mut macht. Zuerst muss sie selber genügend bemuttert werden, bevor sie für ihr Kind eine nährende Mutter sein kann. Als Mutter nimmt sie Blickkontakt mit ihrem Neugeborenen auf und schenkt ihm die Geborgenheit und Sicherheit, die es braucht, um ein gutes Leben zu beginnen. Die junge Mutter braucht die Bestätigung, dass sie ihr Baby stillen kann und all den neuen Herausforderungen gewachsen ist.

Durch die Schwangerschaft und Geburt bindet sich die Frau an die Wachstumszyklen der Natur. Diese Erfahrungen speichert sie als Wissen und sie prägen ab jetzt ihr Grundgefühl. Sie stimmt sich auf das Leben und die Erde ein und verbindet sich mit dem uralten Wissen, das in der Erde schlummert. Mir ging es bei meiner zweiten Schwangerschaft so, dass ich das ganz tiefe Vertrauen und Wissen in mir spürte, dass ich die Geburt am allerbesten alleine zu Hause erleben würde. Ohne Klinik, all die ratternden Apparate, schmerzhaften

Untersuchungen und die damals mit einer Geburt verbundenen Demütigungen. Vor meinem inneren Auge entstand immer wieder das Bild, wie Frauen in Afrika völlig selbstverständlich und autark gebären. Schließlich hatte ich ein wunderbares Geburtserlebnis, an das ich mich immer gerne erinnere, weil es sehr harmonisch und natürlich war. Ich war ganz in meinem Rhythmus und konnte anschließend in Ruhe und voll Dankbarkeit meinen Sohn hier auf der Welt begrüßen. So habe ich mir meine weibliche Macht, meine Mutterkraft und meinen Stolz von den Ärzten zurückgestohlen.

Eine Schwangerschaft kann eine Frau, die nicht mit ihrer inneren Weiblichkeit in Balance ist, in eine Depression stürzen. Das kann geschehen, wenn sie völlig von der Erde getrennt lebt oder ihrer Weiblichkeit gegenüber sehr feindselig eingestellt ist. Dann verliert sie jedes Gefühl von Verbundenheit mit der Erde. Sie spürt, dass sie losgelöst ist von anderen Menschen, und hat kein Gefühl für sich selbst. Ihr Löwinnen-Bewusstsein ist ihr abhandengekommen. Sie ist sich ihres Wertes, ihrer Fähigkeiten und Kräfte nicht bewusst, und sie braucht dringend andere Frauen, die sie mit diesem Wissen nähren. Denn je in sich ruhender eine Frau während der Schwangerschaft ist, umso größer sind die Chancen, dass sie sich mit der Erde verbunden hat und sich selber achtet. Viele Frauen blühen richtig auf, empfinden sich völlig ausbalanciert und in sich ruhend, wenn sie schwanger sind.

Wenn eine Frau später ihr Kind nicht loslassen kann und sich innerlich anklammert oder nur für das Kind lebt, wird sie keine gute Gastgeberin sein können. Da sie selber ihren nächsten Entwicklungsschritt nicht macht, wird sie ihr Kind auf seinem Weg ins Leben behindern. Doch wenn die Kinder irgendwann erwachsen sind, ist es möglich, dass eine Frau die ganze Weisheit des Lebens in sich trägt. Denn sie hat selber Geburt, Tod und Neugeburt in ihrem Körper erfahren. Das macht sie zur Meisterin von Vergangenheit, Gegenwart und Zukunft. Dann ist sie eine „Älteste" und „Weise Frau".

Natürlich ist nicht jede alte Frau dadurch, dass sie schon lange lebt, eine weise Frau. Dies hängt von ihrer Fähigkeit ab, die zerrissenen Fäden ihres Lebens zu einem schönen Muster zusammenweben zu können. Doch Großmütter und Großväter können in die Vergangenheit sehen. Sie erkennen Weisheit oder deren Abwesenheit in der Gegenwart. Und sie wissen, was in dieser Zeit notwendig ist, damit es eine Zukunft gibt.

Die Tatsache, dass eine Frau jeden Monat blutet, ohne verletzt zu sein, ist ein Mysterium. Es birgt eine elementare Magie und Schöpferkraft. Jede Menstruation ist der Beweis dafür, dass diese Frau die wunderbare Möglichkeit in sich trägt, neues Leben aus sich heraus zu kreieren. Es ist ein Zeichen ihrer Frauenmacht. In anderen Kulturen, wie zum Beispiel bei den Cheyenne-Indianern, galten Frauen, die ihre „Mondzeit" hatten, als äußerst kraftvoll. Mit der Kraft ihres Blutes konnten sie den Boden fruchtbar machen, wenn sie es Mutter Erde schenkten. Indianerinnen galten während ihrer Menstruation als so machtvoll, dass sie von Ratsversammlungen ausgeschlossen wurden, weil sie alle anderen dominiert hätten.

Doch in unserer Kultur wird die Menstruation als notwendiges und lästiges Übel angesehen. In unserer von Männern geprägten Gesellschaft ist diese besondere Zeit mit einem Tabu belegt. Das Menstruationsblut wurde als schmutzig und abscheulich abgewertet. Es wurde in Lumpen abgefangen und als ekelhafter Abfall angesehen. Irgendwann begann das Gift zu wirken und Frauen fühlten sich in dieser Zeit schmutzig. Sie begannen, sich gegen ihren eigenen Körper zu wehren. Der reagierte mit starken Schmerzen und Krämpfen. So kommt es, dass Frauen bis heute dafür sorgen, dass Männer nichts von ihrem Zyklus mitbekommen.

Im wirklichen Leben gibt es nun kein magisches Blut mehr, das als Zeichen der Fruchtbarkeit gilt. Aber in der Kirche gibt es das Blut eines heiligen Mannes. Es wird durch roten Wein symbolisiert. Wer ihn im Abendmahl zu sich nimmt, erhält neues Leben. Während der Zeremonie tragen Männer lange geschmückte (Frauen)- Gewänder. Der aus der katholischen Messe bekannte Satz: „Das ist mein Blut" wurde übernommen aus den alten eleusinischen Mysterien. Dies war früher der Satz der Großen Mutter, die mit ihrem Blut Leben und Unsterblichkeit schenkte.

DIE FARBEN DER GÖTTIN UND FRAU:

Weiß steht für das Mädchen, die Jungfrau und junge Frau.

Es gibt noch Relikte aus der Zeit des Mutterrechts, die sich bis heute in unserer Kultur als Tradition erhalten haben. Das weiße Taufkleid, das weiße Kleid der Blumenkinder und das weiße Brautkleid symbolisieren Unschuld und Unbefleckheit. Die Kleidung des Bräutigams hingegen nicht. Der weiße Braut-Schleier weist auf die verschleierten Mysterien des Frauseins hin. In der katholischen Kirche tragen die Kommunionskinder weiße Kleidchen und Anzüge. Weiße Gewänder tragen auch die Heiligen im Himmel. Das lange weiße, mit kostbaren Spitzen verzierte Gewand ist allein dem Papst vorbehalten.

Rot symbolisiert die menstruierende, kreative Frau und Mutter.

Relikte, die noch aus der Zeit des Matriarchats stammen und Frauen mit ihrer schöpferischen Fähigkeit und Sinnlichkeit verbinden, sind rot lackierte Fuß- und Fingernägel, rote hochhackige Schuhe und der rote Lippenstift. In der Kirche gibt es eine jahrhundertealte Kleiderordnung. Der Papst trägt rote Schuhe als Zeichen seiner Macht, ebenso wie andere hohe Priester. Kardinäle erkennt man an der roten Soutane.

Die Christen hatten mit den Kimbern und Teutonen (heutigen Dänen) besondere Schwierigkeiten. Da diese häufig blauäugig und rothaarig waren, wurden besonders rothaarige Menschen als Zauberinnen und Teufel von den Inquisitoren verfolgt.

Schwarz steht für die alte Heilerin und Großmutter.

Diese Symbole aus der Zeit femininer Hochkulturen gibt es auch heute noch. Es ist die schwarze Kleidung alter Frauen, die in den Mittelmeerländern üblich ist, der moderne schwarze Nagellack und schwarze Trauerkleidung. In der Kirche trägt der Pfarrer bei Amtshandlungen einen schwarzen Talar.

Da wir seit ungezählten Generationen einen männlichen Gott anbeten, der keine mächtige Schöpfungs-Göttin an seiner Seite hat, wirkt sich dies natürlich stark auf Mädchen und Frauen aus.

- **Junge Mädchen und Frauen besitzen kein strahlendes Vorbild.**
  Dadurch können sie nur schwer ein gesundes weibliches Selbstbewusstsein aufbauen. Mädchen und Frauen haben auffallend häufig Probleme mit ihrer Mutter und wollen niemals so werden wie sie. Außerdem stehen ihnen von Anfang an in vielen Teilen der Erde nicht die Gesundheitsvorsorge, Nahrungsmittel und Ausbildungsmöglichkeiten offen wie Jungen und Männern. Es fehlt die grundsätzliche Wertschätzung weiblichen Wesen gegenüber.
  Mädchen wünschen sich die Freiheit ihrer Brüder.

- **Die kreative Frau wird weder als Künstlerin noch als Mutter geachtet und für ihre Arbeit entsprechend entlohnt.**
  Sie arbeitet neben der Familie wie die Männer und ist deshalb zu 300% belastet. Sie leistet als Mutter, Hausfrau und Berufstätige ihr Bestes, verdient im Endeffekt aber weniger als ihre männlichen Kollegen in gleicher Position. Durch diesen Lebensstil ist sie chronisch überarbeitet und es bleibt ihr keine Zeit, ihr Frausein zu leben. Auch die wichtige Kulturarbeit der Erziehung wird vernachlässigt. Dies führt zur Vereinsamung vieler Kinder und hat entscheidende gesellschaftliche Probleme zur Folge.
  Frauen wollen sich nicht länger im Leistungssystem von Männern bewegen. Ihr Symbol ist nicht die Leiter oder Hierarchie. Sie können ihre Stärken viel besser im Kreis oder der Spirale einsetzen, um Energien fließen zu lassen. Sie wollen ihren Mitmenschen ins Gesicht sehen und sich für das Leben, die Kultur und den Frieden einsetzen.

- **Im Beruf wird eine Frau ab 50 behandelt, als wäre Alter eine Krankheit.**
  Auf dem Arbeitsmarkt ist sie so gut wie unvermittelbar. Doch Frauen leisten in ihrem Leben den größten Teil der Arbeit und ziehen gleichzeitig Kinder groß. Trotzdem ist der Prozentsatz von Frauen, die in Armut leben müssen, unverhältnismäßig hoch.
  Erfahrene Frauen wünschen sich, dass ihre Erkenntnisse und ihre Weisheit geachtet werden. Sie hüten die Schätze der Traditionen, Geschichten und Erinnerungen an eine Zeit, die sonst vom Wind verweht wird. Doch ihr altes Wissen könnte unser Leben und das unserer Kinder retten.

ALTES UND NEUES WISSEN ZUM JAHRESKREIS

In den meisten älteren Kulturen wird dem Mond eine weibliche Rolle zugeteilt. Sie sahen mehr als kaltes Silberlicht und Mondgestein. Weltweit gibt es zahlreiche Mondfeste, die die zunehmende Mondin, die Vollmondin, die abnehmende Mondin und die Neumondin feiern. Der Mond stellt meistens eine zentrale Göttin dar. Bei den Ägyptern ist es die wunderschöne Isis, bei den Römern heißt sie Luna und Diana. Meistens wurden Sonne und Mond als gegengeschlechtlich gedacht. **Meistens wurde der Mond als weibliche Göttin mit drei Gesichtern dargestellt:** Bei zunehmendem Mond zeigt sich die verführerische Jungfrau voller Sexualität, bei Vollmond die fruchtbare Mutter und bei abnehmendem Mond das alte Weib, die Hexe mit der Kraft zu heilen. Bei den Griechen hießen sie Artemis, Selene und Hekate. Die Kelten gaben ihnen die Namen Blodenwedd, Morrigan und Ceridwen. Gleichzeitig stehen sie für Vergangenheit, Gegenwart und Zukunft. Die Menschen beobachteten und wussten, dass die Bewegungen des Mondes die Wassermassen auf der Erde und die Gezeiten beeinflussen. Da unser menschlicher Körper zum großen Teil aus Wasser besteht, wirkt die Mondin auch direkt auf uns, ebenso auf das Wetter und die Bewegungen des Landes. In alten Kulturen, in denen die Menschen sehr viel naturverbundener lebten als wir heutzutage, zeigte sich die Macht der Mondin deutlich.

Plutarch schrieb: „Die ägyptischen Priester bezeichnen den Mond als Mutter des Universums." Die Maya sahen den Mond als Großen Spiegel der Geschehnisse des Universums. Die Sioux sprachen vom Mond als von „der alten Frau, die niemals stirbt." Die Irokesen bezeichneten sie als die „Ewige". Für Perserinnen war sie „die Mutter, deren Liebe alles durchdringt." Die von Christen verehrte Jungfrau Maria verkörpert einen Aspekt der dreifachen Göttin. Beten Französinnen „Notre Dame" an, so sprechen sie zur Mondin. Da der Mond das Leben aller Menschen stark beeinflusst, schmückten sich Priesterinnen alter Kulturen immer mit Nachbildungen der Mondphasen.

In der Nähe des Brockenbergs wurde ein bedeutender archäologischer Fund gemacht: die Himmelsscheibe von Nebra. Dies ist ein geheimnisvoller Ort, an dem besondere Lichterscheinungen zu beobachten sind. Hier ist die Grenze zwischen den Wirklichkeiten zu spüren. So war dies zu allen Zeiten ein heiliger Ort. Die Himmelsscheibe ist ca. 4000 Jahre alt und zeigt eine der ältesten Darstellungen astronomischer Phänomene. Sonne, Mond und ein abstraktes Sternennetz, ein Schiff, das über den Himmelsozean fährt, und goldene Horizontlinien, mit denen die Sommer- und Wintersonnenwenden berechnet werden können. Mit diesem Kalender konnten Aussaat und Erntezeit bestimmt werden. Die Himmelsscheibe ist ein astrologisches und gleichzeitig ein wunderschönes, mystisches Symbol aus Bronze mit Goldapplikationen.

Weil die Umlaufzeit des Mondes dieselbe Anzahl von Tagen wie der Menstruationszyklus der Frauen beträgt, galt die Mondin als Herrin über das Blut. Die Große Mutter entschied über die Fruchtbarkeit, Empfängnis, das Werden und Sterben. Um dieses weise Blut der Göttin ranken sich viele Legenden und Mythen. In unserer Kultur kennt jeder das Märchen von Schneewittchen: Die Königin wünscht sich eine Tochter, so weiß wie Schnee, rot wie Blut und schwarzhaarig wie Ebenholz. Nach der Geburt ihrer Tochter stirbt die Königin... Das alte Wissen um die dreifache Gestalt der Göttin ist also immer noch vorhanden, allerdings sehr versteckt. So stammt auch die Mode, dass sich Frauen die Fingernägel lackieren, aus dieser alten Zeit. Gerade in den letzten Jahren ist zu beobachten, dass neben allen Rot- und Lila-Tönen auch weißer und schwarzer Nagellack aktuell und chic sind.

Auf unbewusste Weise nutzen wir unsere Frauen-Magie, drücken unsere spirituelle Kraft aus und senden uralte Signale. In anderen Kulturen tragen Frauen Ornamente aus Henna auf den Händen... Dies zeigt, wie tief verbunden wir Frauen mit unserer Intuition und ursprünglichen Kraftquelle sind. Denn so fühlen wir uns der Göttin nahe, sind energiegeladen, kreativ und sehr weiblich. In früheren Zeiten hieß es, das Blut der Göttin verleihe Unsterblichkeit und mache aus Königen Götter. Die legendäre purpurrote Königsrobe ist auf diesen Glauben zurückzuführen.

Wissenschaftler haben herausgefunden, dass der Mond seinen Mutterplaneten, unsere Erde, stabilisiert und beschützt. Er hält die Erdachse stabil, ebenso den Rhythmus der Jahreszeiten, Ebbe und Flut. Wenn der Mond verschwindet, gibt es kein Leben mehr auf der Erde. Verändert er seine Laufbahn, geht das Gleichgewicht auf der Erde verloren. Neueste Messungen belegen, dass sich der Mond sehr langsam, aber doch von der Erde entfernt...

Unser Osterfest ist ein ursprüngliches und uraltes Mondfest zum Frühlingsanfang. Ostara ist die Göttin der Morgenröte, des Frühlings und der Fruchtbarkeit. „Os" bedeutet Mund, Schoß, Erde, Geburt, Entstehung und „tar" zeugen. Ostara könnte man also als Erd-Zeugung in Frühling beschreiben. Auch Osten kommt in der Silbe vor. Die rote Sonne geht im Osten auf und wird jeden Tag wiedergeboren. Ihr Symbol ist das Ei, das neues Leben birgt und ein Bild der Wiedergeburt darstellt. Rote Ostereier sind immer sehr beliebt. Diese Farbe symbolisiert Blut und das Leben selbst. Darum wurden junge Mädchen, die zu Ostern ihre erste Blutung hatten, verehrt. Ihr Blut galt als heilig. Es wurde aufgefangen und zum Segen der Ernte in einem Ritual der Erde übergeben, um die Felder fruchtbar zu machen. Auch heute noch werden in manchen Gegenden um Ostern herum die Felder in einem besonderen Ritual vorbereitet. Es wird Feldweihe genannt. An jeder Ecke des Feldes werden heilige Kräuter, oft Pfefferminze, Schlüsselblumen und Weidenzweige, zusammen mit einer Kerze in den Boden gesteckt. So bitten die Menschen um reiche Ernte und Schutz für die Felder.

Es gibt eine Legende, die sagt, dass die Große Göttin zu Beginn aller Zeiten ein Welten-Ei gebar. Sie wärmte es zwischen ihren Brüsten und ließ es dort Jahrtausende reifen. Als sich die ersten Risse zeigten, nahm die Göttin das Ei und legte es behutsam in das große Dunkel. Dort sprang die Schale auf und die ganze Welt wurde geboren, die Erde, das Wasser, die Pflanzen und die Tiere. Aus dem gelben Eidotter entstand die Sonne. Zur Erinnerung an das große Werk der Göttin werden die ältesten Tierarten auch heute noch aus Eiern geboren.

Zunehmende Mondin
Zu Beginn des neuen Jahres, zu Lichtmess am 2. Februar, steht die zunehmende Mondin im Fokus. Die Tage werden schon merklich länger. In diesem neuen Licht erscheint die Göttin als die schöne Lichtjungfer Brigid, „die vom Strahlenkranz umgebene". Brigid löst die dunkle, schwarze Göttin ab, die als Percht oder Morrigane den Winter beherrschte. Brigid, die Hüterin des Feuers, bewacht es in dieser Nacht selber, während es sonst von 19 Priesterinnen gehütet wurde. Denn nach 19 Jahren ist ein großer Mondzyklus abgeschlossen. Zahlreiche Steinkreise in England und Irland haben genau 19 Steine. Mit

Brigid wird die Wiederkehr der Sonne gefeiert. Ihr feuriger Pfeil entspricht dem ersten Sonnen-Frühlingsstrahl und dem Pfeil, der direkt ins Herz trifft und unsere Frühlingsgefühle, die Liebe und Erotik weckt. Brigid wird durch das Entzünden eines Feuers gefeiert. Die wilde Kraft des Frühlings erweckt alles zu neuem Leben. Unsere Seele erinnert sich daran, wie es war, als Kind vor Lebendigkeit zu sprühen. Die zunehmende Mondin weckt die Kraft der Seherin. Jetzt ist es eine gute Zeit, um sich behutsam für Neues zu öffnen, das du in diesem Jahr verwirklichen möchtest. Es macht Sinn, sich zu Beginn eines neuen Jahres seiner Ziele, Träume und Visionen bewusst zu sein. So können wir neue Klarheit und Wachheit erlangen, die Inspiration und Poesie einladen, Platz schaffen für neue und experimentelle Projekte. Wir können den kreativen Spiralweg gehen, Ideen herbeiträumen, neue Fäden und Verbindungen spinnen und geheimnisvolle Lebensmuster weben. So öffnen wir uns für zunehmende Bewusstheit, um die eigene Bestimmung kennenzulernen und ihr zu folgen.

Die Vollmondin

Nach 13 Tagen ist der Mond fast um die halbe Erde gewandert und die Sonne erhellt vollständig die uns zugewandte Seite. Nun ist die Mondin am stärksten. Sie ist die Liebestänzerin. Der Vollmond wird zu Walpurgis/Beltane, auch heute noch mit „dem Tanz in den Mai" gefeiert. Walpurga war eine Äbtissin in England (710 bis 779). Sie gilt als Schutzheilige gegen Seuchen. Der Gang zwischen zwei Feuern soll reinigen und Krankheiten fernhalten. Mit dem Mai-Feuer werden noch immer „die bösen Geister" vertrieben. Auch der Maibaum stammt aus uralten Zeiten. Meistens ist es eine Birke, die als Fruchtbarkeits-symbol gewählt wird und den Weltenbaum darstellt. Mit ihm wird die Frucht-barkeit der Natur zu den Menschen, mitten ins Dorf gebracht. In vorchristli-chen Zeiten hielten Hexen auf dem Blocksberg (Brocken) ein großes Fest ab. Um den ersten Mai ist es Zeit, das Leben zu feiern, die Sinne zu öffnen und Sinnlichkeit zu leben. Es ist das Fest des Wachstums der Natur und alles Gesä-ten. Die Fruchtbarkeit wird geehrt und die Leichtigkeit greift um sich. In der Frühjahrs-Tag-und-Nacht-Gleiche geht die dunkle in die helle Jahreszeit über. Ein Symbol für die Rückkehr der Göttin aus der Unterwelt ist das Labyrinth. Ihre Wachstumskräfte bewegen sich spiralförmig nach außen in kreativem Schaffen und der Fruchtbarkeit. Die Menschen sagen voller Freude „ja" zum Leben. Die Natur ist erblüht und erfreut alle mit ihren Düften und prächtiger

Schönheit. Sonne und Erde feiern Hochzeit und die Natur versorgt uns mit frischer Nahrung. Die Liebesfähigkeit, Offenheit für Lust und Lebendigkeit, Wildheit, Abenteuerlust und Lebensfreude finden überall in der Natur Ausdruck. Ein kalter, dunkler Winter ist überstanden. Nun ist es wieder wärmer und überall erblüht Schönheit. Die Menschen feiern, tanzen und singen voller Freude.

Die abnehmende Mondin
wird als Schnitterin oder Kräuterweihe gefeiert. Es ist das Erntefest für Getreide und Heilkräuter, deren Wirkungen in dieser Zeit am stärksten sind. Jede Frau, die Pflanzen schneidet, ist eine Schnitterin. Sie bestimmt, ob sie eine Mutterpflanze ausdünnt und zu weiterem Wachsen anregt oder den Standort kahl schneidet und so ihr Absterben bewirkt. Ihre Aufgabe ist es, ihr Messer oder ihre Sichel bewusst und gezielt anzusetzen, nicht zufällig. Oft trugen Frauen ein Kräuterbündel von neun magischen Kräutern bei sich. Ein typischer Bund besteht aus: Arnica, Baldrian, Johanniskraut, Kamille, Königskerze, Pfefferminze, Schafgarbe, Tausendgüldenkraut und Wermut. Sie band es mit Rot und Gold zu einem Sträußchen. Rot für die Liebe, mit der dieser Zauber wirkt, und Gold für die Macht, die ihn bewirkt. Beides sind die Farben der Löwin, des Sternzeichens dieser Zeit.

Dieses Fest lehrt uns das Wählen, Trennen und Sortieren. Es geht um die klare Unterscheidung zwischen Ja und Nein. Nur so kannst du die Fülle verwertbar machen und eine wirkliche Ernte einfahren. Dies gilt für alle Lebensbereiche. Sie trifft für Pflanzen und Gärten zu, aber auch für ganze Felder, ebenso für Kapital, Erlerntes, Freundschaften und Berufliches. Es ist die Zeit, um sich aus alten Verstrickungen zu lösen, die nicht mehr nähren, und darum, Energien abzutrennen, die nicht mehr tragen. Auf diese Weise kann neuer Raum geschaffen werden für liebevolle und nährende Verbindungen und das soziale Netz, das uns stärkt und trägt. Die Frage ist: Was willst du erhalten und pflegen, so dass es Früchte trägt? Und wo setzt du eine Grenze, einen klaren Schnitt? Dies kostet oft Überwindung und erfordert Mut. Hier meldet sich die Kriegerin, die nach langer Vorbereitung und dem Lauschen der Weisheit der Älteren ihre Sichel schwingt und Einfluss nimmt. Sie zeigt ihre Macht und Kreativität.

Sahain, die Neumondin: das Dunkelheitsfest

Traditionell wird das Dunkelheitsfest in der Nacht zum 1. November gefeiert, das christliche Allerheiligen und Allerseelen, am 1. und 2. November. Nun ist die Ernte eingebracht und die ersten Nachtfröste kündigen den Winter und die große Ruhezeit an. Überschüssiges Geflügel wird geschlachtet, was in der Tradition der Martinsgänse und Thanksgiving Turkey noch lebendig ist. Im November sind die Dunkelheit und das trübe Wetter so dominant, dass das Grau uns aufs Gemüt schlägt und sich dunkle Gedanken breit machen. Die Sterblichkeitsrate ist im November besonders hoch. Darum feierten die Kelten das Fest des Totengedenkens mit einem Festmahl und deckten für die Verstorbenen mit. Es werden Lichter und Immergrün auf die Gräber gebracht und in Mexiko werden richtige Partys auf Friedhöfen gefeiert, um die Toten zu ehren und ihnen zu versichern, dass sie einen Platz im Leben ihrer Angehörigen haben. Im schamanischen Weltbild sind alle Lebewesen miteinander verbunden, egal ob im Körper oder als Seele. Das Dunkelheitsfest erinnert uns an unsere Vergänglichkeit. Durch den Tod scheint alles in der großen Dunkelheit zu verschwinden.

Die Kelten feierten zu diesem Zeitpunkt ihren Jahreswechsel. In ihrem Glauben war die Wiedergeburt ein fester Bestandteil. Sie wussten, dass aus den Resten des Alten neuer Kompost entsteht, ein fruchtbarer Boden für Neues. Alles Wachstum beginnt im Dunkeln, Pflanzenkeimlinge ebenso wie der Fötus im Mutterleib. Doch dieses Wachstum braucht Zeit, es geschieht unterirdisch, geheimnisvoll und ganz ohne unser Zutun. Für uns bedeutet dies Abwarten und Nichtstun, eine Phase der Innenschau und des Abstiegs in unsere Unterwelt. Heutzutage haben wir den Tod aus unserem Leben verbannt, doch häufig muss etwas Altes gehen, bevor etwas Neues kommen kann. Dies kann von Trauer und Bedauern begleitet sein, doch irgendwann kommt die Vorfreude auf etwas Neues. Wir können Resümee ziehen, was uns im alten Jahr gehemmt und im Weg gestanden hat, und das Alte verbrennen, um die Asche der Erde zu übergeben. Es ist die Zeit, in der wir uns mit der dunklen Göttin versöhnen. Sie legt uns den dunklen Schutzmantel um, der uns einhüllt und tröstet. Sie ist die weise Alte, die dich in der Dunkelheit leitet, auch wenn sie manchmal unbarmherzig ist. An langen Abenden erzählt sie Geschichten vom Tod. Dabei schneidet sie den Apfel quer auf, gerade so, wie es heute noch Zigeunerinnen tun. Nicht, damit dir der Apfel im Halse stecken bleibt wie einst Schneewittchen, sondern um dir das Kerngehäuse und den Fünfstern zu zeigen. Das Pentagramm verweist auf die großen Wachstumsphasen: Geburt, Initiation, Erfüllung, Rückzug und Tod. In dieser Zeit rührt die dunkle Göttin in ihrem großen Kessel des Lebens. Wir sind gespannt, was für uns dabei herauskommt. Jetzt ist nicht die Zeit des Handels, sondern des Sichzurücklehnens und des Genießens. Die langen Abende erlauben Stille und Ruhe, um bei Kerzenlicht, einem guten Buch oder Film zur Ruhe zu kommen. Dabei können wir uns mit Altem aussöhnen und es verabschieden, Verantwortung für unser Handeln oder Nichthandeln übernehmen und uns auf Neues vorbereiten. Dies ist die Zeit, nach innen zu lauschen und sich den Kräften zu öffnen, die aus anderen Ebenen zu uns kommen. Wir bekommen ein Verständnis für das Dunkel, um den Weg ins Licht zu ermöglichen, und Erfahrung wandelt sich zu Weisheit.

12 ALTE LEHREN WERDEN DIE WELT VERÄNDERN

Wir stehen am Anfang eines neuen Zeitalters mit großen Herausforderungen. Um Lösungen zu finden, müssen wir völlig neue Wege gehen. Da macht es durchaus Sinn, den Blick noch einmal nach hinten zu wenden und zu fragen, wie unsere Ahnen mit grundlegenden Problemen umgegangen sind. Waren sie in der Lage, bestimmte Herausforderungen zu vermeiden? Und wie haben sie grundlegende Probleme gelöst? Wir können das Wissen und die Erfahrungen früherer Kulturen nutzen und an die jetzige Zeit anpassen.

Die Erfahrung zeigt, dass im Leben Balance wichtig ist. Zum Beispiel das Gleichgewicht zwischen Geben und Nehmen. Unsere Vorfahren lebten über ungezählte Generationen mit der Natur in Harmonie. Doch inzwischen ist dieses alte Wissen in Vergessenheit geraten und Menschen haben alles von der Erde genommen, ohne zu danken oder etwas zurückzugeben. Dies hat zur völligen Entfremdung von der Natur geführt, so dass wir uns nicht verbunden fühlen, aber auch nicht frei. **Uns fehlt die Magie, die unser Leben außergewöhnlich macht. Wir haben den Spirit und das Wissen um grundlegende Prinzipien des Lebens verloren.**

Glücklicherweise melden sich nun indigene Weise und Großmütter aus allen Himmelsrichtungen zu Wort, um uns ihr Stammeswissen über das Netzwerk des Lebens zu lehren. Sie fordern uns auf, grundlegende moralische Regeln zu achten, und inzwischen sprechen auch unsere Wissenschaftler von einer notwendigen Weltethik. Die Botschaft lautet, dass der gegenwärtige Stand unserer kulturellen Evolution mit hemmungsloser Ausbeutung und Vergiftung der Natur dringend eines Korrektivs durch Werte der Muttertradition bedarf. Denn in der heutigen Zeit zeigt sich eine bedrohliche Unfähigkeit zur liebevollen Fürsorge für das Leben.

Zurzeit sind das männliche und das weibliche Prinzip unausgewogen, darum besteht die Gefahr, dass die Erde stirbt. Wenn die Macht des Weiblichen implodiert, weil sie keinen Raum hat, dann explodiert die Macht des Männlichen und setzt damit eine neue Spirale des Lebens in Gang. Denn das eine kann nicht ohne das andere leben, beide sind gleichwertig. Er ist die treibende Kraft, sie ist die Intuition und schöpferische Kraft. Diese Energien erleben wir sowohl im Außen als auch in jedem von uns. Eine unserer großen Aufgaben besteht darin, sie in Harmonie zu bringen.

Wenn wir in der Zeitgeschichte sehr weit zurückgehen, kommen wir zu fast vergessenen weiblich orientierten Kulturstufen. Unsere Ur-Mütter und zahlreiche naturverbunden lebende Völker lehren uns, dass wir wieder unser Herz öffnen müssen, um die Verbundenheit mit allem, was uns umgibt, zu fühlen. Sonne, Wind und Regen, Bäume und Blumen, Meer und Tiere sind natürliche Einflüsse, die wir in der Natur erleben. Diese spirituelle Kraft der Wildnis ist in Büchern oder am PC nicht zu erfahren. Darum ist es allerhöchste Zeit, dass wir eine neue Beziehung zur Natur aufbauen. Denn wir haben uns sehr weit von ihr entfernt.

In den letzten Jahren gibt es eine auffallende Zunahme von geplanten Kaiserschnittgeburten. Dies geschieht sicher wegen einer grundlegenden Verunsicherung der Frauen. Häufig ist es eine große Angst, sich den Naturgewalten zu stellen und den Anforderungen nicht genügen zu können. Aber auch aus männlicher Sicht sind Kaiserschnittgeburten Zeichen von Misstrauen gegenüber dem Leben und natürlichen Vorgängen. So führt eine Mischung aus unbewusster männlicher Opposition gegen Frauenmacht, technische Machbarkeit, Bequemlichkeit und Kontrollwahn zu immer mehr unnatürlichen Geburten.

Frauen müssen also aufhören, sich dominieren und schlecht behandeln zu lassen, wenn sie die Erwartungen nicht erfüllen, die andere an sie stellen. Sie müssen lernen, Grenzen zu setzen und nein zu sagen, um ihre Individualität und ihr Kind zu beschützen. Denn immer, wenn Frauen den Kurs ihres Lebens von Männern steuern lassen, fühlen sie sich ohne Macht. Sie sind dann unter der Geburt auch wirklich ohnmächtig und betäubt. Und sehen sich als Opfer von Kräften, die außerhalb ihrer Kontrolle liegen. Doch sie lassen sich grundlegende spirituelle Erfahrungen stehlen, wenn sie sich auf diese Weise ausliefern. Wenn sie jedoch Kontakt zu ihren Gefühlen und Instinkten haben, spüren sie wieder die eigene große Frauen-Macht und erleben das unglaubliche Glück, das daraus erwächst.

Das bedeutet, wir müssen schon ganz am Beginn des Lebens der kommenden Generation die innere Weisheitskultur des Weiblichen neu beleben. **Eine der schwierigsten Beziehungen ist die zu unserer Mutter.** Aus diesem Grund führt der Weg in die neue Gesellschaft nur über die Aussöhnung mit der eigenen Mutter. Für viele ist dies ein schmerzhafter Prozess, denn unsere Mütter waren häufig desorientierte Frauen. Ebenso wie ihre Mütter, deren Mütter und Großmütter. Unsere Ahninnen wurden Generation um Generation nach männlichen Maßstäben gemessen und mussten sich diesen unterordnen. Ihnen allen fehlte eine weibliche Spiritualität und strahlende machtvolle Göttin als Vorbild. Auch der Mond-Kalender, nach dem sich der biologische Rhythmus der Frauen richtet, wurde durch den zwölfmonatigen Jahresrhythmus ersetzt. Ab da galt die ungerade 13, die Unangepasste, als Unglückszahl. So entfernten sich Frauen zwangsläufig von ihrer eigenen wilden Natur. Das ist der Grund, weshalb unsere Mutter uns nicht die bedingungslose Liebe geben konnte, nach der sich unser Herz so sehnt. Denn sie selber war keine gesunde, selbstbewusste und strahlende Göttin-Mutter, sondern eine unbemutterte, verletzte und gebrochene Frau. Oft war der Zugang zu ihren Quellen der Kraft verschüttet. Denn über ungezählte Generationen wurden Frauen bewusst davon abgehalten, kraftvoll, gesund und gebildet zu sein. Trotz all dieser massiven Widerstände besaß jedoch jede Mutter den Mut, das Leben an uns weiterzugeben!

In dieser spannenden Zeit der Zeitenwende verändern sich Frauen und Männer. Und damit ändert sich auch unsere Lebenswirklichkeit. Dies ist ein Weg, der jedem einzelnen von uns Heilung seiner tiefsten Wunden ermöglicht. Das merken wir, wenn wir uns darauf einlassen können, die Lebenswege unserer Mutter und Großmütter zurückzuverfolgen. Dann werden wir Verständnis und Mitgefühl mit ihnen haben und ihren Schmerz verstehen. Diese tiefe Begegnung auf einer mitmenschlichen Ebene kann unsere Liebe zueinander neu beleben. Denn wir stellen uns unserer eigenen Trauer, unserem Kummer und unserer Sehnsucht nach Verbundenheit. Dann sind wir mit unseren tiefsten Gefühlen und unser eigenen inneren Weiblichkeit verbunden. Wir empfinden eine tiefe Hingabe an das Leben und können plötzlich das große Vertrauen unserer Mutter nachfühlen, die fest daran glaubte, dass trotz aller Widerstände das Leben gut weitergehen wird.

Wir erkennen, dass unsere Mutter uns das Wertvollste und Kostbarste gegeben hat, was ein Mensch einem anderen schenken kann: das Leben selbst. Sie hat uns ihren Körper zur Verfügung gestellt und darüber hinaus dafür gesorgt, dass wir überlebt haben. Das ist nicht selbstverständlich! Zusätzlich hat sie uns die Liebe gegeben, die sie uns geben konnte. Für all dies sollten wir ihr dankbar sein und sie achten!

Möglicherweise war ihre Fürsorge nicht genug für uns. Doch was wir jetzt noch vermissen, können wir uns selber holen, denn inzwischen sind wir keine kleinen Kinder mehr. Als Erwachsene sollten wir nicht an unserer alten Mutter herumzerren, sie energetisch oder finanziell leersaugen oder mit Vorwürfen in die Ecke treiben. Wenn unsere Mutter noch lebt, braucht sie ihre Energien nun für sich selber. Wie wir muss sie ihre eigene schöpferische Kraft finden und die Möglichkeit haben, noch andere Lebensaufgaben zu erfüllen, als lebenslang in der Mutterrolle gefangen zu bleiben.. Auch wenn wir uns mit dreißig oder vierzig immer noch bedürftig fühlen, weil wir als Kind nicht alles bekommen haben, was wir brauchten! Offiziell sind wir mit 18 erwachsen, aber allerspätestens mit 25 sind wir für unsere Gesundheit und unser Glück selber verantwortlich. Dann müssen wir uns auf den Weg machen und uns selber mit der liebevollen und heilsamen Energie versorgen, die wir zum Leben brauchen.

Doch das ist nicht einfach, denn zurzeit umschleicht uns die Abwesenheit von Liebe wie eine unberechenbare tollwütige Raubkatze. Die allgemeine Angst bringt uns dazu, völlig unvernünftige Dinge zu tun und uns selber zu schaden durch Alkohol, Drogen und Zigaretten. So dämpfen wir unsere Empfindungen, anstatt uns ihnen zu stellen. Angst-Menschen fühlen sich in Zeiten wie der unsrigen verloren, nicht gesehen und ernst genommen. Das Vertrauen in die Politik verschwindet, ebenso wie die Sicherheit in Beziehungen und im Beruf. Daraus entsteht dann das Gefühl, sich nur noch auf sich selbst verlassen zu können. Das erzeugt eine brutale, egoistische Haltung: Wenn niemand Rücksicht auf mich nimmt, tue ich es auch nicht!

So bringt uns die Angst dazu, dass wir unseren Enkeln ein Leben auf der Erde sehr erschweren oder sogar unmöglich machen.

Wir müssen uns auf das besinnen, was unsere Welt zusammenhält und uns mit unserer Seele verbindet. Nur die Liebe kann uns retten, heilen und grundlegend verändern. An erster Stelle steht die Liebe zu uns selber und zu den Menschen, mit denen wir uns verbunden fühlen. Auch die Liebe zum Leben ist unendlich wichtig. Wenn wir uns selber lieben und andere Menschen, öffnet sich unser Herz auch für Tiere, Pflanzen und unsere Erde. Wenn wir darüber hinausschauen, lieben wir auch die Schöpferin und den Schöpfer.

Für frühere Völker war es selbstverständlich, an die kommende Zeit zu denken, in denen die nächsten 7 Generationen leben. Diese Verpflichtung haben auch wir. Denn unsere Kinder, Enkel und Ur-Enkel benötigen unser Wissen. Zum Beispiel darüber, wie die Kernkraftwerke funktionieren, die wir aufgebaut haben. Die nächsten Generationen müssen wissen, wo der radioaktive Müll vergraben und versenkt wurde. Denn das Wissen geht mit den Erbauern gerade jetzt in Rente. Die nächste Generation wird zurzeit in dieser Technologie nicht mehr ausgebildet. Und doch müssen sie mit den Folgen konstruktiv umgehen, wenn sie überleben wollen.

Es bleibt die Frage, was wir an Kostbarkeiten an nachfolgende Generationen vererben. Was bleibt von uns und welchen Beitrag leisten wir, damit die Erde ein schöner Ort zum Leben ist? Wenn wir beginnen, einige der Lehren der indigenen Völker zu beherzigen, wird sich unser Bewusstsein erweitern, so dass auch wir weise Entscheidungen treffen, die von Liebe durchdrungen sind. Doch das bedeutet, dass wir neue Blickwinkel einnehmen müssen. Viele Menschen stecken fest in eingefahrenen Gleisen, so dass sie außergewöhnliche Ideen ablehnen. Zum Beispiel gelten indigene Indianerhäuptlinge in zeremonieller Kleidung bei uns als Spinner, zumindest bei zivilisierten Schlipsträgern, die in Gremien tagen und über Stadtplanung und Wirtschaftswachstum reden. Diese Menschen verstehen nicht, dass der Häuptling in seiner Kultur ein geachteter Mann ist, der vielleicht sogar weiß, wie wir alle überleben können. Er kommt aus dem Unbekannten, das macht Angst. Darum fürchten sie nicht nur ihn, sondern auch seinen Rat. Dieser Mann ist unerwünscht, weil er „unzivilisiert" ist und peinlich berührt in seinem Anderssein. Sie spüren seine Macht und Würde, die in seiner Individualität liegt und in der Fähigkeit, sich selbst mit eigenen Augen zu sehen, nicht mit den Augen der anderen. Dass er stark, mutig und weise ist, zeigt seine einzigartige Fähigkeit, Lebenserfahrung aus einem anderen Blickwinkel zu sehen und bereitwillig zu teilen. Doch die Kultivierten halten sich an Äußerlichkeiten auf, beurteilen ihn und verstehen ihn nicht. Darum versuchen sie das Wilde und Unbekannte zu vernichten. Das ist unsere derzeitige Tragödie.

Was wir unbedingt brauchen, ist ein grundlegender Perspektivenwechsel. **Wir müssen unser Verständnis loslassen, dass wir die Natur kontrollieren, bändigen und zähmen können.** Stattdessen sollten wir uns mit der Natur verbünden, zu einem Miteinander kommen und in Kreisläufen denken.

Wir stecken unsere Gartenabfälle, samt Kleinsttieren, und alles Laub in Plastiksäcke, die verbrannt oder deponiert werden. Stattdessen könnten wir die Überfülle der Natur optimal nutzen, sie im Garten kompostieren und in den Kreislauf zurückführen.

1986 beschlossen einige Nachbarn in Hannover in ihren Straßen Kirschbäume zu pflanzen. Sie wollten Singvögeln Lebensraum bieten, sich und ihren Kindern eine Freude machen und waren sich einig, dass die Bäume mit ihren Blüten und Kirschen ihre Gegend verschönern würden. Es war eine einfache Entscheidung, hinter der alle standen. Doch die Verwirklichung dieser Idee war alles andere als einfach, denn laut Bebauungsplan waren diese Bäume nicht vorgesehen. Die Stadtväter sahen zahlreiche Risiken und Haftpflichtfälle auf sich zukommen und gaben zu bedenken, dass man auf Kirschen ausrutschen könnte, Kinder klettern würden und fallen könnten, Äste herabfallen könnten... Der Gemeinderat konnte all dies nicht abschätzen oder kontrollieren. Im System waren Unordnung, Unberechenbarkeit, Natur und Kreativität nicht vorgesehen. Doch die Menschen machten weiterhin Druck und setzten sich durch. Schließlich erhielten sie eine Sondergenehmigung, die Bäume zu pflanzen.

Die Kultur der Kontrolle steht heute zwischen menschlichen Tätigkeiten und der Natur. Der Überfluss der Natur wird weggefegt, kontrolliert und entsorgt. Häufig geschieht dies sehr geräuschvoll mit Maschinen und ohne Rücksicht auf Kleintiere. Diese Lebensart wird nicht hinterfragt, doch dies könnte zu einem völligen Umdenken führen.

Vor 20 Jahren waren Wildgärten mit Blumen, Gemüse und vielen seltenen und wunderbaren Pflanzen zu „unordentlich" und „wild". Von der Stadt wurden ihre Besitzer mit Strafen belegt. Zehn Jahre später wurde in Tuttlingen der gleiche Naturgarten von der Stadt als der schönste mit einem Preis ausgezeichnet, weil er Singvögeln und Schmetterlingen Lebensraum bietet.

Wie konnte das geschehen? Der allgemeine Geschmack und das Bewusstsein hatten sich verändert. Solch ein Umdenken, ein Wechsel der Grundeinstellung, ist notwendig. Ein Paradigma-Wechsel in großem Maßstab steht an.

Der Stamm der Menominee in Wisconsin hat sich seit vielen Generationen auf den Holzschlag spezialisiert. Sie gehen dabei so vor, dass sie von der Natur profitieren und diese weiter wachsen lassen. Der einzige Zweck des Holzschlags besteht darin, eine bestimmte Menge von Stämmen zur Nutzung zu produzieren. Dabei bleibt unberücksichtigt, wie viele Vögel und Tiere dort leben, ob die Berghänge stabil bleiben und welche Erholungsmöglichkeiten und Ressourcen der Wald bietet und was für nachfolgende Generationen bleibt. Die Menominee haben eine unglaublich produktive Strategie entwickelt. Sie schlagen nur die schwächeren Bäume und lassen die starken Mutterbäume stehen und achten auch darauf, dass ein großes Laubdach bestehen bleibt, damit dort Eichhörnchen, Vögel und andere Baumbewohner leben können. So kann der Wald wachsen, während er die Menschen mit Handelsgut versorgt. Dieses Volk hat nicht nur den eigenen Vorteil im Blick, sondern herausgefunden, wie sie die Fülle und den Überschuss des Waldes nutzen können, ohne ihm zu schaden.

Es ist möglich, konstruktiv mit der Natur umzugehen. Darum sollten wir nicht länger an destruktiven Bedingungen herumfeilen, die den Planeten zerstören, sondern ein neues Denken kultivieren, das in großen Zusammenhängen agiert. Dabei können wir uns an der Natur orientieren, die mehr produziert, als gebraucht wird. Wir müssen jedoch in Kreisläufen denken: sowohl biologisch als auch technisch. Das bedeutet, Menschen müssen Produkte entwickeln, die zurückfinden in den natürlichen Kreislauf, weil sie biologisch völlig abbaubar sind und einfach im Boden verrotten. Oder Rohstoffe liefern für neue Produkte. Unternehmen könnten Gebäude entwickeln, die sich Bäume zum Vorbild nehmen und mehr Energie produzieren, als sie verbrauchen. Gleichzeitig könnten sie ihr eigenes Abwasser reinigen, und auch Fabriken müssten Abwasser in Trinkwasser-Qualität freisetzen. Transportmittel könnten so konstruiert sein, dass sie die Lebensqualität der Menschen erhöhen, während sie Dienstleistungen und Waren transportieren. Das Ziel ist eine Welt ohne Not und Begrenzungen, ohne Verschmutzung und Abfall, sondern eine gesunde Welt des Überflusses, die wir nachkommenden Generationen hinterlassen.

Als sich frühere Menschen die uralten Fragen stellten: Wo sind wir vor unserer Geburt und was geschieht nach dem Tod?, wussten sie, dass das Leben aus dem Körper der Frau hervorgeht. Dies legt nahe, sich auch das Universum als lebensspendende Mutter vorzustellen, aus deren Körper alles Leben entspringt und nach dem Tod zurückkehrt. Genauso, wie es den natürlichen Vegetationszyklen entspricht, die wir erleben. Die Erde, der Lebensraum der Menschen, wurde als Leib der Großen Mutter gesehen. Es war auch das Leben selbst, das in Ehrfurcht und Staunen in der Natur verehrt wurde. Das feminine Denken und Fühlen kreiert wie die Natur Spiralen und Lebensräder, Tanz und Träume, Trance und Ekstase. Es verbindet Sexualität mit Seele und Spiritualität und betont mehr die Intuition als die Logik.

Die Zeit der Menschheitsgeschichte, in der Frauen das Zentrum des sozialen Lebens und die Männer eine vergleichsweise geringere Rolle spielten, dauerte von ca. 200.000 bis ca. 3.500 v. Chr. Sie war also sehr viel länger als die relativ kurze Zeit der letzten fünftausend Jahre, in der Männer herrschten. Über sehr lange Zeiträume hat sich die Menschheit in matriarchalen Zusammenhängen entwickelt. Die archäologischen Spuren der Menschheit decken die Urgeschichte der Frau auf.

Die Frage nach Leben und Tod führte direkt zu der Frage, woher das Leben stammt. Der Tod wurde als Ruhezeit zwischen dem Kreislauf von Leben gesehen, so wie er in der Natur zu beobachten ist. Dadurch erhielt die Frau eine Position, die ihr Würde und Achtung verlieh, da sie aus sich heraus neues Leben hervorbringen kann. In allen Frühkulturen wurden Frauen hoch geachtet. Darum bekleideten sie höchste Ämter als Königinnen und Priesterinnen. Sie besaßen Macht und Kompetenz und hüteten das Wohl der Gemeinschaft. Wahrscheinlich war der Zusammenhang zwischen Zeugung und Schwangerschaft über längere Zeit unbekannt. Die Kinder wurden gemeinschaftlich in feminin ausgerichteten Sippen erzogen. Frauen hatten ihre Kinder von unterschiedlichen Männern und die biologische Vaterschaft spielte keine Rolle. Da die Lebensbedingungen in der damaligen Zeit sehr hart waren, lebten die Menschen in Großfamilien zusammen. Neue Kinder sicherten den Bestand der Sippe und bedeuteten für die Frauen eine Wertsteigerung. Die ranghöchste Frau zeichnete sich durch ihre umfassende und große Kompetenz aus.

**Das weibliche Weltbild erklärt die Welt nicht zur Natur oder „Um-Welt",
denn sie steht nicht als Beobachterin außerhalb der Schöpfung. Sie emp-
findet sich als Teil dieser Schöpfung und Welt.** Was nicht ich bin, ist meine
Schwester, mein Bruder, sind meine jüngeren Geschwister, die Tiere und Pflanzen und Steine. In einem weiblich orientierten Universum kommen nur miteinander Verwandte vor. So gesehen ist es völlig absurd, chemische oder biologische Waffen, Raketen und Atomkraftwerke zu bauen. Dies ist so, als würden
wir im Abfall schlafen oder Gift trinken.

Doch genau so ist unsere jetzige Realität: Vor einigen Jahren kaufte ich
bunte Holzklötze für meinen Enkel. Einige Wochen später erfuhr ich, dass
die Farben krebserzeugend sind! Wie dumm kann die Menschheit sein, dass
sie ihre eigenen Kinder und Enkel vergiftet? Solch ein irrsinniges Verhalten ist
nirgendwo im Tierreich bekannt und es zeigt, wie dringend es ist, dass neue
Werte gefunden werden.

**Die mutterorientierte Phase war eine entscheidende und meist friedliche
Zeit unserer Evolution. Doch in der Geschichtsschreibung wurde sie weitgehend negiert und später abgewertet.** Ausgrabungsstätten dieser weiblich
ausgerichteten Kulturen zeigen, dass es weder Sakral- noch Herrschaftsbauten
gab. Wo später Symbole männlicher Macht standen, gab es in Muttertradi-
tionen ein großes Badehaus, Getreidesilos, Heil-Quellen und heilige Haine.
Frauengesellschaften waren nicht hierarchisch aufgebaut. Ihr Symbol war
der Kreis. Das bedeutet, jede Frau, egal welche Rolle sie in der Gesellschaft
ausübte, führte im Rhythmus mit den anderen Frauen bestimmte Aufgaben aus. So fegte jede den Versammlungsplatz, holte Wasser, kochte, stand
Gebärenden bei, erzog die Kinder… Frauen in führenden Rollen zeichneten
sich durch Alter, Erfahrung, Reife, Weisheit und große Kompetenz aus. Ihr
Bestreben war es, genügend Nahrungsmittel zu sichern, die durch die Arbeit
der Frauen erfolgte. Außerdem stellten sie sich in den Dienst, den Frieden zu
sichern. Streitigkeiten wurden auf diplomatischem Weg ausgehandelt und
gelöst. Die Religiosität der Vorzeit war Ausdruck des Lebens selbst und verstand den Menschen als eingebunden in „Alles-was-ist", verbunden mit anderen Menschen, Tieren, Pflanzen, der Erde und dem Kosmos.

Wie war es möglich, dass sich diese friedliche, frauenzentrierte Gesellschaft
wandelte? Sie kam ohne Gewalt, Unterdrückung und Ausbeutung aus.

Vielleicht veränderten sich die Beziehungen in dem Moment, als den Männern klar wurde, dass Frauen nicht ohne Männer schwanger werden. Dies wertete die Männer auf und ließ ihr Selbstbewusstsein wachsen. Da sie körperlich meist stärker sind, könnte dies der Beginn von Machtkämpfen gewesen sein. Doch Frauen wussten sich zu wehren. Es ist wenig bekannt, dass viele Kulturen weibliche Kampfsysteme entwickelten. Diese wurden weitgehend geheim gehalten, denn bereits der Überraschungseffekt war eine starke Waffe. In Spanien gibt es eine spezielle Kampfkunst, die auf eine archaische Kunst des Frauendolchkampfes zurückgeht. Auch die Samurai-Frauen in Japan und Frauen auf Hawaii haben ihren eigenen Stil, der streng verborgen und nur von Frau zu Frau weitergegeben wird. Frauen kämpften jedoch nicht nur einzeln, sondern auch als Kriegerinnen und traten selbstbewusst für ihre Angelegenheiten ein. Athene, die Göttin, die eine Rüstung und Waffen trägt, wurde von den Griechen wegen ihrer Kriegsstrategien verehrt und Amazonen werden in der griechischen Kunst ab 550 v. Chr. als wagemutige Kämpferinnen und Reiterkriegerinnen mit Doppelaxt dargestellt. Noch bis 500 n. Chr. wurde das Schwarze Meer Amazonen-Meer genannt und in Sagen wird von Amazonen-Königinnen und Stadtgründerinnen berichtet. Die Archäologie bestätigt dies mit mehreren Hundert Grabfunden zwischen Osteuropa und China. So ist nachgewiesen, dass skythische Kriegerinnen spitze Hauben und Schuppen-Panzer trugen.

Frauen haben sich also durchaus sehr mutig, ausdauernd und kreativ gegen die Übernahme ihrer Reiche gewehrt. Doch im Laufe der Jahrhunderte verloren sie ihre Macht. Schließlich ist es so weit gekommen, dass Männer Mädchen, Frauen und deren Kinder als persönlichen Besitz ansahen. Frauen wurden systematisch entrechtet, ihres Namens und ihrer Verbindungen beraubt, enteignet, von Wissen, Einfluss und Macht ausschlossen und als „Hausfrauen" gehalten. Im Gegenzug übernahm der Mann den Schutz und die Versorgung der Familie.

Die gleiche Strategie ist heute noch üblich, wenn sich Herrscher Länder und Völker aneignen, um sie auszubeuten:

Jemand besitzt einen wertvollen Schatz, den ein anderer haben möchte. Der Besitzende wird ihm aber seine Kostbarkeit nicht freiwillig überlassen. Darum bekommt er eine einleuchtende Gegenleistung angeboten. Es wird der Eindruck erweckt, als könnte der Besitzende unmöglich alleine zurechtkommen. Solche Verhältnisse existieren zwischen Schauspielern und Agenturen, Malern und Galeristen, Musikern und DJs, Mietern und Maklern... Viele begabte

Menschen, die etwas Besonderes herstellen oder besitzen, haben Agenten und Verkaufsstrategen. Obwohl in diesen Beziehungen der Künstler der Kreative ist, verdient sein Manager durch die Vermarktung der Kunst oft mehr als der Künstler an seinen Werken.

Macht hat wie eine Münze zwei unterschiedliche Seiten. Die eine, uns allen sehr vertraute Seite ist die des Herrschenden, Bestimmenden und Unterdrückenden. Dahinter steht die Überzeugung, dass alles Vorhandene begrenzt ist, und je mehr du bekommst, desto weniger bleibt für mich. Misstrauen, Rivalität, Hierarchie, Sieger und Verlierer gehören zu diesem Machtverständnis. Um seinen Vorteil zu sichern ist jedes Mittel recht: Es wird getäuscht und betrogen, es werden Verträge gebrochen und der Gegner wird eingeschüchtert. Es ist das Faustrecht des Stärkeren, das vorherrscht: Das starke Land annektiert das schwache, der Mensch herrscht über die Natur, die Reichen über die Armen, Männer über Frauen.

Wir leben in dieser Welt, in der die Verbindung zur Mutter, zur Natur und Erde und zu allem Unsichtbaren gestört ist. Was nicht durch die fünf Sinne oder die Wissenschaft bestätigt ist, wird nicht wahrgenommen. In solch einer Welt muss eine Frau ihre Gefühle verleugnen und hat es schwer, zu ihnen zu stehen. Denn ihre Wut darf sie nicht zeigen, ihre Traurigkeit muss sie verbergen, ebenso wie andere Gefühle. Um anderen zu gefallen, muss Frau ein freundliches Gesicht machen. So hat sie ganz oft das Gefühl, nicht zu sich zu stehen und nur so zu tun als ob.

Das ändert sich erst, wenn sie zu ihren Emotionen steht. Dann verbindet sie sich mit ihrer weiblichen Kraft und lernt die innere nährende Mutter und die weise Frau kennen, die in ihr lebt. Sie beginnt dann, in sich die Kräfte zu finden, die sie braucht und die sie stärken. Statt die Wertungen und Erwartungen anderer zu übernehmen, folgt sie der eigenen Intuition. Mit dieser „Frauen-Macht" nimmt sie Einfluss. Wenn sie einen Raum betritt, ändert sich die Atmosphäre, allein durch ihre Präsenz, selbst wenn sie nicht spricht. Das ist die andere Seite der Macht.

Einige der wertvollen Frauen-Schätze sind, neues Leben hervorbringen zu können, kreativ zu sein, Nahrung beschaffen zu können, heilen und erotisch befriedigen zu können. Diese weiblichen Fähigkeiten sichern den Frauen erst einmal eine Vormachtstellung in jeder Gesellschaft.

Diesen Reichtum hat sich der Mann im Laufe der Zeit angeeignet. Künstlerinnen, Komponistinnen und Autorinnen veröffentlichten unter dem Namen ihres Mannes und gerieten selber in Vergessenheit. So hat man gerade an Hand von graphologischen Gutachten festgestellt, dass nicht Johann Sebastian Bach alles selber komponiert hat, was seinen Namen trägt. Einige Musikstücke stammen von seiner zweiten, musikalisch sehr begabten Frau Anna Magdalena, die ihm 13 Kinder gebar und als Künstlerin in Vergessenheit geraten ist. Ihr Andenken und Bild wurden mutwillig zerstört.

Dies zeigt die massive Ausbeutung der Frauen und wie das weibliche Selbstbewusstsein systematisch verstümmelt wurde. Genauso erging es der Göttin: Auch sie wurde verdrängt und entmachtet, indem ihre Fähigkeiten bagatellisiert und schließlich vergessen wurden. So wurde die Lüge schließlich zur täglichen Wahrheit. Auch heute erleben Frauen weltweit die männliche Allmacht und eigene Ohnmacht. Trotz alledem lebt die Göttin im Verborgenen! Gerade jetzt fügt sie wieder zusammen, was zusammengehört, und verwebt ihre unsichtbaren Fäden, um das Leben zu schützen.

Ganz anderes Denken liegt der patriarchalen Glaubenswelt zugrunde. Sie fügt nicht zusammen, sondern trennt. Sie separiert den Geist von der Materie, löst den Himmel von der Erde. Der männliche Schöpfer-Gott wohnt nicht länger in der Gegenwart der Menschen, auf der Erde, wie Jesus oder Buddha. Er lebt unerreichbar hoch oben im Himmel. Der Himmlische Vater, der Heilige Geist, die Jungfrau Maria, sie alle sind entrückt und unberührbar. Allein über Gedanken, Vorstellungen, Gefühle und durch Gebete sind sie zu erreichen, nicht jedoch durch Spüren, Fühlen oder Berühren. Auch die zölibatär lebenden Priester sollen rein und losgelöst von körperlichen Bedürfnissen dienen. Dadurch sind sie seelisch völlig unterernährt, denn sie spüren die Liebe nie körperlich. Weil sie nie in den Arm genommen werden, fühlen sie sich als Mensch nicht wirklich geliebt.

Vom Himmel aus schaut der mächtige Gott-Vater auf die Menschen und überwacht die Einhaltung seiner Gebote. Auch seine irdischen Stellvertreter und Vermittler sind dem Volk entfernt. Sie halten den Dünkel der „höheren" Art der Religiosität aufrecht, indem sie aus einem heiligen Buch lesen, nach welchen Regeln die Menschen zu leben haben und was sie glauben sollen. Dies geschieht zu einer Zeit, als nur eine bestimmte männliche Elite Zugang zur Bildung wie Lesen und Schreiben hat. So werden kirchliche Herrschaftsansprüche durchgesetzt. Die matriarchale Glaubens- und Erfahrungswelt wird nun als primitiv, archaisch, animistisch, vorrational und abergläubisch abgewertet und bekämpft. Frauen werden Sprunghaftigkeit und Spontaneität als negative Eigenschaften angedichtet. Doch genau diese emotionalen Qualitäten machen das Schöpferische und Lebendige aus, das der Kern der Urreligiosität ist. So wurde die ursprüngliche Macht der Frauen gewaltsam gebrochen. Der Mann eignete sich die Frau sexuell an, um seine Macht und seinen Besitz an die legitimen männlichen Nachkommen zu vererben.

Doch die Ehe und Familie sind Lebensmodelle, die in den letzten Jahrzehnten immer mehr auseinanderbrechen und durch Patchwork-Familien und Singles mit Kindern ersetzt werden. Es zeigt sich, dass die heutige Kleinfamilie weder den Frauen noch ihren Kindern die Unterstützung und den Schutz bietet, den sie benötigen. **Die heilige Ehe und Familie ist eine Quelle der häuslichen Gewalt und des Kindermissbrauchs.** Außerdem werden die Mütter mit der Kindererziehung völlig allein gelassen, was sie zwangsläufig überfordert.

All dies zeigt, dass wir unbedingt nach neuen Lebensmodellen Ausschau halten müssen. Eine Möglichkeit ist es, das wir uns umdrehen, in die Zeit blicken, die hinter uns liegt, und uns die Vielfalt unseres historischen Erbes anschauen. Dort gibt es viele Schätze zu entdecken, die aus einer untergegangenen Zeit stammen. Zeitlose Steine sind großartige Geschichtenerzähler. Sie sind das Gedächtnis der Erde und waren lange vor uns da. Sie bergen viele uralte Erinnerungen und enthalten die Weisheit aller Zeitalter. Steine sind die Lehrer der Stille. Sie lehren uns Stärke und Weisheit durch Geduld.

Wenn wir Altes suchen und Rätsel unserer Vergangenheit lösen, entdecken wir immer wieder Neues. So wissen wir inzwischen, dass weibliche Hochkulturen ihre Friedfertigkeit und Stärke aus ihrem festen Glauben zogen. Für sie war es selbstverständlich, dass es jenseits unserer Wirklichkeit eine andere Welt gibt. **Wir wissen, dass zahlreiche blühende Kulturen dann zugrunde gingen, wenn sie zu groß wurden und die Kontrolle verloren, indem sie die Natur den menschlichen Bedürfnissen unterordneten und sie unmäßig ausbeuteten.** Dies brachte den Untergang. Und doch konnten die Menschen die Zeichen der Zeit nicht erkennen. Aus diesen Erfahrungen können wir lernen.

Unsere Ahnen haben große Schätze für uns hinterlassen. Es sind Bauten, Zeichnungen, Symbole, Kunstwerke und Figurinen, die grundlegende Weisheiten und Zusammenhänge erklären. Auch ihre Mythen und uralten Geschichten sind anders als das, was wir uns heute erzählen oder was unsere Kinder im Fernsehen oder Internet sehen.

Zahlreiche frühere Kulturen kannten drei Filter, mit denen sie ihre Botschaften überprüften:
- Bevor sie etwas erzählen, fragen sie sich, ob die Geschichte wahr ist.
- Der zweite Filter ist die Frage, ob es eine gute, inspirierende und heilsame Geschichte ist.
- Und der dritte Filter betrifft die Frage, ob es eine Notwendigkeit gibt, diese Geschichte zu erzählen.

Durch diese Disziplin sind sie in der Lage gewesen, ihre innere Klarheit und Freiheit zu bewahren und auf das zu schauen, was wirklich wichtig ist im Leben.

Unsere Ahninnen hinterließen uns zahlreiche Botschaften, die wir erst heute entschlüsseln können. Es zeigt sich, dass sie für uns von erstaunlich tiefer Bedeutung sind. Die Erfahrungen, Beobachtungen und die Weisheit des Weltbildes unserer Ur-Mütter waren wirklich bemerkenswert. Sie können uns durch die Zeitkorridore hindurch Wege weisen, um unsere Gesellschaft zu erneuern und die drängenden Probleme zu lösen. Sie kannten Lebensprinzipien, die universell gelten, die einfach sind und auf die wir uns besinnen sollten. Frauen sind weltweit Agentinnen des neuen Wandels. Sie beginnen bei sich selber, indem sie für ihre Gesundheit, Bildung und Verdienstmöglichkeit sorgen und die ihrer Familie. Sie machen es wie unsere Ahninnen und nehmen ganz selbstverständlich gesunde Nahrung zu sich, die auch als Heilmittel wirkt. So beginnen sie ein robustes und gesundes Leben zu führen. Inzwischen arbeiten viele Bäuerinnen als Pionierinnen und zeigen Stadtfrauen einen sinngebenden und sinnlichen Umgang mit der Natur. Diese Frauen lernen sehr schnell, dass die Natur Grenzen aufzeigt und ihre eigenen Spielregeln hat. Je mehr Zusammenhänge sie erkennen, desto mehr bemühen sie sich, keinen Schaden zuzufügen, und stellen sich die Frage, in welcher Verfassung unsere Erde in zwanzig, fünfzig oder hundert Jahren ist. Sie sehen den großen Reichtum, den uns frühere Generationen hinterlassen haben, und fragen sich, was von uns bleiben wird.

Eine sehr direkte Möglichkeit, um zu heilen, ist es, Kontakt mit der göttlichen Mutter in uns selber aufzunehmen. Fast alle indigenen Völker lehrten dies durch Medizinräder. Die weltweit vorhandenen uralten Steinkreise machen bewusst, dass alles miteinander verbunden ist durch Leben, Tod und Wiedergeburt. Dies geschieht im Kreis und Einklang mit dem, was die Natur und das Leben gerade im ewigen Jetzt zur Verfügung stellen. Alles bezieht sich auf einen lebendigen und intelligenten Lebensorganismus, in dem alles seinen Sinn und Platz hat. In jeder Kultur gibt es schamanische Methoden, die schon ungezählten Generationen vor uns zur Heilung und Persönlichkeitsentwicklung dienten. Sie eignen sich hervorragend, um die nächste Bewusstseinsstufe zu entdecken und den Alptraum der Trennung zu überwinden.

Harmonie herrscht dort, wo ein Gleichgewicht zwischen physischen und spirituellen Aspekten des Lebens besteht. Das heilige Medizinrad symbolisiert im Süden den Körper, im Westen die Gefühle, im Norden den Geist und im Osten den Verstand. Stell dir vor, du stehst in einem dieser uralten Räder der Wahrheit. Verbringst du genauso viel Zeit im Materiellen wie im Spirituellen? Sind diese Aspekte ausgewogen? Hast du mehr Zeit für Gefühle als für den Verstand? Du kannst deinen Alltag harmonisieren, indem du bewusst handelst und allen Richtungen gleich viel Aufmerksamkeit schenkst. Dann dreht sich dein Lebensrad in Harmonie. Du bist die Schöpferin deines Lebens.

Die Schöpfungskraft, die Mitte des Rades, die Urquelle, aus der alles geboren wird, liegt ewig unergründlich hinter der sichtbaren materiellen Welt. Diese unsichtbare Welt existiert, und auch wenn wir sie nicht sehen können, ist sie lebenswichtig für uns. Wir müssen uns nur einmal Mund und Nase zuhalten. Dann haben wir Kontakt mit der unsichtbaren Welt. Denn ohne Luft können wir keinen Augenblick leben. Unser Atem verbindet uns mit allem Lebendigen. Vergessen wir diese Verbindung, entwickeln wir uns zu grausamen Räubern. Nordamerikanische Stämme bezeichnen kosmische Intelligenz, die alles geschaffen hat, als „Wakan Tanka", das große Geheimnis und heilige Mysterium.

In jeder Kultur gab und gibt es Menschen, die einen tieferen Zugang zur geistigen Dimension des Lebens haben. Diese weisen Frauen und Ältesten waren

Schamanen und die spirituellen Führer, Heilerinnen, Seher, Lehrerinnen und Ratgeber ihres Stammes. Durch ihre besondere Begabung vermittelten sie zwischen der Welt der Menschen und der geistigen Welt. Viele Elders und Chiefs der Indigenen haben die Geheimnisse der Seele erforscht. Sie sagen uns, dass die Zukunft unserer Kultur von einer ausgewogenen Balance des Weiblichen und Männlichen abhängt. Damit beide Qualitäten eine neue Synthese finden, müssen weibliche Eigenschaften, die Jahrtausende verdrängt und unterdrückt wurden, wieder stärker berücksichtigt werden. Denn nur sie haben das Feuer am Leben erhalten. Um das Gleichgewicht der Erde wieder herzustellen, ist die Transformation der zu üppigen männlichen Energie notwendig, denn wir alle brauchen Harmonie. Die Frau (und auch die weibliche Seite in jedem Mann) ist die Hüterin des Planeten und darf ihre Energie nicht länger vom Männlichen umleiten lassen.

2003 fand in Yukatan, Mexico, eine Versammlung von Schamanen und Priestern amerikanischer Indigenen statt. Anlass waren Prophezeiungen vieler Völker, dass der Zeitpunkt gekommen war, um sich zu verbinden. Um eine globale Katastrophe zu vermeiden, sollte das bisher geheime Wissen mit der ganzen Welt geteilt werden. Zum ersten Mal waren auch Menschen weißer Hautfarbe eingeladen. Die Elders sagten, es müsse ein neues Bewusstsein entstehen, das getragen ist von Respekt und Verantwortung gegenüber anderen Menschen und der Schöpfung. Diese Umwandlung wird sich nicht nur über Worte vollziehen. Quetza Sha, einer der Schamanen, drückte es so aus: „Meine Arbeit als Schamane ist es, die Information der Tempel zu entschlüsseln. Ich habe angefangen, die Steine zu berühren, um zu lernen. Ich habe die Steine berührt und dadurch die Informationen erhalten. Und so habe ich Systeme von Meditation geschaffen, damit die Menschen ihre Energie durch bestimmte Gesänge aktivieren können, durch bestimmte heilige Sprachen. Wir sprechen die Sprache der Vögel, der Bäume, des Windes, des Feuers und der Sonne. Das ist eine Sprache. Wir übersetzen sie in eine Form, in der die Menschen mit ihr meditieren können und dadurch eine Möglichkeit haben, die neue Energie zu aktivieren."

Auf dem schamanischen Weg können wir unsere Wurzeln wiederfinden, die uns Kraft und Mut geben. So finden wir in den Turbulenzen Halt und können die gewonnene Stabilität weitergeben. Diese Wurzeln verbinden uns spürbar mit der Kraft der Mutter Erde. Sie bringen uns in Kontakt mit unserem Körper, unserem liebenden Herzen, unserer Individualität und mit unserer Lebensaufgabe. Unser schamanisches Erbe lehrt uns, dass Heilung geschieht, wenn wir all die Teile unseres zersplitterten Selbst, die im Verborgenen liegen, in unser Leben zurückrufen. Wenn wir alle unsere Verletzungen, wie die des Verlassenseins, des Ausgeschlossenseins, der Erniedrigung und Unterdrückung, ans Licht holen, können uns diese Schatten nicht länger sabotieren. Dies verlangt Mut und Ehrlichkeit, und bedeutet, aufzuhören, gegen das Leben selbst anzukämpfen. Denn erst unser inneres Nein zum Leben hat die Kreisläufe von Schmerz und Leiden erzeugt. Lange genug haben wir unser unersättliches Ego und den Verstand in den Mittelpunkt unseres Lebens gestellt. Dies hat zu all der Rache, dem Krieg und Missbrauch, zu gesundheitlichen Problemen und selbstzerstörerischen Mechanismen geführt. In alten Völkern, die nach der Religion der Frauen leben und den Kult der Großen Mutter kennen, gab es diese Formen von Misshandlungen, Krankheiten und Zerstörung nicht.

Jeder kann lernen, seinen intuitiven Wahrnehmungen zu vertrauen. Manchmal müssen wir einfach wieder in die Natur gehen und den Spirits lauschen. Zu Beginn kann es hilfreich sein, eine erfahrene Lehrerin zu haben, um das unmittelbare Erleben zu üben und zu deuten. Darum habe ich zusammen mit einer Kindergärtnerin einige Jahre lang an einem Tipi gebaut und Kindern die natürliche Lebensweise und den achtsamen Umgang mit der Natur gelehrt. Waldkindergärten gibt es inzwischen in vielen Städten und die Ausbildung zu Wildnis-Pädagogen boomt. Diese Bewegung greift zurück auf eine ganz natürliche Art des Lernens, wie es in früheren Kulturen üblich war.

Der Erfahrungsschatz der Ältesten und Weisen hilft uns, das Leben für die nächsten Generationen vorwegzuträumen. Genauso, wie unsere Ahnen uns ins Leben gerufen haben und unsere Wege vorbereitet haben. In der Prophezeiung der Weißen Büffelkalbfrau der nordamerikanischen Indianer leben wir jetzt in der Zeit, in der „der Stamm der vielen Farben" geboren wird.

Wir müssen das Beste aus dem Matriarchat und aus dem Patriarchat in einer neuen Werteordnung vereinen. Dies bedeutet nichts anderes als eine neue Evolutionsstufe der kollektiven menschlichen Bewusstseinsentwicklung.

Weibliches und Männliches, Uraltes, Gegenwärtiges und Zukünftiges kommen zusammen in einem Kreis. Lange voneinander Getrenntes, was zusammengehört, verbindet sich wieder durch ein Sicherinnern und Neu-Finden. Dies ist eine umfassende und heilsame Wandlung zu etwas noch nie Dagewesenem. Es ist ein Quantensprung in eine multidimensionale Seins-Qualität, die alle Bereiche umfasst.

Doch bevor diese wunderbare Wandlung geschehen kann, muss eine umfassende Heilung geschehen. Wir müssen unseren Körper, unsere Emotionen und unseren Geist heilen, ebenso unsere Geschichte und die der menschlichen Gemeinschaft. Aber auch die Beziehung zu den Tieren, der Erde und der Natur. Erst wenn wir uns auf diese Weise weiterentwickeln, kann eine neue Ganzheit entstehen. Damit das Leben holistisch und neu werden kann, müssen wir selber neu werden: unser Körper, unsere Sinnlichkeit und Sexualität, unsere Identität, Gefühlswelt und Kommunikation, unser Denken, unser Verhältnis zur Schöpfung und unsere Spiritualität.

Die Verbundenheit mit dem großen Ganzen und dem weltweiten Netz erleben wir heutzutage über das Internet. Auch wir haben das Bedürfnis, uns miteinander zu verbinden. Unsere technische und wirtschaftliche Umgebung ist jedoch ganz anders als die unserer Vorfahren. Vor 30.000 Jahren waren die Menschen den Naturkräften ausgeliefert, vertraut mit all ihren Sinnen und den Kräften, die sie umgaben. Für sie waren alle Lebewesen beseelt und durch eine höhere Absicht miteinander verbunden. Eine globale Verbundenheit erleben auch wir und gleichzeitig erfahren wir immer deutlicher das Ausgeliefertsein an die Natur mit ihren Katastrophen.

Jeder Mensch kennt Phasen, in denen er in der Vergangenheit lebt. Dann schaust du zurück und lebst aus deiner Verletztheit. Das kann leicht geschehen, doch es bedeutet, dass du dich als Opfer siehst, das hilflos dem Leben ausgeliefert ist. Die Lösung besteht darin, aus der Vergangenheit zu leben, die Kraft aus den Wurzeln zu ziehen und in unser Leben zu holen. Praktisch bedeutet das, aus den Erfahrungen und dem Wissen der Vergangenheit die Essenz zu ziehen und daraus zu lernen. Dann ist es notwendig, den Blick nach vorne zu richten und das Wissen anzuwenden, indem du es in deinen Alltag holst.

So wässerst du die Wurzeln deines Lebensbaumes und schaffst eine solide Grundlage. Dein Mut begleitet dich, während du ganz selbstverständlich deiner Bestimmung entgegenwächst. Auf deinem Weg entwickeln sich Beziehungen, die dich unterstützen und dir helfen. Du erlangst immer mehr Wissen und Können, bist risikofreudig und bereit, Verantwortung zu tragen. Indem du deinen Willen in den Dienst stellst, wächst du über dich hinaus.

DIE WEISSE BÜFFELKALBFRAU

Sie ist eine Sternenfrau und besuchte viele Völker. Doch jeder gab ihr einen anderen Namen. Die Sioux-Indianer nennen sie „Weiße Büffelkalbfrau".

Sie trägt ein wunderschönes Kleid aus weißem Hirschleder, das mit dunklen Stachelschweinborsten verziert ist. An ihrer Seite hängt ein Lederbeutel und in ihrem langen schwarzen Haar steckt eine Adlerfeder. Sie ist von großer Schönheit und Anmut. Zwei junge Krieger beobachten ihr Kommen. Der erste Krieger ist von ihrer Schönheit geblendet und sagt, er würde gerne im warmen Gras mit ihr Liebe machen. Sein Freund bemüht sich, ihn von diesen Gedanken abzubringen. Aber die heilige Frau lächelt den ersten Krieger an und sagt zu ihm: „Komm zu mir, du sollst haben, was du dir so sehr wünschst." So geht er zu ihr. Eine Staubwolke verbirgt den Krieger und die geheimnisvolle Frau. Als sich der Staub gelegt hat, sieht der junge Krieger, dass die Frau ihre Kleidung in Ordnung bringt. Sein Freund ist nicht zu sehen, aber ihr zu Füßen liegt eine schon zersetzte Leiche.

Die weiße Büffelkalbfrau sagt zum zweiten Krieger: „Ein Mann, der sich von der äußeren Schönheit einer Frau blenden lässt, wird nie ihre göttliche Schönheit kennenlernen. Denn sein Begehren liegt wie Staub auf seinen Augen und macht ihn blind. Anders ist ein Mann, der in der Frau die Göttin sieht. Er nimmt zuerst ihre geistige Schönheit wahr und erkennt ihre Wahrheit. Wenn er eine schöne Frau erblickt, fragt er sich: Wer ist sie? Was bringt sie so zum Leuchten? Woher kommt sie? Welche Nachrichten bringt sie? Wenn sich dann die Frau dazu entscheidet, bei diesem Mann zu liegen, wird er sehr viel mehr Freude erleben als sein Freund und alles wird so sein, wie es sein sollte.

Dein Freund und du, ihr symbolisiert zwei Wege, die die Menschen gehen können. Wenn du mit dem Spirit und den Vogelstämmen verbunden bist und die Sichtweise des Schöpfers annimmst, wirst du erleben, dass dir alles, was du zum Leben brauchst, in die Hände strömt. Dann bist du im Fluss mit den höchsten schöpferischen Kräften. Wenn du aber den Geist und die Seele vergisst und dich darum bemühst, zuerst deine irdischen Wünsche zu erfüllen, wirst du innerlich sterben.

In vergangenen Zeiten gingen die meisten Menschen deinen Weg, doch nun folgen viele dem materiellen Pfad. In der Staubwolke lebte dein Freund ein beschleunigtes Leben. Er hatte ein gutes Leben, doch er wurde von seinen Leidenschaften regiert. Er vergaß den Großen Geist und seine Seele. So zerfiel am Ende alles zu Staub, denn seine Gedanken und sein Leben waren ohne Bedeutung. Er bereicherte weder mich noch das Leben von anderen."

Da fragt der junge Krieger, wer sie sei, und nach kurzem Zögern antwortet sie: „Dein Volk nennt mich Mutter der Alten. Doch du siehst, dass ich gar nicht so alt bin. Ich bin das Mädchen, die große Mutter, die in jeder Mutter lebt, und die weise Großmutter. Ich bin der Geist der Wahrheit und bin gekommen, weil ihr mich vergessen habt. Ich will euch wichtige Dinge lehren, die der Wind der Zeit verweht hat."

Der ganze Stamm hat sich versammelt. Barfuß betritt weiße Büffelkalbfrau das Tipi und umkreist siebenmal stumm das Feuer. Jede Berührung des Sandes durch ihre Füße ist ein Gebet für die Erde. Wer ihr in die Augen sieht, erkennt sein eigenes Gesicht und fühlt, dass er sich selber anschaut, so wie er wirklich ist. Dann beginnt sie zu sprechen:

„Siebenmal habe ich das Feuer in Stille und Ehrfurcht umkreist. Das Feuer symbolisiert die Liebe. Es ist das Feuer, das jedes Herz erwärmt, das des Büffels und des Kalbes, das jedes Bären, Präriehundes, Adlers und jedes Menschen. Das Volk der Sioux ist wie ein einziges Wesen. Dieses Feuer, das in unserer Mitte brennt, ist eure Kraft und Liebe. Wenn ihr etwas erschaffen wollt, braucht ihr die Konzentration eurer Kräfte. Schöpfung kann nicht stattfinden, wenn Energien verstreut und vergeudet werden. Es ist ein heiliger Ring oder Medizinkreis notwendig, der die Kraft bündelt, wie ein Same, ein Ei oder Mutterleib. Seid weise und bedenkt, wie ihr eure Kräfte nutzen wollt. Dann zieht den heiligen Kreis der Verpflichtung darum. Innerhalb dieses warmen Kreises baut sich die Kraft der Liebe immer mehr auf. Bis der Kreis sie nicht mehr zurückhalten kann und durch die Geburt des Neuen zerspringt.

Die sieben Male, die ich das Feuer umrundet habe, symbolisieren die sieben Welten, die durch das Feuer geschaffen wurden. Ihr lebt in allen sieben Welten, seid euch aber nur der physischen, materiellen Welt bewusst. Die inneren Welten habt ihr fast vergessen. Es ist die Welt der Visionen, aus der ich stamme. Ich bin eine der geflügelten Himmelsleute, ein Feuervogel von den Donnerstämmen. Euer Volk hat etwas vergessen, das kostbarer ist als Wasser. Ihr habt eure Verbindung zum großen Geist und zu Mutter Erde vergessen. Ich bin mit dem Feuer gekommen, um euch an das zu erinnern, was einst war, um euch stark zu machen für die Zeit, die kommt."

Sie öffnet ihren reich verzierten Beutel und holt eine Pfeife heraus.

„Diese Pfeife ist heilig. Sie wird euch an die vergessenen Lehren erinnern. Behandelt sie immer respektvoll und tragt sie nur in kostbaren Beuteln wie dem meinem. Füllt diese Pfeife mit gesegnetem Tabak, der extra für diese Zeremonie angepflanzt wurde.

Der erste Zug Rauch aus dieser Pfeife ist der Zug der Dankbarkeit gegenüber dem großen Geist, dessen Atem euch das Leben geschenkt hat. Der Rauch trägt eure Gedanken und Gebete mit eurem Atem zum Großen Geist. Er ist der Gottvater aller, ihr nennt ihn Wakan Tanka, den Großen Einen. Dann gebt die Pfeife weiter an die, mit denen ihr euch versammelt habt, damit jeder seinen Zug der Dankbarkeit gegenüber dem Schöpfer nimmt.

Mit dem zweiten Zug gebt ihr eurer Dankbarkeit gegenüber eurer Mutter, der Erde, Ausdruck. Sendet ihr Gedanken der Liebe und bedankt euch für das Gras und das Korn, die Quellen, Bäche und Meere und für das Himmelszelt, das sie über uns gespannt hat, damit wir hier leben können. Gebt dann die heilige Pfeife wieder an euren Nachbarn, damit auch er der Großen Mutter dankt.

Mit dem dritten Zug aus der heiligen Pfeife sendet den Rauch zu allen Geschöpfen dieser Erde. Bedenkt die mit zwei Füßen und die mit vier Füßen, die mit Fell, die mit Schuppen und die mit Federn. Sie bereichern durch ihre Anwesenheit euer Leben und vertreiben eure Einsamkeit. Reicht auch dieses Mal die Pfeife weiter.

Den vierten Zug schenkt den Geistwesen, damit sie euch immer leiten mögen und damit eines Tages die Menschen, die der Wahrheit treu geblieben sind, alle

Nationen der Erde umfassen. Die Wesen ohne festen Körper inspirieren, trösten und stärken euch. Mit diesem Rauch aus der Pfeife sendet euren Dank an die Vogelstämme und Engelwesen.

Die heilige Pfeife wird euch daran erinnern, dass jeder Atemzug heilig ist. Der runde Pfeifenkopf verkörpert den magischen Ring, den Kreislauf von Geben und Nehmen, von Ein- und Ausatmen. So werden alle Lebewesen durch die Macht des Einen belebt. Diese Macht kann euch aufwecken und heil machen. Der gesegnete Tabak stammt aus dem Pflanzenreich und erinnert euch daran, dass ihr hier seid, um auf die Erde zu achten."

Weiße Büffelkalbfrau hält einen Zweig ins Feuer, bis er brennt. Dann hält sie ihn hoch. Dabei sagt sie:

„Ich habe den Zweig am großen Feuer entzündet, das in unserer Mitte brennt. Genauso ist jeder von euch eine Flamme, die aus dem ewigen Feuer der göttlichen Liebe stammt. Dieser einzelne brennende Zweig genügt, um ein großes Feuer zu entzünden. Ein Leben genügt, um ein großes Feuer anzufachen. Dies geschieht nicht, wenn ihr selbstsüchtige Ziele anstrebt. Dann wird eure Liebe und euer Feuer klein bleiben. Denn ihr behaltet eure Flamme für euch, um das zu lieben, was ihr braucht. Doch wenn ihr in Harmonie mit dem Spirit und dem großen Geist lebt, werden euch die Winde unterstützen. Denn ihr liebt das Leben, die Schönheit und seid dankbar für all die Geschenke, die das Leben bereichern. Ihr werdet die Großartigkeit, die euch umgibt, wieder wahrnehmen können, euer wahres Potential erkennen und eure vergessene Freude wieder entdecken. In allen, denen ihr begegnet, entzündet ihr das Feuer und gebt eure Gabe und Liebe weiter."

Dann entzündet Weiße Büffelkalbfrau mit dem brennenden Zweig den Tabak in der Pfeife. „So wie der Tabak die Pflanzenwelt repräsentiert, steht der eingravierte Büffelkopf auf dem Pfeifenkopf für unsere jüngeren Brüder, die Tiere. Die zwölf Federn des Adlers, die vom Pfeifenhals herunterhängen, sollen euch an die Vogelstämme erinnern, an die Geistwesen, die von den Sternen kommen. Die Federn sollen eure Gedanken leicht machen und zum Schweben bringen. Der Pfeifenkopf ist aus rotem Stein, wie die aufgehende Sonne. Jede Morgendämmerung ist die Geburt eines neuen Tages. Die Kraft der Sonne vertreibt die Dunkelheit. So vertreibt das Feuer auch die dunklen Schatten niederdrückender Gedanken.

Wichtig ist, allem Leben mit Respekt zu begegnen. Den Tieren, die unsere jüngeren Brüder und Schwestern sind, ebenso wie Menschen anderer Hautfarben und Traditionen. Die Sonne bescheint alle ohne Unterschied. Bemüht euch, friedlich miteinander zu leben, so wie die Farben des Regenbogens. Erst gemeinsam bewirken sie einen wunderbaren Zauber.

Dann lässt sie die Pfeife herumgehen in der beschriebenen Weise.

„Ich will euch noch eine Zeremonie schenken. Denn es ist möglich, dass in besonders schweren Zeiten euer Herz vom Pfad des heiligen Weges abkommt. Dann sollt ihr keine Zeit mit Bedauern verlieren. Tragt eure Pfeife bei euch, findet einen Platz in der Natur und entzündet die Pfeife. Dann sendet den Rauch in der Weise, die ich euch gelehrt habe zum Großen Geist, zu Mutter Erde, den Tieren und den Menschen. Bedankt euch bei den vier Himmelsrichtungen, nehmt den fünften Zug und bittet die großen geflügelten Wesen der geistigen Welt um Führung. Bittet das Wesen, das euch am nächsten steht, um Hilfe, damit ihr den weisesten Weg erkennt. Bittet darum, dass ihr eine klare Entscheidung trefft und die Schritte auf dem Weg klar erkennen könnt. Mit dem fünften Zug, den ihr dem unsichtbaren Geist darbringt, werdet ihr die Erfahrung machen, dass es Wesen gibt, die euch helfen und beistehen, wenn ihr sie darum bittet.

Mit dem sechsten Zug wünscht sechs Menschen Segen. Vielleicht einem Menschen, der gerade seinen Körper verlassen hat. Oder einem jungen Menschen, der nach dem Weg fragt. Möglich ist es auch, einem Menschen Weisheit zu wünschen. Segnet eure Eltern, Großeltern und Familienangehörigen. Wählt jedes Mal sechs Menschen aus, denen ihr Gottes Lächeln wünscht.

Der siebte Zug wird stets in Stille geraucht, denn er ist dem Großen Wesen gewidmet, von dem alle Wesen abstammen. Es ist angemessen, der Quelle des Lebens ohne Worte zu begegnen."

Die Stille hält lange an und legt sich wie eine warme Decke um die Anwesenden. Weiße Büffelkalbfrau spricht dann von einem Baum, der durch Verständnis blühen wird, wenn die Sioux sich ihre Lehren zu Herzen nehmen. Die Individuen vergleicht sie mit den Blättern eines Baumes, und dass kein Baum Blätter hat, die so dumm sind, sich gegenseitig zu bekämpfen. So gibt es auch keinen Grund, sich untereinander zu bekämpfen oder Gewalt anzuwenden. Dies ist nur nötig, um sich oder seine Familie zu schützen.

„Für lange Zeit werdet ihr im Schatten dieses Baumes des Verstehens leben. Seid diesen Wegen treu. Denn es werden Menschen kommen, die schnell sprechen, wenig verstehen und große Macht haben. In diesen stürmischen Zeiten wird der Baum des Verstehens gefällt und es sieht so aus, als ob der Baum stirbt. Der heilige Ring und das Wissen um das Medizinrad werden fast vergessen. Das Feuer wird verlöschen, doch die Glut wird bleiben. Ganz ruhig wird sie im Verborgenen überdauern. Sie wird in den Herzen der Sanften noch schwach glimmen. Selbst in Zeiten, in denen Mutter Erde gekauft und verkauft oder gestohlen wird, wird diese Glut bewahrt. Und wisse, mein Volk: Mit ein wenig Glut kann ein großes Feuer angefacht werden!

Wenn die Zeit gekommen ist, wird ein neuer Wind diese Glut entfachen. Und sie wird ein mächtiges helles Feuer entzünden. Ein neuer Baum, mächtiger und kraftvoller als dieser, den ich euch hinterlasse, wird seine Wurzeln tief in Mutter Erde graben. In dieser neuen Zeit werde ich wiederkommen, um mit euch gemeinsam im Schatten dieses Baumes zu leben. Alle Rassen der Erde werden sich gemeinsam unter diesem Baum versammeln und es wird das beste Zeitalter sein, das wir je gemeinsam erlebt haben. Das, was zerbrochen war, wird wieder heilgemacht. Das, was verloren war, wird wiedergefunden und das, was vergessen war, wird wieder erinnert. Der heilige Medizinkreis wird wieder ganz. Die Nationen werden Frieden finden, denn die geflügelten Geistwesen kehren zurück.“

Diese Legende vermittelt dem Volk hohe moralische Werte. Sie zeigt unterschiedliche männliche Lebenswege und lehrt Respekt vor dem heiligen Wissen der Frauen, das sie bewahren.

DIE TÖCHTER DER SPINNENFRAU

Bei vielen indianischen Völkern waren Frauen die Hüterinnen des Herdfeuers, der Mythen und Bräuche. Doch ihre Rollen waren nicht unbedingt festgelegt. Wenn sie es wollten, konnten sie auch auf die Jagd gehen und an Kämpfen teilnehmen. Bei den Ojibwa griffen die Frauen, wenn der Mann krank, faul, abwesend oder tot war, selbst zur Jagdwaffe. Junge Mädchen gingen mit ihrem Vater auf die Pirsch. Bei den Cherokee wurden Kriegerinnen in einen Frauenrat gewählt. Sie konnten über Krieg und Frieden und über das Schicksal von Gefangenen mitentscheiden. Doch grundsätzlich bildeten Frauen die Basis der Familie und sorgten für ihren Zusammenhalt. Der Alltag indianischer Frauen war mühsam und sehr arbeitsreich. Egal, ob sie nördlich der Großen Seen lebten, wie die Ojibwa, oder in den Wüsten des Südwestens wie die Apachen, in den Langhäusern der Irokesen im Nordosten oder in den Subtropen von Florida wie die Semiolen. Die Gesellschaft war ganz anders strukturiert als bei uns. Indianische Frauen und Männer, deren Lebensumstände sehr unterschiedlich waren, hatten immer ein fein austariertes Verhältnis zueinander. Dabei waren die Männer- und die Frauenwelt klar voneinander unterschieden. Männer besprachen und erledigten ihre Alltagsangelegenheiten miteinander und Frauen benahmen sich ebenso. Die Einstellung der Männer zu den Frauen drückte der 92-jährige Sioux He Dog so aus: „Es ist wichtig, gut zu den Frauen zu sein in der Blüte unserer Mannesjahre, weil wir am Anfang wie am Ende unseres Lebens unter ihren Händen sitzen."

Indianische Männer sorgten meistens für den Schutz des Clans und gingen auf die Jagd, während die Frauen den Haushalt führten, die Felder bestellten oder Beeren und Früchte sammelten. Frauen zerlegten die Bisons, bearbeiteten die Häute und stellten daraus Tipis (Zelte), Kleidung und Mokassins her. Die Navajo-Frauen schoren ihre Schafe, färbten und versponnen ihre Wolle und webten ihre bekannten wunderschönen Decken und Teppiche daraus. Trotz der vielen Arbeit nahmen sie sich Zeit zum Schwimmen, Reiten oder Spielen. Doch in der heutigen Zeit sind viele Frauen dem Glücksspiel verfallen.

Kinder wurden grundsätzlich nicht geschlagen und schon als Heranwachsende an ihre späteren Aufgaben herangeführt. Mädchen begleiteten ihre Mütter, Tanten und Schwestern beim Beerensammeln, Wasser oder Brennholz holen. Das Frau-Dasein begann mit der ersten Periode. Da indianische Völker das Menstruationsblut als sehr stark einschätzen, musste sich das junge Mädchen vom Stamm zurückziehen und in einer kleinen, extra dafür gebauten Hütte am Rande des Dorfes wohnen. Die Mutter, Großmutter oder andere Frauen bereiten das Mädchen während ihrer Isolation auf ihre zukünftige Rolle vor. Von da an gilt das Mädchen als vollwertige Frau. Sie darf heiraten und Kinder haben. Doch jede Frau, die ihre Monatsblutung hat, muss sich an diesen Tagen in die Stille zurückziehen und von älteren Frauen lernen. Andere Frauen des Stammes übernehmen dann ihre Pflichten.

Wenn ein Mädchen zur Frau wird, findet eine viertägige Zeremonie statt. Es wird ein großer Kuchen gebacken. Drei Tage lang malt das Mädchen Mais, den Verwandte ihr bringen. Am vierten Tag wird daraus ein Kuchen geformt und im Erdofen gebacken. Ein Sänger stimmt rituelle Lieder ein, die der Stamm gemeinsam singt. Die ganze Nacht über bleiben alle wach, damit dem Mädchen kein Unglück geschieht. Am nächsten Morgen verteilt die Jungfrau das Brot unter allen Stammesmitgliedern. Dieses Ritual soll das Mädchen zu einer starken Frau werden lassen, die sich und andere versorgen kann. Außerdem festigt es den Zusammenhalt der Gemeinschaft. Vor der Eheschließung musste oft ein Brautpreis gezahlt werden. Je höher er war, desto größer war die Ehre für ihre Familie.

Manche Häuptlinge oder besonders gute Jäger hatten mehrere Frauen. Doch die erste Frau musste immer gefragt und um Erlaubnis gebeten werden. Sie blieb die Chefin des Hauses und stimmte häufig zu, weil sich die viele Arbeit dann auf mehrere verteilte. Der Alltag war spirituell geprägt. So sahen sich die Frauen bei den Navajo als „Töchter der Spinnenfrau", als die Töchter der Göttin, die das Spinnen und Weben in die Welt gebracht hat. (Während ich dieses schreibe, krabbelt plötzlich eine winzig kleine Spinne auf den Bildschirm. Ist das Zufall???)

Die Rituale der Frauen und ihre geheimen Treffen beschworen die Fruchtbarkeit des Bodens und die Sorge um die Ernährung, während die Männer für Jagd- und Kriegsglück tanzten. Bei den Irokesen liefen die Erbschafts- und Namenslinien über die Frauen. Sie hatten auf alle sozialen und politischen Entscheidungen Einfluss. Das Land, die Felder und Ernten gehörten ihnen. Bei ihnen lag die wahre Autorität. Sie entschieden in Ratsversammlungen und sind Schiedsrichterinnen. Oft bestimmten sie den Häuptling. Versagte er, verwarnten sie ihn und setzten ihn wieder ab, wenn er sich als unfähig erwies. Zu Ratsversammlungen, die im Kreis stattfanden, waren sie offiziell nicht zugelassen, aber sie schickten Abgeordnete oder verhielten sich still im zweiten Kreis. Doch von ihrer Zustimmung hing das Ergebnis ab. Sie hatten die wirtschaftlichen Verhältnisse des Stammes in der Hand, und sie bestimmten die Verteilung der Lebensmittel, einschließlich der von den Männern gefangenen Fische und gejagten Tiere. Wenn die Frauen gegen einen Krieg waren, verweigerten sie den notwendigen Proviant an Mais, Decken und Mokassins.

Nach der Menopause widmeten sich viele Frauen der Erziehung ihrer Enkel.

So waren ihre Töchter frei, ihren Beruf auszuüben oder als Künstlerin erfolgreich zu sein. Manche ältere Frauen wurden auch Medizinfrauen, denn sie mussten nun keine Menstruationstabus mehr beachten. Sie trugen unter anderem die Verantwortung für eine angemessene Durchführung von Trauerfeiern. Sterbende wurden nicht allein gelassen, sondern auf ihrem letzten Weg begleitet. Sie wurden ermutigt, sich darauf einzustellen, dass sie nun zu ihren Ahnen gehen. Dort werden sie alle wiedertreffen, die diesen Weg schon vor ihnen gegangen sind. Sie werden jenseits des Schleiers von denen erwartet, die sie lieben. So wurde ihnen Mut gemacht und Stärke für den Weg gewünscht.

Indianische Völker verloren mit ihrem Land, den Bisons und ihren heiligen, angestammten Stätten ihre soziale Identität. Heute leben sie häufig in Reservaten, in denen Jagd und Krieg keine Rolle spielen. Männer, die einst stolze Krieger waren, sind nun ohne Ruhm und Ehre. Arbeitslosigkeit, Alkoholismus und Kriminalität sind an ihre Stelle getreten. Frauen sind noch immer für den Haushalt und die Kinder zuständig. Sie spinnen die Fäden und sind das Gedächtnis der indianischen Welt, denn sie haben die Sprachen, Rituale und Traditionen ihres Stammes bewahrt. Sie sind die Hüterinnen der Erde und der indianischen Weisheit ihrer Ahnen.

EINE SCHAMANISCHE REISE ZUR SPINNENFRAU

Die Trommel schlägt regelmäßig, während ich ganz ruhig werde und mich auf die Reise in meine Seelenlandschaft begebe. Ich lehne mich an einen Baum, gleite den Stamm hinab zu seinen Wurzeln und gelange tiefer und tiefer in die Erde hinein. Schließlich befinde ich mich auf einer Ebene. Dort sehe ich das Tor, das in meine Seelenlandschaft führt.

In meinem Garten ist Herbst. Der Apfelbaum hat sich rötlich-gelb verfärbt. Blätter liegen im Gras und die Sonne taucht meinen Garten in ein warmes, goldenes Licht. Da erblicke ich ein riesengroßes Spinnennetz, das zwischen dem Apfelbaum und dem Eingangstor gespannt ist. Das Netz ist viel größer als ich und in ihm sitzt eine mächtige schwarze Spinne.

Ich spreche sie an: „Großmutter Spinne, ich grüße dich. Ich habe dich hier in meinem Seelengarten nicht erwartet. Doch du hast bestimmt eine Botschaft für mich."

Sie antwortet: „Auch ich grüße dich! Ich bin die Wächterin deines Schmerzes. Während ich auf dich wartete, habe ich ein großes Netz für deinen Schmerz gewebt."

Da fielen mir meine Rückenschmerzen ein, die ich hatte, seit ich am Wochenende unser Schlafzimmer neu gestrichen habe. „Aber warum bewahrst du den Schmerz?", fragte ich. „Damit du daran erinnert wirst, dich auszuruhen."

„Aber ich freue mich über mein frischgestrichenes Zimmer und über die Veränderung. Ich möchte in meinem Haus aufräumen und alles schön haben", antwortete ich.

„Ja, das ist in Ordnung, doch halte Maß! Mache nicht zu vieles auf einmal und höre auf deinen Körper!"

„Was kann ich denn tun, damit der Schmerz wieder geht?"

„Atme in den Schmerz hinein und blase ihn auf. Signalisiere ihm, dass du ihn ernst nimmst. So wird er groß und konzentriert seine Kraft zu einem Klumpen. Wenn das geschehen ist, atme ihn aus und lass ihn los. Er wird in meinem Netz landen. Dann kann ich ihn fressen. So wirst du ihn los."

Ich atmete tief ein und aus, schickte die Atemluft von der Halswirbelsäule abwärts in den Schmerz. Als ich nun mehrmals tief ausatmete, landeten die „Schmerzklumpen" im großen Spinnennetz. Alles geschah so, wie es die Wächterin des Schmerzes versprochen hatte.

Ich dankte ihr und fragte: „Bist du meine Medizinhelferin? Bist du auch bei mir, wenn ich andere Menschen behandle und heile? Bist du es, die mir dann Kraft und Inspiration schenkt?"

„Ja, ich bin deine Helferin, wenn du heilst. Mache dich innerlich leer und rufe mich einfach. Warte, welche zarten Impulse zu dir kommen. Sie stammen aus einer anderen, sehr feinen und subtilen Ebene. Es ist so, dass du mit deinem Rufen an meinem Spinnennetz ziehst, ich die Erschütterungen wahrnehme und dir antworte. Du wirst dich in diesen Momenten ganz frei und leicht fühlen. – Wenn du einen Satz beginnst, wird dein Verstand nicht wissen, was dein Mund sagt. Dann vertraue einfach deiner inneren Stimme. Für den Patienten ergeben Dinge einen Zusammenhang, den du nicht kennst und der dem Hilfesuchenden vielleicht erst nach der Sitzung klar wird. Ich bin Großmutter Spinne. Ich kenne Verbindungen, die durch die Zeit und den unendlichen Raum gespannt sind. Ich bin bei dir, wenn du mich rufst. Dann helfe ich dir beim Heilen. Wenn du mir vertraust, wirst du schnell erfolgreich."

Ich dankte Großmutter Spinne und schenkte ihr zum Abschied ein Lied. Dann ging ich zurück durch mein Tor, stieg den Gang durch die Erde hoch, gelangte an die Baumwurzeln, glitt an ihnen entlang an die Erdoberfläche und kam zurück in mein Alltagsbewusstsein.

Seit der Begegnung mit Großmutter Spinne habe ich sie in mehreren Sitzungen mit Patienten gerufen und sehr gute Erfolge gehabt. Danke, Großmutter Spinne!

WEISE INDIANERINNEN
HÜTEN UNSERE LEBENSKRAFT

Der Titel Großmutter oder Großvater hat eine besondere Bedeutung bei indianischen Völkern. Er wird nicht leicht verliehen und solch eine Person muss nicht unbedingt selber Kinder oder Enkel haben. Ausschlaggebend sind die Weisheit des Alters, die Lebenserfahrung und das tiefe Verständnis für die menschliche Natur. Es ist eine Ehre, diese weisen Großeltern kennen zu lernen, denn sie beschenken uns mit wertvollen Gaben aus ihren Stammes-Traditionen. Die Zeremonien sind mündlich überliefert und sehr alt. Es gab Riten zu Ehren der Jahreszeiten, der Lebensübergänge, Masken-Zeremonien und Gebete ans Universum. Meistens existiert keine schriftliche Chronik, außer sie wurde auf Birkenrinde, Büffelhaut oder in Stein dokumentiert. Allerdings gab es eine hoch geachtete mündliche Tradition von Geschichtenerzählern, die ihre Ahnen dadurch ehrten, dass sie deren Erfahrungen und Erkenntnisse an die nächsten Generationen weitergaben.

Dies war überaus wichtig, um das Überleben des Stammes zu sichern. **Harte Überlebenskämpfe brachten starke und spirituelle Menschen hervor, die eng mit der Natur verbunden lebten.** Häufig hatten sie eine vertiefte und erweiterte Wahrnehmung.

Eine mit ihrem spirituellen Wesen verbundene Person weiß, dass wir ein überreiches Universum haben und dass es genug für alle gibt. Zwischen dem Erinnern und Vergessen der inneren Freiheitssuche begleiten uns Sagen, Mythen und Geheimnisse. Sie zeigen einen Blick in die Seele und erinnern uns an unsere Befreiung und das große Erwachen. Sie ermutigen und trösten damit, dass sich die Anstrengungen lohnen, um dem eigenen Leben Wert zu geben. Träume begleiten uns, wenn sich etwas Grundlegendes in unserem Leben ändert. Aber zunächst merkst du es wahrscheinlich nicht. Häufig verändern sie sich, überbringen aber in unterschiedlichen Versionen die gleiche Botschaft, um dich darauf vorzubereiten, dass sich etwas ändert.

Du lernst nun einige Großmütter kennen, die bereit sind, ihre heiligen Schätze und traditionelle Medizin mit dir zu teilen. Sie setzen Zeichen in der Welt und erreichen die Herzen der Menschen. Darum nennen sie diese Geschichten „Medizin-Geschichten". Sie schenken dir innere Bilder, die in ihrem Volk von einer Generation an die nächste weitergetragen wurden. Diese Geschichten haben sie für dich vor dem Vergessen bewahrt. Sie wissen, was mit den Menschen passiert, wenn innere Kostbarkeiten verloren gehen. Dann geht auch die alte Lebensweise verloren, die viele Lösungen bereithält. Diese Großmütter wissen, wie sie mit einer Geschichte einen Funken in dir entfachen können, der deine Begrenzungen erweitert. Ihre Geschichten erzählen von der zeitlosen Suche der Menschen nach Liebe, Glück, Freiheit und Sinn. Sie geben dir Antworten darauf, wie du deinen Seelenweg finden kannst. Diese Medizin-Geschichten heilen deine Seele und bringen dich mit deinem Spirit zusammen. Sie eröffnen dir neue Blickwinkel, Erkenntnisse, Lösungen und Handlungsmöglichkeiten, mit ihrer Leichtigkeit und ihrem Humor erreichen sie dein Herz. Mit ihrer strahlenden Weisheit wirken diese uralten Erzählungen wie glitzernde Tupfer in dein Leben. Lass dich verzaubern, denn diese Großmütter erzählen Geschichten vom Licht.

Großmutter Weberin (vom Stamm der Navajo)

Die Spinne erschafft durch ihre Tätigkeit die Welt ständig neu. Von ihr haben wir den Zauber des Webens kennengelernt. Wir Frauen sind stolz, denn unsere Webkunst zeigt die Liebe, die in unserem Herzen wohnt. Wir hüten die Schafe und scheren sie. Wir bauen unsere Webstühle, färben, verspinnen und weben. Die ausdrucksstarken Muster unserer farbigen Decken und Kleidung haben eine tiefe Bedeutung und stellen häufig heilige Symbole dar. Sie werden dadurch zu Objekten mit ganz besonderer Energie. Denn sie zeigen wichtige Verbindungen zu anderen Menschen, Orten und besonderen Momenten. Dies können Zeremonien, Initiationen oder Visionen sein. Diese Erinnerungsfäden sind auf der energetischen Ebene vorhanden, und wir verweben sie in unseren Kunstgegenständen. Durch unsere Kraft, Kreativität und unseren Spirit sind diese Erfahrungen jederzeit wieder abrufbar. Das nährt jede Seele, denn es sind die Sehnsüchte, Vorstellungen und Gefühle, die aus dem Material ein Kunstwerk machen. Das macht unsere Webkunst so besonders.

Ich, Großmutter Weberin, frage dich:

Wie sieht dein Lebens- und Traum-Muster aus?
Webst du bewusst inspirierende und schöne Muster?
Nimmst du die Farben und Muster anderer wahr?
Und webst du gemeinsam mit ihnen?

„Ich erinnere dich daran, wie reich dein Leben gesegnet ist. Es liegt an dir, mit Geduld und Stärke ein wunderschönes Muster zu weben. In deine Vergangenheit und Lebenserfahrung kannst du Dankbarkeit, Heilung, Medizingeschichten und persönliche Kräfte einweben. Es wird eine sehr persönliche und niemals perfekte Decke sein. Denn jedes Lebensgewebe hat kleine Löcher, Fehler im Muster und Farbverlauf oder Verzerrungen. Trotzdem kann es wunderschön sein. Mein Geschenk an dich ist eine Decke aus unterschiedlichen Lehren und Wissen. Sie wird dir helfen, dein Gleichgewicht zu bewahren. Sie wird dich auf deinem Weg wärmen, schützen, trösten und stärken.

Großmutter Geburtshelferin (vom Stamm der Cherokee)

Großmutter Geburtshelferin trägt ein reich verziertes Wildlederkleid und hat eine bunte, perlenbestickte Tasche bei sich. Sie lädt dich ein, mit ihr das Haus einer jungen Mutter zu betreten. Die Mutter liegt auf weichen Fellen und der Raum ist erfüllt vom Duft wohlriechender Heilkräuter. Großmutter Geburtshelferin hat einen reichen Schatz an Begabungen und eine große Tasche. Sie enthält Salben, Kräuter, Wurzeln und eine Menge Medizinwissen. Sie weiß, was eine Geburt erleichtert und Blutungen stillt, die Milchbildung für das Neugeborene anregt, die Mutter stärkt und heilt. Sie bringt den Müttern bei, eine liebevolle Verbindung zu dem Kind aufzubauen und für es zu sorgen. Ein Neugeborenes ist zart und empfindlich, doch voller Lebenskraft. Diese Großmutter kennt das Leben und den Tod. Sie beschützt alles Neue im Leben. Sie sagt dir, was in deinem Leben Neues zeigt. Manchmal ist es schwer, eine Phase hinter sich zu lassen, damit eine neue geboren werden kann. Das Kind wird zum Jugendlichen, dann zum Erwachsenen, zu Vater oder Mutter, zu Großvater oder Großmutter. Der Kreis schließt sich durch die Wiedergeburt im Geistigen.

Großmutter Geburtshelferin sagt dir: „Ich bringe dir bei, wie du deine kreative Lebenskraft lenken kannst. Öffne deine Augen für die Schönheit, die dich umgibt. Bewahre dir den frischen und neuen Blick eines Kindes auf die Welt. Sei mutig und offen für neue Ideen. Das Leben prüft und beschenkt dich durch eine neue Arbeit, neue Erfahrungen und Freundschaften. Schau auf dein Leben zurück und sieh, ob es Wunden gibt. Sie sollten sanft geheilt werden, weil sie dich einschränken und behindern. Hole das Beste aus deinen Gaben heraus und habe keine Angst, dich zu zeigen. Du musst nicht perfekt sein. Deine Kreativität und Heilkraft sind die Medizin, die Neues hervorbringen."

Großmutter Sternguckerin (aus dem Stamm der Zuni)

Großmutter Sternguckerin trägt ein dunkles Kleid und eine traditionelle Kette aus Koralle, Türkis und Muscheln. Der Türkis symbolisiert Vater Himmel und den männlichen Geist. Die Koralle steht für Mutter Erde und ihr Blut. In ihrer Familie stellen viele Türkisschmuck her, in Kombination mit Koralle, Perlmutt und Obsidian. Großmutter Sternguckerin hat die Gabe, in den Nachthimmel zu schauen und der Sprache der Sterne zu lauschen. Sie sagen ihr Unruhen voraus und zukünftige Ereignisse. Viele Indianerstämme glauben, dass wir Menschen von den Sternen kommen und aus Licht und Sternenmaterial gemacht sind. Sie glauben an viele unterschiedliche Arten von Leben in anderen Welten. In ihren Visionen reist Großmutter Sternengucker durch Zeit und Raum. Sie kennt den Platz der Menschen im Universum. Großmutter Sternenguckers Botschaft für dich lautet:

„Geh in die Natur, weg von anderen Menschen, und betrachte den Sternenhimmel. Weite deinen Blick und lausche. Sieh dich umgeben von all der Schönheit. Versuche das Ganze wahrzunehmen und fühle, wie Achtung vor dem Großen Geheimnis in deinem Herzen entsteht. Wenn du eine Frage zu deinem Lebensweg hast, werde still. Dann erinnere dich an deinen kosmischen Ursprung und verbinde dich mit deinem Sternen-Selbst. Konzentriere dich auf einen Stern. Du bist nicht nur ein Mensch. Du hast auch ein Sternen-Selbst. Wie sieht es aus? Erinnere dich. In deinem Herzen wirst du die Antwort finden.

Wenn du dich mit deinem Sternen-Selbst verbindest, wird das Licht in deinen Augen größer, heller und strahlender. Wenn es wächst, wirst du in deinem Leben Veränderungen vornehmen. Du wirst starre Haltungen aufgeben, Erwartungen und Urteile hinter dir lassen und eine große Freiheit und Kraft spüren. Die Freude in deinem Herzen wird wachsen. Du lächelst und strahlst von innen. Weil sich jedes Leben verändert, um in etwas überzufließen, das zu noch größerem Ausdruck und größerer Entfaltung fähig ist, erkennst du irgendwann deinen Ursprung. Du nimmst dein eigenes wahres Wesen an und konzentrierst dich nicht länger auf die Materie, den Körper und seinen Schatten, sondern auf das Lichtwesen, das diesen Schatten warf. Du bleibst so lange unfertig, bis du die Angstkrankheit geheilt und dich mit deinem Sternenbewusstsein verbunden hast. Erst dann ist dir wieder bewusst, dass dein menschlicher Körper durch die Gegenwart eines Geistwesens geschaffen ist. Dann verleihst du deinem innersten Sternen-Wesen eine Stimme. Du erkennst dich selbst als sternengeborene Lichtfrau oder Lichtmann.

In dieser besonderen Zeit erwachen überall Menschen und verbinden sich mit ihrem Partner aus der geistigen Welt. Das Engelbewusstsein verbindet sich wieder mit dem Körper-Geist-Herz-System. Man nennt diese Sternenwesen auch Engel, Geistwesen, Vogelstämme, Höheres Selbst, Hokseda oder Geist der Sterne. Sie helfen, uns die Zeiten der Veränderung so sanft wie möglich zu gestalten. Sie möchten sich wieder mit uns verbinden, um uns in Harmonie zu bringen mit unserem Schöpfer, unserer Schöpferin und der Erde. Das Ziel ist es, eine Welt zu schaffen, die allen dient und die optimale Entwicklung allen schöpferischen Potentials erlaubt. Sie möchten uns beeinflussen und inspirieren zu einem Leben in Liebe und Schönheit.

Du bist zu mir, der Großmutter Sternguckerin, gekommen, um das Licht in dir und in den Herzen der Menschen zu entfachen."

Großmutter Medizinfrau (aus dem Stamm der Apachen)

Bevor du Großmutter Medizinfrau triffst, reinigt sie den Raum mit dem Rauch von Salbei und Zedernholz. Ein Duft von Kräutern umgibt sie. Denn sie reinigt sich auch selbst und schützt sich so vor negativen Energien. Sie ist eine spirituelle Helferin, die andere dabei unterstützt, den Weg der Heilung von Körper, Seele und Geist zu finden. Es gibt viele unterschiedliche Heilmethoden. Manche Medizinfrauen verwenden Kräuter und Salben. Sie erhalten von den Schutzgeistern der Pflanzen das Wissen, welche heilenden Energien sie haben. Andere Heilerinnen sind Lehrerinnen, die den Geist unterweisen, um Körper und Geist wieder ins Gleichgewicht zu bringen. Wieder andere haben eine klare Vision. Diese Botschaften bekommen sie durch Bilder, Farben oder auch als Sprache. Sie erhalten direktes Wissen über den Menschen und bekommen Anweisungen von ihrem Geistlehrer, wie der Patient zu behandeln ist. Jeder hat eine Gabe zum Heilen. Wenn du selber Medizinfrau bist, versuche nicht, genauso zu heilen wie deine Lehrer. Gehe deinen eigenen Weg. Du findest unterschiedliche Informationen. Deine Medizin-Lehrerin kann dir helfen, dich mit deinen eigenen Gaben zu verbinden.

Großmutter Medizinfrau ist warmherzig und sehr präsent. Wenn sie in einen Raum kommt, verändert sich sofort die Atmosphäre. Auch wenn ihre Gestalt klein ist, erscheint sie groß, weise und machtvoll. Es ist so, als ob sie von einem Zauber umgeben ist, der auch in ihr wohnt. Sie blickt über die „Wirklichkeit" hinaus und kennt die Magie im täglichen Leben. Sie hat eine reich verzierte Trommel bei sich, die sie im Rhythmus der Erde schlägt. Der gleichmäßige Trommelschlag beruhigt und erinnert dich an die Zeit im Mutterleib. So wird der Klang der Trommel zu deinem Herzschlag. Er lässt dich mit deinen inneren Schwingungen in Kontakt kommen und drückt deine Gefühle aus. Mit ihrer Trommel befreit die Medizinfrau viele negative und blockierte Gefühle. Die Trommel macht dir Mut, ganz viel Ballast abzuwerfen. Schließlich kannst du wieder deinem Herzschlag folgen, dein Lied singen, in deinem Rhythmus schwingen und durchs Leben tanzen. Deine Begabungen werden gebraucht.

Nun spricht die Medizinfrau von Mutter Erde. Sie erinnert dich daran, dass zu Beginn jeder davon abhängig ist, dass er versorgt und geliebt wird. Die Liebe der Mutter oder einer anderen Person beeinflusst dein gesamtes Leben.

Denn nur so entwickelst du später Mitgefühl, Güte, Barmherzigkeit und Geduld. Jeder trägt Samen dieser „Mutter-Medizin" in sich. Auch wenn dein Leben diese Samen nicht gepflegt hat, ist jetzt die richtige Zeit dafür. Mutter Erde heilt dein Herz und deinen Geist. Sie verbindet dich wieder mit deiner Seele, wenn du um Unterstützung bittest. Du weißt, dass dein Körper deutliche Signale sendet, wenn er Hilfe braucht und Energien blockiert sind. Es ist jetzt wichtig, dass du auf ihn hörst, denn er ist der Tempel der Seele. Achte auch auf deine Gedanken und Gefühle. Wenn sie von negativen Einstellungen geprägt sind, gerät alles um dich herum aus dem Gleichgewicht. Wenn du eine Frau und Mutter bist, achte auch auf deine Kinder und auf deinen Mond-Rhythmus. Du bist eng mit dem Mond verbunden und wenn du deine „Mond-Zeit" hast, ist dies eine Phase höchster Kreativität und Visionen. Wenn du ein Mann bist, hinterfrage deine Einstellung zu Frauen und belebe die nährende, gefühlsmäßige Seite in dir.

Großmutter „Hüterin der Weisheit" (Blackfoot-Indianer)

Du suchst Weisheit? Ich bin Großmutter „Hüterin der Weisheit". Die Berge und der Wind sprechen zu mir. So wusste ich schon lange von deinem Kommen. Ich erhalte viele Botschaften aus der Ferne. Diese Fähigkeit habe ich mir über lange Jahre und zahlreiche Leben angeeignet. Es ist die Fähigkeit, eine tiefe Verbindung zu meinem inneren Selbst herzustellen und bis auf den tiefsten Grund der Dinge vorzudringen. Ich habe ganz genau hingesehen, gelauscht, gehört, gefühlt und beobachtet. So lange, bis ich durch einfaches Wissen die tiefste Wahrheit erkannt habe. Doch Wissen ohne Verstehen ist kalt und abstrakt. Es bekommt seine Kraft erst durch das mitfühlende Herz.

Früher wurde umfangreiches Wissen von den Ältesten des Stammes durch ihre eigene innere Weisheit gehütet. Heute wird es in Computern gespeichert und ist für jeden zugänglich. Wenn du Weisheit erlangen möchtest, besteht deine erste Lektion darin, dass du lernst, zu lauschen und dir selber zu vertrauen. Du bist mit allem verbunden, das dich umgibt. Alles kann zu dir sprechen: die Bäume, Steine, Pflanzen, Wolken, Tiere, … Du nimmst mehr wahr, als du denkst. Schärfe deine Sinne und werde dir deiner Intuition bewusst. Die Natur und das Leben senden dir ununterbrochen Botschaften.

Viel Wissen und Weisheit sind verborgen geblieben. Denn die meisten Menschen leben in Städten und sind von materiellen Dingen stark beeinflusst. Sie haben sich von der Natur und dem eigenen Seelenweg weit entfernt. Wer ein bequemes, aber langweiliges Leben führt, sollte dies ändern und mit Kindern spielen, um die Neugier und das Staunen wieder zu finden, denn eine der wichtigsten Eigenschaften für Wachstum ist Neugier. Unsere Interessen sind nicht zufällig, denn über sie spricht unsere Seele zu uns. Veranlagung und Begabungen fallen häufig mit unseren Interessen zusammen. Dann brauchen wir viel Disziplin, um unser Vorhaben zum Erfolg zu bringen. Um das heilige Selbst zu verstehen und den Sinn des eigenen Lebens zu finden, gibt es in den alten Lehren noch viele Kostbarkeiten und Weisheiten zu entdecken. Die Fähigkeit, wieder bewusst zu werden, Dinge wahrzunehmen, die andere übersehen haben, und auf Zeichen zu achten, ist der Weg, um Weisheit zu erlangen. Innere Einkehr, Dankbarkeit, Gebet und die Verbindung mit der Erde und dem großen Geist bringen die größte Weisheit. Die Schätze des Lebens findet man meistens in den einfachen Dingen, die es umsonst gibt.

Großmutter „Hüterin der Geschichte" (Hopi)

Ich bewahre die Geschichte vor dem Vergessen und heiße dich in meinem Land willkommen. Hier haben wir tausend Jahre gelebt und die Erde als unsere Mutter angesehen, die uns mit Getreide, Kürbissen und Bohnen ernährt. Die Saat haben wir tief in die Erde gelegt, weil Wasser bei uns in Arizona knapp ist.

Die Schöpfungsgeschichte, die ich hüte, ist bis in alle Einzelheiten genauso schon vor 50.000 Jahren erzählt worden. Auch unsere Stammesgeschichte bewahre ich. In langen Winternächten werden diese Geschichten unverändert weitererzählt. Einige Stämme malen die Ereignisse auf Tierhäute oder auch auf glatte Felsen. Hüterinnen der Geschichte tragen auch das Wissen um Orte in sich. Sie sind wie lebendige Landkarten. Darum kann der Stamm seine Zeremonien immer an heiligen Orten abhalten. Wir Hopis wissen, dass es bisher drei Welten gab, die untergingen, weil jeweils ein Element die Menschen ins Ungleichgewicht gebracht hat. Nun leben wir in der vierten Welt und stehen vor der Entscheidung, unser Leben zu zerstören oder zu erneuern. Diese Warnung wurde von den Hopis viermal ausgesprochen.

Als Hüterin der Geschichte kann ich auf inneren Reisen bis an den Beginn zurückgehen. So kann ich mein Wissen nutzen, um den Menschen einen Weg in eine gute Zukunft zu ebnen. Wir Hüter der Geschichte können in unserem Geist völlig frei reisen. Wir lösen uns von unserem Körper, von der Erde und können von anderen Planeten und Welten berichten. Wir sind auch frei in der Zeit, können in die Zukunft sehen und dem Clan helfen, gute Entscheidungen zu treffen. Mir ist die Wahrheit heilig. Darum suche ich in jeder Mitteilung die Wahrheit. Sie kann schmerzlich sein, doch am Ende ist sie das Beste. Tratsch und unwahre Geschichten verursachen viel Schmerz. Wer Gift verspritzt, wird sich irgendwann selber hassen. Häufig erheben sich Menschen über andere, um sie kleiner oder im Unrecht erscheinen zu lassen. Doch wir sind alle Menschen und haben Schwächen. Da ist es gut zu wissen, dass unsere Fehler gleichzeitig unsere erfolgreichsten und besten Lehrer sind. Andere Menschen, besonders unsere Familie und Kinder, kennen uns und unsere Schwachpunkte sehr gut. Darum macht es überhaupt keinen Sinn, Fehler verbergen zu wollen. Ehrlichkeit ist unendlich wichtig. Wer ehrlich sich selber gegenüber ist und mutig zu seinen Gedanken und Gefühlen steht, entwickelt Selbstachtung. Wer sein Wort gibt und es hält, ist für andere vertrauenswürdig. Darum ist das Wertvollste, was du geben kannst, dein Wort. Diese innere Stärke kann dir niemand nehmen. Sie wird nach außen strahlen und andere werden dir mit Achtung begegnen.

Großmutter „Wanderin zwischen den Welten" (Kanada)

Stell dir vor, du lebtest einst in einer Welt, in der es nichts gab. Doch du hattest wunderbare Träume von Regenbogenlicht, von Wasser, Bergen, Wind, Feuer, Eis und Wäldern. Aber um dich herum war alles still und leer. Du träumtest weiter von Felsen, dem Rauschen des Meeres, von Vögeln, Libellen und Schmetterlingen. Du dachtest an schillernde Fische, bunte Wiesenblumen, kleine und große Tiere mit Flügeln, Federn, Fell und Schuppen. Du träumtest von Tieren in der Luft, im Wasser, in und auf der Erde. Du sahst all dies in deiner Vorstellung. Du konntest all dies fühlen. Und die anderen Wesen konnten deine Sehnsucht nach ihnen spüren. Sie wussten um deine Gedanken, Träume und Gefühle.

Deine Traumreisen machten dich glücklich, denn nun erlebtest du immer etwas Aufregendes. Du träumtest von einem warmen, großen Feuer. Da waren auch Menschen, die um das Feuer saßen und sich Geschichten erzählten. Über ihnen war eine dunkle Decke mit funkelnden Lichtern. Das knisternde Feuer beleuchtete die glücklichen Gesichter der Menschen. Du konntest Männer, Frauen und Kinder sehen, die nun um das Feuer tanzten. Im Kreis vor dem Feuer stand eine alte Großmutter in einem bunt geschmückten Gewand. Sie hatte eine verzierte Trommel und sang ein wunderschönes Lied, das die Herzen aller leicht und glücklich machte. Das Lied der Großmutter war so zart wie eine Elfenfeder. Es war mystisch und seine Klänge verzauberten die Atmosphäre. Gleichzeitig war ihr Lied sehr kraftvoll. Es wurde immer bestimmter und beschwörender. Die Menschen tanzten in Spiralen und Schlangenlinien ums Feuer. Der Rhythmus des Liedes brachte sie dazu, immer schneller und schneller zu tanzen. Das Feuer wurde größer und heller. Die Tänzer begannen zu schweben. Sie schwebten im Licht und tanzten den magischen Tanz der Großmutter.

Sie riefen all die Tiere zu sich, auch die Pflanzen, das Wasser, die Bäume und die Berge. Bis auch sie alle tanzten, schneller und schneller, bis sie im Schein des Feuers bei ihnen waren. Das Feuer wurde mit jedem, der dazu kam, größer, heller und strahlender. Es vertrieb die Kälte und wärmte alles, was in seiner Nähe war. So löste sich das kalte Nichts auf.

Und plötzlich war ein großer Knall zu hören. In diesem Moment löste sich das Nichts auf. Alle Tiere, Menschen, Berge und Pflanzen hatten ihre Gestalt. Und jeder hörte das Lied der Großmutter im Inneren. In jedem klang das Lied nach, das ihn ins Leben gerufen hatte. Alle hatte das Lied auf den Lippen. Doch es klang immer etwas anders. Jeder sang sein eigenes Seelenlied, tanzte und bewegte sich auf seine Weise.

Und nun sahen alle zum Feuer. In dessen Mitte stand Großmutter mit der Trommel. In ihrem schönsten Kleid stand sie im strahlenden Feuerschein. Sie lachte ihr glücklichstes Lachen. In diesem Moment war sie alt und weise, im nächsten jung und neugierig. Während ihre Gestalt verblasste, formte der Rauch den Weg für die Tanzenden. Er leitete sie auf die Erde, jeden an seinen Platz. Seitdem nutzen alle Wesen ihr kostbares Leben. Sie träumen wie in alten Zeiten die Zukunft herbei und beschenken sich gegenseitig mit ihren Schätzen.

13 WEGE, DIE LÖSUNGEN FÜR HEUTIGE MENSCHEN AUFZEIGEN

Die Bewahrer der Weisheit und Erdenhüterinnen betonen immer wieder, dass wir uns mit der Erde verbinden müssen, wenn wir als Menschheit überleben wollen. Denn sonst stehen wir während der Zeitenwende, wenn alles auf den Kopf gestellt wird, nicht unter dem Schutz von Mutter Erde.

Medizinfrauen und Schamanen gibt es in allen Teilen der Erde und sie lebten zu jeder Zeit. **Es gibt ein Wissen, das schon immer existierte und das jedem gehört. Es ist das Wissen über unser persönliches und spirituelles Wachstum.** Es zeigt den Weg zu unserer inneren Stärke. Indigene Völker lehren uns, dass dieser Erkenntnisweg immer über die Natur geht. Sie alle sagen, dass der Kampf gegen die Natur ebenso sinnlos wie aussichtslos ist. Stattdessen müssen wir Menschen erkennen, dass auch wir ein Teil der Natur sind und dass alles miteinander verbunden ist. So tragen auch wir Erde, Feuer, Wasser und Luft in uns. Mit diesen Kräften in der Natur und in uns selber müssen wir uns verbinden. Dann werden wir heilen.

Es geht also darum, eine neue Beziehung zu uns selbst und zur Erde aufzubauen. Wir dürfen den Wald nicht länger als Rohstoff sehen und die Tiere nicht als Fleischlieferanten, das wertvolle Lebenswasser und die Atemluft nicht weiter verschmutzen. Wir müssen wieder lernen, der Erde zuzuhören und sensibel zu werden für die Botschaften, die uns die Natur sendet. Wir können unsere Sinne öffnen und lernen, mit den Tieren, den Bäumen, Pflanzen und dem Wasser zu sprechen. Dann werden wir dankbar sein für den Reichtum, der uns umgibt, und eine ökologische und Leben fördernde Lebensweise anstreben. Davon wird das Überleben unserer Kinder und Kindeskinder abhängen.

Letztendlich geht es um eine umfassende Heilung. Unsere Ärzte haben lange Zeit lediglich körperliche Symptome und Krankheiten behandelt. Heilung geht sehr viel tiefer. Denn sie hat die Seele im Blick, die zeitlose Unbegrenztheit unseres Seins. Darum halten indigene Heilerinnen Ausschau nach den ersten Spuren einer Krankheit. Dann kennen sie kreative Wege, um die allerersten Anzeichen im Keim auszulöschen. Sie verfolgen den Faden unseres Seelenweges über lange Zeiträume und viele Leben. Schamanen und Medizinfrauen erkennen uralte Muster. Sie zeigen sich im Energiefeld, das die Person umgibt. Solange diese dunklen Flecken nicht gelöscht und geklärt werden, führen wir das Leben unserer Eltern und Vorfahren. Wir wiederholen ständig die gleichen Dramen oder karmischen Muster, ohne einen Ausweg zu finden. Doch irgendwann kommt jeder an den Punkt der Wahrheit und muss entscheiden, wer er sein will. Dann ist es wichtig, Lehrer zu haben, die diese Wege schon gegangen sind. Denn sie können uns die Türen zeigen, die es zu öffnen gilt. Schamanen besitzen Seelenkarten, welche die Reise in die Unendlichkeit aufzeigen. Sie kennen ganz unterschiedliche erprobte Methoden, um herauszufinden, wer man war, wer man ist und immer sein wird. Dieses Wissen ist ein wunderbarer und unendlich kostbarer Schatz. Denn er heilt auf einer ganz tiefen Ebene. Er bringt uns mit uns selber und unserer Seele in Einklang. Er stimmt uns auf unsere Lebensaufgabe ein, so dass wir die Kraft und Begeisterung in uns tragen, sie zu erfüllen.

Die uralte Weisheit unserer Ahninnen und die Erfahrungen der Ur-Völker bringen Samen der Möglichkeiten und Heilung in den Westen. Unsere Aufgabe ist es, die intellektuellen Erkenntnisse der Wissenschaft mit diesem alten Wissen zusammenzubringen. Das Ziel ist, mit allem in Einklang zu leben: mit den Menschen und Tieren, mit der Erde, der Sonne, dem Mond und den Sternen. Wir denken noch so, als ob wir auf einer Scheibe leben würden. Jetzt müssen wir unseren Blick weiten, eine neue Wahrheit erkennen und neue Dimensionen in unser Bewusstsein mit hineinnehmen.

Unsere Wissenschaftler, Künstler, Poeten, Musiker, Heilpraktiker und Lehrer sind die neuen Schamanen. Sie wurden lange und gründlich auf diese aufregende Zeit vorbereitet, in der die Kraft der Frauen eine ganz besonders große Bedeutung hat. Der Erfahrungsschatz ihrer ganzheitlichen Weltsicht trägt zur Heilung der Welt maßgeblich bei. **Viele Frauen haben sich mit der Weisheit ihrer Ahninnen verbunden. Sie verlassen sich nun mehr und mehr auf ihre**

Intuition. Mutig treten sie aus dem Schatten hervor und überraschen dadurch, dass sie ganz viel Wissen in sich tragen. Sie begleiten uns in der Geburtsstunde, wenn wir uns wandeln und zu neuen Menschen werden. In dieser Zeit, in der sich alles schnell ändert, kennen sie geheimes, fast verschollenes Wissen unserer Ur-Mütter und leisten ihren hilfreichen Beitrag. Denn sie sind die Pionierinnen, die schon vor vielen anderen ihren persönlichen Weg der Heilung gegangen sind. Sie sehen nicht nur die Krisen und aufpeitschenden Dramen, die unsere Welt erschüttern, sondern erkennen auch große Möglichkeiten um zu wachsen. Sie freuen sich, in dieser lang herbeigesehnten Zeit zu leben, in der es immer mehr in Richtung Heilung geht und fühlen sich beflügelt von der Aufgabe, die sie zu erfüllen haben.

Ein Gebet der Zuversicht

Ich bin eine Kriegerin des Geistes.
Mit einem Fuß stehe ich in der materiellen Welt
und mit dem anderen in den Dimensionen des Geistes.
Die uralten Winde der Zeit sind meine Verbündeten.
Sie weisen mir den Weg.

Mutter Erde schenkt mir alles, was ich brauche.
Vater Sonne segnet mein Leben mit Wärme und Licht.
Die Pflanzen geben mir Nahrung und Heilung,
während ich einer unbekannten Welt der Harmonie entgegenstrebe.
Für all dies danke ich aus tiefstem Herzen.

Ich bin eine friedliebende Kriegerin,
die das Leben als Herausforderung annimmt
in dem Bewusstsein, dass jeder Moment der letzte sein könnte.
So folge ich dem Pfad der Freiheit
als magisches Wesen in einer Welt voller Wunder.

Ich bin eine Kriegerin, ein Geistwesen aus Licht.
Meine uralten Waffen sind Bewusstheit und

Weisheit aus längst vergangenen Tagen.
So, wie ich bin, sehen mich die Engel, die mich umgeben,
und sonst nur wenige.

In der Welt der Menschen suche ich mein Auskommen,
um zu leben und meine Familie zu versorgen.
Ich tauche tief ein in die Erdenwelt der Materie.
Und bin die Frau, die nicht aufgibt und bereits
zu Lebzeiten die Hälfte ihres Reichtums und Wissens gibt.

Als erfahrene Kriegerin gebe ich den Jüngeren zur richtigen Zeit,
nämlich dann, wenn sie es brauchen und nutzen können.
Ich gebe gerne und vergebe mir nichts dabei.
Eines Tages werde ich alles Hab und Gut loslassen,
um das zu besitzen, was bleibt, wenn ich von dieser Welt gehe.

Meine wahre Identität und Macht finde ich
in der zeitlosen Spiritualität meines Herzens und in der Natur.
Sie führen mich in das Unbekannte und die Unendlichkeit.
Heute ist mein Herz offen und voller Vertrauen.
All meine Erfahrungen lehren mich Weisheit.

Ich bin eine Kriegerin des Lichts,
das mir zeigt, wer ich bin.
Danke für das Feuer, das in mir und dir lodert
und das uns zusammengeführt hat.
Gemeinsam gehen wir unsere Wege.

Ich ruhe in meiner guten inneren Mitte
und hüte den göttlichen Funken.
In der Stille finde ich meine Ganzheit
und weiß, was ich erreichen oder sein will.
So gelange ich durch das Tor, das zu meiner Bestimmung führt.

Aus der Stille hole ich meine Träume von den Sternen auf die Erde.
Denn als Kriegerin vertraue ich meiner eigenen Macht.
Wenn andere Menschen in meine Augen sehen,
öffnen sie ihr Herz,
und wir erfahren, dass es keine Liebe gibt ohne Vertrauen.

Ohne Worte wissen wir,
dass eine unsichtbare Welt existiert, die uns miteinander verbindet,
denn wir atmen die gleiche Luft.
Jeder folgt seinem Herzensweg, der ihn nährt, schützt und voranbringt.
So erträumen wir gemeinsam die Erde als einen Ort der Harmonie.

DIE ERFAHRUNGEN FRÜHERER GENERATIONEN PRAKTISCH NUTZEN

Bei den Apachen war es zum Beispiel üblich, dass Ratsversammlungen auf einem freien Platz stattfanden. Die Männer saßen im Kreis und beratschlagten. Immer wenn sie eine Lösung gefunden hatten, überprüften die Frauen, die im äußeren Kreis um sie herum saßen, ob sie dem zustimmen konnten. Die Frauen stellten fünf Fragen:
- Führt dieser Weg zur Wahrheit?
- Macht diese Entscheidung das Leben schöner?
- Hat dieser Weg Glück zur Folge?
- Lässt er andere Liebe spüren?
- Trägt diese Entscheidung zur Gesundheit von Menschen, Tieren und der Natur bei?

Sie stimmten der Lösung erst zu, wenn alle Fragen bejaht wurden. War auch nur eine der Bedingungen nicht erfüllt, musste eine neue Lösung gefunden werden. Die Ratsversammlung fand unter freiem Himmel statt. Das erhöhte den Druck enorm, denn oft brannte die Sonne unbarmherzig auf die Ratsversammlung. Doch es gab weder zu trinken noch zu essen, bis die Lösung einstimmig gefunden war. Diese Konsensfindung führte zu humanen, schnellen und guten Entscheidungen, die von allen getragen wurden. Nach außen gab dieser

Weg den Männern die Macht. Sie konnten ihre Argumente gegen andere Meinungen verteidigen und durchsetzen. Das Vetorecht der Frauen sorgte dafür, dass unterschiedliche Sichtweisen und Interessen berücksichtigt wurden. Diese Frauen fanden allgemeingültige Gesetze und Lösungen, die allen Entscheidungen zugrunde zu legen sind. Dabei spielt es keine Rolle, ob die Entscheidung wichtig, unwichtig oder alltäglich ist. Diese Prinzipien gelten noch heute und bewirken sehr schnell heilsame Veränderungen in jedem Leben.

DIE SCHAMANIN UND IHR STAB DER MACHT

Die uralte Seherin ergreift ihren Zauberstab und klopft mit ihrem Wurzelstock dreimal auf die Erde. Wie lange vorherbestimmt, ruft sie die Kräfte der Erde und des Himmels. Ihr Stab der Macht verbindet drei Ebenen miteinander: die Unterwelt, die Mittelwelt und die Oberwelt. Sie ruft die Quellen und die Ahnen und die Wurzelkraft des Lebens. Sie ruft die sichtbare, körperliche, materielle Ebene und sie ruft die Ebene, in der die Vogelstämme, die Engel und göttlichen Wesen wohnen.

Die Erde öffnet jetzt die Archive des ältesten Erdwissens. Sie zeigt uns ihre unterirdischen Höhlen, Malereien, Kristallhallen, Quellen und Geburtsstätten. Ihre heiligen Orte, verborgenen Schätze und streng gehüteten Geheimnisse liegen ausgebreitet vor uns.

Die modernen Wegfinderinnen vernehmen das uralte klopfende Signal. Doch nur zögernd erkennen sie die Zauberkraft der Göttin, denn zu lange lebte sie im Verborgenen. Einige erinnern sich dunkel an ihre Aufgabe, alle drei Ebenen wieder miteinander zu verbinden. Aus allen vier Himmelsrichtungen tragen sie Ahnen-Wissen, Erkenntnisse und Weisheit zusammen, denn um die Erde zu bewahren, müssen sie die Wirklichkeit wandeln. Die erwachten Menschenhüter und Priesterinnen der großen Mutter fühlen, dass dies ein möglicher Weg ist, um einen natürlichen und spirituellen Zugang zu altem Wissen zu erlangen, das heute wichtiger und aktueller ist als jemals zuvor.

Diese kostbaren Schätze unserer Ur-Mütter, die jetzt offen vor uns liegen, müssen wir mit unverstelltem Blick ansehen. Zurzeit lassen sich alle Grundlagen der esoterischen Lehren jeder Kultur zurückführen auf Hermes Trismegistos. Er lehrte in Ägypten und galt als Meister der Meister. Sogar die älteste

Lehren Indiens wurzeln dort. Alle Kulturen und Nationen haben von seiner Geheimlehre geborgt. Er wurde als Thoth und als „Schriftgelehrter Gottes" verehrt. Sie wendeten für ihn ausdrücklich seinen alten Titel „Trismegistos" an, was bedeutet, „der dreimal Große". In anderen Kulturen ist sein Name „Quelle der Weisheit". Heute noch wird „hermetisch" in der Bedeutung von „geheim" benutzt. Wahrheiten wurden nur mündlich weitergegeben vom Meister zum Schüler. Diese Lehren bestanden wahrscheinlich in der Beherrschung mentaler Kräfte. In der Legende „Vom Stein der Weisen" wird die Umwandlung von niedrigem Metall in Gold beschrieben. Sicher war dies eine Allegorie darüber, wie mentale Kräfte umgewandelt werden können. Dieses kostbare Wissen benötigen wir ganz dringend in dieser Zeit.

Der Name „Trismegistos" weist auf die heilige Zahl drei, den Inbegriff der Vollkommenheit. Wir kennen die drei Dimensionen, die heilige Familie und das Dreieck. Im Märchen gibt es drei Prüfungen oder drei Wünsche. Der Volksmund sagt: Aller guten Dinge sind drei, ewig und drei Tage, drei Kreuze machen und nicht bis drei zählen können. In der nordischen Mythologie gibt es die drei Schicksalsfrauen, die Nornen. Sie heißen Urd, die Gewordene, Werandi, die Werdende und Skuld, diejenige, die werden wird. Die alten Meister der Geheimlehren kamen aus dem Land der Isis. Dort war sie als unübertreffliche Königin und allgegenwärtige Göttin bekannt. **Möglicherweise bilden die Lehren der großen Mutter die ältesten starken Wurzeln aller esoterischen Lehren in jeder Kultur.** Die dreifache Göttin lehrte und säte die natürliche Wahrheit, damit sie in allen Formen und Lebensweisen wachsen und blühen konnte.

Überall in der Natur ist Bewegung und Veränderung zu beobachten. Darum ist Weiterentwicklung und Vermischung ein Überlebensprinzip der Menschheit. Zahlreiche Funde belegen, dass zu allen Zeiten Händlerinnen, Priesterinnen, Heilerinnen und Reisende große Entfernungen zurücklegten. So gab es Bernstein von der Ostsee schon Tausende von Jahren vor unserer Zeitrechnung in Kleinasien und Indien. Ebenso gelangten afrikanische Korallen nach China und afghanische Türkise nach Amerika. Zahlreiche Funde und aktuelle Erkenntnisse bringen die Darstellung von geschichtlichen Epochen gründlich durcheinander und stellen sie durch moderne Methoden infrage. Archäologische Funde, gentechnische Untersuchungen, vergleichende Forschungen, Mythen, Trancen und Märchen eröffnen völlig neue Perspektiven und Zusammenhänge, die vorher nicht erkennbar waren.

Wir leben in der glücklichen und aufregenden Zeit, in der wir uraltes Wissen nutzen und weit in die Welt tragen dürfen. Die Botschaft ist die Besinnung auf gelebte Liebe, die sich in jedem Lebensbereich ausdrückt. Sie ist wie das Wasser, das alle Wesen und alle Materie durchdringt und alles Wissen des Lebens in sich trägt. Jetzt ist die Zeit, das göttliche, allesdurchdringende Wesen wieder ins Bewusstsein zu bringen. Dies kann ganz praktisch dadurch geschehen, dass die Göttin und ihre Kräfte wieder geehrt werden, ohne dass andere abgewertet werden. So können wir Vertrauen lernen, uns wieder mit unserer Seele verbinden und unserer Bestimmung folgen.

Bisher war die Armut weiblich. Aber auch die Wahrheit und die Erinnerung sind weiblich. Die Liebe ist weiblich, ebenso wie die Natur und die Macht, die Schönheit, die Sprache, die Mathematik und die Kultur. Die Seele ist weiblich.
   Wir holen uns all die Kostbarkeiten zurück. Dann ist auch die Zukunft naturverbunden und weiblich.

- Wir erinnern uns wieder an die Göttin.
- Wir erkennen die Kraft ihrer Sprache und nutzen ihre Symbole.
- Wir spüren das Wachsen unserer eigenen schöpferischen Kraft und Sicherheit.
- Wir gebieten der Zerstörung der Natur Einhalt und gehen in die Wälder.
- Wir heben die Schätze der Erde und öffnen die alten Tore des Wissens.
- Wir verweben weibliche Ur-Kräfte mit dem mystischen Zauber der Natur.
- Wir finden zu neuer lebendiger und spannender Wirklichkeit.
- Wir sichern das Leben, den Frieden und die Kultur.

Wir sprechen zu unseren Kindern von der Seele und ihrem Weg.

DAS GEHEIMNIS DER HEILUNG
UND URALTES HEILWISSEN

Viel altes intuitives Wissen über Heilung blieb im Verborgenen erhalten, weil es sich über die Jahrtausende immer wieder als nützlich erwiesen hat. Einem kranken Menschen ist es irgendwann egal, auf welchen Wegen er geheilt wird. Denn er ist ja nicht weniger gesund, wenn er durch Chemotherapie vom Krebs befreit wurde oder durch alternative Methoden, wie innere Reisen oder Handauflegen. Es macht also durchaus Sinn, mit der modernen Wissenschaft die uralten Rituale und intuitiven Heilmethoden aus der Vergangenheit zu holen und ihre Wirksamkeit zu überprüfen. Dann sind sie als Ergänzung zur modernen Medizin sicher sinnvoll. Dies bedeutet letztendlich, dass ein neuer Weg beschritten wird.

Die Wissenschaft gewinnt ihre Erkenntnisse dadurch, dass sie immer kleinere Einheiten untersucht und den Körper als biologische Maschine betrachtet. Diese Sichtweise kann durch die archaische Erfahrungsmedizin stark erweitert und bereichert werden. Sie betrachtet immer das Ganze und den großen Zusammenhang. Dann ist nicht nur der Tumor im Blick, sondern das gesamte Leben des Patienten.

Einer meiner indianischen Lehrer hat große Erfolge mit Krebspatienten, indem er sie fragt: „Was ist vor einem halben Jahr in deinem Leben geschehen?"
 Die Erfahrung zeigt, dass der Körper etwa so lange braucht, um einem inneren Auftrag zu folgen und ihn umzusetzen.
 Irgendwann hat dieser Mensch etwas Schlimmes erlebt, so dass er die folgenschwere Entscheidung getroffen hat, lieber sterben zu wollen, als so weiter zu leben wie bisher. Meistens laufen diese Prozesse unbewusst ab, aber der Körper antwortet auf unsere Gedanken und Gefühle. Er initiiert dann zum Beispiel eine tödliche Krankheit. Natürlich verlangt es viel Geschick, mit dem Kranken dieses Thema anzusprechen. Aber häufig ist es eine große Befreiung, offen über diese Zusammenhänge zu sprechen. Naturgemäß gerät in diesen Gesprächen dann die Familiensituation genauer in den Blick. Es geht dann darum, herauszufinden, welchen Platz der Patient in seiner Familie und im

Beruf einnimmt. Es ist überaus wichtig, welche Rolle er in der Gesellschaft spielt und ob er das Gefühl hat, etwas zum Gelingen der Gemeinschaft beizutragen. Denn wer sich ausgeschlossen, ungeliebt, abgelehnt und einsam fühlt, braucht nicht Apparatemedizin, Medikamente oder sogar Sterbehilfe, um seine lähmende Angst zu überwinden. Wonach er sich sehnt, ist menschliche Berührung, innere Verbundenheit, Hoffnung und Ziele. Heiler und Medizinleute finden dann gemeinsam mit den Angehörigen und dem Kranken eine neue aufbauende Ordnung für den Patienten, so dass das Vertrauen in der gesamten Familie wieder wachsen kann und die Liebe zwischen den Menschen wieder Ausdruck findet.

Dieses Heilwissen ist uralt und wird durch die moderne Wissenschaft bestätigt. Die westliche Medizin und das rationale Bewusstsein, das alles berechnet, entdeckt gerade tiefe archaische Räume, in denen das Geheimnis großer Heilenergie verborgen liegt. So wird die Medizin durch weibliche Werte wie Empathie und schamanisches Wissen um die Kraft der inneren Bilder und durch uralte Rituale erweitert. Es gibt zahlreiche Fälle, die belegen, dass der Glaube an eine Heilung diese bewirken kann. Es sind immer Berührungen und Hoffnung, die Stresssymptome auflösen und Heilung bewirken.

Sobald etwas einen Namen hat und aus dem Nebel der ungreifbaren Ängste heraustritt, können wir damit umgehen.

Wenn es zum Beispiel ein „Tumor" ist, entscheidet sich der Mensch, wie er damit umgehen möchte. Er sucht sich ein inneres Ziel, das vielleicht den Namen „Gesundheit" hat. Nun werden die Ängste kleiner und verlieren ihre Bedeutung, denn er richtet seine gesamte Aufmerksamkeit darauf, wie er es anstellen kann, wieder gesund zu werden. Wahrscheinlich wendet er sich nun an Menschen, denen er vertraut. Diese Nähe und Anteilnahme hilft ihm, innere Sicherheit zu finden und sich zu entspannen. Dabei helfen ihm Meditation und Gebete und die Kraft der inneren Bilder. Denn unsere Gedanken und Gefühle lösen große Veränderungen in unserem Gehirn und Körper aus. Die Heilkraft der Vorstellung ist sehr mächtig. Unsere Vorstellungs- und Gedankenkraft bringt sich immer zum Ausdruck: konstruktiv oder destruktiv. Sich Heilung bildlich vorzustellen gehört zu den ältesten, wissenschaftlichsten und praktischsten Wegen, um sie zu verwirklichen. Durch eine kraftvolle und eindeutige Vorstellung von Gesundheit beleben wir unsere Kräfte und Energien.

Wir können einen Tumor mit inneren Bildern bearbeiten. Dabei ist es hilfreich zu wissen, dass alles, was wir bekämpfen, stärker wird durch die Energie der Aufmerksamkeit, die wir ihm schenken.

Darum sollten wir den Fokus auf das richten, was wir uns wünschen. Das ist in diesem Fall strahlende Gesundheit. Wir stellen uns also starke gesunde Zellen vor, die so viel Heilenergie und Licht enthalten, dass sie in großer Zahl den Tumor umhüllen. Jede von ihnen ist so unglaublich vital, dass die Tumorzellen vor unserem inneren Auge sehr schnell schrumpfen und eintrocknen. Sie können durch die Power der Lichtzellen immer weniger Raum einnehmen. Die wenigen Tumorzellen, die jetzt vielleicht noch da sind, geben ihr wildes Wachstum auf. Denn sie haben keine Chance. Sie erinnern sich an ihre ursprüngliche Schwingung und Aufgabe und schwingen nun mit den gesunden Heilzellen im Einklang. Es gibt keinen Platz mehr für wildwachsende Zellen ohne Ziel. Denn die gesunden Zellen sind sehr viel stärker. Sie sind angefüllt mit dem machtvollen grünen Licht der Heilung und ganz viel Liebe zum Leben. Die gesunden Zellen nehmen den Platz wieder ein, der ihnen gehört…

Auch die uralte Tradition des Handauflegens (wie Reiki und Therapeutic Touch) wirken nachweislich.

Jede Mutter legt die Hände auf das verletzte Knie ihres Kindes, wenn es vom Rad gefallen ist. Nachweislich bewirkt dies eine schnellere Wundheilung. Erwachsene, bei denen die Hand aufgelegt wird, berichten dann häufig, es wäre so, als würde in ihrem Kopf ein Schalter umgelegt oder in ihrem Kopf würde ein Knoten platzen. Ab da ändert sich die innere Haltung fundamental und von diesem Moment an sind Dinge möglich, die vorher unmöglich schienen.

Wenn falsch verstandene Verantwortlichkeit zum Zusammenbruch führt, hilft es, im Geist diese Last abzulegen.

So fühlte sich eine Klientin völlig überfordert. Sie war früh verwitwet, hatte drei erwachsene Söhne und pflegte ihre alte Mutter. Sie war emotional und finanziell ausgelaugt und litt unter starken Rücken- und Schulterschmerzen. Bei ihrem nächsten Spaziergang füllte sie ihren Rucksack mit Steinen. Sie schleppte alles nach Hause und legte den Rucksack gut sichtbar in den Flur. Jedes Mal, wenn sie kam oder aus der Wohnung ging, schaute sie auf die große Last und entschied sich bewusst dafür, den schweren Rucksack liegen zu lassen.

Nun nahm sie jede Woche einen Stein aus dem Rucksack, betrachtete ihn und gab ihm einen Namen. Er hieß „Trauer um verlorene Jahre", „Wut darüber, verlassen worden zu sein", „Kummer über eigene Fehler" oder „Schweres mit Kindern"…

Diesen Stein trug sie so lange in ihrer Handtasche mit sich herum, bis sie das Gefühl hatte, dass sie diese Belastung lange genug mit sich herumgetragen hatte und sie loslassen konnte. Dann verabschiedete sie sich und warf den Stein in einen Fluss, ins Gebüsch oder legte ihn in den Garten. Sofort spürte sie die Erleichterung. Nun war sie frei.

Nach einiger Zeit erschien es ihr selbstverständlich, mit leichtem Gepäck durchs Leben zu gehen. So fand sie ihre innere Stärke wieder, indem sie nur das mitnahm, was sie brauchte. Nach einiger Zeit fühlte sie sich viel leichter und es trat eine große Besserung ein. Ihre Mutter starb friedlich, ihre Söhne fanden Arbeit und wurden endlich selbständig, so dass sie das Geld, das sie verdiente, für sich selber ausgeben konnte. Nachdem sie sich von der falschen Verantwortung befreit hatte, verschwanden allmählich ihre Rücken- und Schulterschmerzen.

Auch das Hören von Musik ist bekannt für seine Heilwirkung. Bei indianischen Völkern gibt es sehr alte Medizin-Lieder, welche die Erfahrung des Raumes und der Zeit verändern.

Diese Lieder sind von unbeschreiblicher Schönheit und unbändiger Kraft. Sie sind das Wunderbarste, was ich je in meinem Leben gehört habe: die Frauenstimme von Swan und die Männerstimme von Wolf Storm, begleitet von Trommel und Flöte. Diese harmonischen Medizingesänge sind voll spiritueller Weisheit. Sie klingen archaisch und schlicht, gleichzeitig wild, natürlich und überaus kraftvoll. Diese große Power ist zunächst fremd, doch sehr eindringlich, faszinierend und gleichzeitig unendlich vertraut. Es ist unmöglich, nicht ergriffen zu sein! Alle Masken und Rollen fallen ab. Ich bin einfach ganz ich selbst. Nur das Jetzt zählt, weil es so überaus kostbar und köstlich ist. Die Töne breiten sich auf der Landschaft aus, so dass sie fast zu sehen sind. Die Klänge dringen in die Ohren und in den Mund, so dass sie zu schmecken sind. Ich kann den Körper verlassen und mit den Tönen eins werden. Diese Musik nimmt mich mit auf eine Reise, die weit weg aus der Realität führt. Und ich finde mich wieder in einen wunderbaren Bereich, der tief in mir liegt. Ich fühle mich völlig frei und leicht, so, als ob ich ohne Körper auf Wellen aus Tönen über die Landschaft und durch den Raum schwebe...

Diese Medizingesänge drücken ganz viel ursprüngliche Wildheit und natürliche Freiheit aus. Sie sind an die Seele gerichtet und enthalten Antworten auf alle Fragen. Diese heiligen Gesänge rufen Licht und Liebe ins Leben. Sie transformieren, beglücken und heilen auf ganz tiefer Ebene. Das uralte Wissen um die kraftvolle und inspirierende Wirkung stammt vom spirituellen Medizinrad.

Die weisen Lehrer und Medizinfrauen der indigenen Völker wissen um die grundlegende Kraft der Klänge, Vibrationen und Energien, die sich durch Meditation und Gebet mit der Natur magisch verbinden zu einem zeremoniellen Gesang voller Poesie. Sie beherrschen die uralte Kunst der Verzauberung durch Töne.

Eine andere sehr beeindruckende Erfahrung mit der Heilwirkung der Musik machte ich, als mein Ehemann nach einem schweren Autounfall im Koma lag.

Die Ärzte hatten kaum Hoffnung, dass er überleben würde. Aus einer Eingebung heraus nahm ich einen CD-Spieler und seine Lieblings-CDs mit auf die Intensivstation und bat die Schwestern, ihn seine Musik hören zu lassen, wenn ich nicht bei ihm sein konnte.

Ich wusste, dass das Ohr der erste Sinn ist, der geöffnet wird, und der letzte, der sich schließt, wenn das Leben zu Ende geht. – Die Kunst der Ärzte, aber auch seine Klassik-Musik und unsere Gebete haben ihn ins Leben zurückgeholt. Die Musik gab seiner Seele Halt, er konnte hören, sich wieder fühlen und entscheiden, ins Leben zurückzukehren.

Die Heilkraft der Vorstellung, des Willens und des Verstehens

Eine verheiratete Kursteilnehmerin hat zwei größere Kinder und eine pflegebedürftige Mutter, um die sie sich kümmert. Gerade haben sich für sie beruflich aufregend neue Perspektiven eröffnet und sie ist auf dem Weg in einen neuen Lebensabschnitt.

Nun ist sie überraschend schwanger. In ihr tobt ein emotionaler Schleudergang der Gefühle. Ein Abbruch kommt für sie nicht in Frage. Doch wie kann sie mit der Situation umgehen?

Es ist kein Zufall, dass wir in unserer Gruppe gerade mit ihrem inneren Kind gearbeitet haben. Nun ist ihre innere kleine Lisa gewachsen und gesund. Der

Platz ist frei geworden für ein reales kleines Mädchen. Gleich darauf wurde die erwachsene Lisa schwanger! Liebevoll sprach sie mit dem ungeborenen Kind und begrüßte es in ihrem Leben. Doch der Gynäkologe, der eine Ultraschall-Untersuchung machte, sagte, er könne keinen Fötus in der Gebärmutter entdecken. Sie solle in einigen Tagen wiederkommen. Nun war sie gefühlsmäßig völlig hin- und hergerissen, denn sie hatte sich schon auf das Kind eingestellt. Sie fühlte sich schwanger und morgens war ihr übel. Von einer kinderlosen Bekannten hörte sie: „Was ist, sei doch froh. Was machst du, wenn es behindert ist? Du bist schon älter…" Innerhalb von Minuten wechselten ihre Gefühle von Vorfreude zu Traurigkeit, von innerer Sicherheit zu Zukunftsangst. Immer wieder durchdachte sie alle möglichen Wege, die vor ihr lagen. Sie sprach mit ihrem Mann, ihren Kindern und Freundinnen. Doch irgendwann merkte sie, dass sie immer unruhiger und verwirrter wurde.

Von dem Augenblick an änderte sich alles. Denn sie grenzte sich ab, zog sich in sich selber zurück und traf eine Entscheidung. Sie empfand tiefe Ruhe dabei. Sie merkte, dass sie selber plötzlich nichts mehr wollte. Sie war mit allem einverstanden, was geschehen würde. Das eine war ebenso gut wie das andere. Innerlich sagte sie: „Dein Wille geschehe." Sie gab ihren Eigenwillen auf und fügte sich dem, was kommen würde. Dabei empfand sie tiefen Frieden. Am nächsten Tag bestätigte der Arzt ihre Schwangerschaft und inzwischen hat sie ein gesundes Mädchen geboren: Mila.

Eine ganzheitliche Heilmethode für Frauen, die von Männern angegriffen wurden, lernte ich von meinem indianischen Lehrer.

Auch früher gab es Übergriffe von Männern auf Frauen. Von indianischen Frauen ist der Spruch überliefert: „Eine Frau, die ihre Röcke rafft, kann schneller rennen als ein Mann mit heruntergezogener Hose." Mein Lehrer berichtete eine Situation, wie sein Stamm früher damit umging, wenn eine Frau vergewaltigt wurde: Alle Frauen des Dorfes bedrängten den Vergewaltiger, indem sie ihn zwangen, sich nackt auszuziehen. Sie beschimpften und schlugen ihn und trieben ihn voller Wut durch die Gassen, so dass er Angst um sein Leben hatte. Schließlich jagten sie ihn aus dem Dorf. Dort konnte er sich nicht mehr sehen lassen.

Dann kümmerten sie sich um die Frau. Einige halten sie, während andere ein Loch graben. Da hinein schreit die Betroffene ihren Schmerz und Ekel, ihre Wut und Empörung über den Übergriff. Sie wird ermutigt, all ihre Tränen fließen zu lassen. Ihr wird versichert, dass Mutter Erde all diese Gefühle verarbeiten kann und sie als Geschenke sieht, über die sie sich freut. Alle schlechten Gefühle verwandeln sich in kurzer Zeit in fruchtbare Erde. Ganz genau das Gleiche geschieht mit jedem Kuhfladen. Durch Regen und kleine Tiere verschwindet er schnell und wird zu Erde. Alles wird zu Dünger, wenn es auf weichen Erdboden fällt. Anders ist es, wenn die schlechten Gefühle oder der Kuhfladen auf hartes Felsgestein fallen. Dann trocknet die Sonne alles aus und es wird selber hart wie Stein. Noch nach fünf Jahren wird der Kuhfladen dort unverändert liegen...

Dann wird ein Feuer entzündet, in dem all die Sachen verbrannt werden, die die Frau anhatte und die sie an diese schlimme Situation erinnern. Sie selber wird gewaschen, medizinisch versorgt, massiert, mit Salbei-Rauch gereinigt und schön angekleidet. Dann darf sie sich an einem Feuer ausruhen. Die Frauen bilden einen energetischen Schutzkreis um sie. Und nun kommt jede der Frauen zu ihr in die Mitte, nimmt sie in den Arm, tröstet sie und schenkt ihr etwas. Einen Tanz, einen Heil-Tee oder Gesang, ein Schmuckstück oder Kamm, eine Medizingeschichte oder ein gewebtes Tuch. Jede geht zu ihr in die Mitte, umarmt sie und sagt ihr, wie wichtig sie für die Gemeinschaft ist und welch schöne Eigenschaften und Talente sie besitzt. Schließlich essen sie gemeinsam und die Frau schläft in der Gewissheit ein, dass sie geborgen und in Sicherheit ist. Sie ist auch in den nächsten Tagen nicht allein. Ihre Selbstheilungskräfte werden ihr helfen, das Trauma hinter sich zu lassen und wieder Vertrauen zu fassen.

Von einer anderen Frau, die vergewaltigt wurde und viele Monate allein damit umgehen musste, habe ich gehört, dass sie sich folgendermaßen heilte:
Eines Tages war ihr klar, dass sie so nicht weiterleben konnte und wollte. Sie traf eine Entscheidung, ging ins Bad und ließ sich Badewasser ein. Sie stieg ins Wasser mit der Vorstellung, dass alles, was nicht zu ihr gehörte: all ihr Schmerz und die Wut aus ihrem Körper herausfließen würden und im Wasser ihren Körper verlassen würden. Als sie nach zwanzig Minuten den Stöpsel zog, nahm das Wasser alles mit, was sie so sehr gequält hatte. Sie war wie neu geboren.

Einen verletzten Mann würden die früheren Menschen zunächst medizinisch versorgen, so dass der Körper heilen kann.

Dann wäre eine junge Frau diejenige, die ihn mit Nahrung und allem Nötigen versorgen würde. Wenn er sich an sie gewöhnt hätte und sich vielleicht sogar etwas verliebt hätte, würde sie nur noch unregelmäßig und schließlich gar nicht mehr kommen. Stattdessen käme eine Großmutter, die ihre Weisheit mit ihm teilt und seinen Charakter schult. Wenn er sich dann einigermaßen erholt hat, wird er alles tun, um die junge Frau zu finden, die ihn versorgt hat. Dann hat ihn das Leben wieder...

Die indigenen Mediziner und Ärztinnen sagen, dass viele Krankheiten ihre Ursache in gestörten Beziehungen haben.

Es geht erst einmal um Beziehungen von Menschen untereinander. Aber auch darum, ob wir unser Land und den Ort lieben, an dem wir leben, wie wir zur Natur, zu den Tieren und zum Leben grundsätzlich stehen. Darum ist es ihr Bestreben, zuerst den Geist, die inneren Überzeugungen, Bilder und Geschichten zu heilen. Art Read: „Unsere begrenzenden Glaubenseinstellungen und Verhaltensweisen beeinflussen unser Leben und unsere Gesundheit. Es gibt großes Wissen um die Selbstheilungskräfte der Menschen und die Möglichkeit, mehr mentales, emotionales und körperliches Wohlbefinden zu erreichen." Indianische Lehrer besitzen viele Werkzeuge, kennen zahlreiche Prinzipien und leiten ihre Schüler an, ihre Haltungen dem Leben gegenüber zu verändern. Sie kennen unkonventionelle und kreative Wege, um zu Ehrlichkeit und Verantwortungsbewusstsein zu erziehen, und bezeichnen als die wahre Krankheit unserer Zeit, dass wir keine Bedeutung füreinander haben. Sie sprechen darüber, wie wichtig es ist, sich selber und andere zu lieben, etwas zu riskieren, seine Fähigkeiten, seine Kraft und seinen Wirkungsbereich auszudehnen.

Indigene Lehrer unterstützen ihre Schüler darin, das Vertrauen in sich selbst zu finden. In Ritualen begleiten sie die Menschen, ihren Selbsthass zu überwinden und die Selbstachtung wieder aufzubauen. Dies ist der Weg, der dahin führt, dem Leben wieder zu vertrauen. Immer nutzen die Lehrer die unglaubliche Heilkraft gesunder Bilder und Vorstellungen.

In ihren Traditionen sind zahlreiche Medizin-Geschichten bekannt, die neue Zusammenhänge beschreiben und so den Hilfesuchenden helfen, ihre inneren unbewussten Geschichten umzuschreiben.

In den Kulturen der Ureinwohner Amerikas waren und sind Geschichten von großer Bedeutung. Manche Geschichten sind heilig und dürfen von keinem Unberechtigten oder außerhalb der entsprechenden Zeremonien zu den bestimmten Anlässen erzählt werden. Manches deuten sie nur an und häufig übernehmen Tiere die Rolle von Menschen, um niemanden zu beschämen. Doch nun kann sich der Kranke selber in einem anderen Licht sehen. Er bekommt Abstand zu seinem Leben und kann die Situation aus der Vogelperspektive betrachten. Dies hilft ihm, Dinge neu zu ordnen. So stärkt die Medizingeschichte seine Selbstheilungskräfte und seinen Lebensmut.

Die Medizinleute fragen den Kranken, wie er die jetzige Lebenssituation erschaffen hat.

Diese Frage wühlt auf, empört und verunsichert. Doch letztendlich befreit sie alle aus dem ewigen Kreislauf von Opfer, Täter und Retter. Sie zwingt den Betreffenden, sich den Tatsachen zu stellen. Unangenehme Fragen dieser Art helfen, alle Rollen hinter sich zu lassen. So können wir die Verantwortung für das eigene Leben erkennen, den Knoten der Verstrickungen lösen und frei sein. Wenn dir jemand den Spiegel vorhält, von dem du weißt, dass er auf deiner Seite steht und dir niemals etwas Böses will, zerspringt etwas in dir. Du bist tief betroffen und erschüttert. Denn in deinem Herzen weißt du: Er hat Recht. Auch das bin ich. Bis gerade eben noch hattest du ein anderes, ein heiles Bild von dir. Nun liegt es in Scherben vor dir. Du gehst in die Knie und suchst mühsam die Scherben zusammen. In diesem Moment erkennst du, was Demut wirklich bedeutet. Das innere Feuer hat eine Eingangstür in dein Herz-Chakra und in deine Seele gebrannt. Es hilft nichts, das Geschehene abzuleugnen. Du hast die Wahrheit einmal mit offenen Sinnen wahrgenommen und sie lässt sich nicht mehr unter den Teppich kehren.

Das Programm der Anonymen Alkoholiker ist ein sehr gutes Beispiel dafür, wie ein positiver Weg aussehen kann. Der Mensch übernimmt vollkommene Verantwortung für sich selbst und seine Handlungen. Wir können nur die Arme weit ausbreiten und uns den Tatsachen unterwerfen. Denn wir müssen unser ganzes Selbst und die Seele integrieren. Wir haben erkannt, dass einiges in uns vergiftet ist. Trotzdem gehört es zu uns. Wir müssen es in uns aufnehmen, uns damit auseinandersetzen, es transformieren und umwandeln.

Lehrer begleiten uns, wenn wir unser negatives Selbst integrieren. Dann sind wir mit unserer Seele verbunden.

Im Stillen können wir die Göttin bitten, zu unserem Feuer Wasser hinzuzufügen. Dann entsteht Dampf, der ausgestoßen werden muss. In dieser Situation sind folgende Methoden hilfreich: Entgiftung, Imagination, ganzheitliche Heilmethoden und Körpertherapien, Homöopathie, Akupunktur, innere Reinigung durch Fasten, Entspannung und sich in der Natur aufzuhalten. In dieser sensiblen Phase solltest du Zerstreuungen meiden, um den natürlichen Wachstumsprozess nicht zu stören. Wenn wir Veränderungen auf weiblichen Wegen bewirken, egal, ob als Mann oder Frau, müssen wir Körper und Seele vorbereiten. Denn die meiste Energie wird feinstofflichen Körpern entzogen. Darum werden wir müde, sensibel und sehr verletzlich. Nach diesem inneren Prozess ändert sich das Leben der meisten Menschen drastisch. Alles, was diese Transformation behindert, wird durch etwas ersetzt, was sie unterstützt. So kann sich innerhalb von einigen Monaten der Wohnort, Beruf oder Partner ändern. Eine meiner Klientinnen hat ihr Leben innerhalb von vier Monaten völlig umgekrempelt. Sie trennte sich, zog um, hatte eine neue Arbeit und ein neues Auto. Von ihrem Burn-out vor sechs Monaten hat sie auf ihrer Einweihungsparty nichts erwähnt…

Narben sind Zeichen der eigenen Stärke.

Auf sie können wir stolz sein. Denn sie erinnern uns daran, dass unser Geist stärker war als die Krankheit oder das, was uns angegriffen und nach dem Leben getrachtet hat. Medizinleute erinnern ihre Patienten immer an ihre Lebensaufgabe und all ihre Talente, die nicht genutzt werden, wenn sie krank sind. Sie lehren viel über Synergie, Gemeinschaft, Verpflichtungen und das Einhalten von Vereinbarungen. Mit ihren Methoden haben sie viel Erfahrung und sehr gute Erfolge. Schließlich gilt der Satz:

„Wer heilt, hat Recht.“

DER WEG DER SEELE FÜHRT DURCHS HERZ:
ERZIEHUNG ZUM LEBEN UND ZUM FRIEDEN

Um mehr Brüderlichkeit, Gerechtigkeit und Frieden in der Welt zu sichern, müssten wir neue Erziehungssysteme entwickeln, die uns und den kommenden Generationen zu mehr innerer Harmonie verhelfen. Das Leben muss wieder in den Mittelpunkt gestellt werden und das Wissen, wie wir Menschen friedlich miteinander und im Einklang mit der Natur leben können. Im Vordergrund sollten grundlegende Themenbereiche stehen, die die Verantwortung und Kreativität jedes Einzelnen betreffen. Sie sind für unsere Zukunft wichtiger als reines Faktenwissen.

- Wir benötigen dringend eine Leben fördernde Wissenschaft, die sich für den Erhalt von Leben und Umwelt einsetzt.
- Die Wirksamkeit traditioneller ganzheitlicher Heilweisen verschiedener Völker ist durch ihre Erfolge bewiesen. Sie sollten mehr Anwendung finden und in die bestehende Gesundheitsvorsorge einbezogen werden.
- Um das ökologische Gleichgewicht zu erhalten, ist eine neue Ausrichtung der Agrarwissenschaft notwendig.
- Ein Umdenken in der Ernährungswissenschaft macht Sinn. Diese sollte unsere Lebensmittel und ihre bekömmliche Zubereitung untersuchen, Ernährungsbildung, Esskultur und Essverhalten entwickeln.
- Die seelische Weiterentwicklung des Menschen sollte mehr in den Fokus kommen. Dies kann geschehen, indem mehr Musik, Kreativität, Malerei, Kunst, Meditation und Wissen über die Kraft der Gedanken bekannt wird. Die emotionale Gesundheit für Einzelne, Familien, Teams und die Gesellschaft ist eine Grundlage, um Harmonie und Frieden zu schaffen.
- Die digitalen Möglichkeiten der Kommunikationswissenschaften sollten zum Nutzen aller verbessert werden. Spiele, Filme und Nachrichten schaffen Bilder in den Köpfen der Betrachter. Um Frieden zu kreieren, sollten sie positive, lösungsorientierte und inspirierende Inhalte haben.
- Die Psychologie sollte erforschen, wie zurzeit brachliegende Potenziale und Fähigkeiten aktiviert werden können. Davon könnte unser Überleben abhängen.

- Das Studium alter Kulturen und Religionen offenbart grundlegendes Wissen über das Leben. Diese Weisheit zeigt uns mögliche Zukunftswege.
- Die Wirtschaft steht im Dienst aller Menschen, um den Bedürfnissen jedes Einzelnen gerecht zu werden. Die Gemeinschaft profitiert von den Geldströmen anstatt Einzelpersonen.
- Nutzung von natürlichen Energiequellen, um unsere Welt nicht weiter zu belasten.
- Ökologische Probleme sollten gezielt gelöst werden.

In der uralten Andenkultur Perus gab es eine Wissenschaft, die nicht nur intellektuelle Fähigkeiten schulte, sondern auf der Vorstellungsgabe und weiblicher Intuition basierte. Sie war weiblich geprägt. Es gab zwei Institutionen, mit deren Hilfe soziale, politische, pädagogische und wirtschaftliche Probleme gelöst wurden. Eine dieser Institutionen verfolgte den äußeren Weg der Erziehung, indem Einfluss auf die materielle Ebene genommen wurde. Die andere Institution war auf innere Werte und die Kultivierung der Spiritualität ausgerichtet. Sie hatte den Erhalt des Lebens und des Friedens der Andenvölker zum höchsten Ziel. Die größte Gabe der weisen und machtvollen Frauen war ihre Intuition. Diese besondere Form der Universität ist eine wunderbare Möglichkeit, um die weiblichen Aspekte des Menschen wieder ins Leben zu holen und in die Erziehung und Bildung zu integrieren. Hernán Huarache Mamani trägt den Traum in die Welt, diese uralte Universität des Lebens und des Friedens in seiner Heimat Peru wieder erstehen zu lassen.

Am 18. März 1968 hielt Robert Kennedy in der Universität von Kansas eine bemerkenswerte Rede, die als sein Vermächtnis gelten kann, denn schon Anfang Juni desselben Jahres war sein Leben zu Ende. „Zu viel und zu lange haben wir unsere persönliche Exzellenz und Gemeinschaftswerte für die bloße Anhäufung von materiellen Dingen aufgegeben. Unser Bruttosozialprodukt ist mittlerweile mehr als 800 Milliarden Dollar pro Jahr, aber das Bruttosozialprodukt – bei dem wir die Vereinigten Staaten von Amerika bewerten – dieses Bruttosozialprodukt zählt die Luftverschmutzung, Zigarettenwerbung und Krankenwagen, um unsere Autobahnen von Blutbädern zu befreien. Es zählt die Spezialschlösser für unsere Türen und Gefängnisse für die Menschen, die versuchen sie aufzubrechen. Es zählt die Zerstörung des Rotholzes und den Verlust unserer Naturwunder in ihrer chaotischen Ausbreitung. Es zählt Napalm und Atomsprengköpfe und Panzerwagen für die Polizei, um die Unruhen in unseren Städten zu bekämpfen. Es zählt Whitmans Gewehr und Speck-Messer und die Fernsehsendungen, die Gewalt verherrlichen, um dann Spielzeug an unsere Kinder zu verkaufen. Doch das Bruttosozialprodukt bedenkt nicht die Gesundheit unserer Kinder, die Qualität ihrer Ausbildung oder die Freude an ihren Spielen. Es beinhaltet nicht die Schönheit unserer Poesie oder die Stärke unserer Ehen, die Intelligenz unserer öffentlichen Debatte oder die Integrität unserer Beamten. Es misst weder unseren Scharfsinn noch unseren Mut, weder unsere Weisheit noch unsere Gelehrsamkeit, weder unser Mitgefühl noch unsere Hingabe an unser Land. Es misst alles, um es kurz zu machen, außer das, was das Leben lebenswert macht. Und es kann uns alles über Amerika sagen außer, warum wir stolz sind, dass wir Amerikaner sind."

DEN INNEREN SCHATTEN UMARMEN

Wenn wir das Leben als Entwicklungs- und Erfahrungsweg begreifen, dürfen wir uns nicht einschüchtern lassen von unserer Angst. Früher war es die Angst unserer Mütter und Großmütter, nach dem Krieg keinen Mann zu finden. Heutzutage ist es die Angst, keinen Ausbildungs- oder Arbeitsplatz zu bekommen. Wir befinden uns alle gemeinsam auf einem kontinuierlichen Weg der Umwandlung und Befreiung von einem ego-zentrischen Menschen in ein spirituelles Wesen, das sich mit seinem Höheren Selbst verbindet. Während dieses Prozesses der Befreiung vom Ego lösen sich alle bisherigen Sicherheiten auf. Wie Gewohnheiten, Hoffnungen, Ambitionen, Vorurteile, Meinungen, Begierden und Neigungen. All dies entzieht sich uns. Dadurch wird unser Selbsterhaltungsinstinkt geweckt.

Das Ego hat die Aufgabe, unser Überleben zu sichern. Doch es hat sich selbständig gemacht. Es hat sich dick und fett gefressen und zum Herrn im Hause aufgespielt. Wenn es bemerkt, dass ihm seine Macht entzogen werden soll, wehrt es sich massiv. Aber es geht nur um das Überleben unseres Egos, nicht um unser Überleben! Plötzlich sind wir mit einer tiefen Angst konfrontiert, wir spüren Hoffnungslosigkeit und sind verunsichert.

Es beginnt eine Art Hindernislauf voller Krisen, Behinderungen, Begrenzungen und Herausforderungen. Das gehört dazu, wenn wir uns auf dem Heimweg der Seele befinden und uns höher entwickeln zur vollkommenen Freiheit. In spirituellen Kreisen wird dies nicht oft formuliert. Da herrscht die sanfte Farbe Rosa vor. Doch im Leben der meisten Menschen geht es gerade recht bunt zu…

Ein sehr guter Weg, um den Kampf mit dem Ego zu beenden, besteht darin, sich zu öffnen um auf irgendeine Weise zu erfahren, warum das Ego so vehement kämpft. Wir können in einem inneren Dialog oder bei einer Aufstellung herausfinden, welchen Auftrag diese Kraft in uns hat. **Wenn wir die Botschaft des Schmerzes oder des Symptoms verstanden haben, muss uns diese Kraft nicht länger auf etwas hinweisen.** Sie wird somit frei. Dann ist es klug, ihr einen neuen Auftrag zu geben. „Lass uns ein Signal vereinbaren, wenn ich mich verausgabe. Was fühle ich dann?" Genau in sich hineinspüren und nachfragen: „Ist es das Kribbeln im linken Bein?" „Gut, immer wenn ich dieses Kribbeln spüre, weiß ich, du bist bei mir und passt auf mich auf. Damit ich mich nicht verausgabe. Das ist super! Ich danke dir!" So hast du dir dein Ego zum Verbündeten gemacht.

Der gesunde Menschenverstand sagt uns schon, dass wir das Licht nicht genießen können, bevor wir nicht auch die Dunkelheit erfahren haben. Wie können wir für Frieden dankbar sein und unsere Freude darüber erleben, wenn wir nicht das Gegenteil kennen, nämlich Schmerz und Trauer? Das Leben bringt uns bei, Fähigkeiten zu entwickeln und Kraftquellen zu finden, aus Krisen zu lernen und über unsere Begrenzungen hinauszuwachsen. So erreichen wir eine höhere Form von Bewusstheit. Es geht viel um eigene Erfahrungen, aber auch um das Beobachten anderer Wege. Es ist so, als wäre ein seelisch- geistiger Samen oder göttlicher Kern in die Materie gelegt worden, um sich dort zu entwickeln, zu keimen und zu erblühen. Bis es so weit ist, zeigt sich der Weg oft steinig und anstrengend, aber er erzählt auch vom wachsenden Glück. Denn Licht ruft das Gefühl von Freude, Behagen und Schönheit hervor. Doch das geschieht erst, wenn wir die Dunkelheit erlebt haben. Wenn wir akzeptieren, dass wir nicht immer der unschuldige Engel sind, der sich hierher verirrt hat, sondern dass wir auch richtig böse und grausam handeln können. Unser

Schatten gehört zu uns. Wir wissen um die Kraft unserer beiden Seiten: der dunklen und der hellen.

Wir kennen das Gesetz der Freiheit und nutzen es. Wir entscheiden uns bewusst. Wenn dann immer häufiger die Entscheidung so ausfällt, dass wir uns nicht nur für den eigenen Vorteil entscheiden, sondern vieles andere mitberücksichtigen können, wird das Licht in unserem Leben zunehmen. **Es ist Zeit, die Ethik und Moral, die Mitmenschlichkeit und das Heilige wieder in unser Leben zu holen.** Dann findet jeder selber einen Weg, der seinem Gewissen entspricht.

DIE WEISE ALTE FRAU: „DIE GROSSMUTTER"

Wir leben in einer Gesellschaft, in der viel Wert auf Jugendlichkeit gelegt wird. Doch… **Alter ist keine Krankheit. Alle altern, auch du und ich.** Im Spiegel sehe ich, dass ich alt geworden bin. Aber ich habe nicht bemerkt, wie die Zeit verging.

Ist irgendjemand weniger wert, weil er schon länger lebt? Oder ist er weniger wichtig, weil es ihn schon länger gibt auf der Erde? Der Blick aus klaren Augen kann jung sein, auch wenn die Augen alt sind. Denn die Alten hüten die guten Tage. Sie erinnern die alte Musik, die hilfreichen Traditionen, die ganzheitlichen Heilweisen, das Wissen ihres Volkes und uralte Schätze. Sie wissen, dass alles Schöne im Leben zart ist und leicht verloren gehen kann. Es ist wie ein Traum oder eine Feder. Sie halten sich die Hände vors Gesicht und reiben sich den Traum in die Stirn, damit das Glück in den Kopf und ins Herz gelangt.

Wir sollten Zeit und Alter noch einmal neu sehen, denn Zeit verläuft nicht linear. Momente des Glücks, der Angst, des Schmerzes oder der Langeweile, der Geburt oder des Sterbens haben ganz unterschiedliche Qualitäten der Erfahrung. Aber wir können jeden Morgen wieder von der Schönheit der aufgehenden Sonne ergriffen sein. In allen Kulturkreisen gibt es Geschichten aus unterschiedlichen Epochen und Ländern, die Fragen stellen in Bezug auf die Vergangenheit, Gegenwart und Zukunft. Auch unsere Ahnen haben sich vorgebeugt, um alles zu hören, und sich anschließend zurückgelehnt, um nachzudenken. Die Aufmerksamkeit all ihrer Überlieferungen wird immer auf die verbindenden und lösungsorientierten Aspekte gelenkt. Sie machen klar, dass Menschen aus ihren gemeinsamen Träumen Welten erschaffen können, die Nachfolgenden als Inspirationsquelle dienen.

Seit dem Ende des Mutterrechts ist jedoch viel Wissen um die Seele verloren gegangen und ein männliches Weltbild hat unsere Geschichten und die Lebenswege der Frauen geprägt. In den Märchen der Gebrüder Grimm gibt es häufig alte Frauen und Hexen. Sie wollen Kindern absichtlich schaden. Zuerst tun sie freundlich, doch dann sind sie grausam. Durch solch ein Verhalten taugen Großmütter und Mütter natürlich nicht als Vorbild. Genauso wenig wie die junge Frau, die ihre Brüder erlösen muss oder deren Lebensinhalt darin besteht, auf den Prinzen zu warten. Seit Männer das Heft in der Hand haben, scheint dies weit verbreitetes Frauenschicksal zu sein. Denn sie tun oft das, was das Naheliegende ist, und verzichten auf viele Möglichkeiten. Durch die dienende Rolle kommt die Frau nicht zu dem, was ihr wichtig ist. Stattdessen näht sie ununterbrochen Nessel-Hemden für ihre Brüder, wird geheiratet und zu guter Letzt fast noch als Hexe verbrannt. Denn sie darf nicht reden, ehe die Hemden fertig sind. Auch in ihrer letzten Lebensphase wird eine alte, alleinlebende Frau schnell lästig. Besonders wenn sie schwach ist und sich selbst nicht mehr helfen kann. Dann ist sie oft sehr arm und wird in ein Heim abgeschoben. Aber auch wenn sie stark ist und anderen hilft, ist es nicht recht. Dann wird sie angegriffen, weil sie zu viel von ihnen weiß. Selbst wenn sie anderen erfolgreich hilft, wird sie nun dafür verantwortlich gemacht, wenn Menschen nicht die Verantwortung für sich selber und ihr Leben übernehmen. Das ist auch heute noch das Risiko von Medizinfrauen und Beraterinnen, die emotionale Kulturarbeit leisten. Doch Männer sollten bedenken, dass sie sich sowohl zu Beginn ihres Lebens und am Ende in Frauenhänden befinden und liebevoll auf diesen Wegen begleitet werden wollen. Schon deshalb sollten sie Frauen gut behandeln…

Das Alter hat zwei Seiten. In früheren Zeiten wuchs man in das Alter hinein wie in Kleidung, in die man hineinschlüpft. Heute gibt es in unserer Leistungsgesellschaft unterschiedliche Rollen. Einerseits werden Alte nicht mehr gebraucht und ihre Kenntnisse zerrinnen im Sand. Andererseits wird das Alter funktionalisiert. Die „best ager" werden hart umworben, denn sie besitzen große Kaufkraft. Sie sollen gesund und aktiv bleiben und erhalten enorme Mengen von Medikamenten. Gleichzeitig gibt es noch den Markt der Pflege. Hier zählt allein die Wirtschaftlichkeit, und obwohl sehr viel Geld fließt, ist nie genug Zeit für die Versorgung und zwischenmenschliche Begegnung.

Für die Betroffenen bedeutet das Alter also einerseits eine Last, andererseits auch eine neue Freiheit. Eine 50-jährige berufstätige Frau wird von jungen Kollegen häufig so herablassend behandelt, als wäre Alter eine Krankheit. Auf dem Arbeitsmarkt ist sie kaum mehr vermittelbar. Aber die innere Freiheit dieser Frauen bedeutet, dass sie genau hinschauen und deutlich erkennen, wohin der eingeschlagene Weg führt, denn sie besitzen viel Lebenserfahrung. Sie besitzen auch viel von dem Wissen ihrer Mutter, Großmutter und Lehrer. So kennen sie inzwischen vergessene Wege und erinnern, wie Menschen früher mit ähnlichen Herausforderungen umgingen.

Eine 80-jährige Freundin sagte mit verschmitztem Lächeln: „Die Jungen können zwar viel schneller rennen, dafür kennen die Alten jede Abkürzung".

Großmütter wissen, dass sich inneres Wachstum oft durch Leiden entwickelt. Sie haben selber Schicksalsschläge erlebt und wissen, dass das Leben häufig auf diese Weise neue Entwicklungsprozesse einleitet. In langen Jahren haben sie beobachtet, wie Unglück bei Menschen die Weichen in Richtung Verbitterung und Ablehnung des Lebens gestellt hat. Aber viel häufiger konnten sie erleben, dass Schmerz zur Sinnsuche führte und zur mutigen Erprobung von neuen Erkenntniswegen. Diese leidgeprüften Menschen werden oft so stark, dass sie im Leben etwas Einmaliges vollbringen können.

Großmütter wissen auch, dass uns schlechte Zeiten klarmachen, dass wir glücklich waren und es gar nicht gemerkt hatten. Sie kennen die Lebensprüfungen und Herausforderungen. Sie wissen, was das Herz bewegt und die Seele betrifft.

Die Kraft und Magie der weisen Großmütter ist die weitaus mächtigste, denn sie hat alle Ängste schon erfahren. Lebenslinien durchfurchen ihr Gesicht und ihr Haar ist weiß. Sie schaut zurück auf all ihre Wege, Wünsche und Ziele. Sie hat so vieles erlebt, kennt das Leben und den Tod. Sie erinnert ihren Kummer, der sie aus dem Gleichgewicht gebracht hat. Sie trägt in sich all die Sorgen und Mühsal eines langen, intensiven Lebens. Darum ist sie Expertin darin, sich immer wieder aufzurappeln, neuen Mut zu fassen und von vorne anzufangen, wenn ihr bisheriges Leben in Scherben vor ihr liegt. Sie weiß ganz genau um die Wege, durch die sie sich befreit hat. Sie hat ihren Selbstwert gefunden, denn auch sie hat sich aufgeopfert und selbst aufgegeben. Auch sie hat sich und ihre Werte verraten wegen all der Zwänge und des Drucks, der auf sie ausgeübt wurde. All dies erinnert sie genau, denn sie hat es gefühlt und selbst erlebt. Im Laufe der Jahre hat sie vieles durchgestanden. Doch es gibt sie immer noch. Sie hat alles überlebt und die Kraft in sich selbst gefunden. So hat sie Respekt und Achtung vor sich selbst bekommen. Jetzt, wo sie sich selber gut kennt, traut sie sich, anders zu sein als die anderen und zu sich selber zu stehen. Sie durchschaut jetzt vieles. Durch ihr langes Leben kann sie Unwichtiges von Wichtigem unterscheiden. Das ist ihre größte Gabe. Ihre große Kraft ist unsichtbar wie das abwesende Licht des Mondes. Sie erobert nicht mehr wie die Amazone und verteilt auch nicht mehr die Mutterkraft aus der Fülle.

Den Weg der Mutter ist sie zu Ende gegangen, denn ihre Kinder sind inzwischen groß. Doch genauso, wie sich die Mondin verändert, wandelt sich die Kraft der Frau. Die Mondin nimmt ab und ist dann nicht mehr zu sehen. Trotzdem lebt sie weiter. Sie ist immer nur für eine gewisse Zeit verschwunden, in der sie sich zurückzieht. Genauso macht es die alte, weise Frau. Sie ist nicht ständig außen aktiv, denn sie muss niemandem mehr etwas beweisen. Stattdessen ist sie in sich ruhend, realistisch und selbstsicher. So atmet sie ruhig aus, während sie in ihrer Seele zentriert ist. Denn ganz leicht kann sie jetzt von einer Ebene in die andere wechseln. Darum hat sie große magische Kraft.

Meistens hat sie sich ihren Humor, ihre Warmherzigkeit und Geduld bewahren können. Engagierte Großmütter erinnern dich jetzt daran, dass deine Innenwelt eng mit deiner Außenwelt verbunden ist. Sie sagen: Wenn du in deinem Inneren offen bist, kannst du die Schönheit sehen, die dich umgibt, und deine Einstellungen verändern. Dies hat eine große Wirkung auf dein äußeres Leben. Denn die Mauern aus negativen Erfahrungen, Ängsten und Urteilen fallen in sich zusammen.

Deine Umwelt reagiert auf das Gesicht, dass du ihr zeigst, und deine Mitmenschen spüren, was du ausstrahlst. Eine klare Ausstrahlung erhältst du aber nur durch Aufrichtigkeit, Ehrlichkeit und Integrität. Wenn dein Wort etwas wert ist und sich andere darauf verlassen können, dass du das meinst, was du sagst, besitzt du Selbstachtung. Wenn du mutig bist und dir selber treu bleibst, dich nicht verleugnest oder abhängig machst, wächst dein Vertrauen in dich selbst. Und du erkennst den höheren Sinn deines Lebens.

Genau dieses Selbstvertrauen brauchst du, um ein neues Gebiet zu erobern und über dich hinauszuwachsen. Dazu ist es notwendig, dass du innehältst und lauschst. Deshalb raten Großmütter ihren Enkeln: Wenn du Widerstand verspürst oder deine Träume nicht leicht zu deuten sind, nimm dir Zeit, darüber zu meditieren. Auf jeden Fall wird eine Antwort kommen.

Schließe einmal kurz die Augen und stell dir vor, heute wäre dein 100. Geburtstag. Deine Kinder und Enkel sind da und richten eine große Party für dich aus. Ein Zeitungsreporter ist gekommen, um dich zu interviewen. Was möchtest du ihm über dich und dein Leben erzählen? Deine Träume, Rückschläge, Herausforderungen, Siege, Erkenntnisse…?

Nun öffne die Augen wieder und erinnere dich daran, was für dich wichtig und wertvoll ist. Heute ist ein guter Tag, um die ersten Schritte in diese Richtung zu tun! Es ist niemals zu spät!

Der Segen der Großmütter lautet:

Mögest du immer Luft zum Atmen,
Feuer zum Wärmen,
Wasser zum Trinken
und die Erde zum Leben haben.

DEIN RAD DES LEBENS,
DEINE WERTE, ZIELE UND TRÄUME

Du stehst in der Mitte deines Lebenskreises. Zu Beginn ist nur deine Seele dein Begleiter. Mit ihrer Kraft kreierst du dein Leben: Du erschaffst deinen Körper, deine Träume und Realität. Im Ursprung und Mittelpunkt findest du immer

Geborgenheit und Sicherheit, um aus einer Position der Kraft heraus handeln zu können. Hierher kannst du jederzeit zurückkehren. Mit deinen Gedanken und Gefühlen erschaffst du Beziehungen zu Menschen, Tieren und Pflanzen, zur Erde und zum Kosmos. In deinem Medizinrad findest du deine Werte, Ziele und Talente.

- Was wirst du mit all deinen Gaben machen?
- Welche Werte sind wichtig für dich?
- Begibst du dich auf eine Suche, um den Sinn deines Lebens herauszufinden?
- Suchst du dir die besten Lehrer, die dir Wichtiges für dein Leben beibringen?
- Hast du etwas zu geben?
- Wenn du viel erhalten hast, gibst du Geschenke zurück?
- Wenn du zum Beispiel viel reist, reißt du dann die Augen und Ohren ganz weit auf und bist dankbar für die Möglichkeiten, die inzwischen vielleicht nicht mehr bestehen?
- Kannst du eine Form finden, um andere an deinen Erfahrungen teilhaben zu lassen?
- Vertraust du deinen kreativen und verrückten Ideen?
- Überhörst du deine Intuition aus Angst vor Fehlern?
- Wann hast du das letzte Mal etwas das erste Mal getan?
- Die Frage ist, was wir hier eigentlich machen und ob es bessere Wege gibt. Es ist nie zu früh oder zu spät. Wie kannst du die Welt verändern?

Wir sollten uns Freiräume für Kreativität, Initiative und Leidenschaft nehmen, um die Welt ein bisschen besser zu machen. Denn wir wollen die Erde zu einem würdigen Ort für alle machen und Lösungen finden für die wirklichen Probleme unserer Zeit. Es gibt rettende Ideen gegen sexuelle Gewalt, Chemiewaffen, Armut, Kinderhandel, für Menschenrechte und Frauenrechte, nachhaltige Landwirtschaft, medizinische Versorgung, Frieden, Bildung und Schulen.

„Solange im Herzen der Frau das Licht der Liebe leuchtet, bleibt unsere Welt erhalten, doch sobald es erlischt, werden Gleichgültigkeit und Hass sich ausbreiten und sie zerstören", sagt Hernán Huarache Mamani. Ein traditionelles

Sprichwort der Cheyenne drückt es ganz ähnlich aus: „Eine Nation ist nicht besiegt, ehe die Herzen ihrer Frauen am Boden sind. Dann ist es geschehen, egal wie tapfer ihre Krieger oder wie gut ihre Waffen sein mögen."

Männer schauen nicht oft zurück, sondern folgen dem, der sie überzeugt, während Frauen sich auf ihrem Weg häufig umdrehen. Wir haben ganz unterschiedliche Gründe dafür. Mal ist es aus Sorge, mal aus Neugier, ein anderes Mal aus Sehnsucht oder Mitgefühl. Manchmal gehen wir langsamer, weil wir niemanden zurücklassen wollen. Wir benötigen Zeit, um Dinge zu sammeln oder Zusammenhänge zu verstehen. Wir wissen aber, dass es nie nur einen Weg gibt, egal, wohin man geht. Gerade jetzt spüren immer mehr Frauen, dass sie ihrem persönlichen Traum folgen müssen. Sie wissen, dass dieser Weg in ihre eigene Kraft führt.

Frauen sind Künstlerinnen darin, aus wenig viel zu machen, allein durch die Liebe, die sie anderen geben. Aber auch Männer beweisen, dass jeder kleine Dinge mit großer Liebe tun kann. So wie ein Busfahrer mit einer bewegenden Geste Flüchtlinge in Deutschland begrüßte. Er sagte: „Ich habe eine wichtige Nachricht für alle Menschen aus der ganzen Welt in diesem Bus. Willkommen. Willkommen in Deutschland. Willkommen in meinem Land. Haben Sie einen schönen Tag!"
Mit diesen einfachen Worten hat er die Menschen zu Tränen gerührt.

Vielleicht vergessen Menschen, was du gesagt hast, aber sie vergessen nicht, welches Gefühl du ihnen gegeben hast! Lass dich nicht davon entmutigen, wie viel getan werden muss, um den Planeten, die Tiere und Menschlichkeit zu retten. Viele Initiativen sind erst dadurch entstanden, dass sich ein einzelner Mensch engagiert hat.

Wie kannst du heute ein Licht entzünden?

LITERATUR

Aliti, Angelika: Macht und Magie, Frauenoffensive, 2001

Andrews, Lynn: Die Weisheit der Frauen, Goldmann, 1990

Andrews, Lynn: Das Power-Set, Silberschnur Verlag, 2001

Berendt, Joachim Ernst: Ich höre, also bin ich, Bauer Verlag, 1989

Carey, Ken: Die Rückkehr der Vogelstämme, Ch. Falk Verlag, 1989

Clottes, Jean und Lewis-Williams, David: Schamanen, Trance und Magie in der Höhlenkunst der Steinzeit, Jan Thorbecke Verlag 1997

Cogan, Priscilla: „Der Pfad der Medizinfrau", Knaur Verlag, 2002

Connection, Zeitschrift: Religiosität der Urzeit, Schamanismus, Nr. 9, 1/12

Das große Lexikon der Heilsteine, Düfte und Kräuter, Methusalem Verlag, 2006

Estés, Clarissa Pinkola, Der Tanz der Großen Mutter, Heyne Verlag, 2012

Flow, Zeitschrift Nr. 5, 2014

Francia, Luisa: Die Göttin im Federkleid, Heyne Verlag, 2012

Fischer-Rizzi, Susanne: Tierverbündete, AT-Verlag, 2004

Geo Epoche Nr. 4/2000 , das Magazin für Geschichte: Die Indianer Nordamerikas

Göttner-Abendroth, Heide: Die Göttin und ihr Heros, Frauenoffensive, 1984 und ein Interview am 12.8.2011 auf n-tv.de Andrea Schorsch mit Heide Göttner-Abendroth

Hay, Louise l.: Heile deinen Körper, Lüchow Verlag, 1989

Hüther, Gerald: Bedienungsanleitung für ein menschliches Gehirn, Vandenhoeck Ruprecht, 2009

Janascheck, Ulla und Skadé Cambra Maria: Göttinnenzyklus, Arun Verlag, 2003

Johanson, Buffie: Die Große Mutter in ihren Tieren, Walter Verlag, 1990

Kämper, Angelika: Tierboten, Goldmann/Arkana, 2005

Mamani, Hernán Huarache: Die Traumheilerin, btb Verlag, 2008

Marashinsky, Amy Sophia/ Hrana Janto: Göttinnen Geflüster, Schirner Verlag, 1997

Menschen, Mythen und Legenden. Val Camonica, auf Servus, am 14. Nov. 2014, 20.15 Uhr

Onken, Julia: Herrin im eigenen Haus, C. Bertelsmann Verlag, 2000

Pogacnik, Marko: Die Tochter der Erde, AT Verlag, 2002

Prekop, Jirina: Einfühlung, dtv, 2005

Ransom, Victoria und Bernstein, Henrietta: Das Orakel der weisen Frau, Bastei Lübbe, 1997

Reden von, Sybille: Die Megalith-Kulturen; Du Mont Buchverlag, 1979

Sams, Jamie und Carson, David: Karten der Kraft, Windpferd Verlag, 1996

Schache, Ruediger: Der geheime Plan des Lebens, Goldmann

Seven Deers, David : „Heelahs Traum", Little Tiger Verlag, 2014

Villoldo, Alberto: Die vier Einsichten, Goldmann Verlag, 2008

Weber, Andreas: Alles fühlt, Berliner TB Verlag, 2008

White Eagle: „Medizinrad", Hermann Bauer Verlag, 1987

Whiteheart, Peter: Wiyo Ate, Der indianische Weg zum neuen Mann, Smaragd Verlag, 1993

„Gold der Skythen", Katalog zur Ausstellung in Hamburg vom 25.9. bis 28.11.1993

Taz Print-Archiv 10.11.2008

Online-Magazin für Geschichte: „Die Mumien aus dem Altai"

Bild der Wissenschaft: Archäologie

MEIN DANK

An erster Stelle danke ich meiner Mutter, die sich ihr Leben lang mit Archäologie, Frühgeschichte und Naturkunde beschäftigt hat. In der „Hexenküche" meiner Großeltern hat sie mir gezeigt, wie sich Tonscherben von Feldern wieder zu Gefäßen zusammenfügen lassen. Und sie hat meinen Blick geschärft für bearbeitete Feuersteine, Hügelgräber und fremde Kulturen. Außerdem habe ich von ihr einige Bücher geerbt, in denen ich große archäologische Schätze fand. Dies sind für mich kostbare Geschenke, die ich erst nach ihrem Tod entdeckt habe. In jedem ihrer Bücher findet sich geheimnisvolles und fast vergessenes Wissen, das mir eine neue Sichtweise auf die frühe Kulturgeschichte der Menschen und besonders der Frauen eröffnet. Für diese Denkanstöße bin ich sehr dankbar, denn die Forschungsergebnisse in Bezug auf die Sprache und Zivilisation der Göttin bilden nun das historische Fundament dieses Buches. Vor ungefähr zwei Jahren forderte mich meine innere Lehrerin auf, ein Werk der Kraft oder Schönheit zu schaffen. Für mich bedeutete es, ein Buch zu schreiben. Dies hat viele innere Prozesse ausgelöst, doch eigentlich bin ich einfach den Fußspuren meiner Mutter und Tanten, meiner Großmütter und Ahninnen gefolgt. Denn in meiner Familie gab es immer Frauen, die naturkundlich geforscht und geschrieben haben. Beim Blick zurück auf alte Lebensformen und Kulturen ist ein tiefer Respekt gewachsen für all die Menschen, die meinen Weg vorbereitet haben.

Die Sammlung aus Texten, Medizin-Geschichten, Fragen, Visionen, Übungen, Gebeten, Techniken, Aufgaben, Meditationen und unterschiedlichen Themen ergaben zu Beginn des Schreibens eher die Form eines verwilderten Obstgartens mit Blumenwiese als die eines durchstrukturierten Buches. Das machte mich etwas ratlos. Doch ich wollte all diese Ideen und Gedanken zusammenfügen zu einem Kreis des Lernens. Es war mir wichtig, das uralte Wissen der Frauen aufzuzeigen und vielfältige Verbindungen zu beleuchten. Matthias, mein wunderbarer Sohn, Du warst beim Schreiben dieses Buches gedanklich bei mir, hast mich unterstützt und mir Mut zugesprochen. Und ich bin immer noch erstaunt: Denn bei Deinem Besuch genügte Dir ein kurzer Blick auf das Manuskript, um den bunten Inhalt in eine logische und sinnvolle Struktur zu bringen. Dein innerer Abstand zum Thema und dein wissenschaftliches Denken, Deine Klarheit und kampferprobte Entschlossenheit und nicht zuletzt Deine Erfahrungen als Autor haben mir ganz viel Sicherheit gegeben. Nun ist das Buch schlüssig aufgebaut, ganz so, wie es sich gehört. Das ist eindeutig Dein Verdienst! Dafür danke ich Dir ganz herzlich, Matthias!

Von ganzem Herzen danke ich auch Knut Suhk! Du bist mein ruhender Pol beim Schreiben. Wenn mich tausend Ideen und Informationen aus allen Richtungen anwehen, bewahrst Du stets die Ruhe, kochst erst einmal einen leckeren Milchkaffee und findest immer Lösungen, die mich wieder im Text verankern. Knut, es ist wunderbar, dass Du mich beim Schreiben begleitest! Danke für Deine fachliche Kompetenz als Journalist und emotionale Unterstützung als Freund. Deine männliche Sichtweise bereichert das Buch ganz entscheidend! Inzwischen weiß ich, dass ich mich blind auf Dein Urteil verlassen kann, denn Dein bester Freund sagte mir, dass Du schon immer Deinen Weg gegangen bist: egal, wie unkonventionell oder unbequem er war oder was andere gesagt haben. Darin bist Du mein Vorbild, und ich bin glücklich, dass Du mich beim Schreiben unterstützt!

Ich danke meiner Familie, meinen lieben Freundinnen und meinen Klientinnen, mit denen ich viele Wege gemeinsam gehe und schon gegangen bin. Ihr schenkt mir euer Vertrauen, öffnet Euer Herz und lasst mich an Euren Erfahrungen teilhaben. Einige davon sind auch in dieses Buch geflossen. Durch Euch ist mein Leben bunt und reich und intensiv. Ich danke Euch allen von ganzem Herzen für Eure Offenheit und all die Lernschritte, die wir gemeinsam machen. Und nun, nachdem das Buch fertig und mein Kopf wieder frei ist, werden wir die Tradition des bunten Frauenfrühstücks wieder beleben, die uns allen so guttut…

Natürlich danke ich auch meinen großartigen Lehrern und Lehrerinnen! Ich hätte keine besseren, strengeren und liebevolleren Menschen finden können, die ihr spirituelles Wissen mit mir geteilt haben. Einen großen Platz in meinem Herzen besitzt mein indianischer „Wildkatzen-Lehrer"!

Mein besonderer Dank gilt natürlich auch all den Autoren und Autorinnen, auf deren Arbeit ich mich beziehen konnte. Und zu guter Letzt danke ich an dieser Stelle meinem engagierten Verleger, Herrn Vogel. Ihre herzliche und unkomplizierte Art, mit der Sie schnelle und mutige Entscheidungen treffen, verlangt mir großen Respekt ab. Es ist eine Freude, mit Ihnen zu arbeiten! Ich bin dankbar dafür, dass ich den wundervollen Verlag Via Nova gefunden habe, so dass ich mit diesem Buch das Wissen weitergeben darf, das mir geschenkt wurde. Vielen Dank für Ihre Unterstützung und das Vertrauen, das Sie mir entgegenbringen!

Jutta Westphalen

Weitere Bücher aus dem Verlag Via Nova:

Hilfe zur Selbsthilfe
Emotionale Krisen meistern
Jutta Westphalen

Paperback, 160 Seiten, ISBN 978-3-86616-318-8

Wer wünscht sich in seelischen Notfällen nicht einen liebevollen Begleiter, der einem die Hand reicht und mit viel Herzenswärme und Verständnis versorgt? Dieses Buch ist ein solcher Begleiter, immer griffbereit als ideenreicher Helfer und praktischer spiritueller Ratgeber für alle denkbaren inneren Notlagen. Ein Erste-Hilfe-Kasten für die Seele! Die Autorin schöpft aus einem überreichen Erfahrungsschatz als Therapeutin, Heilerin, Großmutter, weiser Medizinfrau und zeigt, wie emotionale Wunden behutsam verarztet und seelische Krisen mutig gemeistert werden. Wirksame Methoden und kreative Anregungen alter Heilkünste und moderner Wissenschaften bahnen den schnellen Weg in die eigene Mitte und zeigen, wie man wieder innere Ruhe, Kraft, Selbstvertrauen und Lebensfreude findet.

Indische Heilkunst für Frauen
Konzepte und praktische Anwendungen aus dem Ayurveda
Dr. med. Issac Mathai

Paperback, 336 Seiten, ISBN 978-3-86616-344-7

Erstmals hat einer der berühmtesten Ayurveda-Therapeuten Indiens, Dr. med. Issac Mathai, einen ganzheitlichen Gesundheitsratgeber ganz speziell für Frauen geschrieben. Eine Schatztruhe voll wertvoller Hinweise und praktischer Anregungen, die Frauen einen neuen Umgang vermitteln bei typisch „weiblichen" Beschwerden, wie Menstruationsschmerzen, depressiven Verstimmungen nach der Geburt oder den Wechseljahren. Die einzigartige Kombination aus Ernährung, Naturheilkunde, Ayurveda, Yoga und Homöopathie kann bei fast allen Symptomen und Diagnosen heilsam und unterstützend angewendet sowie zur Vorbeugung und Regeneration gezielt genutzt werden. Geordnet nach den Lebenszyklen ist dieses Gesundheitsbuch ein hilfreicher Wegbegleiter für alle Lebenslagen, den eine Frau immer zur Hand haben sollte!

Hochsensibel – Was tun?
Der innere Kompass zu Wohlbefinden und Glück
Mit grundlegenden Infos und zahlreichen Übungen
Sylvia Harke

Paperback, 352 Seiten, ISBN 978-3-86616-281-5

6. Auflage

Fühlen Sie sich auch manchmal wie von einem anderen Stern? Einfach nicht gemacht für diese Welt? Dann gehören Sie vielleicht auch zu der Gruppe der hochsensiblen Menschen, und dieses Buch kann für Sie zu eine wahren Offenbarung werden. Autorin und Therapeutin Sylvia Harke – selbst einer so genannte „HSP" (Highly Sensitive Person) - hat dieses Phänomen sehr einfühlsam und tiefgründig erforscht und gibt ganz praktische, konkrete Hilfen für den Alltag. Untermauert mit zahlreichen eindrucksvollen Interviews und Fallbeispielen kann dieses Buch für jeden hochsensiblen Menschen zu einer wertvollen Lebenshilfe werden und gänzlich neue Perspektiven für die eigene Lebensgestaltung eröffnen.

Liebe Freundinnen und Freunde des spirituellen Buches,

als Verleger des Verlags VIA NOVA möchte ich Sie herzlich grüßen. Jeder von uns sucht Antworten auf Fragen, die nicht nur das äußere Leben betreffen, sondern auch nach innen weisen. Wie kann ich gesünder, leistungsfähiger, glücklicher und liebevoller werden und mehr Freude empfinden? Wie vermag ich Angst, Sorge und Stress zu überwinden und in der Liebe zu mir selbst zu finden? Was ist der Sinn meines Lebens? Wie kann ich meinen Alltag besser bewältigen? Ich wünsche Ihnen, dass Sie ein Buch finden, das Ihnen helfen kann, Ihre persönlichen Antworten für Ihre Lebenssituation zu finden und das Ihnen Kraft gibt, jenen Schritt zu gehen, der auf Ihrem Lebensweg notwendig ist, um ein besseres Leben führen zu können. Sie können direkt beim Verlag VIA NOVA bestellen oder per E-Mail und Internet oder natürlich bei Ihrem Buchhändler.

Herzliche Grüße Ihr *Werner Vogel*

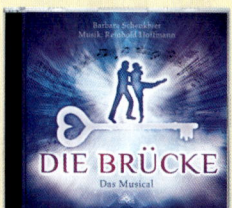

Barbara Schenkbier / Reinhold Hoffmann

Die Brücke

Das Musical

CD, Laufzeit: ca. 55 Minuten, 25 Songs,
ISBN 978-3-86616-351-5, € 14,95 [D]

Die spannende Geschichte, inspiriert von der erfolgreichen Autorin Barbara Schenkbier als Musical geschrieben, führt ausdrucksstark und liebevoll in eine Zeit, die sowohl in die Zukunft weist als auch der heutigen Zeit einen Spiegel vor Augen hält. Das Abenteuer der Menschheit wird packend erzählt durch eine Musik, die berührt, mitreißt und in ihrer Tiefe nachhaltig die Herzen erreicht.

Chuck Spezzano

Partnerschaft und spirituelles Leben

Gemeinsam in ein höheres Bewusstsein

Hardcover, 272 Seiten,
ISBN 978-3-86616-329-4, € 19,95 [D] / € 20,60 [A]

Der weltberühmte Weisheitslehrer öffnet mit den Botschaften dieses Buches unsere Herzen und unseren Geist für ein tiefes spirituelles Verständnis von Partnerschaft. In seiner unvergleichlichen Weise erinnert er uns daran, im Anderen, in uns selbst und in allen Prozessen, die in der Begegnung stattfinden, das Göttliche zu erkennen.
Welche Widerstände und Schwierigkeiten wir auch immer in und durch unsere Partnerschaft erfahren, sie sind die großen Wegweiser für unsere Heilung. Und wahre Heilung kann nur in und durch die Liebe geschehen.

Chuck Spezzano

Emotionale Reife

Die Heilung der Gefühlswelt

2. Auflage

Hardcover, 200 Seiten,
ISBN 978-3-86616-280-8, € 19,95 [D] / € 20,60 [A]

Der berühmte Weisheitslehrer Chuck Spezzano hat seine tiefe Erkenntnis, dass ohne emotionale Reife und Heilung der Gefühlswelt das Glück nicht verwirklicht werden kann, tiefgründig behandelt und auf alle Lebensbereiche bezogen.
Ein Handbuch des Herzens – stets überraschend, humorvoll, tiefgründig und voller Liebe weist es den Weg zu lebendigem Glück, erfüllenden Beziehungen und innerem Wachstum.

Chuck Spezzano

Leben in emotionaler Freiheit

Heilung von unbewussten Hindernissen und Blockaden

Hardcover, 224 Seiten,
ISBN 978-3-86616-312-6, € 19,95 [D] / € 20,60 [A]

Nichts bewegt und belastet uns und unsere Beziehungen mehr als unerlöste, unbewusste Emotionen. Über sie Meisterschaft zu erlangen, sie zu verwandeln und zu nutzen auf dem Pfad der eigenen Transformation, ist wahre Heilung – nicht nur für uns selbst, sondern auch für all unsere Mitmenschen.

Chuck Spezzano

Die Sprache des Herzens

Durch Heilung der Emotionen ein Leben in Liebe führen

Hardcover, 224 Seiten
ISBN 978-3-86616-294-5, € 19,95 [D] / € 20,60 [A]

Einfühlsam und authentisch beschreibt Chuck Spezzano die Welt der Emotionen. In 100 Lektionen zeigt er uns Wege der Heilung, die zu einem befreiten Leben voller Liebe führen können. Er setzt fort, was er schon in dem ersten Band „Emotionale Reife" begonnen hat: Uns voller Liebe und Weisheit zu ermutigen und zu inspirieren, den Alltagssituationen mit größtmöglicher Wachheit und Wahrhaftigkeit zu begegnen. Wieder ein wunderbarer Wegweiser des Herzens.

Chuck Spezzano

Spirituelle Hilfe bei Brustkrebs und anderen schweren Erkrankungen

Paperback, 144 Seiten,
ISBN 978-3-86616-327-0, € 14,95 [D] / € 15,40 [A]

In diesem Buch erläutert Chuck Spezzano erstmals seine Erkenntnisse zu der Psychodynamik schwerer Krankheiten wie Brustkrebs und seine Sicht der Verbindung zwischen Körper und Geist. Er zeigt auf, wie das Verständnis der eigenen unterbewussten und unbewussten Muster helfen kann, die Schlüssel zur Heilung auch auf körperlicher Ebene leichter zu finden. Dieses Buch will auch bei schweren Krankheiten wie Brustkrebs ermutigen und inspirieren, seinen ganz persönlichen Heilungsweg zu finden!

Dr. med. Issac Mathai

Indische Heilkunst für Frauen

Konzepte und praktische Anwendungen aus dem Ayurveda

Paperback, 256 Seiten,
ISBN 978-3-86616-344-7, € 19,95 [D] / € 20,60 [A]

Eine Schatztruhe voll wertvoller Hinweise von einem der berühmtesten Ayurveda-Therapeuten Indiens, die Frauen einen neuen Umgang vermitteln bei typisch „weiblichen" Beschwerden und Krankheiten. Die einzigartige Kombination aus Ernährung, Naturheilkunde, Ayurveda, Yoga und Homöopathie kann bei fast allen Symptomen und Diagnosen angewendet sowie zur Vorbeugung und Regeneration gezielt genutzt werden.

Dr. med. Issac Mathai

Ganzheitliche indische Heilmethoden

Ayurveda, Homöopatie, Hydrotherapie, Yoga

Hardcover, 224 Seiten, 47 farbige Fotos und 7 Grafiken,
ISBN 978-3-86616-301-0, € 24,95 [D] / € 25,70 [A]

Dr. Issac Mathai ist eine weltweit anerkannte Koryphäe moderner indischer Heilmethoden und hat schon ungezählte Menschen, darunter berühmte Persönlichkeiten wie den Dalai Lama, Prinz Charles, Sting oder Madonna, erfolgreich behandelt und beraten. In diesem Buch werden seine ganzheitlichen Heilverfahren erstmals einem breiteren Publikum zugänglich gemacht mit zahlreichen Fallbeispielen und wirkungsvollen Therapieprogrammen.

Sylvia Harke

Hochsensibel – Was tun?

5. Auflage

Der innere Kompass zu Wohlbefinden und Glück
Mit grundlegenden Infos und zahlreichen Übungen

Paperback, 352 Seiten,
ISBN 978-3-86616-281-5, € 19,95 [D] / € 20,60 [A]
E-Book 978-3-86616-354-6, € 13,99 [D]

Die Autorin und Therapeutin Sylvia Harke – selbst eine so genannte „HSP" (Highly Sensitive Person) – hat das Phänomen der Hochsensibilität sehr einfühlsam und tiefgründig erforscht und gibt ganz praktische, konkrete Hilfen für den Alltag. Untermauert mit zahlreichen eindrucksvollen Interviews und Fallbeispielen kann dieses Buch für jeden hochsensiblen Menschen zu einer wertvollen Lebenshilfe werden.

Von der Autorin des ersten deutschsprachigen Selbsthilfebuchs für Hochsensible

Sylvia Harke

Hochsensibilität leben

Mit geführten Meditationen zur eigenen Mitte finden

Doppel CD, Laufzeit: ca. 120 Minuten,
ISBN 978-3-86616-348-5, € 14,95 [D]

Die Dipl.-Psychologin Sylvia Harke hat erstmals speziell geführte Meditationen entwickelt, um hochsensible Menschen gezielt im Alltag zu unterstützen: Sehr einfühlsame Übungen, die die Fähigkeit fördern, sich effektiv abzugrenzen, seine innere Mitte zu finden und sich bewusst zu „erden", großartige Hilfestellungen, den Lebensalltag mit Selbstsicherheit und Gelassenheit zu begegnen.

Barbara Schenkbier

Lebenskräfte

Hardcover, Geschenkbuch, 64 Seiten, 28 farbige Fotos
ISBN 978-3-86616-285-3, € 12,95 [D] / € 13,40 [A]

Die Texte dieses Geschenkbuches und die wunderschönen Fotos aus dem Garten der Autorin von Celina Fiene wirken wie Nahrung für die Seele und erinnern uns im Innersten an das wirklich Wesentliche unserer Existenz. Wer dieses Buch zu seinem Begleiter macht, hat stets eine erfrischende Quelle der Kraft und Inspiration an seiner Seite, die sein Leben reicher, bewusster und erfüllender machen kann.

Dr. med. Ute Weiss/Manfred Zick

Demenz muss kein Schicksal sein

Rechtzeitig vorbeugen mit Bewegung, Ernährung, geistiger Aktivität

Paperback, 144 Seiten, 30 Fotos,
ISBN 978-3-86616-317-1, € 14,95 [D] / € 15,40 [A]

Kaum eine Krankheit der Gegenwart ruft so viel Unsicherheit und Angst hervor wie Alzheimer und Demenz. Vor diesem Hintergrund haben sich die Autoren dieses Buches intensiv mit diesem Krankheitsphänomen beschäftigt und kommen zu einem ermutigenden Schluss: dass wir mit unserer Lebensweise vorbeugend einwirken können.

Maria Köllner

Darm o.k. – alles o.k.

**Die sanfte Bauchselbstmassage
und weitere Tipps zum Schlankwerden und Wohlbefinden**

Paperback, 160 Seiten, 40 farbige Fotos,
ISBN 978-3-86616-343-0, € 14,95 [D] / € 15,40 [A]

In diesem Buch kommt das größte Organ des menschlichen Körpers erstmals selbst zu Wort und lässt Sie teilhaben an spannenden Einsichten und Erkenntnissen sowie effektiven Methoden und praktischen Tipps, wie Sie ihre Lebensqualität wesentlich steigern können, z. B. mit der genialen sanften Bauchselbstmassage.

Hilla Hatzfeld

Heilpflanzen als Weg-Begleiter

Wirkweise der Farben und Jahreszeiten, Wissen der Völker, Heilende Anwendungen, Heilpflanzen im Spiegel der Mythen und Märchen

Hardcover, 352 Seiten, 94 farbige Fotos,
ISBN 978-3-86616-245-7, € 24,95 [D] / € 25,70 [A]

In der Betrachtung der Pflanzen und ihrer heilenden Wirkung kann der Mensch seine eigenen körperlichen und geistig-seelischen Zustände erkennen, die der Heilung bedürfen. Dabei helfen Pflanzenporträts, ein praktischer Übungsteil, Signaturenkunde, Achtsamkeitsübungen und Hinweise zur Wahrnehmung der tieferen Lebenskräfte der Pflanzen.

Manuela Kaps / Dr. Liane Kornberger

Burnout durch Ayurveda vorbeugen

Ganzheitliche Empfehlungen für einen stressfreien Alltag

Paperback, 240 Seiten, 30 Fotos, 5 Tabellen,
ISBN 978-3-86616-320-1, € 19,95 [D] / € 20,60 [A]

Die Autorinnen kennen, als ehemalige Manager in einem Konzernunternehmen, sowohl die Belastungen des modernen Berufslebens, aber auch die tief heilsamen Wirkungen des Ayurveda, insbesondere zur erfolgreichen Burn-Out-Prävention. Das Buch vermittelt wichtige Grundlagen der traditionellen indischen Heilkunst und gibt viele leicht umzusetzende Empfehlungen, wie wir unsere innere Balance wiederfinden oder erst gar nicht verlieren.

Dr. med. Ingfried Hobert

Heilgeheimnisse aus Tibet

Verborgene Kraftpotenziale mobilisieren

Paperback, 248 Seiten,
ISBN 978-3-86616-289-1, € 17,95 [D] / € 18,50 [A]

Das Buch vermittelt tiefes Verständnis für die tibetischen Heiltraditionen und ihre Anwendung im Alltag. Es zeigt, wie man verborgene Kraftpotenziale erschließen und kreativ nutzen kann. Es offenbart radikal neue Blickweisen, seine kreativen Fähigkeiten und Selbstheilungskräfte zu mobilisieren.

„Ein Buch voller Inspirationen, die einladen und Mut machen, Leben neu zu denken." (Ruediger Dahlke)

Dr. Stefan Siebrecht

Sanfte Medizin für Ihr Herz

Das Beste aus der Naturheilkunde – Wirkungsvolle Selbsthilfe

Klappenbroschur, 200 Seiten, 40 farbige Fotos,
22 Abbildungen,
ISBN 978-3-86616-328-7, € 18,70 [D] / € 19,30 [A]

Dieser wertvolle Ratgeber zeigt Ihnen, wie Sie den Einschränkungen des Lebens durch Herzbeschwerden und dem Schicksal, an Herz- und Kreislauferkrankungen zu sterben, entrinnen können. Das Buch verbindet traditionelle Naturheilkunde mit dem neuesten Forschungsstand. Sie lernen die besten Vitalstoffe und Heilpflanzen für Ihr Herz kennen. Auch Stressreduktion, Ernährung, Prävention und die Heilkraft der Liebe kommen zur Sprache.

Barbara Schenkbier

Heilgebärden

Verbindung mit dem heilenden Feld durch Bewegung und Meditation – Vorwort von Chuck Spezzano

Hardcover, 160 Seiten, 42 farbige Fotos,
ISBN 978-3-86616-175-7, € 15,95 [D] / € 16,40 [A]

Achtsame Gebärden und Haltungen öffnen den Übenden für den Strom der Heilenergie aus dem heilenden Feld. Dynamische Bewegungen und Energiemassage aktivieren die Lebensenergie, so dass der Körper und die Feinstoffebenen durchströmt und geheilt werden. In der wachen Vergegenwärtigung der strömenden Heilkraft und in den Meditationen werden auch Geist und Seele angesprochen und wichtige spirituelle Grundhaltungen wie Achtsamkeit, Hingabe und Demut entfaltet.

Renate Lauper / Dr. med. Christian Larsen
Spiraldynamik®

Achtsame Körperhaltung

Liegen, sitzen, stehen, gehen – Die besten Übungen für ein neues Körperbewusstsein

Klappenbroschur, 176 Seiten, 120 farbige Abbildungen,
ISBN 978-3-86616-336-2, € 24,95 [D] / € 25,70 [A]

Entdecken Sie in diesem Buch die preisgekrönte und tausendfach bewährte Erfolgsmethode der Spiraldynamik. Bahnbrechende Einsichten über die Anatomie und Bewegungen werden hier ganz praktisch und konkret in einem perfekt aufeinander abgestimmten Übungsprogramm vermittelt und Körperbewusstsein im Alltag kultiviert.

Frank Albrecht

Lebensprozesse

Die universellen Gesetze der Gesundheit und Langlebigkeit

Paperback, 240 Seiten,
ISBN 978-3-86616-342-3, € 18,95 [D] / € 19,50 [A]

Durch ein vollkommen neues Verständnis der Lebensprozesse und den zugrundeliegenden universellen Lebensgesetzen wird es für jeden Menschen zu einer ganz realen Möglichkeit, ein Leben lang gesund zu bleiben und den Alterungsprozess zu verlangsamen. In diesem Buch vermittelt der Autor eine neue Sichtweise auf die Zusammenhänge von Materie, Energie und Geist.

Matt Galan Abend

Warum lebe ich?

Wie ich meine Lebens-Lernaufgaben erkennen und lösen kann

Hardcover, 144 Seiten,
ISBN 978-3-86616-331-7, € 15,95 [D] / € 16,40 [A]

Die Botschaft des Autors lautet: Hinter allen sich wiederholenden Dramen des Alltags stecken die zentralen Lernaufgaben unseres Lebens. Erst wer sie wirklich erkennt und sich ihnen stellt, erfährt jene Meisterschaft, die zu tiefer Ruhe und Gelassenheit führt. Dieses Buch hilft, die eigene wahre Lebensaufgabe zu erkennen und dadurch Leid und Enttäuschung zu vermeiden.

Matt Galan Abend

Den engen Käfig des Ego verlassen

Aufbruch in die Fülle des Lebens

Hardcover, 160 Seiten,
ISBN 978-3-86616-295-2, € 15,95 [D] / € 16,40 [A]

Was hindert uns, die Vollkommenheit der Schöpfung zu erfahren? In diesem Buch finden Sie richtungsweisende Antworten. Matt Galan Abend fordert kompromisslos den Leser auf, den Käfig des Ego zu erkennen, seine beengenden Grenzen zu sprengen und zu verlassen und alle Tricks aufzugeben, das auf später verschieben zu wollen. Dieses Buch ist ein spiritueller Weckruf und Wegweiser, wie wir in die unendliche Fülle des Lebens gelangen.

Boris Pikula

Aufbruch zum Durchbruch

Die 10 Prinzipien ganzheitlicher Lebensgestaltung

Hardcover, 192 Seiten,
ISBN 978-3-86616-314-0, € 17,95 [D] / € 18,50 [A]

Nutzen Sie dieses wegweisende Buch zum intensiven Überdenken und „Nachspüren" Ihres gegenwärtigen Lebens! Zu allen Lebensthemen gibt es nicht nur wertvolle Inspirationen und Impulse, sondern auch ganz pragmatische Hinweise, sein Leben sinnvoll und rundum erfüllend zu gestalten. Denn der Wandel beginnt immer in einem selbst.

Jean Jacques Charbonier

7 Gründe für ein Leben nach dem Tod

Wissenschaftliche Studien eines Mediziners

Der Bestseller aus Frankreich

Paperback, 192 Seiten,
ISBN 978-3-86616-353-9, € 16,95 [D] / € 17,50 [A]

All die Erfahrungen, Beobachtungen und Studien, die über-
zeugend, und wissenschaftlich fundiert dargestellt werden,
lassen nur einen Schluss zu: dass unser Bewusstsein nach
dem Tod überlebt. Und sie zeigen, dass wir Leben und Tod in
einem völlig neuen Licht betrachten müssen! Lassen Sie sich
auf dieses einzigartige Leseabenteuer ein, das zu einem der
letzten Geheimnisse der Menschheit führt.

Dr. med. Karim El Souessi

Die Angst vor dem Tod überwinden

Sterben als transpersonaler Prozess

Paperback, 208 Seiten,
ISBN 978-3-86616-340-9, € 16,95 [D] / € 17,50 [A]

Es gelingt dem Autor, sich dem Thema Vergänglichkeit und
Tod behutsam und in großer Gelassenheit zu nähern.
Ausgesuchte Zitate, Gedichte, Geschichten und Episoden
regen an, sich kontemplativ einzulassen. Tod und Sterben
sind transpersonale Prozesse im Mysterium des Seins, so die
Botschaft, kein Grund sich zu fürchten.

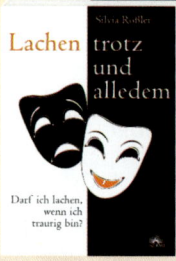

Silvia Rößler

Lachen – trotz und alledem

Darf ich lachen, wenn ich traurig bin?

Paperback, 224 Seiten, 18 Zeichnungen,
ISBN 978-3-86616-341-6, € 18,95 [D] / € 19,50 [A]

Dieses Buch ist ein kostbares Geschenk für alle, die trotz
schwerer Krisen, Krankheiten und Schicksalsschläge wie
Trauer und Tod eine heitere Lebenshaltung entwickeln
– oder sich bewahren – möchten. Wie dies gelingen und
regelrecht gelernt werden kann, zeigt uns die Autorin mit
bewegenden Beispielen und ganz praktischen Anleitungen
aus den Bereichen Lach-Yoga, Meditation, Tanz, Singen und
Malen.

Wolfgang G. Esser

Weckruf für die neue Zeit

Bewusstseinswandel zum wahren Selbst

Paperback, 272 Seiten,
ISBN 978-3-86616-332-4, € 18,95 [D] / € 19,50 [A]

Das vorliegende Buch konfrontiert uns mit den harten Fakten einer dramatischen Weltsituation und ruft zugleich auf, mit neuem Bewusstsein selbst „der Wandel zu sein, den man sich in der Welt wünscht". Es gilt, unbewusst übernommene und selbstentfremdend wirkende Lebensweisen aufzulösen und den „Ego-Tunnel zu verlassen" (Thomas Metzinger). Lassen Sie sich bestärken von diesem pragmatisch-spirituellen Weckruf, „endlich aufzuwachen".

Arnold Mindell

Der kosmische Tanz des Ursprungs

Wie das Sein persönliche und weltweite Probleme löst

Paperback, 320 Seiten,
ISBN 978-3-86616-338-6, € 19,95 [D] / € 20,60 [A]

Dieses Buch des weltweit bekannten amerikanischen Physikers, Psychologen und Mystikers Arnold Mindell eröffnet ein neues universelles Weltverständnis, in dem all unsere individuellen und sozialen Krisen und Konflikte lösbar werden. Erfahren Sie in diesem Buch, wie wir Menschen dies in der einzigartigen Methode des „Raumzeit-Träumens", auch vermittelt durch 40 meditative Übungen, erfahren und erkennen können.

Norbert Hörr

WIR!

Ein neuer Geist im Miteinander

Paperback, 176 Seiten,
ISBN 978-3-86616-334-8, € 15,95 [D] / € 16,40 [A]

Dieses Buch untersucht systematisch die Kernbereiche und Ursachen sozialer Störungen und Ängste. Es zeigt Wege und Methoden auf, wie wir falsche Denkgewohnheiten ablegen, Ängste überwinden und zu erfüllenden Begegnungen kommen können.

Claus Eurich
Über den eigenen Schatten springen
Vom Ego in die Liebe zum Leben

Hardcover, 224 Seiten,
ISBN 978-3-86616-315-7, € 18,95 [D] / € 19,50 [A]

Was braucht es für den nächsten Schritt der menschlichen Evolution? Jedenfalls ein grundlegend neues Verständnis über das Menschsein, der psychologischen, philosophischen und spirituellen Hintergründe seiner bisherigen Entwicklung und vor allem: heilsame Einsichten und Erkenntnisse! Dies alles finden Sie in diesem Buch, das uns im Tiefsten erinnern lässt an die großartigen schöpferischen Potentiale, die in uns stecken.

Claus Eurich
Die heilende Kraft des Scheiterns
Ein Weg zu Wachstum, Aufbruch und Erneuerung

Taschenbuch, 144 Seiten,
ISBN 978-3-86616-293-8, € 9,95 [D] / € 10,30 [A]

Das Buch zeigt, welch große innere Wachstumspotentiale scheinbare Misserfolge und persönliche Krisen in sich bergen, wenn wir nur ihre inneren Botschaften erkennen. Vor allem in heutigen Zeiten des Wandels, wo Altes sich auflöst und Neues entsteht, erweist sich dieses Buches als wertvoller praktischer Begleiter für die eigene Lebensgestaltung und die persönliche Transformation.

Claus Eurich
Führungskunst
Ethik, Kommunikation, Motivation, Vision, Integrale Vernunft

Paperback, 96 Seiten, VIA NOVA KOMPAKT,
ISBN 978-3-86616-346-1, € 8,95 [D] / € 9,20 [A]

Führungskräfte leben Verantwortung. Dafür steht eine Haltung, die sich als Dienst an der Organisation, an den Mitarbeitern, an der Gesellschaft und dem Leben insgesamt versteht. Dieses Buch gibt einen kompakten Überblick über ein entsprechendes Führungsverständnis. Es zeigt, wie man empathisch, gewaltfrei und zugleich zielorientiert und erfolgreich kommunizieren kann.

Swami Kriyananda

Der Aufstieg der Seele

Meditationsübungen des Raja-Yoga

Paperback, 240 Seiten,
ISBN 978-3-86616-298-3, € 18,95 [D] / € 19,50 [A]

Wer sich auf die Übungen dieses ungewöhnlichen Buches einlässt, ganz gleich ob Anfänger oder Fortgeschrittener, der kann mit den hier vermittelten Lehren des Yoga-Meisters Yogananda zu höchstem Bewusstsein gelangen. Die sehr konkreten Meditationsanleitungen aus der Tradition des Raja-Yogas führen den Leser Schritt für Schritt in ein Höheres Bewusstsein.

Werner Vogel

Sein Bewusstsein auf eine höhere Seinsebene bringen

Geführte Meditationen

CD, Laufzeit: 70 Minuten
ISBN 978-3-86616-123-8, € 9,95 [D]

Geführte Meditationen können helfen, den zerstreuten Geist zu sammeln und auszurichten. Dadurch kommt der Übende zur Ruhe und zur Erfahrung der inneren Stille. Schließlich tritt der Zustand der gesammelten inhaltslosen Wachheit im Geist ein und der Übende wird offen und frei für ein höheres Bewusstsein und für Heilung auf allen Ebenen. In der CD werden 3 Meditationsübungen angeboten: Grundübung der Meditation – Ruhe und Stille im Geist, im Lichtatem sein wahres Wesen erkennen, Einssein mit der unendlichen Liebe.

Jeff Foster

Radikales Erwachen

Nimm dich im Alltag ganz an

Hardcover, 256 Seiten,
ISBN 978-3-86616-282-2, € 18,95 [D] / € 19,50 [A]

„Radikales Erwachen" ist ein berührendes, erfrischendes, authentisches Buch, das die Erfahrung des spirituellen Erwachens unmittelbar nacherleben lässt. Es zeigt, dass durch vollkommenen Akzeptanz, durch Einfachheit, Herzlichkeit und Klarheit Augen und Herzen geöffnet werden.

Joseph Fries & Wolfgang Weigand

Kann denn Liebe Lüge sein?

Ein radikal neues Verständnis von Liebe und Beziehung

Hardcover, 192 Seiten,
ISBN 978-3-86616-296-9, € 18,95 [D] / € 19,50 [A]

Dieses Buch vermittelt ein neues Verständnis von Beziehungen und eine zeitgemäße spirituelle Sicht auf die „Fallstricke der Liebe" im 21. Jahrhundert. Zugleich räumt es auf mit falschen Erwartungen und romantischen Vorstellungen und zeigt einen realen Weg der Heilung durch die Entwicklung der eigenen Liebesfähigkeit.

Joseph Fries/Wolfgang Weigand

Erfüllende Liebe

Die Erfahrung von tiefem Glück in Beziehungen

Hardcover, 224 Seiten,
ISBN 978-3-86616-313-3, € 18,95 [D] / € 19,50 [A]

Dieses Buch, eine Vertiefung von „Kann denn Liebe Lüge sein?", könnte für Sie zu einer weiteren inneren Fundgrube werden auf dem Weg zur „wahren Liebe". Vielleicht kein einfacher Weg, aber der einzige, den es sich wirklich lohnt zu gehen! Mit den Erkenntnissen dieses Wegweisers steigt die Chance, eigene Begrenzungen zu überwinden und anzukommen in einer aufgewachten Beziehungskultur – lebendig, liebesfähig, befreit und transformiert.

Jeff und Sue Allen

Wie Beziehungen wirklich gelingen

Neue Wege für Liebe und Partnerschaft

Hardcover, 256 Seiten,
ISBN 978-3-86616-210-5, € 19,95 [D] / € 20,60 [A]

Jeff und Sue Allen zeigen in ihrem Buch nicht nur die verborgenen Kräfte auf, die in allen Beziehungen am Werk sind, sondern auch Wege, sie zu erkennen und zu verwandeln. Die Autoren nehmen den Leser mit auf eine Reise durch die Stadien, Gefahren, Irrgärten und Fallen, die es in einer Beziehung zu überwinden gilt, um zu wahrer Liebe und echtem Glück zu gelangen.

Peter K. Keller

Eheglück statt Ehekrise

Taschenbuch, 128 Seiten,
ISBN 978-3-86616-297-6, € 9,95 [D] / € 10,30 [A]

Wie Ehe und Partnerschaft zu einem beglückenden Abenteuer und wie Krisen gemeistert und als Chance genutzt werden können, darüber erzählt der Erfolgsautor von „Lachen, Singen, Tanzen", Peter K. Keller, in diesem Buch. Die wertvollen persönlichen Erfahrungen, Erkenntnisse und Reflektionen geleiten den Leser durch die weitverzweigten Wegstrecken, Einbahnstraßen und Sackgassen, die jedem während einer Partnerschaft begegnen können.

Irene Goldmann

Liebe dich selbst, sonst liebt dich keiner

Ein neues Selbstwertgefühl für Frauen

Taschenbuch, 176 Seiten,
ISBN 978-3-86616-292-1, € 12,95 [D] / € 13,40 [A]

Auf der Basis jüngster wissenschaftlicher Forschungen erklärt die Autorin nicht nur die Ursachen für den Mangel an Selbstliebe, sondern vermittelt auch, dass diese tatsächlich erlernbar ist. Ein zeitgemäßer Wegbegleiter für alle Frauen, die wertvolle Inspiration suchen, um ihr Leben glücklich und sinnerfüllend zu gestalten und sich neu zu öffnen für wahre Liebe und Partnerschaft.

Ursula Friederikje Rücker

Lieben heißt die Welt verändern

Die transformierende Kraft der Liebessprachen

Paperback, 192 Seiten,
ISBN 978-3-86616-235-8, € 15,95 [D] / € 16,40 [A]

Dieses Buch stellt die verschiedenen Liebessprachen vor. Der Leser kann seine eigene Liebessprache herausfinden und auch die anderer Menschen, die ihm am Herzen liegen. Wenn Sie die einzelnen Liebessprachen anwenden, werden Sie feststellen, dass Sie sich selbst und Ihre Beziehungen mit mehr Verständnis, Freundlichkeit und Liebe bereichern.

Ermin Döll

Das Buch der ewigen Weisheit

Die Originaltexte der bedeutendsten Mystiker in der Sprache unserer Zeit

Hardcover, 240 Seiten,
ISBN 978-3-86616-284-6, € 19,95 [D] / € 20,60 [A]

In diesem Buch begegnen wir den herausragendsten Mystikern der westlichen Welt, ihren tiefsten Einsichten und Erfahrungen. Die Lektüre wird zu einer Schatztruhe spiritueller Inspiration und lebendiger Weisheit. Auch zeigt es, welch großartige Tradition die westliche Hemisphäre an griechischen und christlichen Mystikern von Plotin über Meister Eckhart bis Angelus Silesius besitzt.

Keith Hill

Die Gott-Revolution

Wie die Vorstellung von Gott sich in der modernen Welt radikal verändert hat

Paperback, 288 Seiten,
ISBN 978-3-86616-257-0, € 19,95 [D] / € 20,60 [A]

In diesem Buch begibt sich der Leser auf die Spuren bedeutender Denker, die faszinierende Konzepte von Gott und der Wirklichkeit entwickelten. Ein inspirierendes geistesgeschichtliches Abenteuer, das das spirituelle Selbstverständnis der Gegenwart in einem neuen Licht erscheinen lässt.

Marikka Schaechtelin

Im Herzen sind wir alle eins

Heilende Bewusstseinsarbeit mit der Logos-Energie-Therapie

Hardcover, 160 Seiten
ISBN 978-3-86616-299-0, € 15,95 [D] / € 16,40 [A]

Dieses Buch kann für Sie zu einer echten Offenbarung werden, denn es führt in seltener Klarheit durch die vielfältigen, mitunter schwierigen Prozesse inneren Wachstums. In leicht verständlicher Sprache gelingt es der Autorin, tiefste innere Zusammenhänge darzustellen sowie neue Blickwinkel und Wege für die eigene Heilung zu eröffnen.

Maria Färber-Singer

Ich bin ich – Wer sonst!

Sei du selbst und lebe glücklich

3. Auflage

Paperback, 192 Seiten,
ISBN 978-3-86616-237-2, € 15,95 [D] / € 16,40 [A]

Dieses Buch lädt ein zu tiefgreifenden Veränderungen, sich und die Welt zu erneuern. Durch unser kraftvolles Bewusstsein des „Ich bin ich", einzigartig in seiner Kreativität und Wirksamkeit, ist es möglich, das konditionierte Denken zu überwinden, neue Denk- und Lebensgewohnheiten, beglückende Gefühlszustände und neue Lebensenergie zu schaffen.

Maria Färber-Singer

Mein Weg zu mir selbst

Ich-Erfahrungen

Paperback, 288 Seiten,
ISBN 978-3-86616-300-3, € 18,95 [D] / € 19,50 [A]

Maria Färber-Singer erzählt in ihrem neuen Buch anhand ihrer ganz persönlichen Geschichte humorvoll, tiefgründig und mit viel Esprit, wie man die Wandlungen des Lebens zur Entfaltung der eigenen – oft noch ungeahnten – Potentiale kreativ nutzen kann, um das Leben bewusst und schöpferisch zu gestalten.

Urs-Beat Fringeli

Sinn finden auf der Fahrt des Lebens

Freude, Frieden und Glück in sich erfahren

Taschenbuch, 176 Seiten,
ISBN 978-3-86616-291-4, € 12,95 [D] / € 13,40 [A]

Lebenssinn zu erfahren kann tatsächlich gelernt und trainiert werden! Nicht nur das zeigt dieses Buch, sondern es schärft auch die Sinne dafür, im Alltäglichen stets das Wesentliche und Sinnhafte zu erkennen. Lassen Sie sich mitnehmen auf eine der vielleicht sinnvollsten Leseerfahrungen Ihres Lebens und lassen Sie sich inspirieren von einem neuen Blick auf die Welt.

Hartwig Volbehr

Was die Welt zusammenhält

Ein grundlegender Dialog über Materie und Geist

Paperback, 200 Seiten,
ISBN 978-3-86616-283-9, € 18,95 [D] / € 19,50 [A]

Dies Buch ist eine faszinierende Entdeckungsreise zu den zentralen Themen der Menschheit – vom Uranfang bis zur Gegenwart. Es enthält inspirierende Perspektiven zu den komplexen Zusammenhängen von Spiritualität und Wissenschaft, von Glaube und Wissen, von Geist und Materie und von der Bedeutung des Bewusstseins für die Schöpfung.

Heinz-Uwe Hobohm

Vom Verstand zur Intuition

Wie man die Sackgasse Egoismus überwindet

Hardcover, 208 Seiten,
ISBN 978-3-86616-248-8, € 18,95 [D] / € 19,50 [A]

Wissenschaftliche Erkenntnisse zeigen, dass die Intuition unser Handeln weit mehr bestimmt, als wir meinen. Dieser Zusammenhang wurde seit Jahrtausenden von Intuitionsmeistern und -meisterinnen – den Mystikern aller Kulturen – immer wieder unabhängig voneinander entwickelt. Intuition und selbstloses Handeln sind erlernbar. Glück ist erreichbar.

Jutta Westphalen

Hilfe zur Selbsthilfe

Emotionale Krisen meistern

Paperback, 160 Seiten
ISBN 978-3-86616-318-8, € 14,95 [D] / € 15,40 [A]

Wer wünscht sich in seelischen Notfällen nicht einen liebevollen Begleiter? Dieses Buch ist ein praktischer spiritueller Ratgeber für alle denkbaren inneren Notlagen. Ein Erste-Hilfe-Kasten für die Seele! Die Autorin schöpft aus einem überreichen Erfahrungsschatz als Therapeutin, Heilerin, Großmutter und weiser Medizinfrau.

ill Möbius

Der Gesang des Windes

Eine Parabel vom Leben und der Liebe

Hardcover, 216 Seiten,
ISBN 978-3-86616-310-2, € 16,95 [D] / € 17,50 [A]

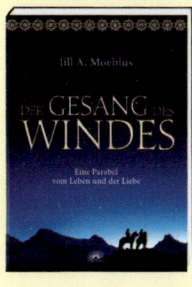

Omar, ein junger Hirte, sehnt sich nach Wahrheit und einem erfüllten Leben. Auf der Suche nach dem größten Schatz lernt er den Zauber wahrer Liebe kennen, entdeckt die verborgenen Geheimnisse der Schöpfung und findet zu tiefstem inneren Glück. Eine poetische Erzählung voller Weisheit, die alle wichtigen spirituellen Wahrheiten vermittelt.

Rüdiger Schache ist der Autor des Bestsellers:
„Das Geheimnis des Herzmagneten"
Ruediger Schache

2. Auflage

Der Traumwanderer

Eddie Kramer und das Buch der Träume / Roman

Paperback, 384 Seiten,
ISBN 978-3-86616-279-2, € 19,95 [D] / € 20,60 [A]

Der dreizehnjährige Eddie Kramer wird durch eine Kette unglaublicher Ereignisse auf die Suche nach dem seit Jahrtausenden verschollenen Buch der Träume geführt. Das darin enthaltene Wissen soll es jedem Menschen ermöglichen, seine Lebensträume Realität werden zu lassen. Ein spirituelles und abenteuerliches Lesevergnügen für Erwachsene und Jugendliche.

Amin Sheikh

Ich war ein Junge auf den Straßen von Bombay

Paperback, 144 Seiten,
ISBN 978-3-86616-316-4, € 13,95 [D] / € 14,40 [A]

Dies ist die ergreifende Geschichte von Amin Sheikh aus Bombay, der sich als Straßenkind im Dschungel der indischen Großstadt durchschlägt. Eine autobiografische Geschichte, die ans Herz geht, voller Freude, Schmerz und Lebensmut und der unbesiegbaren Kraft der Liebe, die im Kleinen wie im Großen Wunderbares bewirken kann.

Gerda M. Kolf

Resilienz – Was die Psyche stark macht

**Das eigene Potenzial entfalten, Blockaden lösen
und Krisen meistern**

Paperback, 144 Seiten, 50 farbige Fotos,
ISBN 978-3-86616-264-8, € 18,95 [D] / € 19,50 [A]

Resilienz zeigt, wie erstaunlich einfach es sein kann, sein
eigenes Potential zu befreien, die Fähigkeiten zu entwickeln
Stress zu bewältigen und Überforderungen zu widerstehen
Ob Ängste, Phobien, innere Blockaden, Schlafstörungen
körperliche Verspannungen – für fast jedes Problem gibt es
die passende „Stehaufmännchen-Methode".

Angeles Arrien

Vom Segen der Dankbarkeit

Was dich wirklich glücklich macht

Paperback, 240 Seiten
ISBN 978-3-86616-262-4, € 16,95 [D] / € 17,50 [A]

Im Einklang mit der Natur, Monat für Monat, nimmt die
Autorin den Leser an die Hand und führt ihn – begleitet von
Übungen, Meditationen und Praktiken aus den spirituellen
Traditionen der Welt – in ein neues Erleben der Wirklichkeit,
um dankbar zu werden. Ein echtes Arbeitsbuch, ein Buch,
mit dem man lernt, Dankbarkeit in alle Bereiche des eigenen
Lebens zu bringen.

Franz Decker

Innere Stärke

Halt und Orientierung im alltäglichen Leben

Taschenbuch, 192 Seiten,
ISBN 978-3-86616-307-2, € 12,95 [D] / € 13,40 [A]

Glücklich und mit sich selbst im Einklang zu leben, den
Widerständen des Alltags, inneren Zweifeln, starken
Belastungen und selbst Lebenseinbrüchen zu trotzen und
positiv zu begegnen – all das lässt sich trainieren. Mit diesem
Buch des erfahrenen Lebens- und Mental-Beraters Prof. Dr.
Franz Decker erhalten Sie viele wertvolle Anregungen,
Tipps, Techniken und Methoden, wie Sie innere Stärke sowie
Selbstvertrauen entwickeln und eigene Kraftquellen neu
erschließen können.

Matthias Dhammavaro Jordan

2. Auflage

Ruheloser Geist trifft Achtsamkeit

Aus der Zeit in den Moment

Taschenbuch, 160 Seiten,
ISBN 978-3-86616-252-5, € 9,95 [D] / € 10,30 [A]

Der ehemalige buddhistische Mönch führt den Leser behutsam und fundiert an essentielle Weisheiten heran. Vor allem aber zeigt das Buch, sowohl bei den Betrachtungen über die Wirkungsweise des menschlichen Geistes als auch bei den Meditationsanleitungen, wie man durch bewusstes Üben der Achtsamkeit, innere Ruhe und Frieden finden und ein entspanntes und erfülltes Leben führen kann.

Matthias Dhammavaro Jordan

Meditationen und Achtsamkeitsübungen für den ruhelosen Geist

Doppel-CD, Laufzeit: ca. 120 Minuten,
ISBN 978-3-86616-352-2, € 14,95 [D]

Diese CDs bieten bewährte und wirkungsvolle Meditationen und Achtsamkeitsübungen für jeden Tag und für verschiedene Lebenssituationen. Der ehemalige buddhistische Mönch und heutige Meditationslehrer und Achtsamkeitstrainer schöpft aus jahrzehntelangen praktischen Erfahrungen, die hier einfließen. Diese geführten Meditationen helfen dem Geist, zur Ruhe zu kommen, fördern nachweislich Lebensfreude und Gesundheit.

Anna Trökes

2. Auflage

Yoga-Meditation für Anfänger

Einfach meditieren lernen – Schritt für Schritt

Paperback, 192 Seiten,
ISBN 978-3-86616-193-1, € 14,95 [D] / € 15,40 [A]

Die bekannte Yogalehrerin und Buchautorin schreibt u. a. über folgende Themen: Eine genaue Darstellung, wie Meditation eingeübt werden kann, wie Schwierigkeiten beim Meditieren zu erkennen und zu überwinden sind. Hirnforschung in Beziehung zur Meditation, Meditation und Alltag. 40 Meditationen – angeleitet Schritt für Schritt.

Christine Ranzinger

Steh auf und sei frei

Yoga, Meditation, Selbsterkenntnis

Paperback, 160 Seiten, 18 Fotos,
ISBN 978-3-86616-335-5, € 14,95 [D] / € 15,40 [A]

Die vielfältigen Ebenen des Yoga werden einfühlsam und leicht nachvollziehbar in ihrer ganzen Tiefe aufgezeigt: auf physischer und feinstofflicher Ebene durch die Schulung des Körperbewusstseins (Atem, Hatha-Yoga) und der feinstofflichen Anatomie (Koshas, Chakras), auf der geistigen Ebene über die Transzendenz der Emotionen, auf der Ebene des Seelenbewusstseins durch die Realisierung unseres ursprünglichen Wesens und der Verbindung zu unserer Quelle.

Hardy Fürch

Yoga und die Transformation der Gesellschaft

Ein spiritueller Wegweiser

Hardcover, 128 Seiten,
ISBN 978-3-86616-333-1, € 14,95 [D] / € 15,40 [A]

Dieses Buch zeigt Wege auf der Grundlage der spirituellen Werte des Yoga, sich der globalen Krise des 21. Jahrhunderts zu stellen und ihr zu begegnen. Denn der Yogaweg bringt essentielle menschliche Kompetenzen zur Entfaltung, wie Empathie, Achtsamkeit und Selbstgewahrsein, die ganz real die Kraft und das Potential haben, die auf gesellschaftlicher Ebene notwendigen Transformationen herbeizuführen.

R. Sriram / Kornelia Becker-Oberender

Yoga für Kinder und Jugendliche

Pädagogik für das Leben: Ausgeglichenheit, Konzentration, Selbstständigkeit

Klappenbroschur, 224 Seiten, 80 farbige Abbildungen, 18 Übungssequenzen,
ISBN 978-3-86616-337-9, € 24,95 [D] / € 25,70 [A]

Diese bekannten Yogalehrer zeigen anschaulich und einfühlsam den überragenden pädagogischen Nutzen der Yogapraxis für alle Lebensaspekte junger Menschen in Schule und Elternhaus auf mit konkreten Übungen, lebendigen Reflexionen und didaktischen Erläuterungen.

Evelyn Horsch-Ihle
Yoga kann sofort helfen
Heilsame Übungen für alle Lebenslagen

Paperback, 128 Seiten, 54 farbige Fotos,
VIA NOVA KOMPAKT
ISBN 978-3-86616-347-8, € 9,95 [D] / € 10,30 [A]

Dieses Buch ist ein perfekter Helfer für alle kleinen und akuten Notlagen des Alltags! Einfache Haltungen, spezielle Meditationen und viele wirksame Tipps und Tricks aus der „Zauberkiste" der yogischen Lebensweise unterstützen, stärken, beruhigen oder entspannen.

Peter Wild
Mein Yogaweg zur Quelle
Ein Tagebuch

Paperback, 192 Seiten,
ISBN 978-3-86616-322-5, € 16,95 [D] / € 17,50 [A]

Der bekannte Autor Peter Wild praktiziert selbst über 40 Jahre Yoga. In seinem Tagebuch lässt er uns teilhaben an seinen persönlichen spirituellen Betrachtungen, Kontemplationen, Beobachtungen und Erkenntnissen. Die Aufzeichnungen vermitteln die Weisheit vieler Yogaquellen und den großen Reichtum eines bewusst gewählten spirituellen Weges sowie die Freuden und den Nutzen der täglichen Praxis. Eine Ermutigung und Inspiration für alle, die den Yogaweg gehen.

Helga Simon-Wagenbach
Klarer Geist – weites Herz
Die Wirkung des integrativen Übens im Yoga

Hardcover, 240 Seiten, 108 Abbildungen,
ISBN 978-3-86616-250-1, € 18,95 [D] / € 19,50 [A]

Die integrative Yogapraxis, die zur Balance, zur Meditation und zur Heilung führt, realisiert in einfachen und in anspruchsvollen Übungen das Zusammenwirken von Körper, Atem und höchster Aufmerksamkeit. Spürende Achtsamkeit als innere Haltung ermöglicht dadurch in jeder Yogaübung auch die individuell stimmige Balance zwischen Bemühen und Loslassen.

Dr. med. Peter Poeckh

Gesund durch Yoga

2. Auflage

Praktische Übungen aus der Yogatherapie

Klappen-Broschur, 160 Seiten, 189 fb. Fotos, 9 Grafiken, ISBN 978-3-86616-303-4, € 24,95 [D] / € 25,70 [A]

Sowohl für Anfänger als auch für Erfahrene bietet dieses Buch einen fundierten Überblick über das riesige Spektrum der Yogatherapie mit all seinen Aspekten, wie Anatomie, Medizin, Philosophie, Meditation, und insbesondere der großen Bedeutung der Atmung. Besonders eindrücklich sind die klaren Anleitungen der einfachen und zugleich sehr bewährten Übungen mit farbigen Fotos der Yogapositionen sowie die Darstellung verschiedener Yogaübungsprogramme zu körperbezogenen und energetischen Themen.

Dr. med. Peter Poeckh

Gesund durch Yoga – DVD

Übungen für den unteren Rücken

Laufzeit: ca. 70 Minuten,
ISBN 978-3-86616-349-2, € 14,95 [D]

Der bekannte Arzt und Yogatherapeut Dr. Peter Poeckh zeigt auf dieser DVD einfache und bewährte Übungen zur Vorbeugung oder als Linderung von Rückenschmerzen. Er erklärt auf medizinischer Basis die häufigsten Fehler im Yoga und führt sanft durch drei verschiedene Programme mit unterschiedlicher Intensität und Dauer (30, 20 und 10 Minuten). Die Übungen eignen sich für Anfänger wie auch für Fortgeschrittene.

Karo Wagner/Tasja Walther

Mental Yin Yoga

Ein neues Körper- und Geistbewusstsein

Klappenbroschur, 176 Seiten, 291 farbige Fotos, ISBN 978-3-86616-324-9, € 22,95 [D] / € 23,60 [A]

Dieses farbige Lehrbuch vermittelt die Zusammenhänge und Hintergründe des Yin Yoga. Die Verbindung mit den 5 Elementen, der Meridiane (TCM), deren Verlauf und Zuordnungen zu den Asanas sowie der Chakrenlehre werden ausführlich dargestellt. Detailliert und übersichtlich werden die Positionen, ihre Variationen und Alternativen sowie die Übungssequenzen erklärt, die Körper und Geist nachhaltig ansprechen.

Remo Rittiner

Das große Yoga-Therapiebuch

Yogapraxis für die Gesundheit und einen klaren Geist
Vorwort von Rüdiger Dahlke

5. Auflage

Paperback, 200 Seiten, 400 Fotos,
ISBN 978-3-86616-149-8, € 24,95 [D] / € 25,70 [A]

Das Buch basiert auf den Grundprinzipien der Yogatradition des Yogameisters T. Krishnamacharya und seines Schülers A.G. Mohan sowie auf den neuesten Erkenntnissen der westlichen Anatomielehre. Es ist klar und verständlich geschrieben und eignet sich sowohl für AnfängerInnen als auch für fortgeschrittene Yogaübende, die sich für das große Heilungspotential der Yogatherapie interessieren.

Remo Rittiner/Dr. med. Ingfried Hobert

Yogatherapie und ganzheitliche Medizin

Vorbeugung und Heilung von Krankheiten

Paperback, 184 Seiten, 400 Fotos,
ISBN 978-3-86616-302-7, € 24,95 [D] / € 25,70 [A]

Vor dem Hintergrund ganzheitlicher Psychosomatik haben der Yogatherapeut Remo Rittiner und der naturheilkundliche Mediziner Dr. Ingfried Hobert spezifische Yoga-Programme entwickelt, die sich schon bei vielen Patienten erfolgreich bewährt haben. Ob Hüftarthrose, Heuschnupfen, Bandscheibenvorfall, ob Übergewicht, Depression oder Burnout, wer sich auf dieses Übungsprogramm einlässt, hat beste Chancen, seinen Gesundheitszustand ganz wesentlich zu verbessern.

Remo Rittiner/Eva Hager-Forstenlechner

Kraft und Beweglichkeit für Füße und Knie

DVD, Laufzeit: 74 Minuten,
ISBN 978-3-86616-308-9, € 14,95 [D]

Auf dieser DVD stellen Ihnen der bekannte Yogatherapeut und Buchautor Remo Rittiner und die Yoga/Spiraldynamiklehrerin® Eva Hager-Forstenlechner zwei innovative Yogaprogramme für die Vitalisierung ihrer Füße und Knie vor. Die in der Praxis erprobten und sehr effektiven Yogaübungen werden anschaulich angeleitet und anatomisch vorbildlich vorgeführt, so dass sie auch für Anfänger leicht durchzuführen sind.

Joseph Bharat Cornell

OM

Die Melodie der Liebe

Hardcover, 160 Seiten, 38 Fotos,
ISBN 978-3-86616-323-2, € 17,95 [D] / € 18,50 [A]

OM ist einer der geheimnisvollsten Klänge der Welt. In ihm, so sagt man, offenbart sich die gesamte göttliche Schöpfungskraft, die kosmische Wahrheit und Liebe des Seins. Das Buch beschreibt, wie man diesen Klang im eigenen Inneren zum Klingen bringen und wie das heilige OM so zu einer direkten Erfahrung des göttlichen Einsseins werden kann.

T.K. Sribhashyam

Wie Yoga wirklich wurde

Ursprung und Entwicklung der Lehre des Yoga

**Ein Übungsprogramm
nach dem Yogameister T. Krishnamacharya**

Klappenbroschur, 256 Seiten, DIN A4, 168 Fotos,
13 fb. Fotos,
ISBN 978-3-86616-267-9, € 29,95 [D] / € 30,80 [A]

Der Autor ist Sohn des Yogameisters Krishnamacharya, des Begründers des „Vini-Yogas". Somit werden dem Leser unverfälschte und tiefe Einblicke in die Ursprünge einer mehr als tausendjährigen Tradition gewährt. Die sehr detailliert beschriebenen 97 Asanas mit ihren Wirkungen auf Körper, Geist und Seele, die 57 Übungsreihen zur täglichen Yogapraxis, Übungsreihen zu Pranayamas und

Eckard Wolz-Gottwald

Die Yoga-Sutras im Alltag leben

Die philosophische Praxis des Patanjali

Taschenbuch, 192 Seiten,
ISBN 978-3-86616-304-1, € 12,95 [D] / € 13,40 [A]

Dieses Buch erschließt den bedeutendsten Text der Yoga-Philosophie für die heutige Yogapraxis. Für den Übenden, ob Anfänger oder Fortgeschrittener, wird so die Essenz des Yoga in seiner ganzen Dimension unmittelbar und konkret erfahrbar. In 18 Lektionen verbindet sich die tiefe Weisheit der berühmten Yoga-Sutras, die in ihrer ganzen philosophisch-spirituellen Bedeutsamkeit fundiert erklärt werden mit praktischen Übungen.

Berino Schmid

Hand- und Fingermudras

Klare Gedanken und positive Gefühle

Taschenbuch, 96 Seiten, 44 Zeichnungen,
ISBN 978-3-86616-321-8, € 9,95 [D] / € 10,30 [A]0

Im Yoga haben Mudras eine lange Tradition. Berino Schmid hat für alle essentiellen Themen des Lebens energetisch meditative Mudra-Übungen entwickelt. Mit ihnen gelingt es sehr effektiv, wieder ins körperliche, geistige und emotionale Gleichgewicht zu gelangen und selbst heftige Gefühlszustände auszugleichen.

Maria Dieste

Hüftarthrose

Vorbeugen und behandeln mit Heil-Yoga

Klappenbroschur, 184 Seiten, 185 farbige Fotos,
ISBN 978-3-86616-311-9, € 22,95 [D] / € 23,60 [A]

Dieses Buch ist ein Leitfaden, um Ursachen der Hüftgelenksbeschwerden zu erkennen und zu verändern. Es enthält vielfältige Anregungen zur Korrektur eingefahrener Gewohnheiten, einfache Asanas sowie ein 30-tägiges Programm. Ausführliches Hintergrundwissen zu Themen wie Philosophie des Yoga, Anatomie, Bedürfnisforschung, Funktion des Atems und Energielenkung runden den Inhalt ab.

Maria Dieste

Hüftarthrose

Übungen zum Vorbeugen und Behandeln mit Heil-Yoga

Doppel-CD, Laufzeit: ca. 120 Minuten,,
ISBN 978-3-86616-350-8, € 14,95 [D]

Als führende Heil-Yoga® Expertin Deutschlands bietet Maria Dieste Menschen, die Beschwerden mit ihrem Hüftgelenk haben, wertvolle Inspirationen, ganzheitliche Denkimpulse, wirkungsvolle Alltagsübungen sowie ein speziell entwickeltes 30-tägiges Trainingsprogramm. Erfahren Sie u. a., wie Sie Ihre Hüften entlasten und lockern, die Muskulatur kräftigen und dehnen und wie Sie Ihre innere Einstellung, Ihre Verhaltensweisen, hinderlichen Muster und Körper-Fehlhaltungen korrigieren können.

Susann Theresa Braun

Kommunikation ist Teil der Heilung

Arzt und Patient als Partner

Taschenbuch, 144 Seiten,
ISBN 978-3-86616-319-5, € 9,95 [D] / € 10,30 [A]

Das Buch ist geschrieben vor allem für Menschen in medizinischen und heilenden Berufen, aber auch für Patienten und
alle, die den heilsamen Nutzen bewusster Interaktion und
wertschätzenden Miteinanders entdecken und vertiefen
möchten. Sorgsamer Einsatz der Sprache und der Wortwahl,
Achtsamkeit, Empathie und Authentizität können so ganz
neue Räume der Begegnung öffnen.

Tina Stümpfig-Rüdisser

Jin Shin Jyutsu – Die Kunst des Heilströmens erlernen

Aktivierung der Selbstheilungskräfte

Paperback, 256 Seiten, 201 farbige Fotos, 47 Zeichnungen,
ISBN 978-3-86616-254-9, € 19,95 [D] / € 20,60 [A]

Durch einfaches Auflegen der Hände auf bestimmte
Energiepunkte am Körper können Sie Ihre Gesundheit um
100% verbessern. Sie stärken Ihre Selbstheilungskräfte, bringen mehr Vitalität, Freude und Leichtigkeit in Ihr Leben.
Ungeahnte Energien können sich freisetzen. In diesem Buch
sind die Grundlagen des Jin Shin Jyutsu einfach und für
jeden sofort anwendbar dargestellt.

Don Yon

Tai Chi – Das Lehrbuch der Bewegungsmeditation

Geschmeidig und stark in Körper und Geist

Paperback, 152 Seiten, über 500 farbige Fotos,
ISBN 978-3-86616-288-4, € 34,95 [D] / € 36,00 [A]

Dieses Buch vermittelt, wie sich das universelle Grund-
prinzip von Yin und Yang in den Bewegungsformen ausdrückt und wie ein spirituelles Verständnis von Tai Chi zu
einem zutiefst glücklichen Leben mit einem klaren, harmonischen Geist und einem geschmeidigen gesunden Körper füh-
ren kann. Im praktischen Übungsteil mit über 500 außergewöhnlich schönen Fotos
wird der Tai Chi-Weg eindrucksvoll dargestellt.

Peter Pukownik

Hildegard – Heilkunde für jeden Tag

Via Nova Kompakt, 192 Seiten,
ISBN 978-3-86616-306-5, € 9,95 [D] / € 10,30 [A]

Dieser kompakte und sehr praktische Ratgeber liefert einen hervorragenden Überblick über die Gesundheitslehre der Heiligen Hildegard und stellt anhand der wichtigsten Beschwerdebereiche einfache Linderungs- und Therapiemöglichkeiten vor. Leicht verständlich, sofort anwendbar und ideal geeignet für den alltäglichen Gebrauch! Ein exquisites Handbuch der Hildegard-Heilkunde, das für jede Krankheit von A bis Z viele nützliche Tipps enthält!

Irmgard Maria Gräf

Die Quark-Öl-Kur

2. Auflage

**Die Heilkraft der Öl-Eiweiß-Ernährung nach
Dr. Johanna Budwig mit vielen Rezepten**

Paperback, 240 Seiten, über 200 farbige Fotos,
ISBN 978-3-86616-290-7, € 19,95 [D] / € 20,60 [A]

Die Öl-Eiweiß-Kost ist von der weltweit bekannten Krebsforscherin Dr. Johanna Budwig entwickelt worden und hat vielen Menschen auf der ganzen Erde schon Gesundheit gebracht. Dieses Buch ist ein sehr hilfreicher Ratgeber für eine gesunde Ernährung.

Tina Stümpfig-Rüdisser

Jin Shin Jyutsu – in der Schwangerschaft

Zur Vorbereitung der Geburt und für die ersten Wochen mit dem Baby

Paperback, 192 Seiten, 174 farbige Fotos
ISBN 978-3-86616-287-7, € 18,95 [D] / € 19,50 [A]

Dieses Buch für werdende Mütter ist ein praktisches, übersichtliches und liebevoll gestaltetes Handbuch, das einfache Möglichkeiten aufzeigt, in bester Weise Entwicklung und Wachstum des Kindes und auch die Entfaltung des Babys nach der Geburt zu unterstützen. Das leicht erlernbare Heilströmen fördert wirksam den natürlichen Zustand der Gesundheit, Freude und Gelassenheit.

Alexandra Kleeberg
Selbstheilung im Alltag
Imaginationen, Übungen

Paperback, 160 Seiten,
ISBN 978-3-86616-286-0, € 13,95 [D] / € 14,40 [A]

Wer sich auf die leicht anwendbaren und inspirierende
Übungen, Anregungen und Meditationen dieses Buches ein
lässt, wird alsbald eine heilsame Verwandlung erfahren, ein
neue Qualität des Zeiterlebens und eine Welt der Wunde
entdecken.

Dr. med. Richard Harslem
Medizin die JEDEN angeht
Schulmedizin und alternative Heilverfahren als Partner

Paperback, 208 Seiten,
ISBN 978-3-86616-204-4, € 16,95 [D] / € 17,50 [A]

Auf der Grundlage neuester wissenschaftlicher Erkenntnisse
vermittelt der Autor praktisch umsetzbare Informationen für
alle, die mit dem Gesundheitswesen zu tun haben, aber auch
für alle, die gesund werden wollen! So können die Heilungs-
chancen der einzelnen Patienten erhöht werden. Gleichzeitig
wird auch der spirituelle Aspekt der Heilung behandelt.

Dr. med. Reimar Banis
Neue Lebenskraft durch Energiemedizin
Befreiung von Blockaden und unbewussten Konflikten

Taschenbuch, 128 Seiten, 10 farbige Fotos, 6 Abbildungen,
ISBN 978-3-86616-345-4, € 9,95 [D] / € 10,30 [A]

Dr. Reimar Banis stellt uns in diesem Buch die weltwei
erfolgreiche neue Heilmethode der „Psychosomatischer
Energetik" vor. Seelische Konflikte und Disharmonien kön
nen überwunden, entstandene Energieblockaden – of
Ursachen vieler Beschwerden – aufgelöst und die natür
lichen Lebensenergien können wieder vollständig in de
Fluss kommen.

Barbara Schenkbier

Die Vision vom göttlichen Menschen

Eine spirituelle Weg-Begleitung

Paperback, 424 Seiten, 21 ganzseitige Bilder
ISBN 978-3-928632-68-3, € 20,00 [D] / € 20,60 [A]

Das Buch ist ein umfassendes Standardwerk, das eine neue Evolutionsstufe im menschlichen Bewusstsein vorbereiten hilft. Alle wichtigen Schritte werden beschrieben, wesentliche Übungen aus einer neuen Sicht heraus dargestellt und die Transformationsstufe zu einem neuen Bewusstsein geschildert. Dem Leser eröffnet sich eine neue Sicht auf den Sinn des Lebens.

Ervin Laszlo

HOLOS
die Welt der neuen Wissenschaften

Hardcover, 208 Seiten,
ISBN 978-3-928632-94-2, € 19,50 [D] / € 20,10 [A]

Auf der Basis neuer wissenschaftlicher Erkenntnisse in Physik, Biologie, Kosmologie und Bewusstseinsforschung hat Prof. Ervin Laszlo neue Antworten auf die Fragen nach dem Ursprung und der Bestimmung des Universums, den Entwicklungsmöglichkeiten des menschlichen Bewusstseins, einem Weiterleben nach dem Tod und nach einem kosmischen und vielleicht sogar göttlichen Bewusstsein gegeben.

Siglinda Oppelt

Quantensprung im Business

Erfolgreich in die neue Zeit!

Hardcover, 320 Seiten, 12 Grafiken,
ISBN 978-3-86616-187-0, € 22,95 [D] / € 23,60 [A]

Dieses mutige Buch von Siglinda Oppelt ist ein Wegweiser in eine neue Wirtschaftswelt. Es vermittelt fundiert und leicht verständlich, wie unsere Wirtschaft – durch die Brille der Quantenphysik gesehen – funktioniert, und macht die Kraft des Geistes – den „Spirit in Business" – auf dem Boden der ökonomischen Tatsachen sichtbar.
An vielen Praxisbeispielen wird deutlich, wie Vorreiter-Firmen mit einem Geist der Wertschätzung, des Respekts, der Achtung, der Würde, des Vertrauens, der Liebe, der Freude Quantensprünge im Erfolg erreichen.

Chuck Spezzano

Karten der Partnerschaft

2. Auflage

Liebe in Partnerschaft und Beziehungen

90 künstlerisch gestaltete, farbige Karten mit Begleitbuch
ISBN 978-3-86616-090-3
€ 29,90 [D] / € 30,80 [A]

Die Karten der Partnerschaft mit erklärendem Begleitbuch wollen dazu beitragen, eine Beziehung auch dann lebendig zu erhalten, wenn die Phase der ersten Verliebtheit vorbei ist und sie wollen dem Paar, das sie befragt, dabei helfen, erfolgreich alle Hindernisse und Klippen zu umschiffen, die jede Beziehung überwinden muss.

Chuck Spezzano

Karten der Erkenntnis

12. Auflage

48 künstl. gestaltete, mehrf. Karten,
Buch 144 Seiten, ISBN 978-3-928632-32-4
€ 24,80 [D] / € 25,50 [A]

Wollen Sie mehr Selbsterkenntnis gewinnen, persönliche Ziele und verborgene Wünsche erkennen, die Beziehungen im Leben verbessern, Ursachen für Probleme herausfinden und auflösen, Hindernisse auf dem Weg nach innen beseitigen? Dann sind die Karten der Erkenntnis eine große Hilfe, das herauszufinden, was für Sie wichtig ist.

Chuck Spezzano

Karten des Lebens

6. Auflage

Lebensgeschichten erkennen und heilen

100 künstl. gestaltete, mehrf. Karten, mit Begleitbuch, 224 Seiten, ISBN 978-3-86616-028-6
€ 29,90 [D] / € 30,80 [A]

Die lebensbejahenden Geschichten zu stärken, ist ein Herzensanliegen von Chuck Spezzano. Er gibt dem Leser ein ideales Werkzeug an die Hand, mit dessen Hilfe er die Ursachen seiner alltäglichen Lebensprobleme und seine Lebensmuster erkennen und negative und destruktive Muster heilen kann.

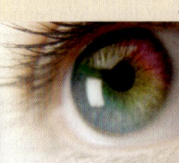